KB249867

헌법학도의 길

헌법학도의 길

제1편 헌법이란 무엇인가?

책 머리에

1981년 3월 연세대학교 법과대학에 입학하여 1996년 2월 동 대학원 법학과 박사과정을 졸업하여 박사학위를 취득할 때까지 거의 15년간을 연세대학교 신촌캠퍼스에서 학창시절로 젊은 날을 보냈다. 진리가 너희를 자유케 하리라는 교훈을 듣지 않더라도 대학의 공기가 자유를 만든다고나 할까. 그러나 캠퍼스내의 자유스런 분위기와는 달리 정통성 없는 정권하에서 헌법학의 길을 걷는다는 것은 투쟁과 고통을 요구하는 것이었다. 1983년 연세공법학회를 창립하여 심포지엄을 열기도 하고 헌법재판소가 없는 상황에서도 우리는 모의헌법재판을 개최하기도 하였다. 지금 22년의 역사를 가진 연세공법학회의 후배들은 자랑스럽게도 매년 시사성 있는 주제를 가지고 가장 앞서가는 모의헌법재판의 전통을 이어가고 있다.

헌법재판소에 들어 온지 10년이 가까이 되면서 헌법학도로서 걸었던 나의 흔적들을 이제 무언가 중간정리하고 싶은 열망이 일었다.

이제 돌이켜 보건대, 헌법학에서 요구하는 미덕은 신중함과 겸손함인 것 같다.

헌법철학, 헌법해석학과 헌법소송론, 이러한 헌법학의 기본적인 삼각함수 이외에도 손에 꼽기도 어려운 다양한 헌법학의 분과, 정치학·행정학·경제학·교육학등은 물론이거나와 신학·철학·역사학·사회학·심리학등을 비롯한 무수한 기초사회과학적인 인식을 바탕으로 하는 헌법학은 참으로 우매할 정도로 용감한 사람이 아니면(어떠한 불행이나 고난에 대해서도 의연하게 관조할 수 있는 사람이 아니면) 선택하기 힘든 길이라고 생각한다.

헌법학은 수학적인 엄밀성을 추구하면서 마침내 그것을 초월하는 고도의 추상성을 가지고 있다. 우리가 살고 있는 지구의 공전 및 자전의 굉음소리를 우리는 듣지 못한다. 인간의 가청범위를 초월하고 있기 때문이다. 그러나 천문학적 관점에서 보면 아주 조그만 이 지구라는 행성도 엄밀한 공전과 자전의 궤도를 가지고 있다. 지극한 수학적인 엄밀성을 견지하지 않으면 금방 궤도이탈로 엄청난 결과를 야기하게 될 것이다. 굳이 이것을 언급함은 헌법학의 무게중심을 잡기가 그렇게 어렵다는 것을 비유함이다.

헌법이란 무엇인가, 헌법이란 어떠한 것인가를 이해하기는 쉽지 않다. 대통령의 임기는 몇 년이고 헌법재판소 재판관의 임기는 어떻고등 구체적인 헌법적 지식은 누구나 조금씩 단편적으로 쉽게 암기하고 있다. 그러나 헌법의 전체적인 표상을 인식하기는 상당히 어려운 일이다. 헌법전체를 통하여 헌법의 각 부분을 인식하는 것도 헌법이해의 첩경중 하나의 방법이다. 이 책은 헌법학적 교양을 쌓으려는 사람들, 헌법학에 입문하는 사람들, 헌법실무에 접하게 되는 사람들에게 빠른 시일내에 용이하게 헌법의 전체모습에 접근하도록 기획되어 있다. 이 책 전체를 통독하다 보면 나름대로의 행간의 의미가 더해져 헌법전체의 윤곽을 대강정도는 파악하게 될 것이다. 그러나 이 책은 헌법과 헌법학에 대해 생각할 거리와 읽을거리를 제공함에 그친다는 것을 분명히 밝혀둔다. 문제의식의 제공에 목적이 있지 헌법학적인 완전한 인식의 목표달성에 주안점이 있는 것은 아니기 때문이다. 한편 우리가 호흡하는 자유민주주의는 승복의 문화와 관용의 문화를 바탕으로 한다. 이 책이 이러한 민주적 문화풍토에 조금이라도 기여하였으면 하는 소박한 바램이다.

나아가, 이 책은 헌법과 과잉금지, 헌법과 정당성, 헌법과 종교,

헌법과 재판으로 주제설정이 나뉘어 있는데, 공교롭게도 마지막 주제인 헌법과 재판은 개인적으로 대법원과의 논쟁의 역사가 되어버렸다. 다소 거친 논조가 있더라도 순수한 헌법학적 담금질로 양해해주면 후학들에게도 맑은 헌법정신의 자양분이 될 것이라고 생각한다. 목하 저자는 집행행위의 매개 없이 직접적 효력을 가지는 행정입법에 대한 통제의 관할권을 현재의 헌법재판소에서 대법원으로 이전하려는 대법원의 행정소송법 개정시도(현재 법규헌법소원을 항고소송의 본질에 어긋나는 이른바 항고소송으로 대체하는 것)는 위헌이고 순리에 어긋나는 일이라는 견해를 가지고 있다. 헌법학자로서 무리한 개정강행의 일이 발생하지 않기를 기대해 본다.

헌법학도로서 워낙 천학비재인 저자의 이 논저에 대해 그 내용의 섬세한 부분까지 강호제현의 많은 질정을 바란다.

2005년 4월

헌법재판소 연구실에서

저자 황 치 연

목 차

Ⅱ. 헌법과 정당성

Ⅲ. 헌법과 종교

Ⅳ. 헌법과 재판

Ⅰ. 헌법과 과잉금지*

* 이 글은 저자의 박사학위 논문에 기초한 것이다.

개 관

과잉금지원칙은 헌법학상의 제공지식에 관한 한 무궁무진한 보고이다. 또한 아무리 길어도 마르지 않는 식미 기픈 물과 같다. 따라서 과잉금지원칙에 대한 광범위한 영역중에서 어느 시각, 어떤 측면으로부터 접근하느냐도 중요하고 무엇을 추출해 내느냐(herausgreifen)도 중요하다. 이 글은 과잉금지원칙의 체계적 이해를 시도하고 전체의 윤곽을 그려내는데 주안점이 있다. 사실 과잉금지원칙에 대한 무수한 개별법영역의 micro부분까지 촉수를 대어 분석하는 것은 우리나라의 현재의 논의사항에서 뿐만 아니라 연구의 방법론상에도 불가능에 가깝다.

과잉금지원칙에 대한 좌표와 위상의 파악을 용이하게 하기 위하여 다음과 같은 순서로 논리전개를 이끌어 나갔다. 먼저 서론부분에서 과잉금지원칙의 사상적 시단을 미약하나마 살펴보려고 하였고 본론에서는 과잉금지원칙의 생성·발전의 내력과 근거논증, 논리구조, 내용 및 구별해야 할 원칙들과의 한계를 명확히 설정함으로써 과잉금지원칙의 좌표에 대한 정밀한 이해를 도모하고자 하였다.

과잉금지원칙은 적합성의 원칙, 필요성의 원칙, 그리고 비례성의 원칙으로 구성된 합성원칙이다. 적합성의 원칙이란 어떤 목적을 실현하기 위하여 채택된 수단은 그 목적실현에 적합하여야 한다는 원칙을 말하는 데, 이 때 적합성의 의미는 그 채택된 수단의 도움으로 의욕하는 결과의 발생을 촉진시킨다거나 조금이라도 그 결과발생에 동인이 된다는 것을 말한다. 필요성의 원칙이란 목적실현을 위해 필요한 한도를 넘어 조금이라도 더 침해하는 수단을 선택해서는 아니된다는 원칙을 말하는 데 이 때 필요성의 의미는 침해의 중대성의 정도에 있어서 보다 낮은 단계의 침해수단으로는 동일한 목적 또는 보다 나은 목적을 실현할 수 없게 되는 경우를 말한다. 그리고 비례성의 원칙이란 일정한 목적을 실현하기 위하여 특정한 수단을 행사하는 경우 이 목적과 수단사이의 관계에서 상당한 관계가 성립되어야 한다는 것을 말한다.

결론적으로 이 글은 우리 헌법재판소가 헌법재판의 심사척도로 채택하고 있는 과잉금지원칙에 대해 체계적 이해와 비판적 분석을 지향하고 과잉금지원칙의 탄착거리를 측정하여 보다 현실에 부합한 심사척도로 다듬어 내는 취지에 정향되어 있다. 그러나 이 글은 이러한 취지의 완성을 향한 출발점에 제대로 서기 위한 발버둥의 몸짓일 뿐이다. 어쩔 수 없이 차세대 헌법학도(Nachfolger)를 위한 필자의 본분을 생각하고 여백의 미를 간직할 수밖에 없다. 그러나 미완의 교향곡에서도 그 내포와 외연을 연상적으로 추론한다면 완성도의 표상을 그려낼 수도 있는 것이다.

제1장 서 론

제1절 연구의 목적

현행헌법 제37조 제2항은 「국민의 모든 자유와 권리는 국가안전보장, 질서유지 또는 공공복리를 위하여 "필요한 경우에 한하여" 법률로써 제한 할 수 있으며, 제한하는 경우에도 자유와 권리의 본질적 내용을 침해할 수 없다」고 규정하고 있다. 이 규정을 기본권제한입법의 수권규정으로 이해하느냐 기본권제한입법의 한계규정으로 이해하느냐도 중요한 문제인데 기본권제한적 법률유보 및 일반적 법률유보의 근거규정으로서 기본권제한입법의 수권규정의 의미와 한계규정의 의미를 동시에 내포하고 있지만, 역시 무게중심은 후자에 놓여 있다고 할 것이다. 우리 헌법재판소는 양자의 성격을 모두 인정하고 과잉금지의 원칙에 대한 헌법상의 명문적 근거를 위 규정에서 찾고 있는데,[1] 동 규정을 기본권제한입법의 한계규정의 측면에서 특히 방

1) 헌재결 1989. 12. 22. 88헌가13, 「헌법재판소판례집 제1권」(1989), 374면; 헌재결 1990. 9. 3. 89헌가95, 「헌법재판소판례집」 제2권(1990), 260면 참조. 참고적으로 독일기본법에서는 일반적인 헌법원칙으로서 과잉금지의 원칙에 대한 명확한 근거규정을 찾을 수 가 없다. 기본법상의 필요성명령에 관한 개별적 규정들(제11조 제2항, 제12a조 제4항 제1문 및 제6항 제1문, 제20조 제4항, 제72조 제2항)도 이와 별로 다를게 없다; Vgl. U. Langheinecken, Der Grundsatz der Verhältnismäßigkeit in der Rechtsprechung des Bundesverfassungsgerichts, unter besonderer Berücksichtigung der Judikatur zu Art. 12. Abs. 1. Satz 2. GG (Wiesbaden: Inaugural Dissertation der Albert-Ludwigs-Universität zu

법적 한계의 측면에서 이해할 때 과잉금지의 원칙의 근거에 대한 논증이 보다 더 설득력을 가질 것으로 사료된다.

현행 헌법 제76조 제1항은 「대통령은 내우·외환·천재·지변 또는 중대한 재정·경제상의 위기에 있어서 국가의 안전보장 또는 공공의 안녕질서를 유지하기 위하여 긴급한 조치가 필요하고 국회의 집회를 기다릴 여유가 없을 때 한하여 "최소한으로 필요한" 재정·경제상의 처분을 명하거나 이에 관하여 법률의 효력을 가지는 명령을 발할 수 있다」고 규정하고 있다. 이 규정이 우리 헌법상에서는 과잉금지의 원칙을 가장 잘 표현해 주고 있다고 볼 수 있다. 어쨌든 인간의 존엄과 가치를 기본권의 이념적 기초로 삼고 국가작용을 이에 기속시키는 우리 헌법은 기본권실현 및 보호와 관련하여 국가작용의 한계를 설정하기 위하여 한계적 사고에 따른 헌법원칙으로서 과잉금지의 원칙을 수용하고 있다. 우리 헌법재판소의 판례중에서 과잉금지의 원칙을 최초로 언급한 것은 사법서사법 시행규칙에 관한 헌법소원에 대해 내린 헌재결 1989. 3. 17. 88헌마1이다. 그러나 이 판례는 헌법상의 비례의 원칙 내지 과잉금지의 원칙을 거명하고 있을 뿐 자세한 논증은 없다. 그리고 이후의 수많은 헌법재판소판례들에서 과잉금지의 원칙에 입각하여 판단하고 있다. 과잉금지의 원칙에 대한 leading case는 국토이용관리법 제21조의3 제1항, 제31조의 2의 위헌여부에 관한 헌재결 1989. 12. 22. 88헌가13과 국세기본법 제35조 제1항 제3호의 위헌여부에 관한 헌재결 1990. 9. 3. 89헌마120, 121(병합)를 들 수 있다. 전자에서는 "과잉금지의 원칙은 국가작용의 한계를 명시하는 것인데, 목적의 정당성, 방법의 적정성, 피해의 최소성, 법익의 균형성(보호하려는 공익이 침해되는 사익보다 더 커야 한다는 것으로서 그래야만 수인의 기대가능성이 있다는 것을 의미하는 것으로서 그 어느 하나에

Freiburg im Breisgau, 1972), S. 2; 우리 헌법 제126조의 규정은 과잉금지의 원칙의 한 표현이 아니라 보충의 원리의 한 표현이라고 보아야 할 것이다.

라도 저촉되면 위헌이 된다는 헌법상의 원칙이다"2)라고 동 원칙의 내용상의 골격을 언급하고 있다. 후자에서는 보다 구체적인 내용을 논급하고 있는데, 즉 "과잉금지의 원칙이라는 것은 국가가 국민의 기본권을 제한하는 내용의 입법활동을 함에 있어서 준수하여야 할 기본원칙 내지 입법활동의 한계를 의미하는 것으로서 국민의 기본권을 제한하려는 입법목적이 헌법 및 법률의 체제상 그 정당성이 인정되어야 하고(목적의 정당성), 그 목적의 달성을 위하여 그 방법이 효과적이고 적절하여야 하며(방법의 적절성), 입법권자가 선택한 기본권제한의 조치가 입법목적 달성을 위하여 설사 적절하다 하더라도 보다 완화된 형태나 방법을 모색함으로써 기본권의 제한은 필요한 최소한도에 그치도록 하며(피해의 최소성), 그 입법에 의하여 보호하려는 공익과 침해되는 사익을 비교형량할 때 보호되는 공익이 더 커야 한다(법익의 균형성)는 헌법상의 원칙이다"3)라고 논증하고 있다. 그밖의 많은 판례들4)에서도 과잉금지의 원칙과 관련된 쟁점들에 대해 조금씩 논급되고 있다. 그런데, 우리헌법재판소가 헌법판단의 심사기준으로 채택하고 있는 과잉금지의 원칙에 대해 체계적인 정밀한 논증이 결여되어 있는 경우도 있다. 여기서 하나의 예만 든다면 기본권의 본질적 내용의 침해금지와 과잉금지의 원칙과의 관계를 들 수 있다. 즉 기본권의 본질적 내용의 침해여부에 대한 심사와 과잉금지의 원칙의 위반여부의 심사를 선후관계 내지 독립적 판단으로 하고 있는 경우5)와 과잉금

2) 「헌법재판소판례집 제1권」(1989), 374면.
3) 「헌법재판소판례집 제2권」(1990), 260면.
4) 헌법재판소결정: 89헌가37, 96(병합); 88헌가5, 8, 89헌가44(병합); 88헌가6; 89헌가102; 89헌가98 내지 101(병합); 89헌가118; 89헌마120, 212(병합); 89헌마82; 89헌마89; 90헌가48; 90헌마28; 91헌마21; 89헌마160; 89헌가97; 89헌마204; 89헌가106; 89헌마165; 89헌마231; 89헌가104; 90헌가69; 91헌가5, 90헌바3(병합); 90헌마82; 90헌바24; 90헌바25; 90헌바26; 91헌가8, 9(병합); 90헌가23; 92헌가8; 92헌마80; 93헌가2; 92헌가15-17 및 20-24; 92헌바43; 93헌바10; 92헌가9; 93헌바9; 93헌가3, 7(병합); 93헌가4, 6(병합); 92헌바31; 94헌마201; 93헌가1; 91헌마204; 92헌사14; 95헌마53.

지의 원칙위반을 곧바로 본질적 내용의 침해금지에 대한 위반으로 연결하는 경우[6]가 바로 그 예이다. 이것은 헌법 제37조 제2항을 전체적으로 파악하느냐 아니면 분석적으로 파악하느냐의 관점의 차이에서 기인할 수도 있지만 아무튼 본질적 내용의 침해금지와 과잉금지에 대한 구체적인 경우에 있어서의 관계를 조망하여 통일적으로 정리될 필요는 있다. 헌법재판에서의 논증력은 한 나라의 법학의 수준을 징표한다. 국내 문헌에서의 과잉금지의 원칙에 대한 논증은 허영교수의 저서에 광범위하게 분산되어 논의되고 있다.[7] 여타의 문헌에서도 과잉금지의 원칙에 대한 논구가 발견되고 있지만 아쉬운 점이 없는 것도 아니다. 과잉금지의 원칙에 대한 논의는 모든 헌법학적 기초개념과 연결되어 있지만 이들 기초개념마저 국내문헌상 뚜렷하게 명정되어 있지 않다. 이 글의 연구목적은 차제에 과잉금지의 원칙에 대한 근원적인 검토와 체계적 정리의 필요성에 입각한 문제의식으로부터 출발하였다. 문제의식과 목표의식은 다르다. 목표의식에 얼마나 부합하였는지는 항상 주관적인 자책을 넘어 유보할 수밖에 없는 것이다. 그러나 우리 헌법학과 헌법재판의 기초자료에 일조하려는 일념을 투영하고자 하였다.

---

5) 예컨대, 헌재결 1989. 12. 22. 88헌가13, 「헌법재판소판례집 제1권」(1989), 374면 참조.

6) 예컨대, 헌재결 1992. 2. 25. 90헌가69, 91헌가5, 90헌바3(병합), 「헌법재판소판례집 제4권」(1992), 124면 참조.

7) 허영, 「한국헌법론」(서울: 박영사, 1995), 신정판, 96, 140, 148, 233, 264, 279, 335, 360, 368, 399, 405, 417, 426, 436, 442, 456, 460, 461, 462, 487, 506, 511, 529, 531, 537, 542, 555, 560, 598, 918, 998면 참조.

제2절 연구의 범위와 방법

과잉금지의 원칙은 모든 국가작용을 포괄하여 규율하는 지도원리이다.[8] 입법 · 행정 · 사법작용을 비롯한 모든 국가작용의 권한행사에 과잉금지의 원칙은 적용된다. 즉 입법작용을 비롯하여 국가비상사태하에서의 국가긴급권의 발동에 있어서, 일반권력관계는 물론이거니와 이른바 특별권력관계에 있어서, 또는 침해행정이건 수익행정[9]이건 간에 모든 행정행위의 발동에 있어서 나아가 소송지휘권의 행사, 판결 및 집행절차 등 모든 소송절차에 있어서도 과잉금지원칙은 준수되어야 한다. 그러나 과잉금지의 원칙의 핵심적인 적용영역은 역시 기본권영역이라[10] 할 수 있다.

이같이 광범위한 적용영역을 가지는 과잉금지의 원칙을 다루는데 있어서 이 글에서 모든 적용범위에 걸쳐 구체적으로 검토하는 것은 사실상 불가능하다. 따라서 이 글은 헌법전체의 체계와 관련하여 논의될 수 있는 연결고리를 찾아 연구범위를 한정할 수밖에 없다. 과잉금지의 원칙의 핵심적인 적용영역인 기본권영역에서 입법권과 기본권

8) Vgl. BVerfGE 23, 133.

9) 수익적 행정행위에 있어서 수익처분 또는 급부행위 그 자체에 과잉금지의 원칙이 적용되는 것은 아니다. 여기에는 오히려 과소(보호)금지(Untermaßverbot)의 원칙이 적용되어야 한다. 과잉금지의 원칙은 일단 침해사고모형(Eingriffsdenkensschema)를 전제로 한다. 수익적 행정행위의 발급에 있어서 행정청은 일정한 조건하에서 급부를 거절하거나 단축할 수 있는 재량권을 가지는데 이 재량권을 근거로 수혜국민에게 '손해'를 야기시키는 구조에서 과잉금지의 원칙이 적용될 수 있다. 또한 수익청구요구서의 불성실한 작성에 대한 '제재'에 있어서, 그리고 수익적 행정행위에 '부담이나 조건을 설정'할 때, 나아가 급부를 '배제'할 때 등에 과잉금지의 원칙이 적용될 수 있는 것이다. 따라서 법률유보를 침해유보설에 따라 이해하지 않는 한 법률유보와 과잉금지의 원칙의 적용한도에 현격한 차이가 존재한다; Vgl. H. Huber, Über den Grundsatz der Verhältnismäßigkeit im Verwaltungsrecht, in: Zeitschrift für Schweizerisches Recht, Bd. 96 (1977), S. 15. FN 58.

10) Vgl. Münchener Rechtslexikon, Bd. 3 (München: C. H. Beck, 1987), S, 649.

과의 관계를 축으로 하여 과잉금지의 원칙을 논구하기로 한다.

이 글의 연구방법에 있어서도 사회과학에 대한 모든 방법론이 동원될 수는 없다. 따라서 실증적 조사활동이나 행태론적 접근방법 및 단순한 비교법적 고찰은 이 글에서 이루어지는 현실적인 상황여건하에서 주제의 성격상 그리고 법학방법론상 한계를 지닌다고 말할 수 있다. 그리하여 법학일반 나아가 헌법학에서 일반적으로 채택하고 있는 문헌적 고찰방법을 중심으로 하고, 과잉금지의 원칙의 체계적 이해에 도움이 되는 한도내에서 판례들을 인용·분석·정리하기로 한다.[11] 따라서 헌법학의 가장 중심적인 개념의 하나임에도 불구하고 체계적인 이해가 결여되어 있는 현 시점에서 이 글은 어디까지나 이론적인 접근방법이 그 채택된 방법론의 주가 되지 않을 수가 없다. 미국과 독일의 헌법이론이나 헌법판례에 단편적으로 몰입하지 않고 우리 헌법학의 현주소와 판례와 관련하여 통합적 이해를 도모하고자 하였다.

---

11) 현행 헌법재판소판례이전의 헌법위원회 및 대법원의 헌법판례에는 과잉금지사고가 단편적으로 들어있으나 과잉금지원칙을 명시적으로 언급한 것은 발견되지 아니한다. 어쨌든 여기에서는 내용적인 측면에서 헌법위원회 및 대법원의 헌법판례까지는 고려하지 않았다는 점을 밝혀둔다. 현행 헌법재판소 이전의 헌법위원회 및 대법원의 헌법판례에 대해서는, 헌법재판소 판례편찬과, 「헌법위원회 및 대법원 헌법판례집」, 참고자료 제1집, (상: 헌법위원회판례전부, 헌법제1조-20조), (중: 헌법제21조 - 39조), (하: 헌법제40조 - 부칙), (1990. 1.) 참조.
미국에서 과잉금지원칙과 유사한 사고는 LRA(less restrictive<intrusive; offensive; subversive> alternative)원칙에서 찾을 수 있다. LRA심사는 달리 표현하여 less invasive<drastic> means 또는 alternative means test라는 표현도 사용되는데 이것은 Shelton v. Tucker 판결(1960), US. v. O'Brien 판결(1968), Houchins v. KQED 판결(1978), New York v. Ferber 판결(1982)에서 논급되고 있다.
양건, "법률의 위헌심사의 기준", 「법률의 위헌결정과 헌법소원의 대상」(서울:헌법재판소, 1990), 헌법재판연구 제1권, 99면 이하; 구병삭, "헌법소송에서의 추정과 입증책임론", 「공법학의 현대적 지평」(서울:심천 계희열 박사 화갑기념논문집, 1995), 331면 참조.

제3절 연구주제의 좌표설정을 위한 전제적(前提的) 고찰

헌법학의 모든 분야를 정확하게 경계지을 수는 없지만 대체적으로 다음과 같은 카테고리로 나누어 볼 수 있다. 먼저, 헌법의 통시적 고찰 방법으로 헌법사학을 들 수 있다. 헌법사학은 헌정사와 헌법사를 내포한다. 또한 실정헌법상의 규정에 대한 이해를 비교법적인 접근방법을 통하여 추구하는 비교헌법학을 들 수 있다. 그리고 헌법을 통치질서에 관한, 국가라는 건축물의 설계도로 파악할 때 국가의 존재 · 본질 · 유형 · 구조 · 결합형태 내지 정당화등에 대한 모든 정태적 · 동태적 고찰을 포괄적으로 다루는 국가론도 헌법학의 한 분과에 속한다. 아울러 헌법자체의 존립근거 · 이념 · 본질과 기능 및 특성 · 가치관과 방법론 등을 어떤 사상적인 틀 속에서 고찰하는 헌법철학이 있다. 한편, 헌법학이 규범학의 한 영역에 속하는 이상, 항상 그 적용을 전제로 하는 실천과학성을 띠게 되므로 실정헌법규정의 구체적 의미와 내용의 확정을 필요로 하는데, 그러기 때문에 헌법해석학이라는 분과가 존재하게 된다. 그리고 헌법상의, 헌법학상의 쟁점들에 대한 체계적, 논리적 해명을 탐구하는 헌법이론학이 존재하고 나아가 단순한 Dogma 내지 Doxa의 차원을 넘어 헌법이론과 헌법실제사이의 Gap을 통일적이고 총체적인 시각에서 조망하고 그 문제점을 정책적인 차원에서 해결 내지 조정하기 위한 헌법정책학이 헌법학의 한 분야로 남게 된다.

헌법의 모든 topos를 이상에서 언급한 헌법학 분과만으로 모두 다 카바할 수는 없겠지만,12) 어쨌든 헌법학의 광대한 영역중에서 헌법

---

12) 헌법사회학, 헌법심리학 등 여러 헌법사실관계(국민의 헌법에의 의지, 헌법감정, Konsens 등)에 대한 헌법학분과로서 행대론적, 사실적 고찰영역을 생각해 볼 수 있다.

철학과 헌법해석학이 헌법학의 중심적인 좌표가 된다는 것은 부인할 수 없을 것이다. 왜냐하면 여타의 헌법학의 분과는 종국적으로 헌법철학이나 헌법해석학의 바탕이 되거나, 인접하거나, 또는 관련성을 가지거나 결과적인 도출관계속에서 존립하기 때문이다.

이 글에서 헌법철학과 헌법해석에 대해서 서론적 고찰을 하는 것은 이 글에서 다루려고 하는 테마를 헌법학의 핵심영역으로부터 기초적인 정지작업과 논리전개의 전체적인 맥락을 정향하기 위함이다. 그렇다고 해서 헌법철학과 헌법해석의 모든 factor들을 다룰 수는 없는 것이기 때문에, 한 줄기의 실가닥을 잡아 전체 실타래를 풀어헤치듯이 이 글의 테마에 한정된 문제의식들을 바탕으로 논리전개의 교직상에서 접점하는 좌표들의 궤적만을 살펴 볼 따름이다.

헌법이란 무엇인가?(What is the constitution?) 이것은 너무나 단순한 문장구조의 질문이지만 이 질문의 외연과 내포가 불확정하기 때문에 더욱 더 철학적이다. 즉 헌법의 개념에 관한 물음인지 또는 헌법의 존재론 내지 본질론에 관한 물음인지 아니면 그 외연을 넓혀 볼 때 헌법의 효력근거에 관한 물음인지가 확정되어 있지 못하다. 법개념 없이는 법속에 들어갈 수 없지만, 그러나 법개념은 법은 알고 난 다음에라야 비로소 형성될 수 있다[13]는 Zippelius의 사고를 바탕으로 할 때에는 위의 질문에 대한 분석중에서 헌법의 개념에 관한 질문은 더욱 더 순환적이다. 헌법과 헌법개념은 서로 확정되어야만 자신도 결정된다는 순환관계에 서 있기 때문이다. 모든 개념 자체를 미지의 유형요소로 말미암아 그 한계가 수시로 변동될 지평선(ein unbestimmte Horizont nach unbekannter typischer Merkmale)이라고 하여 가변적인 것으로 파악하는 Husserl의 인식[14]을 바탕으로 할 때는 아예 정의라는 도구 자체를 손에 쥐지 못하고서 헌법공예를 하겠

13) 황산덕, 「법철학강의」(서울: 방문사, 1981), 17면 이하 참조.
14) 상게서, 17면 참조.

다고 출발하는 것과 같다. 한편 물(物)자체(Ding an sich), 대상 그 자체(die Gegenstände an sich)는 결코 인식되지도 않고 또한 인식되어질 수도 없으며, 그것에 대하여는 우리의 경험속에서도 결코 질문되어질 성질의 것이 아니라는 Kant의 입장[15)]에 서면 헌법이란 무엇인가란 물음은 잘못 이루어진 질문으로서 헌법이란 어떠한 것으로 묘사될 수 있는가라는 물음으로 대체될 수밖에 없을 것이다. 즉 헌법은 모든 생활형식에 대한 통합적 양태(A constitution is an integral part of a way of life)라고 말할 수 있지만 헌법이란 무엇인가(What is the constitution?)란 질문은 헌법은 무엇을 의미하는가(What does the constitution mean?), 헌법은 어떠한 유(類)의 것인가(What sort of "thing" is a constitution?), 헌법은 어떠한 기능을 하는가(What are a constitution's principal functions?), 헌법은 어떠한 것을 내포하고 있는가(What does a constitution include?), 그리고 헌법이란 고정된 형태의 것인가(Does a constitution change over time?) 등의 묘사적인 물음의 방식으로 대체될 수 있을 것이다.

헌법은 무엇을 의미하는가라는 부분적인 질문은 헌법이란 무엇인가라는 전체적인 질문에 대한 특정한 상황에서의 답변에 대체적으로 좌우되겠지만 헌법의 구체적인 의미는 헌법이 적용될 때야 비로소 확정된다고 말할 수 있다.[16)] 또한 헌법의 구체적 의미에 관한 문제는 헌법전 자체가 결국 언어로 구성되어 있는 이상, 철저한 언어분석철학의 문제까지 확장되겠지만 언어라는 것이 구술된 것이든 성문의 것이든 간에 복합적인 사상을 전달하는 것의 부정확한 방식에 불과[17)]하기 때문에 결국 헌법철학의 문제는 헌법해석의 문제와 필연

---

15) Immanuel Kant, Kritik der reinen Vernunft(Hamburg: Felix Meiner Verlag, 1959), S. 73.

16) "The meaning of the constitution is fixed when it is adopted.", Cf. W. F. Murphy, J. E. Flemming, W. F. Harris, American Constitution Interpretation (1986), p.78, p.126.

적인 불가분의 밀접한 관계를 맺지 않을 수 없다. 여하튼 하느님께서 몸소 지체를 낮추시어 "인간의 언어로" 우리 인류에게 말씀하신다고 할 때 그 분의 뜻이(의미가) 아무리 빛나는 것일지라도 그 말씀이 전달되는 매개물이 "인간의 불분명한 언어임으로"인하여 불명료하고 확실치 않는 것이 되어서 그 뜻이 제대로 전달되지 않을 것이라는 James Madison의 언명18)이나, 어떠한 단어도 모든 상황에서 확정적인 －단지 한가지의－ 의미로만 전달되지 않는다는 것이 인간의 언어의 특징이고 따라서 비유적인 의미로 그 단어들을 사용하는 것이 그 단어의 가장 공통된 뜻이다라는 미국 연방대법원장이었던 Marshall의 판결문언19)에 공감하지 않을 수 없다.

위에서 제기하였던 두 번째, 세 번째의 질문, 즉 헌법의 특성과 기능에 관한 문제는 차치하더라도 헌법의 구체적 의미는 헌법이 적용될 때 확정된다고 한다면 불명료한 것으로 가득한 헌법의 적용의 문제는 적용되어야 할 대상인 헌법이 무엇인가라는 문제에 환원되어 더 더욱 복잡해진다. 헌법의 고정성에 관한 문제도 쉽사리 답변될 성질의 것도 아니다. 사회 경제적인 발전, 테크놀러지의 발전은 정치체제 자체에 엄청난 영향을 가하고, 따라서 미국헌법에서와 같이 헌법규정은 그대로 고정되어 있을지라도 헌법의 내용, 본질 그 자체에 대해서 헌법해석을 통한 변화를 수반하지 않을 수 없다. 이 때 헌법상의 원칙들 그 자체는 불변영원한 것이고 그 원칙들의 적용만이 변

---

17) Supra, p.127.

18) "When the Almighty himself condescends to address mankind in their own language his meaning, luminous as it must be, is rendered dim and doubtful by the cloudy medium through which it is communicated.", in: A. Hamilton, J. Madison, J. Jay, The Ferderalist or the new constitution(New York: The Heritage Press, 1945), No. 37, p.237.

19) "Such is the character of human language, that no word conveys to the mind, in all situations, one single definite idea; and nothing is more common than to use words in a figurative sense.", in: McCulloch v. Maryland 17. U.S. 316(1819)

화될 뿐이라는 견해[20]도 있다. 어쨌든 헌법해석을 통한 헌법의 변천은 헌법개정과 관련하여 평면적인 시각에서 고찰할 성질의 것이 아니지만 대의민주주의의 차원에서도 문제점이 많다. 이것은 헌법해석주체에 대한 Who의 문제와 필연적으로 연결된다. 하지만 여기에서 한가지 사실만 지적한다면 재판관이 헌법해석의 원칙(해석할 기준대상으로서의 원칙)을 창조해 낸다면 그는 법해석자로서의 지위와 법정립자로서의 지위를 동시에 가지게 되고 그렇다면 정치체제는 재판관에 의한 과두정으로 전락되고 국민의 자유는 오로지 재판관의 현명함과 자비로움에 좌우될 것[21]이라는 사실이다.

위에서 헌법의 외연은 어디까지인가의 문제, 헌법은 무엇을 내포하고 있는가(What does a contitution include?)의 문제는 형식적 의미의 헌법과 실질적 의미의 헌법, 성문헌법과 불문헌법(관습헌법) 및 헌법관습법, 그리고 헌법상의 원칙과 판례헌법이라는 논리구조로 해결할 수 있는 사항이므로 더 이상 언급을 피하지만, 헌법의 본질에 관한 What의 문제는 여전히 영원한 과제로 남는다. 헌법의 제정자도, 헌법의 적용자도, 헌법의 수범자도, 헌법의 해석자도 인간임으로 말미암아 헌법의 본질적 요소로서 인간의 요소를 간과할 수가 없다. 인간에 대한 이해의 어떠한 aspect를 헌법에 투영시켜 헌법을 이해할 것이냐 하는 것은 관점에 따라 달라지겠지만 인간에 대한 편면적인 이해를 곧바로 헌법의 구조적 단면에 대칭시켜 헌법을 이해하여서는 아니된다고 본다. 헌법은 국민의 정치적 생활형식에 관한 정치적 결단이라 파악하는 결단주의 헌법관은 헌법의 본질에 있어서 인

20) The Minnesota Moratorium Case에서의 Sutherland 미연방대법관의 견해(dissenting opinion), In: Home building and Loan association v. Blaisdell 290 U.S. 398(1934), "The provisions of the federal constitution, undoubtedly, are pliable in the sense that in appropriate cases they have the capacity of bringing within their grasp every new condition which falls within their meaning. But, their meaning is changeless; it is only their application which is extensible."

21) Cf. W. F. Murphy, J. E. Fleming, W. F. Harris, supra, p.129.

간의 의지적 요소를 강조한 관점이다. 헌법의 규범성만이 헌법의 전 모습은 아니지만 헌법이 현실적으로 한 국가에 존재하는 실정법규범 중에서, 규범의 hierarchy상의 정점에 위치하는 최고법이므로 헌법의 규범성을 헌법의 본질적 요소에서 빼놓을 수가 없다. 헌법에 있어서 헌법의 규범성을 그 추상성속에서 융해시켜 버리는 가치법, 이념법적인 성격이 아무리 짙다하더라도, 그리고 기술법적인 하위법들의 정립근거, 효력근거, 해석근거가 되는 근거법적 성격을 가질지라도, 헌법 그 자체가 가지는 법규범으로서의 성상적(性狀的) 요소, 즉 경직적 규율성, 정태적인 안정성, 고정적 일관성 등을 탈수시킬 수는 없다. 법적인 무흠결성에 입각한 규범자족적 체계, 규범논리적 사고의 순수성만을 고집하는 법실증주의 헌법관은 헌법의 규범성을 강조한 관점이다. 헌법은 일정한 사회공동체를 전제로 해서 가치적인 공감대를 매개로 동화되고 통합되어 기능적인 활동단위로서의 국가를 성립시키는 생활형식이라 할 때 가치지향적인 통합촉진의 요소는 헌법의 본질적 요소에 있어서 핵심적 구성부분이라 아니할 수 없다. 따라서 통합과정론적 헌법관은 가치적 요소와 사회통합의 기능적 측면을 헌법의 본질적 요소로 파악한다.[22)]

헌법의 본질에 관한 What의 문제에 있어서 각 헌법관은 나름대로의 방향성을 제시해 주고 있지만 헌법에 있어서 인간에 의한 결단의 요소, 규범적 요소, 가치지향적인 통합촉진의 요소를 총체적으로 고찰하지 않고는 헌법에 관한 합일태적 표상을 구축할 수가 없다. 영원한 문제로 남아있는 헌법에 관한 What의 문제에 있어서 헌법철학은 궁극적인 언명이라는 최대 사정(射程)거리를 확보시켜줄 뿐만 아니라 최소한 근원적인 좌표들에 대한 방향축을 제공한다. 따라서 헌법철학

---

22) 헌법관에 대해서 자세한 설명은 허영, 「헌법이론과 헌법(상)」(서울: 박영사, 1991), 5면이하; 허영, 「헌법이론과 헌법(중)」(서울: 박영사, 1991), 5면이하; 허영, 「헌법이론과 헌법(하)」(서울: 박영사, 1991), 13면이하 참조.

은 헌법이 헌법의 본질과 모순하는 탄착점들을 확인시켜 준다.

그러나 헌법철학에 대해 회의적인 시각이 없는 것도 아니다. 법학에 있어서 철학의 역할에 대한 회의적인 태도를 역사적인 고찰을 통하여 견지하고 있는 견해가 존재하고 있기는 하다.23) 법학의 신학으

---

23) 서구에서 중세로부터 근대로의 전환시점에 관하여 통치라는 관점에서 고찰한다면 종교적 지배원리가 탈색되어 갈 때 영주들은 이제 어떠한 법으로 통치할 것인가 그리고 어떻게 자신들의 세속적인 통치를 정당화시킬 것인가의 문제가 대두되었는데, 통치를 지난 과거의 종교에서도 포용될 수 있었던 자연법이나 양심에 연결시킨다든지 또는 현실적으로 기능할 수 있는 전래의 로마법(황제의 통치법)을 체계적으로 파악하고 분석하고 개선함으로써 통치근거를 찾는다든지 하는 것이 과도기적인 현상이었다. 이러한 정당성을 추구하는 문제에 있어서 이제 철학이 법학의 지도학문으로서의 역할을 수행하였던 과거 신학의 임무를 대체하였다. 이 때 철학은 법학을 종교적인 예속으로부터 즉 신학으로부터 해방시켜주는 방편이 되었을 뿐만 아니라, "정당한 실존"(das rechte Leben)에 대한 확실성을 추구하는 측면에 관한 한 실천학문으로서 기능하였다. 어떠한 확실성도 수학보다는 크다고 말할 수 없기 때문에 수학적인 방법으로 법원칙을 도출하려는 이성법의 탐구가 한 때를 풍미하였다. 학문에 있어서 불확실성을 제거하려는 일련의 노력에 있어서도 그 확실성을 인식의 대상 속에서 찾으려는 것이 아니라 인식의 대상과 인식주체 사이의 관계에서 찾으려는 맥락은 경험론적 사고를 바탕으로 한다. 즉 인식주체는 a priori한 사고유형을 통해서가 아니라 반복된 동일한 경험을 통해서 인식하는 것이기 때문에 인식하는 것은 곧 습관이라고 하는 것이다. 이러한 관점에서는 자연법에 대한 원용은 순환적인 것이라고 볼 수 밖에 없는데 그것은 결국 인간의 습관의 문제로 되돌아가기 때문이다. 한편 Hegel은 사물의 본질을 인식하려고 하기 전에 인식능력을 탐구하는 Kant의 인식론은 물속에 들어가지 않고 수영을 배우려고 하는 스콜라철학의 공론자(空論者)들의 영악한 의도만큼이나 이치에 맞지 않고 아이러니칼한 것이라 혹평하지만 19C의 법철학적 논증에 있어서는 Hegel의 사고보다 Kant의 사상이 각인되었다. 왜냐하면 Kant의 공리(公理)들은 내용 없는 형식논리이고 단 한가지의 법칙도 말해주는 것이 없다고 Hegel이 비판하고 있는 바로 그 사실로부터 알 수 있듯이 17·8C의 단층적 사회구조가 19C의 기능적 사회구조로 변화되는 상황 속에서 온고지신할 수 있는 Kant의 비어있는 형식론리가 생존할 수 있었고, 또한 전통과 새로운 변화를 접목시켜서 모순을 드러내지 않고 오히려 그 모순을 통하여 변화를 가능하게 하였기 때문이다.

대상 그 자체를 파헤치려는 철학을 변화 속에 있는 법이 수용하기는 어렵다. 그러한 철학은 그 변화를 정돈시켜서 의식 속으로 끌어들이려고 하기 때문이다. 그러나 그러한 경우 변화가 진실로 이루어질 수 없다. 사회가 자신의 변화를 변화할 때마다 실제로 인식하게 된다면 그 때 그 사회는 완전히 동요될 것이고 그 변화를 곧바로 멈추게 할 것이다. 그러기 때문에 변화하는 세계는 영원히 비어있는 법들을 필요로 한다. 바로 Kant철학이 철학과 법의 분리에 기여하였다고 볼 수 있다. 법에 있어서 윤리적인 주체가 권리주체로 되었고 그 권리주체의 개

로부터의 해방과 신학의 지위를 뒤이어 받은 철학으로부터의 해방을 주장할지라도 법이론을 떠받쳐주는 법철학의 존립을 부인할 수는 없다. 다음에서는 헌법과 헌법원칙을 다루는데 있어서 헌법철학상의 근원적인 좌표로서 기능하는 자유와 질서, 힘과 가치라는 테마에 대하여 간단히 살펴보기로 한다.

첫째로 자유와 질서에 대해서 보기로 한다.

자유라는 나무는 피를 먹고 자란다는 말은 자유라는 개념 속에 내포된 역사성과 가치성을 묘사하고 있다. 자유는 수많은 인간의 절규

념이 주관적 권리를 통하여 다른 권리주체와 관련시킴으로써 법학에 있어서 모든 법률관계의 연결선이 되었다. 이것은 곧바로 추상성을 얻게 되었지만 동시에 법체계에 있어서의 철학에 대한 집요한 요청을 차단하는 보호막이 되었다. 이제 법의 우위에 있던 철학은 법과 대등한 법철학이 되었고 더 나아가 법하위의 법률가(법조)철학이 되었다. 또한 법체계가 시대의 정신적, 정치적 흐름에 접속될 때 Kant철학은 아무런 도움을 주지 못하였고 법은 철학으로부터 해방을 통하여 자신을 완성시켜야만 했다.

이제 법철학이나 법이론학이 법률가의 영역내에 존재하기 때문에 법적 영역 안에 머물러서 수많은 법규들을 법원칙으로 농축시켜 이해하고 그것들에 대한 상징적인 방향성을 제공한다는 것에 대해서는 다툼이 없다. 그러나 법철학이 과거의 철학이 행했던 지도역할을 떠맡을 수는 없다. 법에 관한 자체적인 설명이 법적인 영역의 바깥에서 이루어질 수는 없고 어떠한 것도 과거 철학과 비교되는 지도기능을 더 이상 가지지 않는다는 것은 법철학이나 법이론학에 대한 작금의 학리적인 쇠락의 근거가 되고 있고, 법체계론적인 전망을 불가결하게 하지만 법에 관한 자체적인 설명을 어떻게 한계지울 수 있느냐 하는 것이 문제이다. 법사학의 경우를 생각하면 더욱 그렇다. 법사학자들은 대상을 규범적으로 파악하는 것이 아니라 우선 사실을 인식하는 측면으로 파악한다. 그러나 법사학이 법체계의 한 요소를 이루고 있다는 것은 명백하고 또한 법에 관한 실제적인 기초학문이란 것도 부정할 수 없다. 法의 철학으로부터의 해방이 역사법학파로부터 시작되었다는 것은 시사하는 바가 크다. 법사(法史)가 도그마적인 성격의 법규보다 덜 추상적이지만 법사가 법의 상위나 하위에 위치하는 것이 아니라 인식론적인 관점을 요구하는 시간적인 전망을 통하여 법과 구별된다는 것을 이해할 필요가 있다. 이 인식론적인 관점이 법이론을 법률가의 Dogmatik과 구별시켜 주고, 대상의 단순화를 통해서 법률가들의 Dogmatik을 완화시켜주는 법이론이 가능하게 되는 것이다. 법률가들의 Dogmatik은 논증을 필요로 하는데, 이러한 논증에 있어서 법률가들의 Dogmatik에 대한 Dogmatik으로서 법철학의 존재가치가 있다. 그러나 법률가들의 Dogmatik에 대한 Dogmatik의 필요성이 있다고 하여 법철학이 법이론과 관련하여 아주 동떨어진 독립된 분과로 간주될 수 있다는 것을 의미하진 않는다. Vgl. Gerd Roellecke, Theorie und Philosophie des Rechts, in: Gerd Roellecke(hrsg.), Rechtsphilosophie oder Rechtstheorie? (Darmstadt, Wissenschaftliche Buchgesellschaft, 1988), S. 3ff., 19ff.

와 희생이 낳은 증거의 역사이며, 인간의 종(種)을 지키기 위해 만들어온 엄숙한 역사이다. 초월적 존재와 한계적 존재사이의 교통의 언어이며 최상의 약속이다. 세계사는 어떤 의미에 있어서 자유의식의 진보의 역사이다. 자유의 주체의 측면에서, 자유의 의미의 내포범위와 내용의 측면에서 그렇다는 것이다. 즉, 인류의 역사는 자유를 위한 꾸준한 투쟁의 역사이고 자유는 이러한 인류의 줄기찬 역사적 투쟁의 산물로서 보편적 가치성을 획득하고 있다. 일인(一人)의 자유, 특정계층이나 특정계급의 자유가 아닌 만인(萬人)의 자유라는 형식은 따라서 필연적으로 자유라는 개념에 내포된 역사성을 전제로 하는 것이다. 자유가 얄팍한 문명의 겉치장이 아니고 인간이 피의 항쟁으로 쌓아올린 가치의 유산이라 할지라도 또한 존재론적인 측면에서 인간과 자유를 생각할 때, 인간의 "완전한 자유"[24]란 허구의 세계나 상념의 영역, 유토피아의 세계에서 구축될 수 있는 표상은 되어도 최소한 사회과학의 영역에서는 존재론적인 대상성을 갖지 아니한다. 인간과 인간이 속한 사회가 모두 불완전한 존재이고 인간과 인간사회의 불완전성(내지 완전성)에 대해 오류 없이 측정할 수 있는 저울도 찾기 어렵기 때문이다.

어쨌든 개별적인 존재로서의 인간이라는 하나의 단자(單子)는 완전한 자유를 추구할 수 있을지도 모른다. 그러나 공동체를 떠난 단자로서의 인간은 이미 물상화(物象化)로서 자유와 법의 문제가 제기

24) 완전한 자유란 인간을 우주에게로 되돌려 주려는 일이라고 하든가, 죽음이라는 것이 진정한 자유의 세계로 갈 수 있는 유일한 통로라고 하는 표현은 수사학적인 표현에 불과하다. 거꾸로 인간은 그 누구도 진정한 의미에서 자유로워질 수 없다는 표현도 마찬가지의 상념이라고 본다. 이상과 같은 초자연적인 자유의 개념에 대한 몽상을 배격하더라도 완전한 사회적 자유는 사람들과 관계가 전혀 없지 않는 한 자기모순적이다. 모두에 대한 완전한 법적인 자유는 누구에 대해서나 전혀 자유의 효력이 없다는 것을 의미하기 때문이다. 따라서 인간에게 이데올로기라는 괴물이 존재하는 한 완전한 자유는 오지 않는다고 하거나 제도라는 울타리가 존재하는 한 완전한 자유는 있을 수도 없다고 하는 것은 출발선을 잘못 잡는 결과의 표현이라 할 수 있다.

될 수 없다. 로빈슨 크루소와 같은 일인생존(一人生存)모델에서는 자신의 행동에 대해 간섭하지도 않을 뿐더러 자신을 통제할 어떤 무엇도 존재하지 않는 상태이기 때문에 완전한 자유를 상정할 수 있을는지 모르지만, 그것은 이미 절대적인 고독과 공허와 공포의 영역에 불과하지 자유의 의미가 개재될 여지가 없다. 따라서 인간의 본질은 사회적 실존에 있고 이 사회적 실존은 바로 공존을 의미한다고 할 때 자유공동체를 전제로 한다면 자유는 인간존재 자체를 특징지우고 있다고 할 수 있다. 결국 개인의 선은 사회의 공동선속에서 충만히 실현된다고 할 수 있다. 사회적 자유[25]는 그것이 효력을 갖기 위해서는 제한될 필요가 있다는 것이다. 그러나 자유에 대한 제한의 논리보다 보장의 논리가 항상 선행되어야 한다는 것은 자유의 가치성에 의거할 때 자명하다. 하지만 사회적 자유에 있어서는 무제한의 자유가 보장되는 것이 아니라 최대한의 자유가 보장되는 것이다. 그런데 자유란 어떠한 명목을 빌리던지간에 궁극적으로는 자유 그 자체만을 위해서 제한되어야 한다. 자신의 의지를 자신 이외의 인간존재와 상관없이 무한히 실현시키려는 선택으로서의 자유는 그것은 이미 자유로 치장한 힘의 논리일 뿐이다. 설령 무제한적 자유를 상정한다고 하더라도 무제한적 자유와 무제한적 자유의 충돌, 그것은 이미 제한적 자유를 의미한다. 따라서 자유의 제한성은 자유 그 자체로 인정되어야 한다.

그러면 도대체 자유란 무엇인가. 자유라는 말처럼 여러 가지로 해석되고 인간과 사회와 국가 그리고 역사에 여러 가지로 영향을 준 말도 없다. 자유에는 수백 이상의 정의가 있다. 참으로 이데올로기중

25) 영어의 용례에서 freedom은 개인의 자유를 가르키고 liberty는 사회적·정치적 사유를 의미한다. 즉, 전자는 개인으로서의 인간의 기본적 개성에 대한 철학적 시각으로부터 출발한 것이고 후자는 공민(국가공동체의 법적 구성원)으로서의 시민적 권리에 대한 정치사상적 내지 법사상적인 시각에서 출발한 개념이라 할 수 있다.

의 이데올로기라 할 수 있다. 자유와 자유주의와의 관계에 있어서 자유주의는 역사적으로는 항쟁과 계몽의 이데올로기였고 정치적으로는 자유를 위한 투쟁의 역사적 흐름을 통하여 생성되고, 다원성을 징표하는 정치형성원리이며 규범적으로는 자유를 위한 규범정립질서의 이념이다. 자유를 정의하기에 앞서 인식론적인 전제가 있어야 한다. 즉 자유를 인식할 수 있는 최소한의 비자유적인 요소가 존재하여야 자유에 대한 정의가 가능하다는 것이다.[26] 나아가 자유에 대한 정의의 주체와 자유에 대한 정의가 이루어지는 시점의 시대적 공간적 환경의 문제도 존재한다. 역사적이든 사회적이든 주어진 환경적 소여(所與)로부터 완전히 단절된, 그 무엇으로부터도 영향이 배제된 개념설정이란 존재하지 않기 때문이다.

자유에 대한 사전적인 일반적 정의를 소극적인 측면과 적극적인 측면으로 나누어 본다면 다음과 같다. 소극적으로는 원치 않는 강제, 통제, 구속, 압박, 속박, 억압으로부터 해방된 상태(liberty as the absence of restraint)[27], 즉, 사회적인 비자유의 부존재로 정의될 수 있다.

---

26) 비유적인 예로서 어항속의 단 한 미리 물고기 그것은 자기자신이 자유롭다는 것을 알지 못한다. 자유를 인식하고 지각할 수 없는 상황이라면 자유라는 개념은 불필요하다. 따라서 인식논리적으로는 자유와 비자유의 상황적 한계를 경계지을 수 있는 최소한의 비자유적인 요소의 존재를 전제로 한다.

27) 예컨대, 돌멩이가 길거리에 놓여 있는 것이나 질병으로 병상에 누워 있는 것과 같이 움직임(동작, 행위)의 장애가 존재 그 자체 안에 형성되어 있을 때 그것은 자유의 문제가 아니라, 힘의 문제라고 Hobbes는 보고 있다. 따라서 자유는 육체적인 힘과 정신적인 힘의 범위 안에 있는 "할 수 있는" 것 중에서 "하고자 하는" 것을 행하는 것에 장애를 받지 않는 것이라 말하고 있다. 그는 물리적 자유(corporal liberty)와 법적인 자유의 의미를 갖는 국민의 자유(liberty of the subject)를 구별하는데, 전자는 전형적인 소극적 의미의 자유와도 엄격하게 구별되고 있다. 즉, 능력 밖의 불능(incapacity)과 구속(restraint)을 구별하여 예컨대 건장한 사람이 탈출을 의욕하는데도 불구하고 산사태로 말미암아 어떤 공간에 갇혀 있을 때 그것은 물리적인 부자유(corporally unfree)이지 그것은 구속의 부존재로 평가될 수 있는(an account of non-restraint) 소극적 의미의 자유와는 엄격한 의미에서 성질을 달리 한다고 한다. 그러나 국가와 국민과의 관계에 대한 현대적인 관점에서 볼 때, Hobbes의 이러한 무미건조한 개념론적인 시각은 별로 중요한 의미를 갖지 못한다고 볼 수 있다; Cf. L. Crocker, Positive Liberty(Hague/

적극적으로는 원하는 것을 선택하고 요구하고 실행할 수 있는 임의성으로 정의될 수 있다. 따라서 자유는 인간행동의 소극적 원리일 뿐만 아니라 당연히 적극적 원리(형성원리)가 되는 것이기 때문에 어느 일면적인 통속적인 시각에서만 고찰될 수는 없다. 위 정의를 내용적인 측면에서 "(ㄱ)……로부터의(에서의) 자유, (ㄴ)……에로의 자유, (ㄷ)……을 위한 자유"로 나누어 볼 수 있다.

이상의 자유의 내용에 대한 논의에 관해 분석적으로 고찰한다면 먼저 자유는 자유의지를 전제로 한다. 즉, 의지가 있고 나서야 자유니 부자유니 하는 문제가 거론될 수 있다. 윤리학적인 의미에서 자유의지(free will)란 외부의 제약을 받지 않고 어떠한 목적을 스스로 세우고 실행할 수 있는 의욕을 가리킨다.

자유는 또한 자율을 그 요소로 한다. 자유와 자율이 자유의지를 공통의 바탕으로 삼고 있지만 자유가 자기실현의 총체라 한다면 자율은 이 실현을 위한 자기통제의 부분이라 할 것이다. 따라서 선택으로서의 자유는 반드시 "자율적인" 선택을 그 기초로 한다. 따라서 판단과정 내지 통제과정을 거치지 않는 자유 내지 그 행사를 지칭하는 자의[28]는 자율과 상충된다. 자의는 객관성의 명령에 어긋난 것이고 객관성이란 일반적 타당성을 지칭한다.[29] 따라서 일반적 타당성을 상실한 자의는 규율의 잘못된 적용을 말하는 것이 아니라 그 자체가 규율의 이탈로서 규율의 파기 내지 침해를 의미하는 것이다.[30] 어쨌든 자의는 이성과 규율을 무시하는 비객관적이고 무원칙적이며 우발적인 성향을

Boston/London: Martinus Nijhoff Publishers, 1980), pp. 11-15.

28) 19세기에는 자의(Willkür)도 가치중립적으로 자유로운 의사행위(der freie Willensakt)를 의미하였다고 한다; vgl. P. Kirchhof, Objektivität und Willkür, in Verantwortlichkeit und Freiheit, hrsg. von H. J. Faller, P. Kirchhof, E. Träger, Festschrift für Willi Geiger zum 80. Geburtstag(Tübingen: J. C. B. Mohr(Paul Siebeck), 1989), S. 89.

29) Vgl. P. Kirchhof, (FN 28), S. 82.

30) Vgl. P. Kirchhof, (FN 28), S. 82, S. 91.

지니는 임의성으로서 "자유의 영원한 오해"(der ewige Mißverstand der Freiheit)이다.31)

한편 자유와 병렬적 접속관계에 있는 이데올로기가 평등이다. 원칙적으로 자유는 차별을 인정하고 평등은 무차별을 인정한다. 자유가 만인에게 동등한 것은 아니다. 동일한 대상에 대해서라도 동등하게 자유로울 수 있는 인간은 단 둘도 없다. 평등도 자유와 마찬가지로 법의 이념이고 강력한 마술적 단어이고 모든 혁명적 봉기의 암호이다.32) 하지만 평화를 위한 욕구만족을 바탕으로 자유가 성취되어야 하기 때문에 자유공동체속에서 조화와 균형을 위한 평형추가 곧 평등이라 할 수 있다. 따라서 자유로부터 출발한 평등이어야 하지 자유를 희생한 댓가로서 구축된 평등은 그 개념적 좌표성을 상실한 것이다. 즉, 자유속의 평등, 자유의 증진으로서의 평등, 상향식 평등이 그 이념적 좌표가 되어야 한다.33) 이러한 평등은 유사한 대상에 대한 차별금지 및 동등취급의 명령, 상이한 대상에 대한 평준화 금지 및 차별취급명령, 그리고 상이한 대상에 대한 차별화의 요구와 차별화의 수권을 그 내용으로 한다.34)

이상에서 자유의 의미와 자유와 연관된 개념들을 살펴보았지만 여기에서 무엇보다도 중요한 것은 자유와 질서와의 관계이다.

질서이전의 상태는 혼돈(chaos)이다.35) 혼돈의 상태에서도 우주의 만물은 무질서도(entropy)라는 에너지의 형태를 가지고 있고 이 에너지는 그 발출욕구를 입자운동이라는 자유형태를 통해 발산하고 있

---

31) 헤겔의 언명이다. Vgl. P. Kirchhof, (FN 28), S. 89, S. 90. FN 41.

32) P. Kirchhof, (FN 28), S. 94.

33) Vgl. P. Kirchhof, (FN 28), S. 99; 허 영, 「헌법이론과 헌법(상)」 (서울: 박영사. 1988), 298면.

34) Vgl. P. Kirchhof, (FN 28), S. 92; ders., Gleichmaß und Übermaß, in: Festschrift für P. Lerche(1993), S. 142. 평등성(동등성), 유사성, 동일성의 개념은 필히 구별되어야 한다.

35) 지금까지 진행되어 왔던 모든 과학도 혼돈으로부터 질서를 세워가는 인식도구이다.

다. 이 운동은 무질서도의 표현임에도 불구하고 무질서속의 체계화를 나타내려 한다고 한다. 운동량을 많이 가질수록 이 형태의 체계화는 많은 부분 깨어지지만, 깨지는 동안에도 수십번의 형태유지를 위해 몸부림친다고 한다는 사실은 질서의 개념설정에 시사해 주는 바가 크다. 자연질서는 만물이 우주의 순환원리대로 생성과 소멸의 과정을 수행하는 상태이다. 자연의 질서가 자연현상을 지배하는 정연한 법칙이라 한다면 사회질서는 인간을 구성원으로 하는 사회내의 모든 사회적 현상의 인식, 정돈, 귀속을 규율하는 규칙의 총체라고 할 수 있다. 사회질서는 자연질서와는 달리 필연적인 질서가 아니라 인간을 위해서 매개된 질서이다. 따라서 자연질서가 인과론적인 질서라고 한다면 인간세계의 사회질서는 궁극적으로 사회정의실현을 목적으로 하기 때문에, 사회질서는 목적론적인 질서이다. 이 결과 사회의 기본질서속에 내포된 정의를 훼손시키는 행위를 규제하기 위하여 사회적 규범장치를 마련한다. 어쨌든 이러한 인위질서 속에서 그것이 성격상 자율질서이건, 타율질서이건 조작된 질서이건간에, 또는 도덕질서이건 법질서, 헌법질서,[36] 국가질서이건간에 아울러 사유질서, 존재질서, 당위질서이건간에, 아니 그 어떠한 이름의 질서이건간에 자유와 연관된 질서영역은 이 글의 고찰영역과 접촉된다.

도대체 질서란 무엇인가.[37] 일단 질서는 존재의 표지이지 그 존재를 있게 한 원인은 아니다.[38] 또한 질서는 내용이 아니라 형식이라 할 수

---

36) 헌법학에서 헌법질서는 성문헌법이건 불문헌법이건 간에 헌법전체를 가리키는 말로 자주 쓰이고 있으나 단순한 개별헌법규정의 총체를 의미하는 것이 아니라 개별규정전체에 농축된, 또는 불문율의 관습, 저변에 흐르고 있는 가치를 여과시켜 응고된 형태의 상징으로서의 가치질서를 나타낸다.

37) 우선 사회주의 입장에서 질서를 사회이익을 위해서가 아니라 전적으로 국가를 상악한 자들의 이익을 위해 강요되는 과잉질서로서의 잉여질서(surplus order)로 파악하는 시각은 논외로 한다.

38) 생 떽쥐뻬리의 언명이다. Vgl. J. Freund, Der Begriff der Ordnung, in: Der Staat (Berlin: Duncker & Humblot, 1980), S. 325.

있다. 그릇과 물의 관계와 같이 질서는 형식이고 자유는 내용이다. 따라서 형식이 없는 절대적 자유는 바로 비질서이다. 형식은 내용을 나타내주는 매개물이기 때문에 그 자체가 상징적 성격을 지닌다. 만약 이러한 형식이 없다면 우리는 연속과 단절, 결합과 해체를 관념적으로 파악할 수 없게 된다. 우리가 질서가 없으면 공포를 느끼게 되는 이유는 질서를 구성하는 이러한 형식의 결여 때문이다. 따라서 모든 창조행위는 형식부여이다. 역사상의 모든 진보는 질서를 그 전제조건으로 한다. 기존의 질서가 없다면 혁명[39]도 없다. 모든 인간들의 활동은 기존의 질서속에서 새로운 형식을 창조하는 것이기 때문에 혁명이라는 것도 억제할 수 없는 우연성으로 말미암아 하늘에서 뚝 떨어진 별똥같은 존재가 아니다. 형식을 기준으로 질서와 비질서를 구분짓지만 형식으로 이루어진 질서와 형식주의(Formalismus)와도 구별해야 한다. 형식주의는 질서를 타성에 젖게 하여 내향적 구조의 메카니즘으로만 한정시키고자 한다. 질서의 유일한 존재이유는 비질서인 무제한의 자유로부터 출발하는 권력에 대하여 우리 인간을 보호하는 데에 있다. 따라서 질서는 형이상학적 범주에 속하는 것이 아니고, 바로 가장 실제적인 실용적 의미를 갖는다. 비질서와 경계를 이루고 있는 한계적 외관으로서의 질서는 그 자체가 필연적으로 긴장과 모순을 내포하고 야기시키기 때문에 흠결없는 질서란 존재할 수 없다. 경직된 형식주의와 형식을 갖추지 못한 비질서의 위험성은 곧 전제주의(Despotismus)와 무정부주의(Arnarchismus)의 위험성과 다름 아니다.[40] 국민에게 부여된 고유

39) 국민에게 원천적인 질서창출권으로서 혁명권을 인정할 수는 없다. 혁명은 "권리"로서가 아니라 역사적 · 사회적 · 정치적인 "현상"으로서 파악해야 한다. 억압된 힘의 폭발로서 구 질서의 파괴와 신 질서의 창조를 동시에 수행하는 혁명과 기존질서하에서 위헌적인 불법적인 권력행사에 대해 최후적인 자조(自助)수단으로서 행하는 저항권과는 구별된다. 시민불복종은 합헌적 · 합법적 권력행사에 대해서도 불복종할 수 있느냐의 문제제기이다. 자세한 것은 졸고, "헌법이란 무엇인가", 「연세법학연구 제2집」 (서울: 연세대학교 법과대학 법률문제연구소, 1992), 138면 이하 참조.

한 자격으로서 가장 특징적인 것은 저항과 복종이다. 국민은 복종을 통하여 질서를 보장하고 저항을 통하여 자유를 보장한다.41) 어떠한 질서도 질서 그 자체에 의해 성립되지는 아니한다. 질서의 기초는 명령과 복종의 위계질서 속의 관계에 있지만, 현실적인 복종은 오로지 불복종의 가능성이 있을 때에만 존재한다. 이러한 불복종의 가능성이 존재하지 아니한다면 복종은 순전히 기계적인 작용에 불과할 것이다.42) 질서는 자유와는 달리 이념이 아니라 필요성에 의한 산물이다. 질서가 없으면 인간이 자신의 자유를 최고한도로 실현시킬 수 없게 될 때, 바로 그 때 질서는 절대적으로 필요한 최소한이 되는 것이다.43) 따라서 국가권력을 최소한으로 축소하고 국민의 자유를 최대한으로 확대해야 한다는 생각은 기본적으로는 옳다. 즉 자유와 권력사이에 어떠한 존재가 질서라고 하는 시이소(seesaw)이다는 것이다.

인간의 관계는 정치적으로는 자유를 위한 지배·복종의 관계이지만, 또한 자유를 매개로 한 연대성의 관계이다. 그리고 자유는 사회적, 정치적, 경제적 조건들과 연결되어 있다. 따라서 어떤 면에서는 자유와 질서라는 개념은 본질만을 남겨둔 채 끊임없는 변화를 거듭한다. 이 때 변화의 인과관계는 자유를 고정인자(독립변수)로 보았을 때 이 고정인자의 변화에 따라 환산인자(종속변수)인 질서가 여러 형태를 나타냄으로써 드러난다.

이제 질서를 정의해 보자. 질서는 차례, 순서, 절차, 규칙, 구조, 조직, 결사, 규범등으로 매개되는 일정한 양식이다. 먼저 질서에 대한 인식의 출발은 자유에 대한 인식에 있어서 완전한 자유의 거부와 마찬가지로 완전한 질서의 거부로부터 출발하여야 한다. 흠결없는

40) Vgl. J. Freund, (FN 38), S. 338.
41) Vgl. J. Freund (FN 38), S. 339.
42) Vgl. ebenda.
43) Vgl. ebenda.

질서가 성질상 있을 수 없다는 것은 이미 지적한 바 있다. 자유와 질서와의 관계는 어떠한가. 자유와 질서의 이미지는 언뜻 생각해보면 만날 수 없는 평행선이다. 자유와 질서가 어떻게 공통영역을 가지고 만날 수 있는가. 피상적으로 이해하여, 자유는 절대자가 인간에게 부여한 본능이자 본질이라는 언명과 인간은 태어나면서부터 구속된다는 언명은 자유와 질서의 위와 같은 양면적 관계를 잘 나타내준다. 자유가 보이지 않는 손이라면 질서는 보이는 손이다. 자유와 질서 그것은 관점에 따라서는 상충개념일 수도 있고, 또는 질서 그 자체가 자유를 극대화시키는 메카니즘을 수행하는 상호보완적인 개념일 수도 있으며, 독립된 것일 수도 있다. 그러나 질서와 자유라는 개념을 서로 떼어놓고 파악하거나 인식해서는 두 가지 개념의 전부를 이해할 수 없고 두 개념의 조화로운 통합 내지 변증법적인 Synthese를 얻을 수 없다. 어쨌든 질서가 자유의 반대개념은 아니다. 자유의 반대는 구속이나 강제일 따름이지 질서는 아니다. 자유와 질서는 서로 상반되는 것이 아니라 앞서 살펴본 바와 같이 내용과 형식으로 서로 조화로와야만 하는 불가분의 관계인 필요충분조건이다. 자유와 질서 그것은 시너지(syncrgy)효과에 의해 상호통제 및 촉진기능을 수행한다. 인간사회에 있어서 질서의 창출은 구성원들의 합의에 바탕을 두어야 하고 또한 내용적으로 정당해야 한다는 것을 전제로 하는데 그 정당성은 자유의 실현에 있다. 따라서 질서는 자유를 제약하기 위한 것이 아니라 자유를 실현하고 보호하기 위한 것이다. 이러한 질서라는 추상적 개념에 외형적 형태를 부여해주는 것이 법이다. 법은 자유와 질서를 우리 사회에 합리적으로 정착시켜주는 매개체이다. 자유와 질서(법)와의 관계에서 질서는 독이 될 수도 있고 약이 될 수도 있는데, 스스로 해독제를 마련해 놓지 않는다면 그것은 독이다. 해독제는 항상 출발점의 위치를 정확히 찾는 데에 존재한다. 자유와 질서의 공통분모는 역시 자유이다라고 말할 수 있다.

질서에서 출발한 자유는 자칫 통치자, 통제자의 자의에 따라 "결정" 되어지고 "주어지는" 자유이기 때문에 자유로부터 출발하여 자유를 위한 질서이어야 한다. 인간이 자유에 입각한 사회변화의 주체이지 않으면 아니되고 이 변화과정의 질서도 결국 자유의 원리에 의해서 형성되는 결과적 부산물이어야 할 것이다. 이러한 인식이 밑바탕이 되지 않는 한, 어떠한 이데올로기와 민주화도 허구가 되고 만다. 자유는 영원한 노스탤지어이고 질서는 영원한 패러독스이다. 헌법상의 과잉금지의 원칙은 질서의 구조적 원리 나아가 헌법의 구조적 원리로 파악할 수 있으나, 그 사상적 뿌리는 역시 자유 및 자유주의에서 발원하고 있으며, 그렇지 아니한 경우 과잉금지의 원칙을 논의할 실익도 없다. 따라서 현대의 자유민주국가에 있어서 헌법의 내용상의 한계좌표라고 할 수 있는 자유민주적 기본질서를 과잉금지의 원칙은 그 논의의 전제로 한다.

둘째로 힘과 가치와의 관계를 살펴보기로 한다.

자연의 세계와 인간의 세계에 공통하는 생존구조의 토대는 "힘"이라 할 수 있다. '적나라한 힘'과 '정제된 힘'에 있어서 그 배합정도가 양자를 구분짓게 하지만 이 '힘'의 요소를 도외시하고 관찰자의 조망탑에 오른다면 허구의 관념조작의 관찰결과물만을 가지고 내려올 수밖에 없다. 에네르기의 근원과 구조와 작용 및 변환에 관한 물리학적인 고찰44)은 제쳐두고라도 적나라한 힘이 주로 작용하는 자연생태계

44) 물리학자 Richard P. Feynmann(1918-1988)은 오늘날 물리학에서 힘(energy)이 무엇인지 알지 못한다는 것을 깨닫는 것이 중요하다고 지적하고 있다. 한편 시인 William Blake(1757-1827)는 힘이란 영원한 기쁨이다(Energy is eternal delight)라고 읊조리고 있다. 그러나 일반적으로 물리학에서 힘(power)이란 단위시간당 행해진 일의 양(p=dw/dt)으로 정의된다. 이 정의로부터 평균량의 힘(average power)과 미분량의 힘(instantaneous power)은 쉽게 도출될 수 있다. 한편 이러한 물리학적인 사고에 따라 힘에 대해 우리말로 쉽게 정의해 본다면 힘이란 정지해 있는 물체를 움직이게 하거나 움직이고 있는 물체를 정지하게 하는 근원이라고 할 수 있다고 본다. Cf. Edwin R. Jones/Richard L. Childers, Contemporary College Physics(New York: Adisson-Wesley Publishing Co., 1990), p.182, 186, 194;

의 자연도태(natürliche Auslese)와 적자생존(das Überleben der Stärkeren)의 원리는 인간의 세계에서 그것도 '특정한 공동체'내에서 '힘'들을 규율할려는 규범학의 영역에 시사하는 바가 크다. 그러나 인과법칙과 적자생존의 거울을 사회질서의 원리에 그대로 비추어 볼 수는 없다. 왜냐하면 사회법칙은 인과관계를 초월하여 일정한 목적을 달성하기 위하여 인간행동의 준칙을 정하는 목적률의 측면이 있기 때문이다. 원래 사회라는 것은 법칙적인 자연생활과 가치적인 인간생활과의 종합현상이다. 그렇지만 Hegel이 최고의 도의태(道義態 : Sittlichkeit)라고 말한 국가도 국가권력을 본유적으로 그 구성요소로서 담지 할 수밖에 없는데 국가가 독점하고 있는 이 권력도 실체에 있어서는 힘으로서의 폭력의 성질을 부인할 수 없다. 다만 그것이 공권력이라는 이름으로 당의(糖衣)가 씌워진 정제되고 정당화된 폭력(legitimate violence)[45]일 따름이다. 현대의 민주적 법치국가에서 힘의 근원을 추적해보면 그것이 헌법제정권력, 헌법개정권력, 국가권력을 나타내든, 공권력으로서 입법권, 행정권, 사법권 및 기타의 권력[46]을 나타내든가간에 궁극적으로 다수결의 원리에 귀착된다. 따라서 철저하게 힘의 논리에만 따른다면 이 다수결의 원리는 만능개념이 되어버린다. 즉 주권적 결정으로서 최

Marcelo Alonso, Edward J. Finn, Physics (New York: Adisson-Wesley Publishing Co., 1992), P. 161; Frederick J. Keller/W. Edward Gettys/Macolm J. Skove, Physics - Classical and Modern(New York: MCgraw-Hill Inc., 1993), p. 182, 183. 한편 힘을 나타내는 영어의 용례에서 strength는 육체적인 완력을 나타내고, force는 물리력으로서, 일할 능력(the ability to do work)을 나타내는 power의 구성요소로 설명되고 energy는 일반적으로 근원적인 동력의 의미로, coercion은 강제력으로, violence는 폭력으로 competence는 정제된 힘으로서 일정한 자격을 가지는 권한의 의미로 일반적으로 사용된다. 이 중에서 사회과학에서의 권력의 의미로 사용되는 것은 power이다.

45) Cf. Laurance H. Tribe, American Constitutional Law, 2. ed. (Mineola, New York: The Foundation Press Inc., 1988), p.1306.

46) 권능(Kompetenz)과 권력(Gewalt)의 용례에 있어서 원칙적으로는 전자가 법학적 개념으로, 후자는 naked power의 뉴앙스가 있어 정치학적인 개념으로 구별하여 사용하여야 하겠으나 보통 혼용되고 있다. 졸고, 「헌법의 정당성적 이해의 소고」(서울: 연세대학교 대학원 석사학위논문, 1987), 44면 각주 90 참조.

후적 다수는(pars maior) 언제나 진리요 선이요 보다 큰 합리성(pars sanior)을 상징하게 된다.[47] 우리가 다수결의 외형[48]은 쉽게 인식할 수는 있지만 다수결이 내포하고 있는 힘의 본질은 파악하기가 쉽지 않다. Max Weber에 의하면 힘(Macht)이란 사회적인 관계안에서 자신의 의사를(반대방향에서 마찬가지로 자신의 의사를 관철시키려 하는 그) 상대방에 대하여 관철시킬 수 있는 모든 가능성을 말한다. 그런데 이러한 힘의 개념은 사회학적으로는 무정형성을 띠고 있다. 그리하여 그는 우리가 인간으로서 생각할 수 있는 모든 표상을 동원하여 종합적으로 힘에 관하여 정의한다면 주어진 상황하에서 자신의 의지를 실현시키기 위하여 어떠한 사람을 일정한 상태로 치환시켜 놓을 수 있는 것이라 하고 있다.[49] 어쨌든 지배관계의 설정을 힘의 논리에만 입각한다면, 보다 강한 힘에 의한 힘의 통제의 연결고리를 추적해 볼 때 최고의 결정권자 1인의 생존모델 내지 불가분적인 1개의 최고권력의 존립모델만을 허용하기 때문에 결국 통제불능의 상태에 이르게 된다. 즉 감독

47) 허 영, 「헌법이론과 헌법(상)」, 전정증보판(서울: 박영사, 1991), 220면 참조.

48) 다수결은 상대(단순)다수결, 절대다수결, 압도적 다수결, 만장일치 및 가중다수결로 나누어 볼 수 있다. 하나의 대상에 대한 가부를 결정하는 경우 ㉮ 단순다수(einfache Mehrheit), ㉯ 가중다수(qualifizierte Mehrheit), ㉰ 가부동수(Stimmengleichheit), ㉱ 만장일치(Einstimmigkeit)로, 다수의 대상중 하나를 선택하는 경우 상대다수(relative Mehrheit), 절대다수(absolute Mehrheit)로 나눈다; 계희열, 「헌법학(上)」, (서울:박영사, 1995), 235면, 주 108 참조. 단순다수결(einfache(relative) Mehrheit)은 의결정족수에서 하나라도 많은 결정을, 절대다수결(absolute Mehrheit)은 ½ 이상의 결정을, 압도적 다수결(überwiegende Mehrheit)은 ⅔ 내지 ¾ 이상의 결정을 말한다. 가중다수결(qualifizierte Mehrheit)은 결정참가자의 투표권의 가중치를 다르게 설정하는 것을 말하고 이것은 위의 다수결방법과 결합될 수 있다. 이 가중다수결의 방법(a qualified majority)은 국세(國勢)에 따라 가중치를 달리한 유럽공동체의회, 이사회, 집행위원회에서 채택하고 있다. Cf. Bernard Rudden/Derrick Wyatt, Basic Community Law(Oxford: Clarenden Press, 1986), p.76, p.78, p.91. 다수결의 측면에서 만장일치(Einstimmigkeit)는 효력이 가장 강하게 보일지 모른지만 역설적으로 무효일 가능성이 가장 클 수도 있다. 왜냐하면 의제논리가 수반될 수 있기 때문이다. 한편 다수결의 한계에 대한 논증은 결국 가치의 논리일 수밖에 없다.

49) Vgl. M. Weber, Wirtschaft und Gesellschaft-Grundriß der verstehenden Soziologie(Tübingen: J. C. B. Mohr(Paul Siebeck), 1956), S. 28.

자를 누가 감독하는가(Quis custodiet custodes ipsos?)[50] Platon의 철인(哲人)정치를 원용한다하더라도 현대의 역사가 보여주듯이 그것은 항상 Fascism에 귀결되고 만다. 그렇다고 하여 정교(政敎)가 분리되는 현대국가에서 고매한 인격의 성직자통치(Hierokratie: hierocracy)를 기대할 수도 없다. 결국 지배관계의 설정은 가치기속으로 대치될 수밖에 없다. 이 때 주체 없는 가치의 독재(Tyrannei der Werte)를 염려할 수도 있지만 여기에서의 가치는 주관에 따라 얼마든지 변성될 수 있는 그러한 가치가 아니라 최소한 인류역사 발전과정에서 검증된 객관적 가치[51] 내지 일정한 공동체 문화저변에 흐르고 있는 근원적 가치[52]를 말한다. 그것은 결국 헌법학에서 말하는 기본권적 가치로 결정되어진다고 말할 수 있다. 우리가 헌법신학에 빠지지만 않는다면 헌법상의 최고가치는 역시 인간의 존엄성이라 확정할 수 있다. 그런데 헌법의 인권규정은 인권보장의 가능조건이지 인권 보장의 충족을 뜻하는 것은 아니다. 따라서 필요악으로서의 권력기구를 현실적으로 긍정할지라도 힘으로서의 권력은 인간의 이러한 가치를 보다 수월하게 실현시키기 위한 메카니즘에 불과하다. 또한 이러한 권력기구를 뒷받침하고 있는 법 그 자체는 양면성을 가진다. 응징자로서의 법이 힘이라면 자유수호자로서의 법은 가치이다. 따라서 가치[53]의 본질은 그 실현에 의해서

---

50) 심헌섭, 「법철학 I」 (서울: 법문사, 1983), 82면 참조.

51) 따라서 가치는 역사적 성격을 띠지 않을 수 없다. 그러나 가치는 항상 계급적 성격을 지니는 것으로 논증할 수는 없다고 본다. 한편 가치는 과학적인 인식의 기능과는 본질적으로 다른 기능을 수행한다.

52) 상징화된 가치는 문화체계의 핵심 속에 내포되어 있지만 가치의 운반자로서의 문화체계는 일단 가치와 구별된다.

53) 철학이 제출할 수 있는 가장 흥미있는 문제는 불행히도 철학자들이 해결할 수 있기에는 가장 어려운 문제이다. 따라서 여기에서 노동가치설 · 효용성설 등 가치의 본질에 관한 경제철학상의 논의나 일반철학상의 가치론에 대한 언급은 피하기로 한다. 여기에서는 오로지 힘과 가치와의 관계에 대해서만 초점을 맞추어 간략히 언급하기로 한다. 그런데 가정에 의하여 모든 내용이 전개된다면 그 모든 것은 어쩌면 하나의 허구적인 세계를 구축하는 엄청난 고급 노동인력의 낭비를 가져올 수 있다. 따라서 변수설정을 하는 것보다 역사적 · 사실적 접근을

충족된다. 여기에 바로 힘과의 매개점이 성립될 수 있다. 그러나 힘을 가진 자의 자선적인, 시민층에 대한 해방논리에서 가치창출을 기대하는 것이 쉽지 않다. 나아가 권력은 그 속성상 스스로를 확장시키고 집중시키고 영속화하려는 경향이 있다. 또한 권력은 적극적으로 담화의 흐름 속으로 파고 들어가 언론과 언로를 통제하기도 하며 아주 미시적이고 일상적인 도덕관행에도 관여함으로써 물리적일 뿐만 아니라 외형적 동의에도 기반을 둔 권력적 지배가 가능하게 된다. 따라서 권력은 그 본래의 위치와는 다른 구석에서 엄연한 사회적 현실로서, 사회의 보편적 존재양식으로 군림하게 된다. 그렇기 때문에 법학의 영역에서는 법원칙을 도출하여 포괄적으로 법규범에 내포된 힘의 요소로서의 권력을 규율하려고 한다. 과잉금지의 원칙은 모든 사람의 자유의 가치를 확인하고 국가권력의 남용과 횡포를 제한하기 위한 법원칙이다. 무릇 개념은 생산되고 팔리고 거래되어, 사물들과 같이 그것이 쓰이는 사람들의 삶과 연결되어 있다고 하지만 과잉금지원칙의 법원칙으로서의 위와 같은 철학적 지평을 부인할 수는 없다. 중세에서 근대에로의 지향목표가 "신분에서 계약으로"(from status to contract)라고 한다면 현대사회의 지향목표는 "신뢰에서 통제에로"(from trust to control) 라고 할 수 있다.[54] 바로 이 현대적인 사회의 시대적인 기호로서 포스트모던니즘, 후기산업사회, 기술관료사회, 미디어자본주의, 전자민주주의 등 변화국면에 처해 있는 문화적 · 사회적 현상들에도 불구하고 이 수면위의 변화를 국가작용이 떠받쳐 준다고 할 때 어쨌든 이 국가작용에 대한 통제는 가치논리의 궁극의 패러다임이라 아니 할 수 없다. 과잉금지원칙은 이러한 통제 패러다임에서 독일헌법학이 구축한 가장 훌륭한 법원칙의 하나라고 말할 수 있다.

통하여 가치와 힘의 관계를 논증할 필요는 있다.

54) 따라서 "신뢰는 좋다 그러나 통제는 더욱 좋다"라는 레닌의 말은 이러한 측면에서는 의미가 있다.

제2장 과잉금지 원칙의 이념적 기초와 발전과정

제1절 과잉금지 원칙의 이념적 기초

과잉금지의 사고는 자연법 사상에 뿌리를 내리고 있다고 곧 잘 언급된다.55) 이 때의 양자의 연결점은 국가권력의 한계 내지 국가에 의한 침해의 허용한도의 문제이다. 자연법상의 생래적인 자유와 권리를 가진 인간은 그 자체로서 법의 척도가 되고 따라서 인권이 국가권력작용의 자연적 한계로 기능한다고 한다면 이것은 과잉금지 원칙에 의하여 실현하려고 하는 목적의 귀착점과 동일하다.

자연의 법칙 내지 이성의 법칙에 의하면 '과잉'(Überflüssiges)이란 있을 수 없는 것이고, 따라서 필요하지 않고, 또한 비례적이지 않는 국가의 조처란 인간의 본성과 그의 자연권에 역행하는 것이 된다. 즉 국가의 어떤 조치가 그 목적과의 비례관계에서 벗어난다 하는 것은 '각자에게 그의 것을 주라'56)는 자연법 법언상의 의무(die Pflicht,

55) Vgl. Claus Wellhöfer, Das Übermaßverbot im Verwaltungsrecht-Grundsätzliches und Tendenzen zu den Prinzipen der Notwendigkeit und Verhältnismäßigkeit (Würzburg: Inaugrural-Dissertation, 1970), S. 68ff.

56) Rome의 Cicero가 정의의 내용에 관해 "Suum cuique tribuere"를 처음으로 언급하였지만 오늘날까지 정의에 대한 최상의 정의로 인정되고 많은 법철학자들에 의해서 원용되고 있다. 그러나 여기에는 주체('누가 누구에게'라는 Who의

"Jedem das Seine" zu erteilen)를 해태하는 것이 되어 자연법 위반이 된다. 그것은 '선량한 인간'을 지향하려는 인간의 욕구속에 들어 있는 '인간의 본성'57)에 반립하기 때문이다.

어쨌든 인간애에 의거한 자연법의 요청을 충족하고 그럼으로써 인간에게 법의 목표와 과제를 다하게 하기 위하여 과잉금지의 원칙은 적어도 어떠한 조치를 하기 이전에 가능한 한 신중한 고려가 선행되어야 할 것을 보장하게 된다.58) 따라서 과잉금지의 뿌리가 자연법의 지반 속에 내려져 있다는 견해59)들이 성립하게 된다. 이에 따른다면 과잉금지는 인간의 자연권을 다치는 국가활동을 정지시킨다고 할 수 있다.

문제), 방법('어떻게'라는 How의 문제), 내용(나누어야 할 떡의 크기)의 문제가 결여되어 있다는 것을 주목해야 한다. Rudolf Stammler의 가변적 내용의 자연법(Naturrecht mit weschelndem Inhalt), Erich Fechner의 생성적 내용의 자연법(Naturrecht mit werdendem Inhalt)의 언명이 나타내주듯이 자연법의 내용을 확정하는 데는 영원한 미해결로 남아 있다고 하여도 과언이 아니다. 확정할 수 없는 내용의 자연법이란 일반적으로 우리의 법의 정신을 지배하고 있지만 허위의식에 바탕을 둔 의사종교라고 할 수도 있다. 불확정내용의 자연법관념에 바탕을 두어 법리상에서 항상 초월적 근거를 찾는 헌법이론은 이미 헌법신학의 차원으로 접어든 것으로 맹목적 신앙의 역기능과 권력자의 지배도구화의 위험에 빠질 염려가 있다. 그러나 자연법의 역사적 순기능을 볼 때 자연법의 내용이 아니라 자연법이란 표상이 가지고 있는 기능의 시각에 초점을 맞추어야 할 것이다. 여하튼 Küchenhoff는 어느 사회공동체의 문화나 경제발전단계 내지 시공을 초월하여 일반적으로 효력을 가지는 자연법의 언명으로 "각자에게 그의 것을 주라"를 들고 있으며 인간의 본성에서 나오는 자연법으로부터 과잉금지원칙을 도출하고 있다; Vgl. C. Wellhöfer, (FN55), S. 69.

57) 이에 의하면 자연법의 시발점은 인간의 본성에 내재되어 있는 창조, 성숙, 도덕적 완성에 대한 욕구이다. 이러한 추상적인 인간의 본성은 법이 개재할 수 있는 인간에 대한 인간의 관계 속에 삼투됨으로써 순수성, 고결성, 우호성의 모습으로 나타난다. 따라서 Küchenhoff는 법에 있어서 타인, 동료인간과 평화를 항상 함께 생각하여야 할 것이라고 말하고 인간애(Menschenliebe)에 입각한 사랑의 법(das Liebesrecht)속에서 법을 형성하는 힘을 인식하고 있다. C. Wellhöfer, (FN55), S. 70.

58) C. Wellhöfer, (FN55), S. 70.

59) Spendel은 비례성을 자연법·이성법으로 표현하고 있고, Drews-Wacke는 비례의 원칙에 있어서 '건전한 이성'에 관하여 언급하고 있으며, Coing은 비례성을 자연법에서 도출되는 법의 최상의 원리(der obersten Grundsatz des Rechts)로 파악하고 있다. C. Wellhöfer, (FN55), S. 70. FN 6.

제2절 과잉금지 사고(思考)의 기원과 연혁

과잉금지사고의 기원을 거슬러 올라가다 보면, 고대 그리이스의 절도(節度) 및 절제사상(Maßgedanken und Maßgesinnung der alten Griechen)에 이르게 된다.60) 이러한 절도 및 절제사상은 여러 인권선언에서 나타난 인권존중 사상과 자연법사상, 18세기의 자유주의 국가사상에 연결되어 국가권력 제한의 이념으로 현현되어 과잉금지 사고를 잉태하게 된다. 연혁적인 기원은 마그나카르타(Magna Charta Libertatum) 제20조 제1문에서 찾을 수 있다. 즉 여기에서는 "자유인이 경범죄를 범한 때에는 그 죄의 경미함을 고려하여 처벌되고 중범

60) Vgl. H. Huber, Über den Grundsatz der Verhältnismäßigkeit im Verwaltungsrecht, in: Zeitschrift für schweizerisches Recht, Bd. 96(1977), S. 21; Solon이래 오늘날 까지 일반적인 절제와 과잉의 사상은 하나의 법개념 또는 법적으로 중요한 개념으로 주목되어 왔다. Solon은 너무 많은 것의 무가치성(Nichts zu sehr)에 대한 문제를 개인과 사회공동체를 구속하는 철학의 본질적인 지도원리로 파악하였는데, 이것은 Platon의 절제와 무절제의 사상에 영향을 주었다. Vgl. P. Lerche, Übermaß und Verfassungsrecht zur Bindung des Gesetzgebers an die Grundsätze der Verhältmäßigkeit und der Erforderlichkeit(Köln · Berlin · München · Bonn: Carl Heymanns Verlag KG, 1961), S. 26. FN 17; Platon은 인간이 현상계에 속하는 육신과 이데아계에 속하는 영혼으로 이루어졌다고 하여 인간을 이원적으로 이해한다. 그리고 Platon은 인간의 영혼을 세 부분으로 나눈다. 하나는 불변하는 이데아를 인식하는 능력인 이성적인 부분이고, 그 밖의 두 부분은 육체와 결부되어 생성, 소멸하는 것으로서, 이성의 명령에 따라 욕망을 억제하는 기개와 육체적 욕망에 따르는 정욕이다. Platon은 이와 같은 영혼삼분설을 토대로 하여 영혼중의 이성은 지혜를, 기개는 용기를, 정욕은 절제를 덕으로 삼으며 이 세 가지 덕이 균형과 조화를 이룰 때 정의라는 덕이 성립한다. 지혜와 용기와 절제와 정의를 Platon의 사주덕(四主德)이라 한다. 이것은 Platon의 국가이론에도 그대로 적용된다. 즉 국가를 구성하는 계급도 정욕에 해당하는 생산자계급, 기개에 해당하는 방위계급, 이성에 해당하는 통치계급이 있다. 따라서 각 계급이 절제, 용기, 지혜라는 덕을 갖추어서 각 계급이 자신의 소임을 다 할 때, 균형과 조화를 갖는 정의로운 국가가 되는데 이러한 정의로운 국가가 바로 Platon의 이상국가이다. 황문수, (외), 「철학개론」(서울: 보성문화사, 1983), 56면이하 참조; 한편 천주교의 사추덕(四樞德)으로 지(智) · 의(義) · 용(勇) · 절(節:겸손)을 들 수 있고 한국 전통윤리의 사원덕(四原德)으로는 인(仁) · 경(敬) · 성(誠) · 신(信)을 들 수 있다.

죄를 범하였을 때에는 그 죄의 막중함을 고려하여 처벌된다"고 규정[61]하고 있는데, 이것은 국가의 형사사법작용에 있어서 "정도(程度)"의 문제의식이 드러나 있는 최초의 실정규정이라 할 수 있다.

제3절 18-19세기 독일에서 과잉금지 사고의 발원과정

그러나 과잉금지원칙은 18세기 프로이슨의 자연법의 산물이라 할 수 있다. 과잉금지의 사고를 단적으로 드러낸 것은 Savarez(Svarez)[62]가 1791년 Preußen의 Friedrich Willhelm 황태자(나중에 Friedrich Willhelm Ⅲ 황제가 됨)앞에서 행한 다음과 같은 강연의 내용에서다.

---

61) "Liber homo non amercietur pro parvo delitu nisi secundum delicti; et pro magno delicto amercietur secundum magnitudiem delicti"(Der freie Mann soll für ein geringes Vergehen nicht anders bestraft werden, als nach den Maßgabe des Vergehens, und für ein großes Vergehen soll er nach der Größe des Vergehens bestraft werden.) Vgl. R. v. Krauss, Der Verhältnismäßigkeit in seiner Bedeutung für die Notwendigkeit des Mittels im Verwaltungsrecht (Hamburg: Kommisionsverlag Ludwig Appel, 1955), S. 3; W. F. Hotz, Zur Notwendigkeit und Verhältnismäßigkeit von Grundrechtseingriffen unter besonderer Berücksichtigung der bundesgerichtlichen Praxis zur Handels-und Gewerbefreiheit(Zürich: Schulthess Polygraphischer Verlag AG, 1977), S. 1; M. Ch. Jakobs, Der Grundsatz der Verhältnismäßigkeit mit einer exemplarischen Darstellung seiner Geltung im Atomrecht(Köln · Berlin · Bonn · München: Carl Heymanns Verlag KG, 1985), S. 2.

62) 이에 앞서 있었던 영국의 W. Blackstone(1723-1780)의 다음과 같은 언명도 동일한 시사점을 제공하고 있다. "Natural liberty so far retstrained by human laws and no farther, as it is necessary and expedient for the generall advantage of the public." Vgl. R. Zippelius, Allgemeine Staatslehre (Politikwissenschaft) (München: C. H. Beck'sche Verlagsbuchhandlung, 1975), S. 179.

즉 "국가공법상의 제1의 원칙은 국가가 모든 사람의 자유와 안전이 유지(존속)될 수 있도록 하기 위하여 필요한 경우에 한해서만 개인의 자유를 제한할 수 있다는 것이다. 이러한 관점으로부터 경찰법상의 제1의 원칙이 나오는데 그것은 국가가 도덕적 확신을 가질 정도로 시민사회에 대해 우려되는 커다란 손해를 피하기 위해서만, 또는 시민사회전체를 위해 매우 중요하고도 영속적인 이익을 얻고자 하는 합리적인 이유가 있는 때에 한해서만 경찰법을 통하여 국민 개개인의 자연적 자유를 제한할 수 있다는 것이다".[63] 그런데 과잉금지의 사고를 경찰법의 영역에 확고하게 끌여들인 것은 G. H. von Berg였다. 그는 1799년 독일 경찰법요론(Handbuch des Teutschen Policeyrechts)이라는 그의 저서에서 보다 더 분명하게 철학적 기반과 연결시켜 전제정이나 독재정으로 변질되지 않는 한, 넘어설 수 없는 경찰권의 한계가 자연법과 이성법으로부터 나온다고 확인하고 있다.[64] 따라서 경찰권은 그 합당한 목적에 필요한 한도 내에서만 국민의 자연적 자유를 제한하여야 한다고 하여 만약 안전이나 복리의 장애나 위험을 방지할려는 목적도 없이 경찰권으로 명령하거나 금지한다면 그것은 경찰권 그 자체에 있어서는 목적흠결(zwecklos)이고 국민의 자유를 제한하는 관계에 있어서는 목적위반(zweckwirdrig)이라 하고 있다. 왜냐하면 국

63) "Da es nun der erste Grundsatz des öffentlichen Staatsrechts ist: daßs der Staat die Freiheit der Einzelnen nur soweit einzuschränken Berechtigt sei, als es notwendig ist, damit die Freiheit und Sicherheit aller bestehen könne, so fließst aus dieser Betrachtung der erste Grundsatz des Polizey-Rechts: daßs nur die Abwendung eines großsen und morallischer Gewißsheit zu befürchtenden Schadens für die bürgerliche Gesellschaft, oder nur die gegründete Hoffnung zur Erlangung eines sehr erheblichen und dauerhaften Vortheils für das Ganze den Staat berechtigen könne, die natürliche Freiheit seiner einzelnen Bürger durch Polizey-Gesetze einzuschränken." M. Ch. Jakobs, (FN61), ebenda; H. Schneider, Zur Verhältnismäßigkeitskontrolle insbesondere bei Gesetzen, in: Bundesverfassungsgericht und Grundgesetz (Tübingen. J. C. B. Mohr(Paul Siebeck), 1976), S. 393f.

64) Vgl. R. v. Krauss, (FN61), S. 4; W. F. Hotz, (FN61), ebenda.

가는 모름지기 국민이 국가안에서 할 수 있는 모든 일을 방해받지 않고 행사할 수 있도록 보호해야 할 의무를 지고 있을 뿐만 아니라 국가권력의 목적 또는 그 국가권력속에 포함된 특별고권의 목적상 필요한 한도이상으로 국민에게 작위나 부담 또는 부작위를 강제해서는 아니 될 의무를 지고 있기 때문이다. 따라서 경찰권으로 국민의 자유를 제한할 때에는 마땅히 가능한 한 최대의 자제(die möglichst größte Mäßigung)가 선행되어 이루어지고 준수되어야 한다. 그것은 바로 모든 국민들이 필요한 것 이상으로는 당연히 자신의 자유를 희생하려는 책임을 지지 않으려 하고, 그것을 결코 좋게(호의적으로는) 받아들일 수 없는 이유 때문이다. 어쨌든 이 모든 경우에 있어서 공동체의 그러한 희생이 필요하고 그 희생이 비례적으로 이루어져야 한다는 것은 자명하다고 v. Berg는 말하고 있다.[65] 정리해서 말한다면 v. Berg는 비례적(verhältnismäßig)이란 말을 처음으로 사용하면서 침해의 목적과 침해의 정도사이에서 준수되어야 할 관계와 여기로부터 도출되는 국가권력의 제한을 언급하고 있다는 점이 이곳에서 주의깊게 적기할 사항의 하나라는 것이다. 1세기 후에 이러한 사고는 당시 독일 경찰법의 영역에 본질적인 부분에서 모두 구현되었고 특히 경찰은 공공의 안녕의 유지를 위해 필요한 조치를 명할 수 있고 따라서 경찰직무상 불필요한 조치는 행할 수 없다고 하는 경찰작용의 일반수권조항인 일반란트법(ALR) 제10조 제2항 제17호[66]에 대한 Preußen고등행정재판소의 판례[67]에 반영되었다. 이후 오래 지나지 않아 당시의 독일 학계

65) Vgl. M. Ch. Jakobs, (FN61), S. 3.

66) "공공의 평온, 안정과 질서유지를 위해 그리고 공중이나 개인에게 놓여 있는 위험의 방지를 위해 행하는 필요한 작용은 경찰의 직무이다".

67) 두 가지 자주 인용되는 예를 들면 다음과 같다. 첫째로 시골의 구멍가게에서 화주(火酒)를 부당한 방법으로 소매행위를 할 때 경찰은 그것을 방지하기 위해서 곧바로 상점을 폐쇄한다는 것은 허용되지 아니한다는 판례이고, 둘째로 자신의 토지와 경계를 이루는 이웃한 길로부터 그 토지를 침범하는 것을 막기 위하여 토지소유권자가 경계선에 말뚝을 박았는데 그것이 어두워지면 알아보기가 힘들

에서도 이것을 받아들여 어쨌든 공중의 목전에 닥쳐있는 위험의 방지라는 경찰상의 과제를 수행하는데 있어서 이 때 과잉금지의 원칙은 구속적인 법규(verbindlicher Rechtssatz)로서 논증되었다.68)

먼저 Fleiner는 과잉금지원칙을 다음과 같은 간결한 공식화된 표어로서 징표하였다. 즉, "경찰은 대포를 참새에게 쏘아서는 아니된다"(Die Polizei soll nicht mit Kanonen auf Spatzen schießen). 여기에는 두 가지 의미가 들어있다. 먼저 엽총(Flinte)으로도 참새를 잡을 수 있는데 대포를 사용하는 경우, 그 때는 필요성의 원칙을 지적하고 있는 것이다. 둘째, 본래부터 난청인 참새를 쫓아버리기 위해 대포를 쏘는 것이 가장 완화된, 아마도 유일한 수단인 경우 이 때는 참새를 쫓는 이익보다 이웃사람에게 소음공해를 야기시켜 괴롭히는 손해가 더 크다라는 문제를 제기하기 때문에 여기에서는 좁은 의미의 비례의 원칙을 지적하고 있는 것이다.69) 그는 개인의 자유에 대한 제한은 절대적으로 필요한 정도를 넘어서는 결코 허용되지 아니하며 가장 강력한 수단은 항상 최후수단(Ultima ratio)으로 행사되어야 하고 경찰상의 침해는 상당한 관계에 있어야만 한나는 것을 적시하였다.70) 마찬가지로 Laforet도 목적이 필요로 하는 이상으로 강제가 행해져서는 아니된다고 언급하였다.71) F. F. Mayer는 과잉금지 사고가 일반적으로 승인된 개인과 법인의 권리영역을 국가가 침해할 때에도 효력을 가질 것이라고 예견하였다.72) 동시에 그는 행정청의 재량의 일탈을 평가하

어서 보행인들을 위태롭게 한다고 할 때 경찰은 그 말뚝제거를 요구할 것이 아니라 밤에 조명시설을 갖추도록 하는 것으로 만족해야 한다는 판례이다. Vgl. R. v. Krauss, (FN61), S. 5.

68) Vgl. R. v. Krauss, (FN61). S. 5.

69) Vgl. L. Hirschberg, Der Grundsatz der Verhältnismäßigkeit(Göttingen: Verlag Otto Schwartz & Co., 1981), S. 6.

70) R. v. Krauss, (FN61), S. 5; W. F. Hotz, (FN61), ebenda

71) R. v. Krauss, (FN61), S. 5.

72) M. Ch. Jakobs, (FN61), S. 3f.

는데 있어서 과잉금지의 사고를 도입하였고 과잉금지는 일반법상의 요구이며 법률의 목적으로서 목적과 수단이 상호간에 일반적으로 합리적인 관계에 있어야 한다는 것을 전제로 한다고 하였다.[73] O. Mayer는 1895년 그의 "독일행정법"교과서에서 경찰권의 한계에 대한 논증의 테두리내에서 과잉금지 사고에 몰두하였다.[74] 그는 적법한 것으로 볼 수 있는 경찰권의 실력행사의 정도(das Maßs der polizeilichen Kraftentwicklung)를 판정하는데 있어서 자연법상의 기초로부터 나오는 경찰상의 위험방지행위에 요구되는 비례성을 들었다.[75] 즉 그는 Hatschek와 마찬가지로 경찰상의 위험방지행위가 그로 인해 야기된 장애행위와 비례관계에 있어야 한다고 주장하였다. Biermann도 1897년에 경찰권의 행사는 필요한 조치에 한정되어야 한다고 하면서 예방에 필요한 예방행위만 인정되고 그 이상은 허용되지 않는다고 하였다. 따라서 이 한계를 유월한 행위는 법률상의 권한밖에 행위이며 불법적인 권한행사로 다루었다. 이와 유사한 사고의 편린들이 v. Seydel, v. Großmann 그리고 Bluntschli등에서도 발견되고 있었다.[76]

제4절 20세기 독일에서의 과잉금지원칙에 대한 전개 및 논의과정

Thoma는 1906년에 다음과 같이 적고 있다. "개개의 경찰관들의 일

---

73) M. Ch. Jakobs, (FN61), S. 3.

74) M. Ch. Jakobs, (FN61), S. 4; R. v. Krauss, (FN61), S. 5.

75) M. Ch. Jakobs, (FN61), S. 4.

76) M. Ch. Jakobs, (FN61), S. 5. 특히 J. C. Bluntschli는 경찰이 조치를 취할 때 수단의 상당성과 목적적합성을 경찰의 최고의 의무(höchste Pflicht)라고 언명하고 있다. Vgl. H. Schneider, (FN63), S. 395.

반명령이 허용된 목적에 전혀 기여하지 못하거나 그 목표를 일탈하여 그 경찰상의 일반명령이 필요한 것이라고 볼 수 없을 때 그것은 전체적으로 경찰의 임무를 유월한 것이거나 부분적으로 특별위임의 테두리를 일탈한 것이라고 하고 따라서 이 양자는 단순한 행정목적위반이 아니라 법적으로 효력이 없는 것으로서 필요성(Notwendigkeit)에 대한 법관의 사후심사가 뒤따르는 것이다"[77] Wolzendorff는 경찰권이 그 본래적인 목적을 달성하기 위해 필요한 조치만이 허용되고 행사되어야 하는 일반적으로 타당한 원칙을 O. Mayer의 견해와 연결시켜 '비례성의 원칙'(Grundsatz der Verhältnismäßigkeit)이라고 표현하였다.[78] W. Jellinek는 경찰목적상의 상태를 달성하기 위해 필요한 정도를 넘어선 침해(Verstoß)에 대해서 "과잉"(Übermaß)이라는 말을 사용하였는데[79] 이것은 과잉금지의 원칙과 관련한 문헌상 최초의 학자라고 생각된다. 한편 W. Jellinek는 절대적 필요성과 목적적합성(재량문제), 상대적 필요성과 목적적합성(법적문제)을 구별하여 과잉금지의 사고에 따른 사법심사의 문제를 해결하고자 하였다.[80]

이상의 과잉금지 사고는 1931년 6월 1일 시행된 프로이슨의 경찰행정법 제41조 제2항에 정착되었다. 즉 동 조항은 "공공의 안전 또는 질서에 대한 장애의 제거를 위하여 또는 경찰상의 위험에 대한 효과적인 방지를 위하여 당면하고 있는 여러 가지의 수단이 있는 경우에 경찰기관이 이러한 수단중의 하나를 선택하기로 결정한다면 그것은 적합한 것이 된다. 이 때에 있어서 가능한 한 당사자와 일반공공에 가장 적게 침해하는 수단을 선택하여야만 한다. 이 때 당사자가 제시한 다른 수단으로도 마찬가지로 효과적으로 위험을 방지하는

77) M. Ch. Jakobs, (FN61), S. 5.
78) M. Ch. Jakobs, (FN61), S. 5.
79) Vgl. Hirschberg, (FN69), S. 5; R. v. Krauss, (FN61), S. 6.
80) Vgl. W. F. Hotz, (FN61), S. 2.

경우에는 그 수단의 적용을 당사자의 신청으로 허용할 수 있다. 그러한 당사자의 신청은 행정소송절차에서 소의 제기기간 만료전까지만 제기할 수 있다."[81]라고 규정하고 있었다.

지금까지 논급한 것을 정리해서 말한다면 과잉금지의 사고는 독일의 경우 경찰법의 영역에서 출발하였고 또한 경찰법의 적용 및 경찰권의 행사의 한계로서 논의되었다고 할 수 있다.[82] 이것은 프로이슨의 고등행정재판소가 그의 확립된 판례에서 경찰기관은 그 경찰목적의 달성을 위하여 필요한 조치만을 하여야 한다는 것이 경찰법의 일반원리(ein allgemeiner Grundsatz des Polizeirechts)라고 설시하고 있는 것에서 더욱 더 분명해진다.[83]

이러한 상황에서는 과잉금지의 원칙의 적용범위를 둘러싸고 경찰행정의 의미를 확정하는 것이 중요한 논제거리였다. 실질적 의미에 있어서 경찰행정은 모든 국가작용의 총칭개념(der Inbegriff der gesamten Staatstätigkeit)을 지칭한 때도 있었지만 위험방지(Gefahrenabwehr)를 축으로 경찰권의 개념정립을 시도하는 것이 대세였다. 즉 주법마다 차이가 있었지만 위법적인 침해에 대한 본래적인 의미의 법질서의 보호를 대상으로 하는 국가과제, 다시 말해 직접 생명, 신체, 재산에 대해 사람에 의해서 야기되는 위험의 방지를 그 과제로 삼는 좁은 의미의 경찰과, 안전유지와 범죄방지 경찰영역(형사사법 · 공안영역)을 제외한 다시 말해 건축, 영업, 풍속, 보건영역을 다루는 경찰을 지칭하는 행정

81) Kommen zur Beseitigung einer Störung der öffentlichen Sicherheit oder Ordnung oder zur wirksamen Abwehr einer polizeilichen Gefahr meherere Mittel in Frage, so genügt es, wenn die Polizeibehörde eines dieser Mittel bestimmt. Dabei ist tunlichst das den Betroffenen und die Allgemeinheit am wenigsten beeinträchtigende Mittel zu wählen. Dem Betroffenen ist auf Antrag zu gestatten, ein von ihm angebotenes anderes Mittel anzuwenden, durch das die Gafahr ebenso wirksam abgewehrt wird. Der Antrag kann nur bis zum Ablauf der Frist für die Erhebung der Klage im Verwaltungsstreitverfahren gestellt werden."

82) Vgl. R. v. Krauss, (FN61), S. 5.

83) Vgl. M. Ch. Jakobs, (FN61), S. 5f.

경찰(Verwaltungspolizei)로 나누고, 통상적으로 넓은 의미의 경찰은 이 양자를 포함하는 것이었다.84) 제2차 세계대전이 끝날 때 까지 과잉금지원칙은 큰 변화 없이 경찰법의 영역에 적용되어 왔는데 경찰법상의 일반수권규범에 한정되지 않고 경찰법상의 모든 특별규범에도 적용되었다. 경찰법상의 지배원리가 된 과잉금지원칙은 이 경찰영역을 넘어서 앞에서 살펴본 바와 같이 Fleiner, Hatschek, W. Jellinek 등의 학자를 통하여 행정상의 강제집행절차에서도 적용하기에 이르렀다. 즉 입법가가 행정상의 명령의 강제실현에 대해서 특정한 강제수단을 지정하고 있지 않다면 행정청은 일반적으로 대집행(Ersatzvornahme), 강제벌(Zwangsstrafe) 내지 집행벌(Exekutivstrafe), 직접강제(unmittelbarer Zwang)의 세 가지 수단을 동원할 수 있는데 이러한 강제집행절차에서 의도하는 결과의 실현을 위하여 절대적으로 필요한 경우에만 위 강제수단을 적용할 수 있다는 것이다. 따라서 보다 완화된 수단으로 그 집행목적을 달성할 수 있는데도 보다 강력한 수단을 사용하는 것은 부적법한 것으로 된다.85)

전후 독일에서 국가는 가장 넓은 의미에서 생활에 필요한 재화의 분배자의 역할로서 생존배려적 의무(Pflicht zur sog. Daseinsvorsorge)를 떠맡게 되고 이로 말미암아 국가기능이 강화되고 아울러 사회국가적 요청에서 급부행정영역이 증대됨에 따라 국가작용의 중심이 집행부로 이동하게 되었다. 경찰행정의 영역밖에서도 국가의 개인에 대한 간섭작용이 증가함에 따라 집행부의 일반행정을 통한 자유제한에 대한 개인의 자유보호의 문제는 이제 경찰법의 영역에 국한된 것이 아니라 일반적인 행정법의 문제가 되었다. 이러한 상황에서 과잉금지의 원칙을 여전히 경찰법의 영역에 남겨둘 것이냐 아니면 증가하는 자유제한에 대한 등가적인 대응물로서 과잉금지의 원칙을 전체 행정법의 영역에서

84) Vgl. R. v. Krauss, (FN61), S. 7.
85) Vgl. R. v. Krauss, (FN61), S. 8.

요구할 것이냐의[86] 문제가 제기되었다. 결국 이것은 자유보호의 문제이기 때문에 헌법구조적인 시각, 특히 독일에 있어서 기본법의 구조적인 문제를 평가하지 않고서는 궁극적인 답변은 이루어질 수가 없었다. 즉 과잉금지의 원칙의 법적 성격뿐만 아니라 행정법상의 지위를 결정하는데 중요한 의미를 지니는 과잉금지원칙과 기본권과의 관계의 문제가 헌법적 시각으로부터 해결되어야 한다고 v. Krauss는 주장하였다.[87] 그러나 Lerche는 시원적으로 과잉금지원칙이 경찰법과 관련되었다하더라도 경찰의 의미를 포괄적으로 이해하는 한, 그것이 행정의 전체영역내에서 과잉금지원칙의 효력범위를 명확하게 한정하기 위한 것을 의미하는 것은 아니라고 하였다. 경찰의 개념을 점증적으로 좁게 제한해서 이해하려는 경향이 있다 하더라도 원칙적으로 상황이 달라지는 것은 아니라고 하고, 오히려 이제는 과잉금지원칙이 경찰개념과 분리되어 경찰영역이외의 행정법영역에 뻗치고 있으며 행정법상 광범위한 효력범위를 확보하고 있다고 주장한다. 따라서 과잉금지원칙은 일반적인 침해행정법의 통합적인 구성부분으로서 지배적인 위치를 차지하고 있을 뿐만 아니라, 새롭게 생성되는 행정법영역(예컨대 생존배려행정, 경제간섭행정, 계획행정 등)에서도 여기저기서 명시적으로 과잉금지원칙을 요구하고 있고, 어디에도 그것을 명시적으로 부인하지 않고 있는 현실을 지적하고 있다.[88]

그러나 정리해서 말한다면 과잉금지원칙이 수익행정의 영역에서도

86) 1953년 4월 27일 시행된 연방행정집행법 제9조 제2항은 과잉금지의 원칙을 실정화하고 있다: "강제수단은 그 목적과 상당한 비례관계에 있어야 한다. 이때에 강제수단은 가능한 한 당사자와 일반공공에 가장 적게 침해하는 것으로 결정되어야 한다."(Das Zwangsmittel muß im einem angemessenen Verhältnis zu seinem Zweck stehen. Dabei ist das Zwangsmittel möglichst so zu bestimmen, daß der Betroffene und die Allgemeinheit am wenigsten beeinträchtigt werden.)

87) Vgl. R. v. Krauss, (FN61), S. 11.

88) Vgl. P. Lerche, (FN60), S. 24.

적용되지만, 이 때는 침해사고모형이 과잉금지원칙의 적용에 있어서 논리적 전제가 된다는 사실을 유념해야 한다. 즉, 침해사고를 전제로 하는 과잉금지의 원칙은 참새에게 대포를 쏘는 것을 허용하지 않지만, 침해를 수반하지 않는 급부의 영역에 있어서는 참새에게 아주 값비싼 철갑상어의 알젓을 먹이로 주는 것도 허용된다(Spatzen mit Kaviar zu füttern gilt als erlaubt). 사실 급부행위 그 자체에는 세칭 완화된 형태의 과잉금지원칙(das abgemilderte Übermaßverbot)[89]이라고 하는 경제성의 원칙(Wirtschaftlichkeitsprinzip)내지 비용절감의 원칙(Sparsamkeitsprinzip)이 적용된다.[90] 과잉금지원칙과 경제성의 원칙 내지 비용절감의 원칙의 관계에 대해서는 관련된 부분에서 후술한다. 한편 사회국가원리에 입각해서 국가가 국민에게 일정한 급부나 수익의 보장의무가 있는데도 그 의무를 해태하여 보장하지 아니하거나 충분하게 보장하지 아니하므로써 침해하는 경우(Eingriff durch Nichtgewähren oder Nicht-voll-Gewähren)에 과잉금지원칙이 적용될 수 있는 과잉의 침해라고 볼 수 있느냐의 문제가 제기될 수 있지만 그것은 과소보호금지(Untermaßverbot) 내지 자의금지(Willkürverbot) 및 평등권의 시각에서 해결되어야 할 문제이지 이 경우에도 과잉금지의 원칙을 원용하여 확대적용하는 것은 논리구조상 무리이다.

이제 행정법상의 일반원칙으로 확고한 위치를 자리잡은 과잉금지원칙은 모든 공법상의 영역과 그 인접한 법영역으로 확대되었고 마침내 헌법상의 지위를 확보하였다. 과잉금지원칙을 헌법상의 영역에 적용할 것을 주장한 최초의 학자는 H. Krüger였다. G. Dürig는 과잉금지원칙

---

89) 필자의 견해로는 이러한 표현은 개념적 혼란을 야기할 뿐 전혀 불필요하다고 본다. 왜냐하면 과잉금지원칙의 논리적 구조를 그 개념 및 내용에 앞서 선행적으로 파악한다면 여기서 제기되는 문제는 자연스럽게 해결되기 때문이다.

90) Vgl. R. Mußgnug, Gesetzesgestaltung und Gesetzesanwendung im Leistungsrecht, in: VVDStRL (Berlin · New York: Walter de Gruyter, 1989), Bd. 47, S. 126.

의 논증근거로 헌법의 정신(Geist der Verfassung)을 언급하였고, 이어 과잉금지원칙의 헌법적 지위는 R. v. Krauss와 P. Lerche에 의해 확고하게 되었는데, 특히 Lerche는 헌법적 수탁(Verfasssungsauftrag)의 실현을 위한 원리규범(Grundsatznorm)으로부터 나오는 지속적인 지침적 기능(dirigierende Verfassung)과, 현대 법치국가이념의 실질적 의미와 창출적 기능(die sinnvariierende und produzierende Kraft des rechtsstaatlichen Leitbildes)이란 표상을 가지고서 과잉금지원칙을 정당화하고 그 원칙적인 효력을 기본권영역에 수용하였다.91) 이 이후의 문헌들도 거의 예외 없이 과잉금지원칙의 헌법상 지위를 받아들이고 있다. 약간의 예외적인 목소리들을 살펴보면 다음과 같다. H. Peters는 과잉금지의 원칙을 헌법상에서 자리매김하는 것은 입법부의 지위와 합치될 수 없는 것이라고 보고 있다. 왜냐하면 과잉금지원칙에 대한 헌법상의 한계장치가 존재하지 않고 나아가 입법권이 과잉금지원칙에 기속된다는 것은 필연적으로 입법권자가 독자적인 이니시어티브를 전개하지도 못하고 단지 헌법으로부터 나오는 특정한 법적상태의 관리자로 전락하는 결과가 초래될 것이기 때문이라고 한다. 더우기 헌법적 지위를 가지는 과잉금지의 원칙과 권력분립 및 민주주의 원리사이에는 모순이 생기는데 그것은 司法의 정치화 및 헌법에서 결코 의욕하고 있지 않는 헌법재판의 의회에 대한 우월적 지위를 인정해 주는 결과가 되기 때문이라 한다.92) H. Huber도 입법권자에 대해 효력을 주장하기 위하여 과잉금지원칙을 헌법적 차원으로 끌어올리고 헌법상의 원칙으로 설명하는 것은 불필요하다고 말하면서 다음과 같은 3가지 이유로 논증하고 있다.93) 첫째로 과잉금지원칙은 기본권도 아니고 규범도 아니며 단지

---

91) Vgl. P. Lerche, (FN60), S. 56ff. S. 61ff. S. 134ff. S. 350(These 2); K. Stern, Zur Entstehung und Ableitung des Übermaßverbots, in: Festschrift für P. Lerche(1993), S. 171.

92) Vgl. M. Ch. Jakobs, (FN61), S. 29.

93) Vgl. H. Huber, (FN60), S. 19f.

일반적인 법원칙이라는 것이다.[94] 둘째로 헌법은 공포된 규범형식의 위계질서상에서 최고의 공포된 규범형식인데 반해서, 과잉금지원칙은 이와 같이 공포되지 않고 수면아래 잠복하고 있으며, 일반적인 법원칙은 헌법을 최고의 정점으로 하는 법단계의 어느 위치에도 존재하지 않고 있기 때문이라 한다. 세째로 개방적인 법원칙은 그 한계가 정해지지 않고 그 본래적 내용이 상실하게 된다면 위험스러운 지경에 빠지는데, 즉 과잉금지원칙은 국가조직상에서 예컨대 법관과 입법가, 행정가와 입법가 사이의 은밀한 권력이동을 조성하며, 효력을 가지는 현행 법규범의 규범영역을 해체하고 행정의 법률적합성을 와해한다는 것이다. 그밖의 이 그룹에 속하는 학자로는 O. Pohl을 들 수 있다.[95]

한편 E. Forsthoff는 과잉금지원칙을 행정법적인 차원을 넘어 헌법상의 원칙으로 지위격상하는 것에 대해서 비판하고 있다. 그러나 Forsthoff를 과잉금지원칙의 헌법적 지위 자체를 부인하는 예외적인 그룹에 포함시키는 것은 잘못된 것이라는 견해가 있다.[96] 어쨌든 Forsthoff는 과잉금지원칙이 상대적으로 좁은 테두리내에서 기능할 때, 따라서 조망할 수 있는 테두리내에서 움직일 때 실제적인 의미가

94) H. Huber, (FN160), S. 19. 일반적인 법원칙은 J. Esser에 따라 규범적, 법규적 성질을 가진 법원칙과 교시적(informative), 개방적인 법원칙으로 나누어 볼 수 있는데, 이들 어떤 것도 규범과 같은 효력을 가지지는 못한다. 일반적인 법원칙이 그 자체로서 본래적으로 가지는 효력도 법질서속에 고유한 형태로 들어있는 것이고 그것은 법정신에 깃들어 있는 확신적인 힘에 기인하고 있는 것에 불과하다. 이것도 규범적·법규적 성질을 가지는 일반적인 법원칙에 국한되는데 어쨌든 법규정의 근저에 놓여 있는 일반적인 법원칙은 명시적인 언급이 없는 한 기껏해야 법규정을 강화시켜주는 효력을 가지는 의미밖에는 없다고 한다.

95) O. Pohl, Ist der Gesetzgeber bei Eingriffen in die Grundrechte an den Grundsatz der verhältnismäßigkeit gebunden?, Köln, (1959), S. 119.: K. Stern, (FN91), S. 171, FN38에서 재인용.

96) Vgl. K. Stern, Das Staatsrecht der Bundesrepublik Deutschland Bd. Ⅰ, 2. Aufl.(München: C. H. Beck'sche Verlagsbuchhandlung, 1984), S. 862; ders., (FN91), S. 172; M. Ch. Jakobs, (FN61), S. 29.

있다는 것을 강조하고 과잉금지원칙을 헌법속으로 옮겨놓는 것은 근본적인 변화가 따른다고 한다. 행정법상의 개념과 헌법상의 개념이 호환될 수 없다는 것에 대한 하나의 증거를 댄다면 과잉금지원칙이 그 증거를 제공하고 있다는 것이다. 즉 포괄적인 입법형성권을 가지는 입법가의 상황과, 주어진 수단하에서 장애제거를 위해 적합한 수단을 선택해야만 하는 경찰영역과는 같은 선상에서 비교하기에는 어려운 일이라는 것이다.97)

그러나 개관하여 본다면 과잉금지의 원칙이 법집행작용뿐만 아니라 법정립작용까지를 기속하는 헌법상의 원리로 확립되었다는 것에 대해서 현재로서는 이의가 없다고 할 것이다. 이러한 흐름의 배경에는 행정법이 "구체화된 헌법"(Konkretisiertes Verfassungsrecht)이라는 인식과 독일연방헌법재판소의 판례98)들이 결정적인 영향을 미쳤다고 볼 수 있다. 동 판례들은 실제로 거의 모든 법영역에 동 원칙을 적용하고 있다.99)

시각을 달리하여 과잉금지원칙의 내용의 측면에서 독일에서 전개되어온 과정을 살펴본다면 과잉금지원칙의 출발은 필요성의 원칙에서부터였다고 할 수 있다. 그후 협의의 비례성의 원칙에 대한 논의가 이루어지고 이상과 관련하여 적합성의 원칙과 상당성(Angemessenheit), 기대가능성(Zumutbarkeit), 체계합치성(Systemkongruenz), 합리성(Rati-

97) Vgl. E. Forsthoff, Der Staat der Industriegesellschaft(München: Verlag C. H. Beck, 1971), S. 138.

98) 과잉금지원칙의 헌법상 지위를 가장 직접적으로 언급한 것으로는 BVerfGE 19, 342(348)과 23, 127(133)을 들 수 있다. 과잉금지원칙이 드러나고 있는 맹아적 모습의 것으로는 BVerfGE 1, 167(178); 2, 1(79), 121(123), 266(280)이 있고 목적과 수단의 비례성을 명시적으로 처음 언급한 것은 BVerfGE 3, 383(399)이고, leading case로서는 약국판결(Apothekenurteil) BVerfGE 7, 377(405, 407f.)을 들 수 있다. 이후에는 일관하여 과잉금지원칙을 독일연방헌법재판소가 논증무기(Begründungsarsenal)로 삼고 있다.

99) 자세한 것은 L. Hirschberg, (FN69), S. 25ff.: F. Ossenbühl, Maßhalten mit dem Übermaßverbot, in: Festschrift für P. Lerche(1993), S. 153f.

onalität), 교차효과(Weschelwirkung), 형량(Abwägung)과 재량(Ermessen) 및 공공복리(Gemeinwohl)의 개념적 요소들에 대한 거론이 있었다. 그리고 과잉금지원칙의 근거에 대한 논증들이 다투어져 왔다. 견해차가 없는 것은 아니지만 종국적으로 과잉금지원칙은 하위의 적합성의 원칙, 필요성의 원칙, 비례성의 원칙을 구성요소로 하는 합성된 원칙으로서 확립되었다고 볼 수 있다.

과잉금지원칙은 적극적으로 국가권력에 특정한 방법으로 한계를 설정해주는 기능을 하고 소극적으로는 개인의 기본권을 가능한 한 효력을 강화시키는 방향으로 보장하는 기능을 한다. 국가권력에 대한 통제척도뿐만 아니라 과잉금지원칙은 기본권제한의 범위에 대한 규제적 기능에서 한계적 장치(Schrankenschranke)의 역할을 하고 있다. 또한 국가와 개인사이에 완충지대를 설정하여 양자의 관계를 적절하게 조정하고 정의의 원칙의 실현에 대해 조절기능을 가진다. 따라서 과잉금지의 원칙은 헌법판단에 대한 상위의 척도(Obermaßstab)로서 기능하고 있는데 오늘날에는 과잉금지의 과잉(Übermaß des Übermaßverbotes)을 우려하고 있다. 따라서 통제할 수도 없고 통제받지도 않는 정의감정(Gerechtigkeitsgefühl)을 법질서 안으로 끌어들이는 창구(Einfallstor)로서 과잉금지원칙이 작용할 수 있기 때문에 헌법과 법률의 객관적 가치가 과잉금지원칙을 적용하는 재판관의 주관에 의해서 대치될 염려가 있다고 하여 법규범자체를 상대화시킬 수 있는 가능성을 지적하기도 한다.[100] 그런데 높이 평가할 사항중의 하나는 열대의 원시림이 쑥쑥 자라듯 과잉금지원칙에 대한 논의가 가장 왕성하게 이루어지던 초기의 시점에 이미 이러한 상황을 예견하여 P. Lerche는 1961년에 그의 유명한 교수자격논문(Übermaß und Verfassungsrecht) 머릿말의 첫머리에서 다음과 같이 경고의 문구를 적고 있다는 사실이

100) Vgl. M. Gentz, Zur Verhältnismäßigkeit von Grundrechtseingriff, NJW (1968), Heft 35, S. 1601.

다. "이 논문을 쓰기 시작할 때에는 저자가 다음과 같은 사실에 대해 분명하게 믿었다. 즉, 당시에는 거의 주장되지 않고 있었던 견해인데 입법가를 일정한 필요성과 상당성에 기속시켜야 한다는 사실을 학설과 실무에서 너무나 소홀하게 평가하고 있다고 믿었다. 논문을 써가면서 그러한 생각은 바뀌었다. 오늘날에는, 여기저기서 너무나도 쉽게 법률기속적인 과잉금지의 확장에 대해 거침없이 말하고 있어서 오히려 과잉되는 경향이 있다. 그리하여 과잉금지의 가치가 정확하게 파악되기도 전에 그 가치가 사라질 위험에 처해 있다."101)

제5절 유럽 각국에서의 과잉금지 원칙에 대한 문제의식

1. 스위스

연방정부(Bundesrat)는 이미 지난 세기의 70년대 이래로 과잉금지 원칙의 이름을 거명하지는 않았지만 그 논증과정에서 자의금지를 도출하여 상행위와 영업의 행사에 관한 주(Kanton)의 처분에 대한 소원의 결정례에서 과잉금지원칙을 적용하기 시작하였다. 1911년 이후에는 상행위와 영업의 자유의 침해로 인한 국법소원(staatsrechtliche Beschwerden)을 심판하는 관할권이 연방정부로부터 연방법원(Bundesgericht)으로 이전되었는데 이 연방법원의 판례에 과잉금지의 원칙은 산발적으로만 반영되었다. 이와 달리 대략 1930년대 말부터 과잉금지원칙에 대한 판례들이 축적하게 되었는데 동 원칙은 계속해서 영

101) P. Lerche, (FN60), S. 7(Vorwort).

업의 자유에 대한 경찰상의 한계에 집중되어 적용되었다.102) 독일과 달리 스위스에서는 과잉금지원칙이 우선 상행위와 영업의 자유에 대한 경찰상의 한계에 있어서 헌법적인 영역에서 적용되었고, 이로 말미암아 간접적으로만 행정법영역에 삼투되었는데 이러한 상태가 오랫동안 전적으로 유지되었다. 스위스에서 독일과는 정반대의 방향으로 과잉금지원칙이 헌법에서 행정법영역으로 전개된 이유는 무엇보다도 특히 제도의 차이에서 기인한다. 독일에서는 우선 오랫동안 행정재판이 행해져 왔지만 헌법재판은 실행되지 않고 있었다.103) 법원을 통한 기본권보호와 헌법소원제도가 심지어 1919년에서 1933년사이 Weimar헌법에서조차 인식되고 있지 않았다. 이에 반해 스위스에서는 설령 기본권보호제도로서의 헌법재판이 담당기관인 연방법원에 1874년에 단번에 위탁되지 않고 그 때부터 점진적으로 연방정부를 대신하여 맡겨졌을지라도 헌법재판이 오랜 시간동안 진행되어 왔다. 과잉금지원칙이 여러 법영역에서 광범위하게 적용되고 있다는 사실과 그 밖의 논의 사항은 독일에서와 대동소이하다.

2. 오스트리아

오스트리아의 경우 과잉금지원칙에 관한 한 제1공화국104)(1918. 11. 12)초기부터 독일의 전형적인 모델이 영향을 주었다. 따라서 경찰

---

102) Vgl. H. Huber, (FN60), S. 3f; 이것에 대한 자세한 이유에 대해서는 H. Huber, (FN60), S. 6f.

103) 독일에서 헌법소원에 의한 권리구제는 처음에는 단순히 헌법재판소법에만 규정되어 있었는데 1969년 11월 29일 제19차 기본법 개정에 의해서 비로소 헌법소원이 기본법 제93조 4a호 들어오게 되었다.

104) 공화국 형태에 관한 한 오스트리아는 그 시기구분을 제1공화국과 제2공화국으로 분류한다. 자세한 것은 Vgl. R. Walter/H. Mayer, Grundriß des österreichischen Bundesvefassungsrecht(Wien: Manzsche Verlags- und Universitätsbuchhandlung), S. 21ff.

법의 영역에서 과잉금지원칙이 형성되었고 행정재판소(1919. 1. 25)의 판례에 반영되었다. 하지만 2차세계대전 이후에는 독일의 영향으로부터 탈피하여 주목할만 한 방향전환을 이루게 되었다. 오스트리아의 실증주의와 규범주의가 주류를 이루어 영향을 미쳤기 때문이다. 즉 행정행위에 대해 완전한 내용을 가지고 재량의 여지가 없도록 법률로써 결정하여 규정하는 것이 이상적인 법률국가(Gesetzesstaat)라는 생각이 지배적이었던 것이다.[105] 따라서 행정작용이 과잉금지원칙에 기속된다는 것도 명문으로 연방과 주의 여러 행정법규정에서 나타나게 되었다. 그 대표적인 것으로는 일반행정절차법(Allgemeines Verwaltungsverfahrensgesetz, AVG(1950)) 제68조 제3항과 행정상의 강제집행법(Verwaltungsvollstreckungsgesetz, VVG(1950)) 제2조 제1항을 들 수 있다. 이것은 오스트리아 연방헌법(1945. 12. 19) 제11조 제2항에 따른 것이었다. 따라서 행정법영역에 일반적으로 과잉금지원칙을 인정할 것이냐의 문제도 법규정에 들어있는 공통의 내용을 찾아 동 원칙의 구조적 징표를 형성하는 귀납법적인 논증의 방법을 채택하고, 동 원칙의 의미내용과 실제적 내용도 법규정의 해석방법으로 찾아내는 것이었다. 이미 실정법속에 들어있는 과잉금지원칙은, 실현할 수 있고 통제가능한 규범적 내용을 지니지 않을 수 없다.[106] 과잉금지원칙의 적용례에서 독일과 관련하여 볼 때 눈에 띄는 것으로는 수용행위에 관한 적용례를 들 수 있다.[107] 한편 헌법재판소는 행정행위에 대한 사후심사와 통제의 척도로서 과잉금지원칙을 연방헌법 제18조의 본질적인 구성부분으로 논증하고 동 규정을 행정작용의 기초규

105) Vgl. H. Huber, (FN60), S. 2.

106) Vgl. W. Pesendorfer, Das Übermaßverbot als rechtliches Gestaltungsprinzip der Verwaltung - zugleich ein Betrag zur Bildung eines, inneren Systems der Verwaltung, in: österreichische Zeitschrift für öffentliches Recht und Völkerrecht(1977), S. 270.

107) W. Pesendorfer, (FN106), S. 271f.

범으로 삼고 있다.108) 돌아보건대 오스트리아 규범주의에서 말하는 법률국가의 이상은 결코 달성될 수 없다. 현실적으로 법률기속영역을 떠난 재량영역을 인정하지 않을 수 없고 또한 그 결과로 생기는 재량권행사의 하자에 대한 대처방법을 감안하지 않을 수 없다. 그러나 규범주의에 일관한다면 재량권행사가 문제되는 경우에도 법률에서 확정한 재량권의 범위에만 시각의 초점을 둘 것이다. 결론적으로 독일에 비해 오스트리아에서의 과잉금지원칙에 대한 논증과정의 토양은 척박하다고 볼 수 있다.109)

3. 프랑스

프랑스법영역에서는 과잉금지원칙을 일반적인 법원칙으로 다루는 포괄적으로 승인된 인식은 없었다. 그럼에도 불구하고 자유권을 침해하는데 있어서 비례성을 유지해야 한다는 생각을 프랑스법이 지각하지 못하고 있는 것은 아니었다. 프랑스행정법은 일반적인 형량의 원칙을 모르고 있었지만 과잉금지원칙은 일정한 영역에서 적용되고 있다. 프랑스에서도 과잉금지원칙의 고전적인 적용영역은 역시 경찰법영역이다. 유명한 Benjamin사건에서 국사원(Conseil d'Etat)은 시장이 발급한 집회금지명령을 과잉금지의 관점에서 위법한 것으로 판결하였다. 이유는 문제가 된 당해 집회가 금지될 정도로 위험야기의 개연성이 크지 않고 또한 공공의 질서가 보다 완화된 경찰조치로도 충분히 유지될 수 있었다는 것이었다.110) 프랑스에서 경찰상의 조치는 항상 공공질서(ordre public)의 보호라는 목적과 결부된 것이었다. 개인의

108) Vgl. W. Pesendorfer, (FN106), S. 288f.
109) R. Walter/H. Mayer, (FN104), S. 438, S. 452.
110) J Schwarze, Europäisches Verwaltungsrecht (Baden-Baden: Nomos Verlagsgesellschaft, 1988), S. 664.

자유의 제한과 이것의 행사에 의해서 야기되는 공공질서에 대한 위험과의 사이에 합당한 관계가 존재해야 한다는 것이 프랑스공법상에서도 승인되어 있지만 그것에 대해 "비례성"이라는 개념은 자주 사용되지 아니하였다. 또한 "예외적 상황"(circonstances exeptionnelles)의 이론[111]에 입각한 국사원의 판례를 일견한다면 동 판례들은 과잉금지의 원칙의 적용에 있어서 불안정성을 보여주고 있다 할 것이다. 즉, 공공질서의 보호를 위한 조치들에 대한 통제의 경우에 프랑스에서 판례를 통하여 원칙적으로는 과잉금지원칙이 적용되고 있지만 상이한 여러 가지 방법으로 그리고 개별사건의 상황에 좌우되어 적용되고 있다고 볼 수 있다. 이것은 결국 프랑스법에서는 "공공질서"(ordre public)의 개념에 대한 명확한 정의가 존재하지 않는다는 근거가 된다. 따라서 과잉금지원칙을 어느 범위(정도)로 적용하느냐의 문제가 결국 재판관의 감각과 재량에 달려 있다는 것이 Action Française사건에 대한 국사원의 결정에서 잘 나타나고 있다고 한다.[112] 다시 말해 프랑스에서는 일정 영역에서의 비례성의 원칙이 적용되고 있지만 행정행위에 대한 확고한 의미를 갖는 법원칙으로서 지배되고 있다는 것은 아니라는 것이

111) 이것은 통상적으로 위법한 것으로 인정되는 처분에 대해 합법성을 긍인하는 조건과 정도에 관한 이론이다. 예컨대 Dol et Laurent사건에서 국사원은 공권력이 공공질서의 유지를 위해 내리는 경찰처분의 한계는 평상시와 전쟁시는 다르다고 하여 국가방위에 있어서는 공공질서에 보다 큰 비중을 두어 평소에 통상적으로 볼 수 있는 조치보다 더 강력한 침해조치를 하는 것을 공공안전의 목적을 위해 허용하고 있다. 물론 이 예외적인 상황의 이론의 적용에 있어서 재판관은 전쟁시에 발생하는 긴박성, 시간적 장소적 상황, 관련된 사람의 영역, 위험의 종류 등을 해당 경찰처분이 재량권의 한계를 일탈하였는가의 심사에 있어서 고려해야만 한다. 이와 관련하여 Canal사건에서 국사원은 알제리전쟁 말기의 상황에서 예외법원의 설치를 정당화하였다. Vgl. J. Schwarze, (FN110), S. 665.

112) Vgl. J. Schwarze, (FN110), S. 665f. 즉 여기서는 우선 Benjamin판례와 연결시키고 나서는 특정신문에 대한 경찰상의 전체적인 판매금지조치를 언론의 자유의 의미와 관련하여 예외적인 상황이 존재하는데도 불구하고 부적법한 행정상의 침해로 평가하였다(théorie de la voie de fait).

다. 물론 임의적으로 비체계적으로 적용되고 있다하더라도 과잉금지원칙에 관한 요소들이 일반적인 정의의 원칙을 논증하는 테두리내에서 여러 관점으로 드러나고 있다는 것을 간과해서는 아니된다. 또한 과잉금지원칙의 적용이 각급 행정재판소를 통하여 점증하는 의미를 얻고 있다는 징후가 있다.113) 1984년 프랑스의 새 언론법에 대한 헌법위원회(Conseil constitutionnel)의 결정은 시사해주는 바가 크다. 이 결정에서 자유에 대한 제한은 그 고권적 침해가 추구하는 헌법적 목표의 달성을 현실적으로 보장하기 위하여 필요하다는 전제조건하에서만 적법하다는 것을 강조하고 있다.114) 프랑스에서 이와 같이 입법행위도 과잉금지원칙의 적용을 받는다는 것을 의미한다. 프랑스에서의 이러한 법발전은 유럽공동체법의 영향과 Straßburg에 있는 유럽인권위원회(Europäische Menschenrechtskommission: EMRK)의 평결에 기인한 것이라는 것도 전혀 근거없는 이야기는 아니다.115) 이상과 같이 독일적인 시각에서 본 것과는 달리 프랑스행정법에서의 과잉금지원칙의 지금까지의 지위는 프랑스의 독자적인 특성적 요소로도 설명될 수 있다. 프랑스행정법에서는 "재량권(행정재량)"(pouvoir discrétionaire)의 개념이 결정적으로 중요한 역할을 하고 있다. 이 재량권은 "재량권의 남용"(détournement de pouvoir)금지에 의하여 제한되고 있다. 이 때 행정행위에 대한 행정재판소의 간섭과 통제의 강도는 독일에서보다 분명히 미약하다. 독일법과는 정반대로 프랑스에서는 재량행정이 통상적인 경우이다. 프랑스에서 이 한도내에서는 재량은 법률규정의 법률효과의 측면에서 뿐만 아니라 규범의 구성요건에 있어서의 불확정법개념에 대해서도 인정된다.116) 따라서 프랑스법에 있어서 과잉금지원칙의 기능은 여타의 규제

113) Vgl. J. Schwarze, (FN110), S. 667.

114) J. Schwarze, (FN110), S. 667.

115) Vgl. J. Schwarze, (FN110), S. 667f.

116) Vgl. J. Schwarze, (FN110), S. 668. 사실 독일행정법에서 거론되는 "불확정법개념"(unbestimmte Rechtsbegriffe)의 문제형식을 프랑스법에서는 인

적 인자, 즉 "명백한 오류"(erreuer manifeste), "법규위반"(violation de la loi), 그리고 "재량권남용"(détournement de pouvoir)의 척도에 따른 통제로 상당부분 대체되고 있다고 할 수 있다.[117] 그리고 헌법판례가 아니라 행정법판례에 의해서 제시된 "théorie des libertés definies"에 따라, 재량은 제한되면 될수록 법률을 통한 자유권보장은 더욱 더 잘 이루어진다 하고 있다.[118] 독일에서의 기본권(Grundrechten)과 비교할 수 있는 "libertés publiques"를 보호하기 위하여 프랑스판례는 과잉금지원칙의 의미에 들어있는 몇 가지 원칙 즉 "독립된 수단선택의 원칙"(règle du libre choix des moyens), "필요성의 원칙"(règle de la nécessité) 그리고 "비례성의 원칙"(règle de la proportionalité)을 전개하고 있다.[119]

4. 이탈리아

이탈리아에서는 1970년대까지도 사실 과잉금지원칙을 포용하는 일반개념은 통용되고 있지 않는 것 같다.[120] 과잉금지원칙이란 표제하에서는 유럽공동체재판소의 판결의 결과로서 이탈리아에서 주목을 끌게 되었다.[121] 이탈리아국사원[122]의 판례 중에 행정공무원의 급료가 그 업무의 질과 양에 비례관계가 있어야 한다고 언급한 것은 있다.[123]

식하지 않고 있다.

117) Vgl. J. Schwarze, (FN110), S. 668.

118) Vgl. H. Huber, (FN60), S. 3.

119) Ebenda.

120) Ebenda.

121) Vgl. J. Schwarze, (FN110), S. 675.

122) 국사원은 법적 문제와 행정에 관한 문제의 권고기관이며 행정재판이 담당기관이다(이탈리아 헌법(1948. 1. 1) 제100조 제1항). 국사원과 여타의 행정재판기관은 법률로 확정된 특정한 영역내에서 주관적 권리 및 법률상 인정된 이익의 보호를 위해서 공행정에 대한 사법권을 행사한다(동 헌법 제103조 제1항).

1974년 4월 23일 국사원의 판결에서는 명시적으로 형량이 과잉금지원칙을 고려하여 결정되어야 한다고 언명하고 있다. 물론 행정행위를 취소하는 국사원의 대부분의 판례에서는 과잉금지원칙 위반을 근거로 하고 있는 것이 아니라 직무권한의 유월을 근거로 하고 있다. 이러한 판례가 명시적으로 목적과 수단의 관계를 중심으로 움직이고 있지 않을지라도 법률과 행정행위의 통제에 대한 판단척도로서 비례성, 상당성, 침해정도, 상응성, 기대가능성 및 정의등의 개념이 나타나고 있다. 1972. 3. 21. 국사원의 한 판례에서 과잉금지원칙이 평등원칙과 같은 지위를 가진다고 확인하고 있다.[124] 이러한 과잉금지원칙이 이탈리아가 비준하여 참가하고 있는 유럽인권위원회의 평결에 자리잡고 있어서 이 영향으로 말미암아 일반 법률이 과잉금지원칙을 위반할 때 그 법률을 적용하여서는 아니된다는 것이 지적되고 있다. 즉, 모든 경우에 법률은 과잉금지원칙의 고려하에서 해석·적용되어야 한다는 것이다.[125] 과잉금지원칙이 이탈리아법에서는 최근에서야 과잉금지원칙이라는 이름하에 나타나고 있지만 이탈리아에서도 이 과잉금지원칙과 유사한 형상을 가진 여타의 법원칙이 있는데 그것이 "합당하고 바른 절차진행"(buon andamento)의 원칙이다. 이 원칙에 의하면 법규범은 특정한 규율대상 영역에서 요구하는 사항에 적합한 규율을 하여야 한다는 것이다.[126] 법률의 적용에서 문제가 되는 이 원칙은 나아가 입법가가 이 원칙을 적정하게 고려하지 않을 때에도 적용된다. 여기에서는 공법상의 작용과 조직이 상당성, 비례성, 합리성의 규율을 통하여 이루어져야 한다는, 법질서에 본질적으로 내재한 해석규칙이 중요한 관심의 대상이 된다. 이 원칙의 가장 중요한 적용영역은 이탈리아

123) 1972. 10. 27. 국사원의 이 판결은 명시적으로 비례성과 관련되어 있는 이탈리아 헌법 제36조에 근거한 것이었다.

124) J. Schwarze, (FN110), S. 675.

125) Ebenda.

126) Vgl. J. Schwarze, (FN110), S. 676.

헌법 제3조의 평등원칙에 대한 헌법재판소 판례를 통하여 형성되었다. 이들 판례에 의하면 입법가의 재량권의 행사가 "합당하고 바른 절차진행"의 원칙을 위반할 때에는 입법가의 재량도 심사될 수 있다는 것이다. 따라서 이 한도내에서는 입법권능의 유월(일탈)이 문제가 된다.

동 원칙은 행정에 의해서도 당연히 존중되어야 한다. 행정영역의 경우에는 입법의 경우보다 포괄적으로 적용된다고 한다.[127] 따라서 행정행위는 재량에 의한 그 선택가능성에도 불구하고 상위의 공공이익과 하위의 이익(하위의 공익과 사익)사이에 이익형량을 하여야 하고, 공공의 목적이 하위의 이익에 대해 보다 경미한 침해로 또는 침해없이 달성될 수 있을 때에는 보다 적게 침해하는 그러한 조치를 통하여 상위의 이익을 달성하기 위한 행정이 이루어져야 한다.[128]

이 "합당하고 바른 절차진행"의 원칙은, 행정상의 이익형량이 '상당하게' 이루어져야 하며 "바른 행정"을 위한 기술적인 규칙 및 여타의 원칙들도 적용할 것을 요구하고 있다. 즉 행정이 효율적으로 행해져서 최소의 비용으로 최대로 가능한 성과를 달성할 것까지 요구하고 있다. 행정의 합목적성이 법원에 의해 통상적으로 심사되지 않을지라도 "합당하고 바른 절차진행"의 원칙을 존중하지 않으면 그것은 직무의 유월로 결과된다.[129]

결론적으로 이탈리아에서는 직무유월에 관한 여러가지의 법적표상이 국사원의 판례를 통하여 전개되었다.[130] 여기에 대해서는 Codacci

127) Ebenda.

128) J. Schwarze, (FN110), S. 676f.

129) J. Schwarze, (FN110), S. 677.

130) 국사원의 판례에 의해서 형성된, 직무유월에 관한 유형적 잣대는 다음과 같다. ① 사실의 궤도이탈 ② 명백한 논리모순 ③ 여러 행정행위간의 모순 ④ 불평등대우 ⑤ 명백한 정의위반 ⑥ 전제조건의 결여 ⑦ 절차내에서의 직무지시의 결여 내지 불충분 ⑧ 이유제시의 결함 ⑨ 司法的 판단의 침해 내지 회피.

Pisanelli가 1892년에 쓴 논문(L’eccesso di potere nel contenzioso amministrativo)이 중요한 영향을 주었고 한편으로는 프랑스의 재량권 남용(détournement de pouvoir)에 관한 판례로부터 결정적인 영향을 받았다고 할 수 있다.131) 프랑스의 영향을 받아 행정의 재량권(potere discrezionale)이 일반적인 법원칙과 결부되어 있다는 것이 이탈리아 행정법학에서 받아들여지고 있었지만 최근에는 독일의 영향을 받아 과잉금지원칙의 내용에 관해 처분의 적합성(idoneità del provvedimento), 필요성(necessità del provvedimento), 비례성(proporzionalità)의 개념을 수용하고 있다.132)

5. 영국

영국에서는 최근에까지 과잉금지원칙에 대해 인식하지 않고 있었다. 판례나 문헌에서도 찾아볼 수가 없었다. 이것은 영국의 법체계의 특성에서 기인한다. 영국법에서는 처분의 적합성에 대한 일정한 문제가 거의 필요치 않은 것처럼 보인다. 왜냐하면 영국에서 부적합한 처분은 대개 월권행위(ultra vires)로 간주될 것이기 때문이다. 주지하는 바와 같이 행정청이 법률에서 규정한 권한을 유월한다면 그것은 월권행위(ultra vires)를 한 것이 된다. 좁은 의미의 비례성에 대한 심사도 마찬가지로 영국 법체계에서는 낯설어 보인다. 영국은 불문헌법 국가이어서 해당 헌법규정이 존재하지 아니하고 무엇보다도 의회의 조치는 원칙적으로 제한이 없기 때문에 침해되는 법익과 의도한 결과의 중량에 대한 형량이 필연적으로 요구되어지는 것은 아니다. 그럼에도 불구하고 최근에는 유럽공동체법의 영향하에서 특히 유럽공동체 재판소의 판례를 통하여 과잉금지원칙이 영국법에서도 발을 들여놓고 있는 것처럼

131) J. Schwarze, (FN110), S. 677.
132) Vgl. H. Huber, (FN60), S. 3.

보인다. 영국의 법관들은 위 재판소의 판례에서 언급하고 있는 과잉금지원칙을 어떻게 다루어야 할 것인가를 알고자 하고 있다. 과잉금지원칙은 이제 막 해협을 가로질러 영국 법체계로 미끄러져 들어오고 있다. 즉, 유럽대륙의 행정법상의 원리들이 영국으로 건너가게 되는 것에 대한 유럽공동체 재판소의 중개자적 역할이 강한 주목을 받고 있다고 일반적으로 말할 수 있다. R. v. Goldstein 사건에서 Diplock경이 호두를 까는데 강력한 압력증기 해머를 사용하는 것(This would indeed be using a steamhammer to crack a nut)으로 비유한 과잉금지원칙은 사실상 유럽공동체재판소의 형량적 사고에 점증적으로 편입되고 있다.[133) 영국법에서도 오랫동안 국가행위를 불공정성(partial, unequal and unjust)과 부적합성(oppressive or gratuitous interference)의 판단척도에 의해 심사해 왔다. 그리하여 합리적인 인간의 양심적인 판단에 있어서 정당성을 찾을 수 없을 정도로 (as could find no justification in the minds of reasonable men) 지방자치단체의 조례 · 규칙등이 불공평하고 부적합한 경우에는 법원이, 의회가 그러한 조례 · 규칙을 제정하라는 권한을 지방자치단체에게 결코 부여한 의사가 없기 때문에 그것은 비합리적인(unreasonable) 것이고 따라서 월권행위(ultra vires)라고 판결하는 것이 옳다고 Russell대법관은 지적하고 있다.[134)]

이와 같은 지적은 곧 독일법에서 과잉금지원칙의 적용에 의해 달성하려는 결과와 사실상 동일하다고 Akehurst는 말하고 있다.[135)] 과잉금지의 원칙을 필요성의 원칙의 의미로 이해한다면 이 과잉금지원칙은 넓은 부분에서, 영국에서 합리성(reasonableness)의 척도와 관련하여 적용되고 있는 민법의 불법행위론상의 주의의무(duty of care)와 비견된다고 볼 수 있다. 그런데 영국법원의 판례에는 어떠한 조치가

133) Vgl. J. Schwarze, (FN110), S. 679.
134) Vgl. J. Schwarze, (FN110), S. 679.
135) Ebenda.

왜 정의에 반하는 것이 되고 따라서 월권행위(ultra vires)가 되는 것인지에 대한 명백한 설명이 부족하다고 할 수 있다. 여기에 대해서는, 영국에서 행정행위에 관한 공법상의 이론이 결여되고 있다는 사실에 주목해야 한다는 평론이 따르고 있다.136)

6. 네덜란드 · 스페인 · 포르투갈

다음으로 네덜란드를 본다. 네덜란드 행정법학에서 적합성, 필요성, 비례성을 포괄하고, 헌법적 지위를 갖는 원칙으로서의 과잉금지원칙은 존재하지 않고 있다. 그러나 징계법의 영역에서 과잉금지원칙 그 자체의 표현은 눈에 띈다. 공무원법 제58조 제2항(1929년)은 징계조치가 공무원의 유책행위와 상당한 관계에 있는지 여부를 심사할 수 있는 공무원징계재판소의 권한을 규정하고 있다. 위 심사의 경우에 서로 상반되는 이익에 대한 완전한 사후의 형량을 그 내용으로 한다. 법익형량 내지 이익형량을 과잉금지원칙의 핵심부분으로 이해한다면 그러한 의미내용은 네덜란드 문헌과 판례에서 아주 쉽게 발견되는데 그것이 바로 문제가 되는 이익들에 대한 불공정한 형량의 금지(onredelijke belangenafweging) 또는 자의금지(verbod van willkeur)로서 표현된 것이다. 여기의 자의금지원칙은 네덜란드 최고재판소(Hoge Raad)의 판례에 그 기원을 두고 있는데 나중에 여러 법률에 들어오게 되었다.137) 초기에는 이익형량이 흠결하고 있는 경우 자의적인 것으로 용인하였다면 오늘날에는 이익형량이 명백히 불공정한 경우에도 자의가 개재된 것으로 본다. 개별적인 경우에 이 자의금지의 원칙은 서로 상반되는 공익과 사익이 비례성의 고려하에서 형량되어질 것을 요구하고 있는데 계쟁대상이 되어 있는, 의미있

136) J. Schwarze, (FN110), S. 680.

137) Vgl. J. Schwarze, (FN110), S. 683. FN 118.

는 관점들의 어느 일방도 잘못 인식되거나 등한시되어서는 아니된다고 한다.

자의의 인정에 형량이 명백하게 불공정한 경우라는 잣대를 사용하는 것은 그 심사척도에 대한 수준이 상대적으로 낮은 투박한 것이라 할 수 있다. 네덜란드에서 재량처분에 대해 사법심사가 문제되는 경우에도 그렇기 때문에 그 한계심사에 대한 언급만 하고 있다. 따라서 네덜란드에서는 일반이익과 개인이익의 형량은 전적으로 행정에 속하는 과제이기 때문에 법원이 행정의 그러한 영역에 대한 판단과 결정을 내리는 것에 대해 입법가는 자신의 제한적 견해를 입법화함으로써 저지하려고 한다고 한다.[138)]

이제 스페인을 살펴보기로 한다. 과잉금지의 원칙은 스페인의 판례와 문헌에서는 아주 드물게 발견된다. 또 발견되는 경우에도 자세한 이론적인 논증에 대한 언급은 없다. 그렇지만 1978년의 스페인헌법 제9조 제2항은 과잉금지원칙을 충분하게 반영하고 있다. 즉 동 조항은, 개인의 자유가 실질적으로 효력을 갖기 위한 모든 전제조건을 국가가 창출할 의무를 지닌다고 규정하고 있다. 동 헌법 제17조 제2항에 따라 긴급구속이, 사실을 밝히기 위한 수사의 실현에 있어서 절대적으로 필요한 것 이상으로 오래 지속되어서는 아니된다는 것도 마찬가지로 과잉금지원칙의 실정헌법화의 산물이라고 말할 수 있다. 이러한 의미에 있어서 스페인헌법재판소도 특별권력관계에서 개인에 대한 기본권행사의 제한은 이러한 특별권력관계의 지위에서 도출하는 위임과 기능의 실현을 위해 엄격하게 필요불가결한 한도 내에서만 적법하다고 언명하고 있다. 동 헌법재판소의 1982. 10. 15.의 판결에서는 유럽공동체재판소의 판례에 따라, 침해하는 당해 기본권과 실현(방어)하기 위한 법익과의 관계에서 그 제한이 비례성을 유지하고 있는지의

138) J. Schwarze, (FN110), S. 684.

여부의 심사에 한정되어야 한다고 논급하고 있다.139)

포르투갈의 경우,140) 과잉금지원칙은 포르투갈헌법에서 계엄선포(제19조 제2항), 구속영장발급(제28조 제2항) 그리고 경찰의 일반적인 직무집행(제27조 제2항)에 있어서 명시적으로 규범화되어 있다. 포르투갈의 행정재판소도 원칙적으로 과잉금지원칙을 승인하고 있다.

이상에서 논급한 것을 조망해 본다면 역시 독일에서 과잉금지원칙에 관한 한 보다 심대하게 그리고 치밀하게 논증되고 있다고 볼 수 있다.

제6절 국제법에 있어서 과잉금지원칙의 적용과정

마지막으로 국제법에 있어서 과잉금지원칙을 간단히 살펴보기로 한다. 국가간의 관계에 있어서도 과잉금지원칙은 국제법상의 원칙으로서 마찬가지로 효력을 가진다. 과잉금지원칙은 특히 보복적 실력행사(reprisal), 부당행위에 대한 응수조치(retortion) 그리고 조약불이행에 따른 급부거절의 경우에 적용되고 있다. 보복적인 실력행사란 국제법상 침해를 받은 국가가 상대방 국가의 개별적인 법익들을 전쟁이전의 단계에서 합법적으로 침해하는 조치를 말하는데, 불법침해에 대한 원상회복을 위해 이 “보복적인 실력행사조치”를 발하기 위하여는 상대방국가에 대해 그 불법구성사실에 대해서만 행해져야 한다.141) 국제법상의 보복조치법(Repressalienrecht)의 역사적 발전에 있어서 비례

139) Vgl. J. Schwarze, (FN110), S. 685.

140) 벨기에, 덴마아크, 그리이스, 아일랜드, 룩셈부르크의 경우 과잉금지원칙에 관한 간략한 언급에 대해서는 vgl. J. Schwarze, (FN110), S. 680ff.

141) Vgl. J. Schwarze, (FN110), S. 685.

성에 의한 한계와 결부된 굴복강제 즉, 과잉금지원칙에 의한 굴복강제가 탈리오법칙(Talionsprinzip)의 자리에 들어오게 된 것이다.

이와 관련하여 과잉금지원칙은 Naulilaa사건에서 그 중재재결로 실증적으로 적용되었다. 그 중재재결서에서는 다음과 같이 적고 있다. 즉 "일반적으로 인정된 사실은 모든 보복조치들이 무엇보다도 먼저 주장된 침해행위에 상당한 정도의 것이어야 한다는 것이다. 이것은 잘 알려진 원칙이다."[142)]

무력침공의 영역하에 있는 침해행위의 방어조치에 있어서 예컨대 국경침입사건이나 비행기의 영공침범의 경우에 군사적인 방어조치도 마찬가지로 과잉금지원칙의 준수하에서만 적법하다.[143)] 나아가 조약위반에 있어서 당사자 국가의 조약해제권은 조약법에 관한 비엔나협약 제60조에 의하면 전적으로 그 당사자국의 재량에 놓여 있는데 이 재량권의 행사에 있어서도 그 당사자국은 일반적으로 승인된 원칙들에 의거할 때 마찬가지로 과잉금지원칙에 따라야 한다는 것이다.[144)] 그리고 국제법상의 분쟁해결법의 영역밖에서도 과잉금지원칙이 점증적으로 현실화되고 있는데, 예컨대 어로지역확대에 대한 문제에 있어서도 그 확대의 정당성은 필요성의 원칙과 비례성의 원칙에 의하여 판단되어야 한다는 것이다.[145)] 이들 몇 가지 예에서 과잉금지원칙이 국제법에서도 합법성의 척도(Rechtsmäßigkeitsmaßstab)로서 다양하게 적용되고 있다는 사실을 충분하게 보여주고 있다고 할 것이다.

---

142) "It is generally agreed that all countermeasures must, in the first instance, have some degree of equivalence with the alleged breach; this is a well-known rule."
143) Vgl. J. Schwarze, (FN110), S. 686.
144) Ebenda.
145) Ebenda.

제3장 과잉금지원칙의 헌법학적 위상

제1절 기본권의 국가권력에 대한 기속력과 기본권의 직접적 효력성

과잉금지원칙을 논의하기 위한 대전제가 기본권의 국가권력에 대한 기속력과 기본권의 직접적 효력성146)을 승인하는 것이다. 따라서 기본권이 법률속에서 입법가의 자유로운 재량에 의해서만 실현된다고 하거나147) 아예 실현될 지표로 보지 않고 단순한 프로그램규정

146) 독일기본법 제1조 제1항은 인간의 존엄성은 불가침이다. 이를 존중하고 보호하는 것이 모든 국가권력의 책무이다라고 규정하고 동조 제3항은 다음의 기본권들은 직접적 효력을 가지는 권리로서 입법, 집행권 및 사법을 기속한다고 규정하고 있다. 우리 현행 헌법에서는 기본권의 국가권력에 대한 기속력과 기본권의 직접적 효력성을 명시하는 규정은 존재하지 않지만, 우리 헌법질서의 전체적인 구조체계상 당연히 인정된다. 헌법을 정당성의 체계로 이해하고 기본권적 가치로부터 목적적 정당성을 찾고 이로부터 헌법의 효력근거, 국가의 존립근거 및 모든 통치권행사의 근거를 논증하는 입장에서는 특히 그렇다. 또한 제10조 제2문에서 국가는 개인이 가지는 불가침의 기본적 인권을 확인하고 이를 보장할 의무를 진다라고 규정하고 있다. 이 규정은 기본권의 국가권력에 대한 기속력과 기본권의 직접적 효력성을 추론해 낼 수 있는 실정법적 근거규정의 하나이지만, 헌법정책학의 입장에서 보았을 때 본 조의 '확인'이란 표현보다는 '존중'이라는 표현이 훨씬 더 타당한 용어선택이라고 본다.

147) 독일기본법 제1조 제3항은 명시적으로 그 기속력의 수신인으로 입법권을 거명하고 있다. 독일기본법에서 본래 프로그램규정으로 설정되었던 동 기본법 제3조 제2항과 제6조 제5항도 동 기본법 제117조와 연방헌법재판소

(bloße Programmsätze)으로 이해하는 입장에서 만약 과잉금지원칙에 대한 논의를 한다면 이것은 헌법학적인 공허 아니면 맹목이다. 헌법재판제도는 법적 생활영역에서 기본권의 국가권력에 대한 기속력을 실현시키기 위한 사실상 전제조건적인 장치라고 할 수 있다. 우리 헌법재판소의 관할권중에서 특히 위헌법률심판권과 헌법소원심판권은 기본권의 국가권력에 대한 기속력과 기본권의 직접적 효력성의 구현을 위한 중요한 기능을 하는데, 입법론적인 측면에서 보았을 때 헌법소원제도는 입법통제 및 사법통제의 차원에서 보다 세련되게 정리될 필요가 있다.[148] 어쨌든 이러한 헌법재판의 심사척도로서 인용되고 있는 과잉금지원칙을 논하기 위해서는 그 헌법학적 위상을 조망해볼 때 당연히 기본권의 국가권력에 대한 기속력과 기본권의 직접적 효력성이 그 논리적 전제가 되는 것이다.

판례(BVerfGE 3, 225, 239; 25, 167, 173)에 의하여 나중에 직접적인 효력규정으로 변화되었다. Vgl. v. Mangold · Klein · Starck, Das Bonner Grundgesetz, Bd. 1, 3. Aufl. (München: Verlag Franz Vahlen, 1985), S. 117, FN 243.

148) 따라서 우리 헌법 제107조 제1항과 제2항과의 관계 및 제111조 제1항 제5호와 제107조 제2항과의 관계가 구체적 규범통제에 있어서는 헌법재판소에 관할권을 통일시키고 헌법소원에 있어서는 사법통제가 정상적으로 이루어질 수 있도록 이러한 방향으로 조문정리가 이루어지는 것이 헌법체계상 또한 헌법이론상 가장 순리에 맞다. 졸고, "헌법이란 무엇인가": 「연세법학연구 제2집」(서울: 연세대학교 법과대학 법률문제연구소, 1992), 159면 참조: 졸고, "법무사법시행규칙의 헌법재판소위헌결정은 위헌인가? －법원행정처 헌법연구반의 연구보고서를 논박한다－", 「고시연구」(91, 2), 187면 참조.

제2절 기본권의 제한유형에 있어서 과잉금지원칙의 적용가능성

공감대적 가치로서의 기본권실현을 위한 기속을 모든 국가작용의 정당성의 원천으로 삼아 헌법국가의 통치질서에서의 근본이념으로 파악해야 한다는 것은 주지하는 바와 같다. 기본권제약의 현실적 필요성도 크게 이 테두리를 벗어나서 생각할 수 없다. 결국 기본권제약은 일정한 헌법목적을 실현하기 위한 것이지만 모든 기본권제약에 과잉금지원칙이 적용되는 것은 아니다. 기본권제약의 논리형식은 크게 두 가지 측면에서 고찰해 볼 수 있다.149) 제약방법에 있어서 명시적인 규범형식의 구비여부에 의한 구별과 전체적인 법체계에 있어서 제약규범주체에 의한 구별이 그것이다. 전자에서 규범초월적인 묵시적인 방법에 따르는 기본권의 내재적 한계에 의한 제약논리와 명시적인 실정법규범에 의거한 제약논리로 나누어 볼 수 있다. 실정법규범에 의한 기본권제약논리는 다시 전체적인 법체계에 있어서 제약규범주체에 따라 헌법제정권자에 의한 기본권제한과 입법권자에 의한 기본권제한으로 구별할 수 있다.150) 여기서 유념할 것은 명시적인 실정법규범에 의한 기본권제한

149) 졸고, "헌법재판소 1991. 4. 1. 선고 89헌마160 결정과 관련된 헌법상 쟁점들에 대한 몇가지 고찰", 「사법행정」(92, 1), 94면 참조.

150) 헌법에 의한 직접적 제한(verfassungsunmittelbare Schranken)과 헌법에 의한 간접적 제한(verfassungsmittelbare Schranken)로 구별하기도 하는데 이것은 한계(Schranke)와 한계조항(Schrankenklausel)의 차이로 설명되기도 한다. 전자는 한계의 개념이 기본권 자체에 정향되어 있고 후자는 한계조항의 개념이 규범의 측면에 설정되어 있기 때문이다. 이러한 입장에서는 한계조항을 다시 묵시적 한계조항(ungeschriebene Schrankenklausel)과 명시적 한계조항(geschriebene Schrankenklausel)으로 나눈다. 전자가 이른바 기본권의 내재적 한계이고 후자가 법률유보에 의한 기본권제한입법의 한계를 지칭한다. Vgl. R. Alexy, Theorie der Grundrechte, 2. Aufl. (Frankfurt am Mein: Suhrkamp, 1994), S. 258ff., S. 263ff.

은 제한 그 자체가 항상 기본권제한적인 의미만을 띠는 것이 아니라 제한한계설정의 보장적 측면을 지니고 있다는 사실이다. 바로 여기에 기본권의 내재적 한계논리에 의한 묵시적인 기본권제한방법을 경계하는 이유가 있다. 따라서 기본권적 가치의 존중의 측면에서 우리 헌법 제37조 제2항을 기본권제한의 수권규범으로 이해하는 것에 앞서 기본권제한입법의 한계규정으로 파악하는 인식이 선행되어야 한다. 이상과 같은 기본권제약의 유형에 있어서 과잉금지원칙의 적용가능성을 검토해 보기로 한다.

먼저 묵시적인 기본권제한방식인 기본권의 내재적 한계와 과잉금지원칙의 적용가능성을 살핀다. 허 영 교수는 기본권의 내재적 한계를 일반화시켜서 이를 모든 기본권에 확대적용시키려고 하는 것은 적어도 일반적인 법률유보조항과도 조화되기 어려울 뿐만 아니라 자칫하면 법률에 의한 기본권제한의 최후적 한계로 명시되고 있는 본질적 내용의 침해금지를 공허한 것으로 만들어 버릴 위험성마저 갖게 된다는 것을 지적하고 있다.[151] 사실 헌법상의 규범영역과 관계없이 이루어지는 묵시적인 법률유보(ungeschriebene Gesetzesvorbehalt)로서의 기본권의 내재적 한계의 논리는 법률유보를 명시화시켜 놓는 근본이유와 명백히 배리된다.[152] 따라서 기본권의 내재적 한계로 성질상 규정해 놓는 것의 대부분은 기본권의 법률유보의 대상이라고 보아야 한다.[153] 기본권으로 폐를 끼치지 않을 한계 내지 기본권남용의 한계와 같은 단순한 일반유보(Allgemeinvorbehalt)는 헌법상 보장된 기본권의 구성요건 자체까지도 형해화시킬 염려가 있다. 내재적 법률유보(immanente Gesetzesvorbehalt)로서 일반유보는 허 영 교수의 적확한

151) 허 영, 「한국헌법론」(서울· 박영사, 1995), 270면.
152) 내재와 유보는 명시성에 차이가 있고 명시성은 한계설정의 의미가 있다는 것은 이미 지적한 바 있다.
153) Vgl. J. Schwabe, Probleme der Grundrechtsdogmatik(Darmstadt: Dissertationsdruck Schadel GmbH & Co KG, 1977), S. 33, S. 154.

지적처럼 일반적 법률유보(allgemeines Gesetzesvorbehalt)와는 더 더욱 배치된다. 기본권의 내재적 한계를 현실적으로 구현할 때 법률에 기속되어야 한다는 입장에서는 기본권의 내재적 한계에 당연히 과잉금지원칙이 적용된다. 일반적인 법률유보를 두고 있는 우리 헌법하에서는 법률적 수권없이 행해지는 기본권의 내재적 한계에 대한 논의는 거의 실제적인 의미가 없다. 법률의 부재의 경우에 기본권의 내재적 한계가 문제될 때는 대개의 경우 기본권의 상충관계로 해결하거나 행정개입청구권이나 행정상의 즉시강제의 대상이 된다고 본다. 그런데 허 영 교수는 자유의 한계성은 자유의 본질이고[154] 따라서 자유의 한계성은 사회공동체가 다양성과 개성을 포함한 채 동화되고 통합되어 가기 위한 필수적인 전제조건이다라는 바탕위에서 기본권의 내재적 한계가 문제될 때 규범조화적 해석에 의한 해결책을 제시하고 있다. 규범조화적 해석원칙의 수신인은 원칙적으로 입법가이다. 규범조화적 해석원칙과 과잉금지원칙과의 관계를 후술한 바와 같이 규범조화적 해석원칙 위반은 헌법재판 영역안에서는 최종적으로 과잉금지에 의하여 해결될 수밖에 없다.[155] 규범조화적 해석원칙 위반과 위헌선언은 논리구조상 직접 연결되기가 어렵다. 따라서 위와 같은 해결논증은 실제적 의미가 충분하다고는 보기 어렵지 않나 생각된다.[156]

다음으로 명시적인 기본권제약 중에서 제약규범주체가 헌법제정권자인 기본권의 헌법적 한계와 과잉금지원칙의 적용가능성을 살펴보기로 한다. 헌법제정권자가 헌법자체에 기본권을 제한하는 결단을 내리고 있을 때 그것은 한계설정의 의미가 더욱 강하기 때문에 보통 기본권의 헌법적 한계[157]라고 지칭하는데 여기의 기본권의 헌법적

154) 타인의 자유를 침해하는 그러한 자유는 처음부터 자유에 속하지 아니한다는 Dürig의 언명도 이러한 범주에 속한다. Vgl. J. Schwabe, (FN153), S. 35. FN 39.

155) 헌재결 1991. 9. 16. 89헌마165 헌법재판소판례집(1990), 524면, 529면 참조.

156) 이 경우에도 과잉금지원칙을 규범조화적 해석원칙을 해결하기 위한 하나의 방법으로 자리매김한다면 논리적으로는 별 무리가 없다고 할 것이다.

한계와 기본권제한입법의 한계에는 본질적인 차이가 존재한다. 즉 기본권제한입법의 한계규정에서는 헌법제정권자가 입법권자에게 입법형성권의 재량범위에 대해 목적・형식・내용・방법상의 규범적 한계를 제시해주는데 대하여 기본권의 헌법적 한계에 있어서는 헌법제정권자 스스로가 헌법정책적 고려에 입각하여 결단을 내림으로써 기본권제한사항을 입법권자의 재량행위에 위임시키지 아니하고 입법권자에게 헌법제정권자의 결단사항을 확인시키고 그것에 기속되도록 하는 것이다. 원래 헌법에서 확정한 보호영역(Schutzbereich)으로서의 구성요건 표지 그 자체에 대해서는 형량이 이루어질 수 없다. 따라서 형량을 전제로 하여 그 적용대상성을 가지는 과잉금지원칙은 기본권의 헌법적 한계와 같이 헌법제정권자가 이미 내린 보호영역의 한계설정에 대해서는 적용되지 아니한다. 이러한 영역은 본성상 형량에 의해서 결정될 성질이 아니고 해석에 의해서 의미를 확정할 영역에 속하기 때문이다.[158)]

다음으로 명시적인 기본권제약 중에서 제약규범주체가 입법권자인 기본권제한입법의 한계의 경우에 과잉금지원칙의 적용가능성을 살펴본다면, 한마디로 과잉금지원칙의 적용의 핵심영역이라 할 수 있다. 다만 기본권제한적 법률유보에서 과잉금지원칙이 당연히 적용되는 것과는 달리 기본권형성적 법률유보 내지 기본권보장적 법률유보에서는 반드시 침해사고모형을 전제로 하여서만 적용이 검토된다는 것을 유념하여야 한다. 국가긴급권에 의한 기본권제한과 특별권력관계에서의

---

157) 한계유보의 기본권(die Grundrechte mit Schrankenvorbehalten)이라고 한다. Vgl. H. Schneider, Die Güterabwägung des Bundesverfassungsgerichts bei Grundrechtskonflikten(Baden-Baden: Nomos Verlagsgesellschaft, 1979), S. 62f.

158) Vgl. J. Isensee, Das Grundrecht als Abwehrrecht und staatliche Schutzpflicht, in: Handbuch des Staatsrecht, Bd. 5. (Heidelberg: C. H. Müller Juristischer Verlag, 1992), S. 172.

기본권제한에도 과잉금지원칙이 적용됨은 물론이다. 기본권의 경쟁관계에서도 그것은 침해양태에 관한 문제이므로 과잉금지원칙은 적용된다. 기본권상충의 경우에는 일단 기본권의 제한 내지 침해의 양상과는 구조적으로 다르나[159] 기본권상충 관계를 해결하는 여러 가지 방안중의 하나로 과잉금지원칙이 거론되고 있다.[160]

제3절 법률유보와 본질성이론과 입법형성권 그리고 과잉금지원칙

민주국가원리, 법치국가원리, 사회국가원리는 국민의 기본권적 가치를 실현하기 위한 국가의 구조적 원리이다.[161] 민주국가원리가 국민의 정치참여에 의한 통치형태의 측면에서, 법치국가원리가 국가작용의 내용과 형식의 측면에서, 사회국가원리가 사회구조의 기본적 골격형성의 측면에서, 각각 기능하는 양상이 다르지만 국민의 기본권적 가치를 실현하기 위한 삼면경(Treisspiegel: das Dreieckverhältnis)으로서 궁극의 목표추구의 방향은 동일하다. 그런데 국민주권의 실현의 과정에서 국민의 대표기관인 입법부가 법률제정기관으로서 중심적인 역할을 행하고 나아가 이러한 정치생활영역에서 국민대표활동의 산물이 결국 법률이라 할 수 있다. 또한 국가작용은 국민의 기본권적 가치를 실현하기 위한 작용이므로 결국 이 국가작용의 내용을 담는 그릇이 법률이라 할 수 있다. 즉 국가작용의 기능형식이 법률이라 할 수

159) 자세한 것은 졸고, (주 149), 전게논문, 95면 이하 참조.
160) 허 영, (주 151), 전세서, 264면 참조.
161) 자세한 것은, 허 영, 「헌법이론과 헌법(상)」, 전정증보판(서울: 박영사, 1991), 198면 참조.

있다. 아울러 최저수준의 사회적 생존기반의 구축을 위한 방법도 결국 법률에 의거하는 것이다. 따라서 법률제정은 민주국가원리, 법치국가원리, 사회국가원리의 공통분모로서 종국적인 귀착점이라 할 수 있다. 민주국가원리는 법률제정에 있어서 who의 문제를, 법치국가원리는 법률제정에 있어서 what의 문제를, 사회국가원리는 법률제정에 있어서 why의 문제를 해결하기 위한 중심축이라 할 수 있다. 결국 모든 국가작용의 목적적 정당성의 원천으로서, 기본권적 가치를 어떻게(how) 실현하느냐의 방법의 문제를 중심으로 위에 언급한 모든 요소가 결국 법률유보에 연관되어 있다고 볼 수 있다. 모든 국가작용의 기본적 전제조건으로서 법기속(Rechtsgebundenheit)에 법률유보의 논리적 출발점이 있다. 역사적으로는 의회에 대한 신뢰에서도 법률유보의 근거를 찾을 수 있을 것이다. 그러나 뭐니 뭐니해도 법치국가성의 징표가 바로 법률유보라 할 수 있다. 그런데 법률유보의 형식으로서 개별적 법률유보를 취하든 일반적 법률유보를 취하든가 간에, 또한 법률유보의 범위에 대해서 침해유보설 내지 전부유보설에 따르든지 간에 이 법률유보는 기본권의 국가권력에 대한 기속력과 기본권의 직접적 효력성과 이율배반적인 것이 되지 않을 수 없다. 왜냐하면 기본권이 입법권을 직접 구속한다고 하지만 이 입법권을 통하여 현실적으로 기본권의 보장과 실현의 형식이 창출된다고 한다면 기본권의 입법권구속력과 직접적 효력성은 상당부분 상실되고 기본권이 오로지 법률유보의 영향권내에 매달려 있기 때문이다. 법률유보를 최종적으로 의회유보(Parlamentsvorbehalt)[162)]로 이해하든 본질성이론(Wesentlichkeitstheorie)[163)]에 입각하든가간에 이것은 타국가기관에 대한 방어적 수

---

162) Vgl. BVerfGE 40, 237(248ff.)

163) Vgl. BVerfGE 33, 303(337); 34, 165(192); 40, 237(249); 41, 251(259f.); 45, 400(417f.); 47, 46(79); 48, 210(221); 49, 89(126ff.); 의회유보나 본질성이론은 침해유보설보다는 넓은 개념인 것은 분명하나 의회유보와 본질성이론의 명칭관계에 대해서는 전자는 주체의 측면에서 즉 위임입법과의 관계

단, 즉 집행부의 명령제정권이나 법관에 의해 구축된 법(Richterrecht) 등으로 기본권을 침해하는 것에 대한 방어수단은 될지언정 입법권 자체에 의한 기본권침해의 방어수단은 되지 아니하고 이러한 침해양상에 대해서는 사실상 무방비상태에 이르게 된다. 즉 법률유보의 역기능을 생각할 때, 다시 말해 기본권제한의 정당한 목적을 위해서 법률의 형식으로 얼마든지 기본권을 제한할 수 있다고 한다면 적어도 헌법상의 권원(權原)의 측면에서 또는 민주적 정당성 및 권력분립의 차원에서 이의를 제기할 수 없는 결과가 되고 만다. 즉 합법성이 정당성을 징표하게 된다(Legalität indiziert Legitimität). 사실 의회의 입법활동에는 상징적으로 주권적 요소가 강하게 깃들어 있어서 일반적으로 입법권자에게 광범위한 입법형성권이 인정되고 있다. 이 입법형성권은 성

에서 의회의 배타적 입법의 범위문제에 관한 것이고 후자는 내용적인 측면에서 접근한 개념이라 할 수 있다. 위의 독일연방헌법재판소 판례에 의해서 전개되고 Th. Oppermann에 의해 처음으로 명칭된 본질성이론이란 입법가가 일단 침해의 표상에서 벗어나 국가적 규율에 있어서 모든 본질적인 결정은 입법가 스스로가 하여야 한다는 이론이다. 우선 무엇이 본질적이냐의 문제에 있어서 기본권을 제한한다거나 기본권의 상충을 조정한다거나 기본권적으로 중요한 내용을 가질 때 여기의 본질적인 표상에 포섭될 수 있다. 그러나 법률유보의 효력범위와 정도를 확정하는데 전매특허적인 규율방법(Patentregel)은 존재한다고 볼 수 없다. 침해유보설이 "침해"라는 표상적 기준에 의하여 입법적 규율의 필요성을 형식적이고 명료하게(formal und eindeutig) 확정해주는데 반하여 사실 본질성이론은 입법적 규율의 필요성을 확정할 수 있는 정확한 한계를 제공해 주지 못한다. 오히려 입법적 규율의 필요성여부에 대한 문제는 규율대상에 내포된 구체적인 표상에 의하여 개별적으로 심사되어야 한다. 따라서 본질성이론은 단순히 본질적으로 중요하지 않은 것에 대한 입법의 필요성을 배제해주는 것만의 실제적 의미를 갖는다고도 볼 수 있다. 이러한 본질성이론을 분석해보면 과잉금지원칙이 본질성의 징표에 대한 논리적 판단원리로 기능할 수 있기 때문에 과잉금지원칙이 본질성이론의 구조적 원리라고 볼 수 있다. 왜냐하면 일정한 생활관계와 기본권적 중요성사이의 변수관계에서 입법적 규율의 필요성이라는 결과를 도출하는 관계는 정확히 과잉금지원칙의 논리구조와 맞아 떨어지기 때문이다. Vgl. M. Ch. Jakobs, Der Grundsatz der Verhaltnismäßigkeit mit einer exemplarischen Darstellung seiner Geltung im Atomrecht(Köln · Berlin · Bonn · München: Carl Heymanns Verlag, 1985), S. 119.

질상 재량권에 속하지만 행정재량과는 그 폭과 구애받는 정도의 측면에서 차원을 달리한다. 이러한 입법재량권을 바탕으로 하여 법률유보를 파악한다면 더욱 더 기본권의 국가권력에 대한 기속력은 법률유보에 대면하여서는 상대화되어 버리고 마는 것이다. 그러나 민주적 정당성의 개념이 만능이 아닐진대 목적적 정당성, 절차적 정당성, 체계정당성의 측면에서 입법권의 제한이 따르는 것은 너무나 당연하다. 그러면 기본권의 국가권력에 대한 기속력과 기본권의 직접적 효력성을 바탕으로 할 때 법률유보와의 관계에서 생기는 Dilemma는 어떻게 해결할 것인가? 이에 대한 대비책이 바로 우리 헌법상의 기본권제한 입법상의 한계로서 규정된 방법상의 한계와 내용상의 한계라고 볼 수 있다. 즉 과잉금지원칙과 본질적 내용 침해금지 언명이 바로 그것이다. 본질적 내용 침해금지가 최후적 한계를 설정하고 있는 것 같지만 본질적 내용을 확정할 수 없다면 이 척도는 사실상 선언적인 것으로 되어 실제적인 의미를 상실하게 된다. 기본권의 본질적 내용을 알 수만 있다면 과잉금지원칙의 기능범위를 훨씬 쉽게 경계 지을 수 있다. 그러나 기본권의 본질적 내용을 사실상 파악하기 어렵기 때문에 경우에 따라서는 본질적 내용의 침해여부의 형량관계를 과잉금지원칙의 척도로 잴 수밖에 없게 될 것이고 따라서 위와 같은 딜레마의 경우 즉 합법성과 정당성이 갈등을 이루고 있는 경우 과잉금지원칙이 가장 유용한 척도로서 기능하게 되는데, 과잉금지원칙의 헌법학적 위상이 바로 여기에 있다.

제4장 과잉금지원칙의 내용

제1절 용어의 정리

우리 헌법재판소의 판례에서는 과잉금지원칙이라는 용어가 주로 사용되고 비례의 원칙이라는 용어를 함께 사용하고 있다. 독일연방헌법재판소의 판례에서는 비례성의 원칙이라는 말을 많이 쓰고 과잉금지라는 말을 함께 쓰고 있다. 학자 중에는 비례성명령이라는 단어도 사용한다. 또한 상당성(Angemessenheit)의 개념과 적정성(Adäquanz: Zwcckadäquanz)의 개념이 사용되기도 한다. 용어가 통일적으로 사용되고 있지 않지만 적어도 과잉금지원칙과 넓은 의미의 비례성의 원칙은 개념상 동위의 위상을 갖는다고 볼 수 있다. 이 과잉금지원칙 내지 넓은 의미의 비례성의 원칙을 상위개념으로 하고 그 내용을 이루는 부분원칙으로서 적합성의 원칙, 필요성의 원칙, 좁은 의미의 비례성의 원칙을 하위개념으로 거론하고 있다. 다른 한편에서는 필요성의 원칙과 협의의 비례성의 원칙만 위 상위원칙의 내용으로 삼기도 한다. 여기서는 과잉금지원칙이라는 용어로 통일하여 사용하기로 한다.[164] 상위원칙과

164) 과잉금지라는 말이 개념표상을 가장 직접적으로 전달해준다고 볼 수도 있고, 비례성이라는 용어는 내용이 비어있는 형식일 뿐만 아니라 금지나 명령의 뉴앙스가 들어있지 않기 때문이다. R. Dechsling이 굳이 그의 논문제목을 비례성명령(das Verhältnismäßigkeitsgebot)이란 표제로 한 것은 이러한 측면에서는 이해할 수 있다.

하위원칙간의 구별을 광의와 협의의 차원에서 명확하게 행할 수 있으나 그 개념표상의 혼란과 번거로움이 초래될 염려를 아주 배제할 수는 없기 때문에 넓은 의미의 비례(성)의 원칙은 반드시 과잉금지원칙으로 좁은 의미의 비례(성)의 원칙은 그냥 비례성의 원칙으로 사용하기로 한다. 그리고 상위의 과잉금지원칙을 하위의 부분원칙들간의 합성원칙으로 파악할 때 그 합성내용은 적합성의 원칙, 필요성의 원칙, 비례성의 원칙으로 한다. 적합성의 원칙은 자명한 것이기 때문에 문제될 것이 없고 적합하지 않는 수단이란 결코 존재할 수 없으며 또한 적합성의 원칙은 필요성의 원칙의 당연한 논리적 전제여서 의미가 없다는 주장이 없는 바 아니다.[165] 나아가 적합성은 법적 판단 이전의 관계로서 인과적 성격을 지니며 형량관계를 내포하고 있지 않고 설령 여기에 목적과 수단의 관계가 존재할지라도 우연적인 원인과 결과의 관계에 불과하고 따라서 이것은 평가적인 재량의 문제와 관련이 없다는 주장도 설득력있게 들린다.[166] 독일연방헌법재판소도 굳이 적합성의 원칙을 거론하지 않는 경우도 많다. 그러나 동 재판소의 판례[167]에서 과잉금지원칙의 하위원칙의 부분내용에 적합성의 원칙을 포함시키고 있는 태도는 분명히 확립되어 있다고 볼 수 있다. 아울러 과잉금지원칙을 분석해 보면 적합성의 원칙의 존재를 부인할 수는 없다. 또한 적합성의 원칙이 행하는 실제적 기능이 아주 미미하다 할지라도 동 원칙의 여과적 기능(Filterfunktion)을 전혀 과소평가할 수는 없다. 따라서 과잉금지원칙은 하위원칙인 적합성의 원칙, 필요성의 원칙, 비례성의 원칙의 부분원칙으로 합성된 상위개념의 원칙이라 할 수 있다.

---

165) Vgl. L. Hirschberg, Der Grundsatz der Verhältnismäßigkeit(Göttingen: Verlag Otto Schwarze & Co, 1981), S. 245.

166) P. Lerche, Übermaß und Verfassungsrecht zur Bindung des Gesetzgebers an die Grundsätze der Verhältnismäßigkeit und Erforderlichkeit(Köln · Berlin · München · Bonn: Carl Heymanns Verlag, 1961), S. 19, FN 3.

167) Vgl. BVerfGE 33, 171(187); 13, 230(241); 17, 307(315ff.)

한편 적합성의 원칙이라는 용어 대신에 유용성(Tauglichkeit)의 원칙, 목적유용성(Zwecktauglichkeit)의 원칙, 충분성(Zulänglichkeit)의 원칙, 불훼손성(Unschädlichkeit)의 원칙이라는 용어가 사용되고 있지만 적합성의 원칙(der Grundsatz der Geeignetheit)이란 용어로 정리하여 사용하기로 한다. 필요성의 원칙과 관련하여 불필요한 침해의 배제원칙(der Grundsatz der Notwendigkeit)[168], 보충성(Subsidiarität)의 원칙, 불훼손성의 원칙(der Grundsatz der Unschädlichkeit)[169], 가능한 한 최소침해성의 원칙(Grundsatz des geringstmöglichen Eingriffen)[170], 절제적 수단선택의 원칙(Grundsatz des schonendesten Mittels), 최약수단선택의 원칙(Grundsatz des mildesten Mittels), 최소개입명령(Gebot des Interventionsminimus), 최소침해의 원칙(Grundsatz des Mindesteingriff), 가능한 한 최소제한의 원칙(Prinzip der geringst

168) Jakobs는 Erforderlichkeit의 개념과 Notwendigkeit의 개념을 엄밀하게 구별하고 있다. 즉 Notwendigkeit에는 비례성의 원칙과 필요성의 원칙의 내용적 요소를 모두 포함하고 있다고 하고 전자적 요소로서 피사리할 때 벼까지 힘께 뽑는 경우와 같이 목석을 조과하여 불필요하게되는 것을 지적하고 후자적 요소로서 가능한 한 최소한의 자유제한을 거론하고 있다. 그러나 일반적으로는 양자가 혼용되고 있다. Vgl. M. Ch. Jakobs, Der Grundsatz der Verhältnismäßigkeit mit einer exemplarischen Darstellung seiner Geltung im Atomrecht(Köln · Berlin · München · Bonn: Carl Heymanns Verlag KG, 1985), S. 79ff.

169) 이것은 선택된 수단이 부수효과를 야기시킬 때 예컨대 '거리청소'를 목적으로 선택된 수단이 '심한 먼지날림'의 부수적 효과로 해를 끼칠 때 제기되는 문제형식이다. 이러한 문제형식은 채택된 수단이 본래 추구하던 목적과의 관련하에 평가되는 것이 아니라 야기된 상황의 다른 목적과의 관련하에 판단된다는 특색이 있다. 그러나 이 문제는 적합성의 원칙과 필요성의 원칙으로 정확하게 커버할 수 있는 문제이므로 이 개념사용은 타당하지 않다. Vgl. M. Ch. Jakobs, (FN168), S. 78.

170) 필요성의 부분원칙으로 이해하기도 한다. Vgl. U. Langheinecken, Der Grundsatz der Verhältnismäßigkeit in der Rechtsprechung des Bundesverfassungsgerichts, unter besonderer Berücksichtigung der Judikatur zu Art. 12. Abs. 1. Satz 2. GG(Wiesbaden: Inaugural Dissertation der Albert-Ludwigs-Universität zu Freiburg im Breisgau, 1972), S. 5f.

möglichen Einschränkung), 경제성의 원칙(ökonomisches Prinzip), 감면적 침해의 원칙(Prinzip des schmerzlosesten Eingriffs), 최소수단선택의 원칙(Grundsatz des geringsten Mittels)[171], 그리고 경미한 수단(das gelindeste Mittel)선택의 원칙[172]이란 용어들이 사용되고 있으나 필요성의 원칙(der Grundsatz der Erforderlichkeit)이란 용어로 통일하여 사용하기로 한다. 나아가 비례성의 원칙과 관련해서는 상당성(Angemessenheit), 적정성(Adäquanz), 등비성(Proportionalität), 초과침해금지(Notwendigkeit), 과잉금지(Übermaßverbot)의 원칙들이 사용되고 있지만 비례성의 원칙(der Grundsatz der Verhältnismäßigkeit i. e. S.)으로 정리하여 사용하기로 한다.[173]

제2절 적합성의 원칙

적합성의 원칙(der Grundsatz der Geeignetheit)이란 어떤 목적을 실현하기 위하여 채택된 수단은 그 목적실현에 적합하여야 한다는 원칙을 말한다. 이때 적합성의 의미는 그 채택된 수단의 도움으로 의욕하는 결과의 발생을 촉진시킨다거나 조금이라도 그 결과발생에 동인이 된다는 것을 말한다. 바꾸어 말한다면 채택된 어떤 수단이 결과발생에 전혀 영향을 주지 않거나 의도한 결과발생을 어렵게 만드는 경우에는 적합성이 존재하지 아니한다고 말할 수 있다.[174] Pieroth-Schlink의 견

171) Vgl. M. Ch. Jakobs, (FN168), S. 76, S. 102.

172) Vgl. W. Pesendorfer, Das Übermaßverbot als rechtliches Gestaltungsprinzip der Verwaltung-zugleich ein Beitrag zur Bildung eines “inneren System” der Verwaltung, Österreichische Zeitschrift für öffentliches Recht und Völkerrecht (1977), Bd. 28, S. 271.

173) Vgl. L. Hirschberg, (FN165), S. 20f.

해에 의하면 적합성이란 국가가 침해를 통하여 조성한 상황과, 국가가 추구한 목적이 실현되었다고 간주되는 상황 사이에, 입증된 현실적인 조건관계로 연결되어질 수 있는 경우를 의미한다고 한다.[175] 이 양자의 개념정의를 조망해 볼 때 목적과 수단의 관계라는 과잉금지원칙의 좌표설정에 입각한다면 고전적이고 통설적인 전자의 개념정의가 후자보다 훨씬 더 기능적인 설득력을 가지고 있다고 본다.[176]

어쨌든 수단의 적합성에서 요구하는 그 적합성의 정도는 부분적인 적합성으로도 충분하고 완전한 적합성까지 요구되는 것은 아니다.[177] 따라서 목적달성과 관련하여 채택된 수단으로서의 행위방안들에는 상이한 여러 가지 정도의 적합성이 나타날 수 있다. 그러나 적합성의 정도를 단계적으로 구분한다는 것은 법적인 측면에서는 별 의미가 없는데, 왜냐하면 적합성의 척도는 오로지 목적달성을 위해 존재하는 가능성있는 여러 가지의 수단 중에서 "완전히 부적합한"(völlig ungeeignet) 수단만을 배제하는 것이 그 법적 척도로서의 관심사이기 때문이다.[178] 한편, 적합성의 원칙으로부터 나오는 내용으로서 단순한 부

174) Vgl. M. Gentz, Zur Verhältnismäßigkeit von Grundrechtseingriffen, NJW (1968), Heft 35, S. 1603; E. Grabitz, Der Grundsatz der Verhältnismäßigkeit in der Rechtsprechung des Bundesverfassungsgerichts, AöR(1973), Bd. 98, S. 471f.; F. E. Schnapp, Die Verhältnismäßigkeit des Grundrechtseingriffs, JuS(1983), Heft 11, S. 852; BVerfGE 7, 377(409f. 412); 9, 39(57); 19, 119(126f.); 20, 162(186f., 204f., 213f.)

175) Vgl. K. Stern, Das Staatsrecht der Bundesrepublik Deutschland, Bd. Ⅲ/2 (München: C. H. Beck'sche Verlagsbuchhandlung, 1994), S. 776.

176) Vgl. K. Stern, (FN175), ebenda

177) 이 때 전혀 비본질적인 것만으로 이루어진 부분적인 적합성은 충분하지 않다는 견해도 있다. Vgl. M. C. Jakobs, Der Grundsatz der Verhältnismäßigkeit mit einer exemplarischen Darstellung seiner Geltung im Atomrecht (Köln · Berlin · Bonn · München: Carl Heymanns Verlags KG, 1985), S. 60, FN 2.

178) Vgl. M. Ch. Jakobs, (FN177), S. 61; BVerfGE 20, 162(186f., 204f., 212f.); M. Gentz, (FN174), S. 1603. 이에 반하여 적합성 중에서 "보다 나은 적합성의 문제"(das Problem 'besserer' Eignung)는 이미 필요성의 원칙의 심사영역에 속한다는 Leisner의 견해는 잘못 이해한 것이라고

분적인 적합성을 채택된 수단에 요구하는 것만으로도 국가행위에 대한 통제는 이루어질 수 있다. 또한 공권력에게 특정한 목표달성을 의무지우는 일정한 행위위임이 부여되어 있을 때에는 오히려 채택된 수단의 단순한 부분적인 적합성만으로는 그 자체가 적합성원칙의 위반으로 평가될 수도 있을 것이다.179)

어쨌든 적합성의 원칙에서 요구하는 사고형식은 논리적으로 다음과 같은 선행문제가 전제되어 내포되고 있다.180) 첫째로 추구하는 목표와 관련하여 수단의 적합성을 판단하는 것은 이미 거기에는 요컨대 국가행위의 '목표가 선재'되어 있다는 것을 전제로 하는 것이다. 따라서 목표가 선재되어 있지 않다면 수단의 적합성을 논할 필요도 없다. 둘째로 적합성의 원칙의 밑바탕에는 목표달성과 조치수단이 가능성을 지녀야만 한다는 사실이 전제되어 있다는 것이다. 따라서 여기에서는 사실적·법적 불능상황이 심사될 수 있는데 이 때 경제적 불능은 고려되지 아니한다. 셋째로 적합성의 원칙에서는 목표와 수단 공히 양자가 헌법적으로 정당할 것을 제약조건으로 하고 있다는 것이다. 왜냐하면 선행된 헌법판단에 의하여 예상된 목표가 이미 부적법한 것으로 간주된다면 그 목표실현을 위해 채택된 수단의 적격성에 대한 질적인 판단의 문제는 제기될 필요가 없기 때문이고, 마찬가지로 사실 합헌적으로 승인된 목표를 추구한다고 할 때도 이 때 채택된 수단이 처음부터 헌법적 보호의 바깥에 있다면 굳이 수단의 적합성을 논할 필요가 없기 때문이다. 따라서 헌법을 위반한 수단이나 목표는 그 자체로(per se) 부적합한 것이 된다.181) 한편 적합성의 개념적 요소에 사물본성적 모순성(Sachwidrigkeit)과 상반성(Ungereimtheit)의 부존

Jakobs는 지적하고 있다. M. Ch. Jakobs, (FN177), ebenda, FN 12.

179) Vgl. M. Ch. Jakobs, (FN177), S. 62.

180) Vgl. M. Ch. Jakobs, (FN177), S. 60.

181) Vgl. K. Stern, (FN175), S. 777.

재를 포함시키는 견해가 있지만 적합성의 개념을 이런 식으로 확장하는 것은 더 이상 객관화할 수 없는 평가로 귀결될 것이기 때문에 받아들일 수 없다.[182] 또한 적합성의 원칙을 가능한 한 엄격한 목적-수단의 통제에 한정시켜야 할 필요가 있으며 그렇게 함으로써 적합성의 원칙의 규준적 판단관점을 명료하게 드러낼 수 있기 때문에 이러한 시각에서 벗어난 위의 견해는 수용하기 어렵다.[183] 또한 적합성의 개념과 합목적성(Zweckmäßigkeit: Zweckgemäßheit)의 개념은 구별되어야 한다. 왜냐하면 적합성은 부당을 판단하는 지표인 합목적성요건을 문제삼는 것이 아니라 불법을 판단하는 지표인 적법성(Rechtsmäßigkeit)요건에 관한 문제형식인데 반하여, 법적 개념으로서의 합목적성은 일반적으로 재량권의 정당한 행사의 영역에 귀속되는 문제형식이기 때문이다.[184] 즉 전자는 사법적으로 통제할 수 있는 법적 문제(Rechtsfrage)이고 후자는 단순한 가치판단문제(Wertungsfrage)이다.[185] 그렇기 때문에 적합성의 동의어로 합목적성이란 용어를 사용하는 것보다는 수단의 목적유용성(Zwecktauglichkeit)이란 용어를 사용하는 것이 보다 올바른 것이라 할 수 있다.[186] 한편 프로이슨의 고등행정재판소는 적합성에 유사한 개념으로 단순히 수단의 유용성(Tauglichkeit)이란 표현을 쓰고 있다. 나아가 적합성의 원칙의 소극적인 측면에 해당되는 부분으로서 수단의 불충분성(Unzulänglichkeit: Nicht-Ausreichen)의 원칙이 거명되고 있는데 이것은 이미 말한 바와 같이 공권력이 특정한 목표를 달성할 의무를 지고 있는 위임된 행위를 수행할 때에만 독자적인 심사척도의 지위에 오르게 된다.[187] 한편 Jellinek는 채

182) Vgl. M. Ch. Jakobs, (FN177), S. 61.
183) Vgl. L. Hirschberg, Der Grundsatz der Verhältnismäßigkeit(Göttingen: Verlag Otto Schwartz & Co, 1981), S. 55.
184) Vgl. M. Ch. Jakobs, (FN177), S. 64.
185) Vgl. K. Stern, (FN175), S. 777.
186) Vgl. M. Ch. Jakobs, (FN177), S. 64.

택된 수단이 추구하는 목적에 접근하지 않고 오히려 이탈될 때 그 수단된 행위의 의미상실(schädlich)을 지적하고 적합성의 개념에 상응하여 수단의 불훼손성(Unschädlichkeit)의 개념을 사용하고 있는데 이것은 우리가 확립한 적합성의 포괄적인 개념정의를 토대로 할 때 적합성심사의 범위내에서 단지 일부 양상만을 지칭하고 있는 것이라 할 수 있다.[188)]

개별적인 경우에 수단이 적합한 것이냐의 여부에 대한 문제는 이미 언급한 바와 같이 사법적으로 심사될 수 있는 법적인 문제이지 재량문제는 아니다. Lerche도 이 경우 평가적인 재량문제와는 관계가 없다는 것을 지적하고 있다.[189)] 이러한 적합성여부에 대한 판단은 객관적인 척도에 의하여 사전적인(ex ante) 평가를 근거로 행해져야 한다.[190)] 그러나 어떤 처분이 내려진 시점에서는 합당하게 적합성을 가진 것으로 출발하였지만 나중에 채택된 수단이 목적달성에 기여하지 않는 것으로 사후의(ex post) 평가시점에서 판명된다고 하더라도 적합성심사는 원칙적으로 방해받지 아니한다.[191)] 종국적으로 적합성 여부에 대한 판단이 채택된 수단의 작용시점에서 이루어졌느냐의 문제는 사법심사의 경우에 구체화된다고 할 수 있다. 그런데 어떤 공권력의 행위가 합당하게 적합한 것으로 예정되었지만 평가의 시점에서 완전히 부적합한 것으로 판명되었을 때 적합성의 판정을 박탈당한 당해 공권력의 행위가 계속적인 효력을 가질 것인가의 여부문제에 대해 지금까지 확고한 입장을 밝힌 판례는 형성되어 있지 않다.[192)] 채택된

---

187) Vgl. M. Ch. Jakobs, (FN177), S. 65.

188) Ebenda.

189) Vgl. P. Lerche, Übermaß und Verfassungsrecht-zur Bindung des Gesetzgebers an die Grundsätze der Verhältnismäßigkeit und Erforderlichkeit(Köln · Berlin · München · Bonn: Carl Heymanns KG, 1961), S. 19, FN 3.

190) Vgl. E. Grabitz, (FN174), S. 572; L. Hirschberg, (FN183), S. 53.

191) Vgl. E. Grabitz, (FN174), S. 572f.

수단이 목적실현을 위해 의도한 영향력을 발휘하지 못하고 있는데도 수단의 적합성이 부인되고 있지 않다면 목적실현을 위한 그 수단의 불능성이 명백하게 확정되는 순간에 '적합하다'는 질적인 판단은 부인된다고 하여야 한다. 따라서 이러한 경우에는 위의 공권력의 행위는 계속적 효력을 인정받지 못하지만 그렇다고 하여 당해 공권력의 행위가 시원적으로 불법한 것으로 되지는 아니한다.[193)]

한편 종국적이지 않은 처분에 있어서의 적합성심사는 진전될 상황의 예측에 현저하게 의존된다고 볼 수 있다. 경찰처분의 판단에 있어서 이것은 아주 중요한 문제가 된다. 또한 많은 부분에 있어서 정치적 판단의 영향을 받는 입법가의 조치에 대한 평가의 문제는 더욱 더 어려운 문제가 되고 있다. 여기서 문제되는 것은 첫째로 어느 범위까지 입법가에게 수단의 선택에 대한 예측을 용인할 수 있느냐 하는 것이고 둘째로 입법가의 예측에 대한 사법적 통제가 어느 범위까지 이루어질 수 있느냐 하는 것이다. 이러한 문제들은 결국 입법가의 입법형성권과 헌법재판의 통제권능에 대한 경계설정의 문제로 귀결된다. 이러한 경계확정의 문제는 단순히 여기서 문제되는 예측행위에 대한 적합성판단의 관점에서만 해결될 성질의 것은 아니다.[194)] 독일연방헌법재판소는 문제가 되어 있는 대상영역에 따라, 그리고 위험에 처해있는 법익의 중요도에 따라 여러 가지의 상이한 예측행위의 통제를 행하고 있는데[195)] 입법가에게 적잖게 "잘못된 예측"(Fehlprognosen)을 인용해주고 있다.[196)] 하지만 그러한 경우 필요에 따라서는 검토를 재고하여 교정할 것을 요구하기도 한다.[197)]

---

192) Vgl. a.a.O., BVerfGE 16, 147(183); 25, 1(13); 37, 104(118).
193) Vgl. M. Ch. Jakobs, (FN177), S. 63f.
194) Vgl. K. Stern, (FN175), S. 777f.
195) Vgl. BVerGE 73, 40(92); 77, 84(107).
196) Vgl. BVerGE 25, 1(12f.); 30, 250(263); 30, 292(317); 39, 210(226); 73, 40(91-94); 76, 220(240); 77, 84(109); 80, 1(31); 83, 1(22).

어쨌든 여기에서 명백히 지적해둘 것은 적합성과 관련하여 독일연방헌법재판소는 아주 특별하게 소극적인 태도로 판단하고 있다는 것이다. 즉 법률의 목적유용성에 대한 문제는 추후에 진행된 현실적인 전개상황에 의거하여 판단할 것이 아니라 입법가 자신의 시각에서 원래 정립된 목표에 대한 확대조치가 적합한지의 여부에 의거해서, 따라서 경제정책과 연계된 판단의 시각에서 자신의 예측이 규율대상의 본성에 합당하고 유지될 수 있는지의 여부에 의거해서 판단하여야 한다고 설시하고 있다.[198] 그리하여 독일연방헌법재판소는 법률이 공포된 시점에서 모든 인식가능요소를 동원하여 볼 때 문제가 된 대상조치가 명백하게 목적유용성이 없는 것으로 확인될 때에만 적합성원칙위반으로 보고 있다.[199] 결국 적합성심사를 조치수단의 명백한 무용성(eindeutige Undienlichkeit) 내지 조치수단에 대한 지탱될 수 없는 예측(unvertretbare Prognose)의 경우로 한정함으로써 적합성심사를 통하여 위헌판단할 가능성은 극히 드물다고 할 것이다. 독일연방헌법재판소 자신도 이 점을 강조하고 있다. 실제로 독일에서 지금까지 법률의 부적합성을 이유로 위헌선언된 것은 2개의 판례밖에 없다.[200] 따라서 과잉금지원칙에 의거한 실질적인 심사의 핵심은 필요성의 원칙과 비례성의 원칙에 놓여 있다 할 것이다.

이제 우리 헌법재판소가 논증하고 있는 과잉금지의 원칙의 내용을 여기의 적합성의 원칙과 관련하여 분석해보기로 한다. 우리 헌법재판소는 과잉금지원칙의 내용의 하나로서 목적의 정당성과 방법의 적절성을 거론하고 있는데 목적의 정당성이란 입법목적이 헌법 및 법

197) Vgl. BVerGE 25, 1(13); 49, 89(130ff.); 50, 290(335); 55, 274(308); 56, 54(79); 57, 139(162); 59, 119(127); 65, 1(55); 68, 287(309); 73, 40(94); 77, 308(334); 79, 1(29); 80, 1(31); 83, 1(21f.)

198) Vgl. BVerGE 30, 250(263); 39, 210(226); 71, 230(250); 77, 84(109).

199) Vgl. BVerGE 39, 210(230); 47, 89(131).

200) Vgl. BVerGE 17, 307(315ff.); 19, 119(126f.).

률의 체제상 그 정당성이 인정되어야 하는 측면을 나타내고 방법의 적절성(적정성)은 입법목적의 달성을 위하여 그 방법이 효과적이고 적절하여야 한다는 것이다.201) 여기서 목적의 정당성은 적합성의 원칙의 당연한 논리적 전제인데 우리 헌법재판소는 아예 과잉금지원칙의 한 내용으로 삼고 있다. 이것은 독일과 우리나라와의 사이에 존재하는 실정헌법상의 규정의 차이에서 기인한다고 볼 수도 있다. 독일의 경우와 달리 우리 헌법은 일반적 법률유보에 기본권제한입법의 한계를 명시적으로 규정하고 있다(제37조 제2항). 기본권제한입법의 목적상의 한계로 국가안전보장·질서유지·공공복리를 명백하게 설정하고 있어서 이러한 목적 이외의 목적을 위해서는 기본권을 제한할 수 없다. 이러한 측면을 지적하여 목적의 정당성을 언급하는 그 자체는 전체적인 시각에서 조망할 때 기본적으로 옳다. 그러나 과잉금지원칙의 테두리내에서 목적의 정당성을 그 내용적 요소로 하는 것은 논리적으로 맞지 않다. 과잉금지원칙의 핵심은 목적의 통제에 있는 것이 아니라 목적과 수단의 관계에 있어서 '수단의 통제'에 놓여 있는 것이다. 우리가 과잉금지원칙의 한 내용으로 파악하고 있는 적합성의 원칙은 목적에 대한 '수단'의 적합성을 의미하는 것이다. 따라서 목적의 정당성을 적합성의 원칙의 내용으로 삼아도 실제적으로 무의미한 사족에 불과하다. 왜냐하면 수단의 적합성의 원칙에는 목적의 정당성이 당연한 논리적 전제이기 때문이다. 독일에서 과잉금지원칙의 심사에 있어서 국가기관이 헌법제정권자나 입법권자가 부여하는 목적을 존중하여야 한다는 요구가 일반적으로 제기되지 아니하고 있는202) 이유가 여기에 있다. 분석내용을 정리하여 결론적으

---

201) 헌재결 1990. 9. 3. 89헌마120, 121(병합); 「헌법재판소판례집 제2권」(1990), 260면.

202) Vgl. R. Dechsling, Das Verhältnismäßigkeitsgebot-Eine Bestandsaufnahme der Literatur zur Verhältnismäßigkeit staatlichen Handelns(München: Verlag Franz Vahlen, 1989), S. 77.

로 이야기한다면 우리 헌법상에 과잉금지원칙을 자리매김할 때에는 역시 기본권제한입법의 방법상 한계에 위치설정을 하여야 한다는 것이다. 이러한 시각에서 본다면 우리 헌법재판소의 위 논증내용은 과잉금지원칙의 한 내용인 적합성의 원칙과 기본권제한입법의 목적상의 한계를 서로 혼합해 놓은 것이라고 할 수 있다. 그러나 우리 헌법재판소가 논급하고 있는 '방법의 적절성'은 정확히 과잉금지의 한 내용인 적합성의 원칙에 포섭된다. 그런데 방법의 적절성에서 입법목적의 달성을 위하여 그 방법이 '효과적'이어야 한다는 수준까지 설정하고 있는 것은 적합성심사에 있어서 너무나 과중한 요건이라 아니할 수 없다. 적합성의 원칙에서는 단지 수단이 목적실현에 기여하는 영향을 주고 있느냐 아니냐의 심사척도에 불과하다. 단순한 부적합성의 판단지표인 것이다. 따라서 방법이 '효과적'이어야 한다는 것은 입법목적과 수단의 관계에 대한 구체적인 상황에서 타당성있게 요구되어지는 적합성판단의 요건이 될 수 있는 경우가 있을 수 있을지라도 일반적인 적합성의 원칙의 내용으로 볼 수는 없다. 적합성원칙의 심사척도에 대한 실제적인 의미가 그리 크지 않다는 것은 앞에서 지적한 바 있다. 따라서 필요성의 원칙은 적합성의 언명을 내포하고 있다든지,[203] 필요성의 심사에서는 요구되는 선결문제의 답변으로서 적합성의 원칙을 전제하고 있다든지,[204] 아예 더 나아가 적합성은 필요성의 원칙에 완전히 포함되어 있다고 논증하는 견해[205]

203) Vgl. R.. Dechsling, (FN202), S. 75.

204) Vgl. P. Lerche, (FN189), S. 346.

205) Vgl. U. Langheineken, Der Grundsatz der Verhältnismäßigkeit in der Rechtsprechung des Bundesverfasssungsgerichts, unter besonderer Berücksichtigung der Judikatur zu Art. 12. Abs. 1. Satz. 2. GG(Wiesbaden: Inaugural - Dissertation der Albert - Ludwigs - Universität zu Freiburg im Breisgau, 1972), S. 5, 45-47; L. Hirschberg, (FN10), S. 59-61; R. Dechsling, Das Verhältnismäßigkeitsgebot-Eine Bestandsaufnahme der Literatur zur Verhältnismäßigkeit staatlichen Handelns(München: Verlag Franz Vahlen,

가 존재하는 이유도 여기에 있다. 어쨌든 적합성판단의 실제적 의미가 별로 크지 않는 상황에서 우리 헌법재판소의 논증에서와 같이 적합성의 가중요건을 설정한다는 것은 더욱 더 실제적인 의미가 없어 거의 설득력이 없다고 할 것이다. 그러나 단순한 적합성의 판단지표도 목적과의 연관성에서 여과적 기능(Filterfunktion)[206]은 수행하고 있다고 보아야 한다.

한편 우리 헌법재판소는 국가작용에서 취해진 어떠한 조치나 선택된 수단이 달성하려는 사안의 목적에 적합하여야 함은 당연하지만 그 조치나 수단이 목적달성을 위하여 유일무이한 것일 필요는 없다고 하고 있다.[207]

제3절 필요성의 원칙

필요성의 원칙(der Grundsatz der Erforderlichkeit)이란 목적실현을 위해 필요한 한도를 넘어 조금이라도 더 침해하는 수단을 선택해서는 아니된다는 원칙을 말한다. 이 때 필요성의 의미는 침해의 중대성의 정도에 있어서 보나 낮은 단계의 침해수단으로는 동일한 목적 또는 보다 나은 목적을 실현할 수 없게 되는 경우를 말한다.[208] 따라서 필요성

1989), S. 76, FN 324.

206) Vgl. R. Dechsling, (FN202), S. 79.

207) 「헌법재판소 판례집 제1권」(1989), 379면 참조.

208) Vgl. P. Lerche, Übermaß und Verfassungsrecht zur Bindung des Gesetzgebers an die Grundsätze der Verhältnismäßigkeit und der Erforderlichkeit (Köln · Berlin · München · Bonn: Carl Heymanns Verlag KG, 1961), S. 19, R. v. Krauss, Der Grundsatz der Verhältnismäßigkeit in seiner Bedeutung für die Notwendigkeit des Mittels im Verwaltungsrecht (Hamburg: Kommissionsverlag Ludwig Appel, 1955),

의 원칙은 당연히 적합성의 원칙을 전제로 한다.[209] 즉 필요성의 원칙은 여러 가지 적합한 수단중에서 그 수단의 적용으로 가장 적게 침해하는 결과를 초래하는 그러한 수단을 선택해야 한다는 명령을 일컫는 것이다. 요컨대 필요성의 원칙은 그 개념상(per definitionem) 목적실현을 위한 하나 이상의 적합한 수단이 존재하지 않는다면 판단척도로서 기능할 수 없다. 왜냐하면 목적실현을 위해 적합한 수단이 유일하게 하나만 존재한다면 그것은 동시에 필요한 수단일 수 밖에 없게 될 것이기 때문이다. 여기에서는 굳이 수단의 필요성을 따질 필요가 없다. 어떠한 수단이 최소로 침해하느냐 하는 판단은 수단간의 비교를 전제로 하는데 이 비교영역을 한정시켜주는 것이 적합성의 원칙이라 할 수 있다.[210] 따라서 처음부터 부적합한 수단이라고 한다면 필요성심사를 할 필요가 없게 되기 때문에 여기에서 적합성의 원칙이 필요성의 원칙의 논리적 전제가 된다는 확인이 가능하게 된다. 또한 필요성심사에서 행하는 비교행위는 여러 가지 상이한 정도의 적합성을 가지는 수단간에서 이루어지는 것이 아니라 동일한 정도의 적합성을 가지는 수단들(die gleichgeeigneten Mittels)[211] 내지 목적실현에 동일한 정도의 영향력을 가지는 수단들(die gleich wirksamen Mittel)[212] 상호간에서 이루어진다. 따라서 비교변수의 고찰범위가 더욱 더 한정되어 동일한 유

S. 15ff.; P. Wittig, Zum Standort des Verhältnismäßigkeitsgrundsatzes, DÖV(1968), Heft 23, S. 817; M. Gentz, Zur Verhältnismäßigkeit von Grundrechtseingriff, NJW(1968), Heft 35, S. 1603; BVerfGE 7, 377(405); 14, 288(303); 16, 147(172f.); 17, 232(244f.); 38, 281(302); 49, 24(58)

209) Vgl. K. Stern, Das Staatsrecht der Bundesrepublik Deutschland, Bd. Ⅲ/2 (München: Verlag C. H. Beck, 1994), S. 780.

210) Vgl. M. Ch. Jakobs, Der Grundsatz der Verhältnismäßigkeit mit einer exemplarischen Darstellung seiner Geltung im Atomrecht(Köln · B-erlin · Bonn · München: Carl Heymanns Verlag KG, 1985), S. 66.

211) Vgl. M. Gentz, (FN208), S. 1604.

212) Vgl. BVerfGE 25, 1(18); 30, 292(316); 33, 171(187); 40, 371(383)

용성정도만을 가진 수단들 안에서만 비교가 행해진다는 것을 유념할 필요가 있다. 각각의 모든 단계의 적합성정도를 내포하는 모든 종류의 적합한 수단 중에서, 구체적으로 적용된 따라서 판단대상이 되어 있는 수단의 필요성을 심사하라는 것은 사실상 논리적으로 불가능할지도 모른다. 어쨌든, 보다 큰 목표실현에 영향을 주는 수단이 존재하느냐의 여부 문제나 보다 작은 목표실현에 있어서 보다 덜 침해하는 수단이 가용될 수 있느냐의 여부의 문제는 필요성의 원칙에서는 문제성을 상실한 것이다. 필요성의 심사에서는 동등한 크기의 실현정도를 가진 동일한 목적에만 관계되어 있는 것이지 이 목적의 위나 아래단계의 목적에 관계되어 있는 것이 아니기 때문이다. 따라서 위에 언급한 목적요소는 기술적으로 변환시킬 수 없다는 의미에서 상수로 설정될 것이다.[213] 그러나 동일한 목표실현을 위한 최소침해의 수단이지만 결과의 측면에서 보았을 때 보다 큰 목표실현을 한 경우나 목표실현에 경미한 정도의 모자람이 있을 때도 이 때의 수단의 필요성은 긍정되고, 약간의 성과미달과 침해정도에서의 보다 큰 침해감소가 상쇄관계에 있을 때에도 당연히 수단의 필요성은 긍정된다.[214] 따라서 법률용어로서의 필요성의 의미는 일반적인 언어사용에서의 필요성의 의미와는 구별된다. 한편, 보다 큰 자유를 위하여, 완전히 제거되지 않은 잔존 위험요소가 있는 수단을 선택할 것이냐의 문제는 필요성심사에서 받아들일 문제가 아니라 비례성의 원칙에서 거론될 문제이다.[215]

적합성정도에 따라 적합한 수단들을 그룹으로 분류하고 여기에서 필요한 수단을 판단하는 과정을 거치다 보면 '일정한 구체적인 목적을 실현하는 경우 모든 적합한 수단 중에서 관념상 단지 하나의 필요한 수단만이 존재한다'고 볼 수 있다.[216] 그러나 어떠한 범위에서

---

213) Vgl. M. Ch. Jakobs, (FN210), S. 67.
214) Vgl. M. Gentz, (FN208), S. 1604.
215) Ebenda.

목적을 실현하느냐(적합성의 정도의 문제)의 문제는 적합성의 심사에서는 걸러질 수 있는 문제가 아니라는 사실로부터 여러 가지의 필요한 수단이 존재할 수 있다는 결과가 나온다.217) 필요성의 원칙은 결국 최소침해의 수단을 찾기 위한 것인데 이 때 최소침해의 판단척도의 근거를 어디에 둘 것인가가 문제된다. Wolff/Bachof는 침익행위의 경우에는 침해를 당한 개인을 기준으로 해서 그 당사자에게 가장 적게 손해를 끼치는 방법이 필요한 수단이고 급부행위의 경우에는 공중(公衆)에게 가장 손해를 적게 미치는 결과를 가져오는 방법이 필요한 수단이라고 하고 있다.218) 이와 달리 개인과 공중 '양자에게' 최소로 침해하는 수단에 판단근거를 두어야 한다는 견해도 있다.219) 나아가 개인을 기준으로 해서만 최소침해수단 여부를 판정해야 한다는 견해가 있고220) 이외에도 누구에게 최소로 침해하는 수단인가의 문제를 언급하지 않는 견해221)도 있는가 하면 우선적으로는 개인의 자유의 침해에 주안점을 두고 공중에게 있어 침해의 의미는 기껏해야 부차적인 역할만 할 것이라는 견해도 있다.222) 그러나 침해의 강도(die Schwere des Eingriffs)에 대한 판단근거를 어디에 두어야 할 것인가의 문제는 과잉금지원칙의 발원과정과 국가와 개인간의 관계에 대한 성찰로부터 결정되어야 할 것이다. 따라서 필요성의 원칙이 본래 경찰영역의 침해행위에 대한 개인의 법적 지위를 보장하기 위해 출발한 것이고, 과잉금지원칙이 궁극적으로 국가와 개인간의 관계에 있어서 개인의 권익을 보장하기 위한 국가작용의 통제

216) Vgl. P. Lerche, (FN208), S. 21.
217) Vgl. BVerfGE 30, 292(322f.); 40, 196(223f.)
218) Vgl. M. Ch. Jakobs, (FN210), S. 68.
219) Vgl. M. Ch. Jakobs, (FN210), FN 50.
220) Vgl. M. Ch. Jakobs, (FN210), FN 51; R. v. Krauss, (FN210), S. 15.
221) Vgl. M. Ch. Jakobs, (FN210), FN 52.
222) Vgl. P. Wittig, (FN208), S. 13.

로서 기능하여, 국가가 아무런 조치나 임의적으로 하라는 것이 아니라 필요한 조치만을 하라는 언명이기 때문에 결국 최소침해의 판단기준은 침해를 받은 당사자 개인에서 찾아야 할 것이다. 그러나 침해당사자 개인을 기준으로 하여 동일한 침해강도를 가지는 최소침해수단이 여럿이 존재하는 경우 '필요한 수단'의 판단여부에 있어서는 공공이익[223]을 최소로 침해하는 수단으로 선택되어야 할 것이다.[224] 하지만 이 때에도 제1의 기준은 침해하는 개인의 법적 지위에서 찾아야 하고 공공이익에 대한 침해기준은 특정한 경우 부차적인 기준으로서만 기능하여야 한다는 것은 과잉금지원칙이 침해사고모형을 전제로 한다는 점을 상기할 때 당연하다. 오로지 공공이익만을 침해하는 경우에는 굳이 일정한 논리구조를 전제로 하는 과잉금지원칙에 매달리지 말고 경제성의 원칙이나 자의금지원칙 등 다른 법원칙을 모색해야 할 것이다. 필요성심사에서 언급되는 공공이익을 제한적으로 이해해야 하는 이유는 본래 필요성사고에 의한 한계설정의 의도가 공공이익을 위한다는 명분으로 국민에게 내려지는 전능한 국가권력행사의 제한에 촛점이 맞추어져 있기 때문이다. 그런데 개인의 이익침해와 공공의 이익침해의 합계로 최소침해수단을 확정해야 할 경우, 즉 개인의 이익은 적게 침해하나 공공의 이익을 많이 침해하는 수단과, 개인의 이익은 많이 침해하나 공공의 이익은 적게 침해하는 수단 두 가지가 존재하는 경우에 전체적으로 보아서 후자가, 침해가 적고 따라서 필요한 수단이라는 견해가 있다.[225] 그러나 이것은 받아들일 수 없다. 사실상 필요성원칙의 규준적, 교정적 기능의 장애를

223) 이 때에도 국가작용 자체의 이익만을 위한 경우는 여기의 공공이익에 논리구조상 포함시킬 수 없고 당해 국가작용 바깥의 공공이익을 침해하는 경우에만 여기에 해당한다.

224) Vgl. M. Ch. Jakobs, (FN210), S. 52.

225) Vgl. L. Hirschberg, Der Grundsatz der Verhältnismäßigkeit(Göttingen: Verlag Otto Schwartz & Co, 1981), S. 67.

초래하고 필요성심사에서 제일 먼저 고려해야 할 요소를 축약시켜버리는 결과가 되며 종국적으로 위와 같은 경우는 비례성의 원칙의 관점에서 심사될 사항이라고 보기 때문이다.

한편 수익적 행위에 있어서 침해의 정도를 어떻게 판단하느냐의 문제도 제기된다. 이 경우 일반 공공이익에 가장 적게 침해하고 당사자 개인에게 가장 큰 이익을 부여해 주는 수단이 필요한 수단이라고 하는 견해226)가 있으나 누누히 언급하고 있는 바와 같이 수익적 행정행위에 있어서 수익처분 또는 급부행위 그 자체에는 과잉금지원칙(여기서는 필요성의 원칙)이 적용되는 것은 아니다. 여기에는 오히려 과소보호금지(Untermaßverbot)의 원칙이나 자의금지 및 평등권의 시각에서 침해문제가 해결되어야 하고 또 다른 편에서는 경제성의 원칙에 따라 과잉급부에 의한 공공이익의 침해문제를 해결하여야 할 것이다. 그러나 동일한 수준으로 침해하는 수단이 둘이 있는 경우 어느 하나가 개인에게 가능한 수익을 제공하는 면이 있다면 필요성 심사에서 이러한 부차적인 측면도 형량하여 필요한 수단을 확정해야 하기 때문에 수익성여부가 최소침해수단판정에 영향을 주는 경우도 있다.

또한 복효적(複效的) 행정행위 내지 이중효과적 행정행위(Verwaltungsakt mit Doppelwirkung)에서 필요성 판단이 문제된다. 이중효과적 행정행위 중에서도 제3자效(Drittwirkung)의 경우보다 혼합效(Mischwirkung)의 경우가 필요성의 원칙과의 직접적 관련성이 짙다. 제3자효를 가지는 행정행위에서도 침해영역에서는 필요성의 원칙과 관련되지만 타인과의 관계의 이익조절은 역시 비례성의 원칙의 심사영역이라 할 것이다. 어쨌든 부담적 효과와 수익적 효과를 동시에 가지는 이중적 행위(die amibivalente Handlungen)가 동일한 개인에게

226) Vgl. M. Ch. Jakobs, (FN210), S. 69f.

귀속되는 복효적 행정행위의 혼합효에서 수단의 최소침해성 판단을 어떻게 할 것인가가 문제되는데 여기에서도 부담적 효과와 수익적 효과가 상쇄되는 경우(Pattsituation)에는 일반 공공이익의 침해정도의 관점에서 수단의 필요성을 판단하여야 한다는 견해227)는 앞서 논증한 경우와 같이 타당하지 아니하다. 필요성의 원칙은 그 의도하는 바가 국가의 침해에 대한 개인의 권리보호에 기능하기 위한 것이기 때문에 우선적으로 침해수단의 부담적 요인(belastendes Moment)에 촛점을 맞추어 수단의 최소침해성여부를 판단하여야 한다. 따라서 복효적 행정행위의 혼합효의 경우에도 일단 그 자체로(설령 수익적인 면을 내포하고 있을지라도) 개인이익을 가장 적게 침해하는 부담적 조치수단만이 필요한 수단이 된다. 그러나 여기에서 필요한 수단이 여럿이 존재하는 경우, 보다 큰 수익적 효과를 가지는 수단이 구체적으로 필요한 수단으로 논증될 수 있고, 또한 어느 수단이 보다 큰 수익적 효과를 가지는지 그 결과여부가 불분명한 경우에는 공공의 이익에 가장 적게 침해하는 수단이 구체적으로 필요한 수단이 된다고 부차적 판단을 내릴 수 있다고 본다. 그러나 여기에서도 유념할 것은 제1차적으로 필요성원칙의 논리구조에 입각한 판단이 선행되어 전제되어 있기 때문에 위와 같은 부차적 판단이 용인되고 있다는 사실이다. 이처럼 필요성 심사에서 공공이익의 침해정도를 함부로 끌어 들일 수 없는 이유는 만약에 필요성심사에서 개인의 이익침해 정도와 공공의 이익침해 정도를 동시에 고려해야 한다고 한다면 다음과 같은 문제점이 발생하기 때문이다. 즉 개인에게 최소로 침해하는 조치가 일반 공공이익에 최소로 침해하는 조치와 서로 대립될 때, 다시 말해 후자에 있어서 그것은 개인에게 보다 크게 침해하는 조치라고 할 때에는 사실상 어떠한 결정도 내릴 수 없게 되기 때문

227) Vgl. M. Ch. Jakobs, (FN210), S. 70.

이다.[228] 어쨌든 공공의 이익의 침해정도에 대한 고려의 관점은 비례성의 심사에서 파악하여야 할 것이다.

나아가 필요성심사에서는 침해하는 수단에 수반되는 부수효과(Nebenwirkungen)까지를 포함하여 최소침해수단 여부를 판단하여야 한다.[229]

한편 적합성의 원칙이 선택된 수단을 추구하는 목적과의 시각에서만 판단하기 때문에 객관적인 척도로 결정될 수 있는데 반하여 필요성의 원칙은 침해당한 당사자의 시각에서 필요성의 개념내용을 판단하기 때문에 일정한 주관적인 색채가 깃들어 있다. 하지만 필요성의 원칙이 적법성의 척도(Rechtmäßigkeitsmaßstab)를 의미한다고 한다면 최소침해성 여부의 판단은 어느 정도 주관적인 관점에서 벗어나 객관적인 시각이 유지되어야 한다. 따라서 침해당한 당사자 개인이 인식한 침해상황을 바탕으로 수단의 최소침해성을 판단하느냐 아니면 당사자 개인에게 어떠한 수단이 어느 정도로 침해하는가 여부를 일반적인 경험칙에 의하여 판단하느냐에 따라 최소침해성의 범위가 달라질 수 있는데, 조치수단을 내리는 기관이 알 수 없는 당사자 개인의 주관적인 인식에 따라 수단의 필요성을 판단하게 된다면 경우에 따라서 최소한의 침해(der geringstmögliche Eingriff)를 확정할 수 없는 경우도 있을 것이다. 수단의 필요성의 판단시점에 있어서는 재판시를 기준으로 하는 것이 아니라 조치가 내려지는 시점에 사전적으로(ex ante) 객관적인 기준에 의하여 판단되어야 한다.[230] 아울러 수단의 필

228) Vgl. L. Hirschberg, (FN225), S. 67.; M. Ch. Jakobs, (FN210), S. 71. 따라서 독일 브레멘州의 경찰법(1960. 7. 5.)에서와 같이 '개인이나 공공에게' 가장 적게(am wenigsten) 침해하는 그러한 조치수단만 행사하여야 한다고 하는 이와 같은 법규정상의 필요성원칙에 대한 개념정의는 전혀 타당하지 아니하다. 또한 '개인이익과 공공이익'을 가장 적게 침해하는 수단이 필요한 수단이라라는 Hirschberg의 언명도 당연히 타당하지 아니하다. Vgl. Hirschberg, (FN225), S. 66ff.

229) Vgl. M. Gentz, (FN208), S. 1604.

230) Vgl. M. Ch. Jakobs, (FN210), S. 72f.

요성에 대한 사전적 판단으로는 동등한 영향력을 가진 여러 가지 수단 중에서 어떠한 수단이 사실상 효과적으로 적용될 수 있는지를 평가할 수 없기 때문에 여러 가지 동등한 정도의 필요한 수단 중 단지 하나의 필요한 수단만을 적용하는 것에 한정되지 않고, 목적을 실현하기 위하여 동등한 정도의 여러 가지 필요한 수단을 함께 결합하여 적용할 수 있음은 물론이다.231) 우리 헌법재판소도 "국가가 어떠한 목적을 달성함에 있어서는 어떠한 조치나 수단 하나만으로써 가능하다고 판단할 경우도 있고 다른 여러 가지의 조치나 수단을 병과하여야 가능하다고 판단하는 경우도 있을 수 있으므로 과잉금지원칙이라는 것이 목적달성에 필요한 유일의 수단선택을 요건으로 하는 것이라고 할 수는 없는 것이다. 물론 여러 가지의 조치나 수단을 병행하는 경우에도 그 모두가 목적에 적합하고 필요한 정도내의 것이어야 함은 말할 필요조차 없다"라고 판시하고 있다.232) 한편 우리 헌법재판소는 필요성의 원칙에 관하여(필요성의 원칙이라는 말은 언급하고 있지 않지만) 선택된 수단이 목적을 달성함에 있어서 필요하고 효과적이며 상대방에게는 최소한의 피해를 줄 때에 한해서 국가작용이 정당화된다라는 표현을 사용하고 있다.233)

필요성심사에서 또한 문제되는 것이 대체수단(Austauschmittel)의 허용문제이다. 경찰 및 질서행정영역에서 전개된 수단대체제도는 직면해 있는 위험의 제거를 위해 관계당국이 제시한 수단보다 당사자가 제시한 수단이 마찬가지로 효과적이면서도 공공이익에 더 크게 침해하지 않는 수단인 경우에 이 수단의 적용을 경찰상의 행위의무를 지고 있는 당사자에게 허용하는 것을 말한다.234) 질서행정기관은

231) Vgl. E. Grabitz, Der Grundsatz der Verhältnismäßigkeit in der Rechtsprechung des Bundesverfassungsgerichts, AöR(1973), Bd. 98, S. 574.

232) 「헌법재판소판례집 제1권」(1989), 379면 참조.

233) 상게 판례집, 378면 이하 참조.

234) Vgl. M. Ch. Jaskobs, (FN210), S. 73.

'필요한' 수단만을 적용하여야 하고, 의무행위 당사자가 동일한 정도의 '필요한' 수단 중에서는 당해 행정기관이 제시한 수단과는 다른 수단을 적용할 것을 요구하는 것은 당연하다고 볼 수 있다. 나아가 조치할 것으로 제시된 수단보다 공공이익을 더 크게 침해하지 않는다면 위험방지를 위해 필요한 수단을 적용하는 대신에 의무당사자가 요구한다면 필요하지 않은 수단도 적용할 수 있다. 따라서 이러한 수단대체제도는 주관적인 측면에서 당사자에게 더 크게 침해하는 수단을 적용하는 것을 회피해 주는 기능을 한다. 그러나 법규범이 목적달성을 위해 특정한 수단만을 구속적으로 적용할 것을 규정하고 있는 경우에는 대체수단이 허용될 수 없는데 이것은 행정의 법률적합성을 침해하는 결과가 되기 때문이다.[235]

어쨌든 여기에서는 대체수단의 허용청구권을 필요성의 원칙으로 논증해 낼 수 있느냐의 문제와 수단의 대체성을 전혀 고려하지 않는 것이 행정행위의 법률적합성과 관련하여 필요성의 원칙의 위반이 되느냐의 문제로 집약된다. 그러나 대체수단은 개념상 선택된 수단이 객관적으로 필요한 수단일 때 비로소 본래의 기능을 할 수 있는 것이기 때문에 이러한 필요성요건이 충족되지 않는다면 대체수단의 문제는 원칙적으로 제기될 수 없다는 것을 유념해야 한다. 이러한 바탕위에서 나아가 행정의 법률적합성을 침해하지 않는 한 의무당사자는 필요성의 원칙의 일반적인 효력과 그 보호취지에 입각하여 자신이 제안한 대체수단을 고려해 줄 것을 요구할 수 있다고 본다.

235) Vgl. M. Ch. Jakobs, (FN210), S. 74.

제4절 비례성의 원칙

비례성의 원칙(der Grundsatz der Verhältnismäßigkeit im engeren Sinne)은 소극적으로 정의되기도 하고 적극적으로 언명되기도 한다.[236] 즉, 전자의 입장에서는 비례성의 원칙이란 일정한 목적을 실현하기 위하여 특정한 수단을 행사하는 경우 이 목적과 수단사이의 관계가 명백히 비례관계를 벗어나서는 아니된다는 것을 말한다고 정의하고 있고, 후자의 입장에서는 비례성의 원칙이란 위의 목적과 수단의 관계에서 '상당한 관계'(angemessenes Verhältnis)가 성립되어야 한다는 것을 말한다고 언명하고 있다. 여기에서 비례성, 비례관계, 비례적이다, 상당하다는 의미가 무엇이냐가 문제된다. 이들 용어는 어떠한 내용을 담고 있는 것이라기보다는 비어 있는 형식(Leerformel)이다. 따라서 비례성의 원칙은 내용적 척도를 제공해주고 있는 것이 아니라 각각의 구체적인 상황에 따라 그 내용적 결정이 이루어져야 한다는 의미에서 형식적 원칙(ein formales Prinzip)[237]이라 할 수 있다. 왜냐하면 위의 개념정의에서 보듯이 구체적으로 무엇이 비례적인 것

236) Vgl. K. Stern, Das Staatsrecht der Bundesrepublik Deutschland, Bd. Ⅲ/2 (München: C. H. Beck'sche Verlagsbuchhandlung, 1994), S. 782; L. Hirschberg, Der Grundsatz der Verhältnismäßigkeit (Göttingen: Verlag Otto Schwarz & Co, 1981), S. 76; Lerche는 소극적으로 정의하는 입장을 취하고 있다. Vgl. P. Lerche, Übermaß und Verfassungsrecht zur Bindung des Gesetzgebers an die Grundsätze der Verhältnismäßigkeit und der Erforderlichkeit (Köln · Berlin · München · Bonn: Carl Heymanns Verlag KG, 1961), S. 19.

237) 여기에 대해서 비례성의 원칙을 실체적 원칙(materiales Prinzip), 실질적인 척도(materielles Kriterium)로 보는 견해도 있다. Vgl. L. Hirschberg, (FN236), S. 77. FN 164; 비례성의 원칙이 형식적 원칙이냐 실체적 원칙이냐의 논란은 관점의 차이에서 기인한다고 볼 수 있고 일반적인 차원에서 이러한 논의는 무용한 논쟁에 불과하다고 판단된다. Vgl. K. Stern, (FN236), S. 785.

이냐에 대해서는 비례성의 원칙 자신은 아무 것도 말해주는 바가 없기 때문이다. 즉 비례성의 원칙에 관한 소극적 정의이든 적극적 언명이든 간에 그 내용적 측면에서는 극도로 애매한 일반조항(ein äußerst vage Generalklausel)적 성격을 가진다고 볼 수 있다. 그러나 이것은 일반적으로 획일적으로 논증할 사항은 아니다. 왜냐하면 비례성의 원칙의 논리구조 자체가 실질적인 척도로서 기능할 수 있는 면을 부인할 수 없고, 구체적인 상황을 전제조건으로 하여 비례성의 원칙을 파악할 때 동 원칙의 실체적인 모습을 충분한 정도로 상정할 수 있다고 보기 때문이다.

어쨌든 '비례성'이란 용어는 적어도 논리적으로는 두 가지 요소 사이의 관계를 전제로 한다. 또한 어떠한 관계이든지 간에 이 두 가지 요소는 비교될 수 있어야 하고 나아가 비교가 행해지기 위해서는 비교근거가 되는 판단척도가 필요하다.[238] 이 판단척도가 명정되지 않는 한, 비례성이란 개념은 형식적인 것에 머무르고 말 것이다. 나아가 이 판단척도를 바탕으로 하여 두 요소간의 일방이 타방에 대하여 우월할 수 있는 가능성이 또한 존재하여야 한다. 따라서 비례성이란 언명은 비교변수 사이의 관계를 양적으로 결정하는 표현방법이라는 견해[239]가 있으나, 질적인 판단의 가능성도 고려해 볼 때 이러한 견해가 반드시 타당하다고는 볼 수 없다고 본다. 하여튼 비례성의 개념을

238) Vgl. R. v. Krauss, Der Grundsatz der Verhältnismäßigkeit in seiner Bedeutung für die Notwendigkeit des Mittels im Verwaltungsrecht (Hamburg: Kommissionsverlag Ludwig Appel, 1955), S. 14; W. F. Hotz, Zur Notwendigkeit und Verhältnismäigkeit von Grundrechtseingriffen unter besonderer Berücksichtigung der bundesgerichtlichen Praxis zur Handels-und Gewerbefreiheit (Zürich: Schulthess Polygraphischer Verlag AG, 1977), S. 11.

239) Grabitz는 적합성의 원칙이 질적인 판단만을 수반하는 데 반하여 비례성의 원칙은 목적과 수단 사이의 양적인 관계를 나타낸다고 한다. Vgl. E. Grabitz, Der Grundsatz der Verhältnismäßigkeit in der Rechtsprechung des Bundesverfassungsgerichts, AöR(1973), Bd. 98, S. 571.

분석해보면 세 가지 요소를 조건으로 하고 있다는 것을 알 수 있는데, 즉 첫번째 변수와 여기에 대해서 형량되어질 두번째 변수, 그리고 이미 주어진 불변의 상수로서의 판단척도가 바로 그것이다.[240] 이것을 법원칙으로서의 비례성의 원칙과 결부시켜 본다면 목적과 수단의 관계, 그리고 상당하다(angemessen), 이성적이다(vernünftig), 기대가능하다(zumutbar), 과중침해가 아니다(nicht übermäßig belasten)라는 판단을 가능케 하는 판단척도의 확정의 문제가 삼각구조 내지 삼각관계(Dreiecksverhältnis: Dreiecksbeziehung)로 대두된다. 두 변수사이의 관계는 목적과 수단의 관계로서뿐만 아니라, 법현상적인 측면에서 여러 가지 대칭적인 쌍방으로 표현될 수 있다. 예컨대 자유의 희생과 그 댓가로 얻어진 공공의 이익, 어떤 조치로 야기된 이익과 손해, 침해와 방어, 작용과 반작용, 수익과 비용, 위험과 극복 등 무수한 표현[241]이 있을 수 있지만, 여기서는 이해의 편의를 위하여 목적과 수단의 관계로 설명하기로 한다. 우선 잠정적으로 정리해서 말할 때 비례성의 원칙은 고권적인 침해조치에 있어서 목적과 수단의 관계가 상당해야 할 것을 요구한다고 할 수 있다. 그러면 여기서 목적이란 무엇을 지칭하는 것인가. 여기서 목적이란 문제가 된 국가행위의 바탕에 놓여 있는 의도(Intention)라고 정의될 수 있다. 목적은 왜, 무엇을 위하여 설정되는가? 그러나 비례성의 원칙에서 이 문제는 다루어질 성질의 것은 아니다. 비례성의 원칙의 두번째의 내용적 구성요소인 수단은, 선재하는 목적인(目的因)으로서의 의도를 실현시키기 위해 개입

240) Vgl. R. v. Krauss, (FN238), S. 14; J. Witt, Verhältnismäßigkeitsgrundsatz -Untersuchungshaft, körperliche Eingriffe und Gutachten über den Geisteszustand(Mainz: Dissertation der Johannes Gutenberg-Universität, 1968), S. 16f.

241) 자세하게 열거된 표현에 대해서는 Vgl. M. Ch. Jakobs, Der Grundsatz der Verhältnismäßigkeit mit einer exemplarischen Darstellung seiner Geltung im Atomrecht (Köln · Berlin · Bonn · München: Carl Heymanns Verlag KG, 1985), S. 15.

되는 작용요인이라 정의할 수 있다. 작용인(作用因)으로서의 수단은 '어떻게' 행사되어야 하는가가 핵심 문제영역이라 할 수 있다. 그런데 모든 목적은 동시에 또 다른 목적을 실현시키기 위한 수단이란 측면을 가지고 있다.242) 나아가 목적과 또 다른 목적과의 연결고리로 수단관계가 바탕이 된다고 할 때 결국 모든 수단은 모든 목적의 대상이 된다 할 수 있고 따라서 인식론적인 측면에서 보았을 때는 목적과 수단의 호환관계가 당연히 성립된다. 이래 가지고서는 비례성의 원칙에서 목적과 수단의 관계를 확정할 수 없게 된다. 그리하여 Lerche는 목적과 수단의 개념적 상대성을 극복하고 양자의 혼동된 역할을 방지하기 위해서 판단대상이 되는 국가행위를 법적인 영역으로 침투해오는 표상(die Vorstellung des Eindringens in einen Rechtsbezirk)으로 한정하고 이러한 한정된 조건하에서의 '수단'의 범위를 헌법적으로 중요한 의미를 가지는 법적 영역에서 입법가가 개입하는 행위영역으로 확정하고자 하였다.243) 한편 Jakobs는 아예 목적과 수단의 관계라는 도식에서 벗어나 국가행위에 의하여 침해되는 법익과 보호되는 법익과의 관계로서 비례성의 원칙에서 요구하는 첫번째와 두번째의 변수관계를 확정하려고 한다.244) 여기에서는 침해 내지 보호와 관련하여 터치하는 개입의 강도(Intensität der Tangierung)가 중요한 문제로 부각된다. 즉 B라는 법익을 보호하기 위하여 A라는 법익을 침해하는 경우 B가 보다 큰 법익이라고 해서 이 경우를 비례적인 것이라 항상 판단할 수도 없는 것이고 거꾸로 B가 보다 작은 법익이라고 해서 이 경우를 비례적인 것이 아니라고 항상 판단할 수는 없는 것이다. 여기에서는 법익의 종류와 크기만을 문제삼고 있기 때문이다. 예컨대 가치적 의미에 있어서 보다 하위인 법익을 현저하게 크게 보호하기 위

242) Vgl. P. Lerche, (FN236), S. 23, FN 11.
243) Vgl. P. Lerche, (FN236), S. 23.
244) Vgl. M. Ch. Jakobs, (FN241), S. 21.

해서 상위의 법익을 경미하게 침해하는 경우나 거꾸로 상위의 법익의 경미한 보호를 위해서 하위의 법익을 현저하게 크게 침해한 경우에, 법익의 종류 뿐만 아니라 침해 내지 보호와 관련된 개입의 강도를 함께 고려한다면 이것을 비례적인 것이라 할 수는 없게 된다. 침해의 강도[245]를 결정하는 문제를 Jakobs는 기본권의 본질적인 내용과 연관시켜 본질적 내용의 한계에 접근하면 할수록 침해의 강도는 커진다고 논증하고 있지만 이것은 본질적인 내용을 확정할 수 있다는 전제하에서만 의미있는 것이고 그렇지 아니한 경우에는 순환논법에 빠지거나 공허한 논리라고 할 수 있을 것이다. 어쨌든 Jakobs는 목적없는 국가행위란 있을 수 없고 모든 국가행위는 결국 보호영역(Schutzbereich)과 관련하여 법익실현 내지 법익침해와 연결되어 있다는 것을 논리전개의 바탕으로 하여 비례성의 원칙에서 요구되는 변수관계를 확정하려 하고 있다. 따라서 이러한 입장에서는 비례성의 원칙에 의한 심사과정은 두 가지 비교변수에 관한 한 다음과 같은 단계로 이루어진다.

① 문제가 되는 국가행위의 확정
② 이 국가행위에 의해 관련된 모든 법익(Rechtspositionen)의 확정
③ 모든 법익에 대한 개입정도의 확정(예컨대 침해의 정도나 침해의 시간적 지속성 등)
④ 침해되는 법익과 보호(내지 실현)되는 법익의 분리 확정
⑤ 양자의 범주에 속하는 법익간의 비교대조[246]

이러한 논증구조는 목적과 수단의 관계에 따른 논증구조와 약간의 상위점이 있다. 목적과 수단의 관계에 따른 논증구조에서 목적이란 이미 언급한 바와 같이 문제가 된 국가행위의 바탕에 놓여 있는 의도로 파악하고 목적의 측면에서는 국가가 의도한 결과만을 고려하는

245) 이것은 시간적인 지속성(zeitliche Dauer)과도 연관되어 있다. Vgl. M. Ch. Jakobs, (FN241), S. 22.
246) Ebenda

데 반하여 여기에서는 의도되지 않고 인식되지도 않았던, 나아가 우연히 발생한 결과까지도 고려한다는 차이점을 우선 들 수 있다. 또한 수단의 측면에서도 목적실현의 요소로서 수단을 파악하는 것이 아니라 여기에서는 목적정향의 본질적 징표에 구애받지 아니하고 국가행위로 침해되는 법익과 보호(실현)되는 법익과의 관계에 입각하여 비교변수의 개념설정을 시도한다는 상위점이 있다.

이제 비례성의 원칙의 삼각구조의 논리구조 중에서 세번째 요소인 판단척도에 대해서 살펴보기로 한다. 위에서 언급한 바와 같이 비교변수관계를 결정해주는 세번째 요소는 모든 비례성심사에 있어서 불변으로 적용되어야 한다는 의미에서 항상적인 상수(常數)라 할 수 있다. 이 제3의 요소를 '보편타당성의 원리'(das Allgemeingültige am Grundsatz)라 부르기도 하고, '이성과 정의'로 표현되기도 한다. 이러한 인식판단의 틀은 이념상 아주 다양한 척도내용을 가질 수 있기 때문에 내용적 가변성을 지닐 수밖에 없다. 어쨌든 두 변수관계에 대한 판단으로 비례적이냐 아니냐의 결정에 대한 근거를, 어떠한 명칭을 사용한다하더라도 헌법체계 초월적인 영역에서 찾기보다는 헌법체계 내재적인 바탕에서 논증해야 한다는 점만은 분명하다 할 것이다. 다만 비례적이다라는 판단은 곧 비교변수관계가 합당하고 정당하고 이성적이고 상당하여야 한다는 것으로 말할 수밖에 없는데 이 이상으로 일반적인 논의가 진척되기 어렵다고 본다. 이것은 결국 쓰여있는, 책속의 법(law in book)의 문제가 아니라 살아있는, 생활속의 법(law in action)의 문제[247]라고 보기 때문이다. 나아가 법발견(Rechtsfindung) 내지 법의 추출(Rechtsgewinnung)영역에 속하는 문제라고 본다. 따라

247) R. Dreier, Zur Problematik und Situation der Verfaassungsinterpretation, in: hrsg. v. R. Dreier und F. Schwegmann, Probleme der Verfassungs-interpretation-Dokumentation einer Kontroverse (Baden-Baden: Nomos Verlagsgesellschaft, 1967), S. 13.

서 권력분립의 시각에서 비판되기도 하지만 어느 정도 입법의 의미를 갖는, 재판관에 의한 구체적 법형성(Rechtsfortbildung)의 문제를 과소평가할 수는 없다. 그러나 비례성의 원칙에서 전제되는 두 가지 비교변수가 헌법적으로 파악될 수 있고 구체화될 수 있는 변수로 한정된다고 할 때, 결국 세번째의 판단척도는 헌법상에 존재하는 가치구조 내지 질서구조에 입각할 수 밖에 없을 것이다.248) 따라서 비례성의 심사에 있어서 행해지는 형량은 헌법적인 관점과 척도에 따른 결정절차로서 헌법의 전체적인 관련체계의 바탕 위에서 이루어져야 한다.249) 비례성심사에서 국가행위가 터치하는 관련법익에 대해 면밀한 검토와 개입정도의 분석을 전제로 하기 때문에 형량의 기본구조는 비례성의 원칙에도 그대로 고착되어 있다. 그러나 비례성심사에 있어서의 형량이란 단순한 주관적인 평가과정을 지칭하는 것이 아니라 철저하게 객관적인 결과에 바탕을 둔 결정과정을 의미한다. 그러면 법익형량(Güterabwägung) 250)과 비례성의 원칙과의 관계는 어떠한 것이가? 먼저 법익형량의 의미를 살펴보기로 한다. Lerche는 법익형량을 긴장관계를 조정하고 결정하는 장치로서 또는 여러 기본권의 직접적 충돌에 있어서의 갈등해소장치로서 파악하고 있다.251) Schlink는 법익형량을

248) Vgl. M. Ch. Jakobs, (FN24), S. 24.

249) Vgl. R. Wendt, Der Garantiegehalt der Grundrechte und das Übermaßverbot-zur maßstabsetzenden Kraft der grundrechte in der Übermaßprüfung, AöR(1979), Bd. 104, S. 456.

250) 법익형량 내지 법익교량(Güterabwägung)과 이익형량(Interessenabwägung) 그리고 가치형량(Wertabwägung)이란 말은 일반적으로 혼용되고 있으나 이익형량과 가치형량은 법적으로 보호되는 이익이나 가치와 관련없이도 사용될 수 있기 때문에 법익형량보다 넓은 개념이다. 법익형량과 가치형량은 이익형량보다 추상적인 성격을 가지며 위 3자중에 가장 구체적인 성격이 강한 것은 이익형량이라 할 수 있다. 왜냐하면 이익이란 용어는 관념적·추상적인 것이 아니라 직접적·현실적·구체적인 뉘앙스를 징표하고 있기 때문이다. 따라서 이익형량이라는 용어가 가장 타당한 것이라고 볼 수 있다. 여기에서는 논리전개상 법익형량이라는 말을 사용하기로 한다.

251) Vgl. P. Lerche, (FN236), S. 129ff.

법익의 순위를 확정하는 것이라 하고 있다.[252)] Schneider에 의하면[253)] 법익형량의 핵심은 역시 법익간의 순위비교(Rangvergleich)라 한다. 따라서 정리한다면 법익형량이란 상충하는 법익의 순위비교 내지 두 가지 법익에 대한 계쟁된 의미내용의 조정(Saldierung)절차로서[254)] 상충하는 양자의 법익을 균형, 배분 및 귀속의 시각에서 결정하기 위한 것이라 할 수 있다.[255)] 어쨌든 법익형량은 비례성심사에 있어서 본질적 구성부분으로 이해되고 비례성의 원칙은 법익형량의 원칙의 적용례(Anwendungsfall)로서 나타내기도 한다.[256)] 따라서 양자가 보충과 교차관계로 혼용되어 있기 때문에 상호적 기능관계(ein Ineinander-Spielen)를 명확히 할 필요는 있다. 법익형량에서는 우선적으로 법익의 순위의 결정에 주안점이 있다. 만약 법익의 우선순위(Vorrang)가 명확하게 밝혀진다면 법익형량에 의해 해결될 수 있는 한도내에서 비례성심사는 그만큼 의미가 줄어든다 할 것이다.[257)] 그러나 법익형량과 비례성심사의 핵심적인 차이점은 평가척도의 보유 여부라 할 것이다. 법익형량[258)]은 비례성의 원칙과는 달리 그 논리구조상 판단척도를 가

---

252) Vgl. B. Schlink, Abwägung im Verfassungsrecht (Berlin: Dunker & Humblot, 1976), S. 38.

253) Vgl. H. Schneider, Die Güterabwägung des Bundesverfassungsgerichts bei Grundrechtskonflikten - Empirische Studie zu Methode und Kritik eines Konfliktlösungsmodelles (Baden-Baden: Nomos Verlasgesellschaft, 1979), S. 244.

254) Vgl. H. Schneider, (FN253), S. 178.

255) 이익형량의 전제조건과 기준에 대해서는 허 영, 헌법이론과 헌법(중) (서울: 박영사, 1991), 111면 이하 참조; 이익형량의 종류에 대해서는 Vgl. M. Ch. Jakobs, (FN241)., S. 106; 한편 갈등해소의 메카니즘으로서 순번의 원칙(das Prioritätsprinzip als Konfliktlösungsmechanismus)도 거론하지만 그 기능적 의미는 사법의 영역에서 보다 크게 발휘되고 있다. Vgl. C. Creifelds/L. M. Gossner, Rechtswörterbuch, 9 Aufl. (München: Verlag C. H. Beck, 1988), S. 881.

256) Vgl. P. Lerche, (FN236), S. 22, 225.

257) Vgl. B. Schlink, (FN252), S. 38.

258) 우리 헌법판례에서 이익형량에 입각한 대표적인 판례로는 헌재결 1990. 9. 3.

지고 있지 아니하다. 즉 법익형량은 관련법익의 의미를 탐구해서 순위결정을 이끌어 내기 위한 방법론적 개념으로서 형량척도에 대해서는 확정적으로 답변해주지 못하는데 반하여 비례성의 원칙은 비교척도에 관한 언명을 내포하고 있는 내용적 개념이라 할 수 있다.[259] 어쨌든 모든 비례성심사는 법익형량을 내포하고 있지만 비례성의 원칙에 내재되어 있는 갈등해소 메카니즘(Konfliktlösungsmechanismus)이 모든 법익형량에 본질적으로 내포되어 있는 것은 아니다.[260] 또한 비례성의 심사에서는 형량적 요소가 내포되어 있다고 하더라도 그것이 상충법익간의 추상적인 순위탐구를 의미하는 것은 아니다. 그와 같은 포괄적인 순위질서의 창출 내지 형성은 비례성원칙의 과제가 아니다. 관련법익의 절대적인 중량을 산정하는데에 비례성심사의 촛점이 맞추어져 있는 것이 아니라 상대적인 중량을 확인하는데 촛점이 맞추어져 있는 것이다. 따라서 비례성심사에서의 평가는 모든 법익에 대한 일반적인 서열을 조사하는 것이 아니라 문제가 된 서로 관련있는 대상법익의 의미 내지 가치를 확정하는 것에 한정된다. 또한 비례성심사는 개별적인 법익에 대한 단순한 정산형식은 아니다. 왜냐하면 비례성심사는 추상적인 가치를 정산하는 것이 아니라 구체적인 경우의 특정한 상황하에서 터치하는 법익관계를 평가하는 것이기 때문이다. 즉 기본권적 보호법익의 침해를 전체적인 구조속에서 판단하는 것이 아니라 기본권행사의 특정부분 내지 특정한 양상에 대해서만 문제삼는 것이다.[261] 물론 기본권 내지 법익이 그 보장내용의 주변에 있느냐 아니면 중심

89헌마120, 212(병합) 참조. 그런데 이 판례에서 대상조치에 대한 고려를 본질적 내용 침해금지 여부와 결부시키고 있는데 이것은 타당하지 아니하고 비례성의 원칙에 의한 심사에서 고려되어야 할 사항이라고 할 것이다. 따라서 대상조치가 있다고 하여 바로 본질적 내용 침해금지에 위반되지 아니한 것으로 직결시키는 것은 논리비약으로 적절한 논증이라고 볼 수 없다.

259) Vgl. M. Ch. Jakobs, (FN241), S. 109.

260) M. Ch. Jakobs, (FN241), S. 110.

261) Vgl. R. Wendt, (FN249), S. 462f.

에 자리잡고 있느냐에 따라 형량되는 법적 지위에 대한 평가가 달라질 수는 있다. 마찬가지로 비례성심사에 있어서 관련법익에 대한 국가행위의 침해로 야기되는 간접손해(Folgerisiken)와 부수효과(Nebenwirkungen)를 형량판단에서 고려해야 하는 것[262]도 당연하다고 볼 수 있다. 기본권경쟁에서와 같이 기본권보호의 강화 정도(der Grad der Verstärkung des Grundrechtsschutzes)도 침해하는 법익의 중량을 모두 합산, 개관하여 형량에서 고려해야 하는 것도 더 이상 췌언을 요하지 아니한다. 국가행위가 제한과 보호 내지, 침해와 수익의 양면적 효력을 가질 때 총체적으로 형량에서 참작해야 함도 물론이다. 나아가 제한의 절박성도 형량의 인식지표(Merkposten)로 삼아야 한다.

결론적으로 비례성심사의 테두리내에서는 모든 형량적 요인들이 투명하고 납득할 수 있게 정리되어야, 합리적으로 파악할 수 없는 판단척도가 이 비례성 판단에 개입될 위험성을 현저하게 감소시킬 수 있다 할 것이다.[263]

비례성심사와 재량(Ermessen)의 차이점도 문제된다. 왜냐하면 비례성이라는 것이 일종의 공정성(Billigkeit) 관념의 하나이고 공정성에 대한 형량(Billigkeitserwägung)은 재량의 영역에 속한다고 보아 비례성과 재량[264]을 동위의 밀접한 관계로 논증하는 견해[265]도 있기 때문

---

262) Vgl. M. Ch. Jakobs, (FN241), S. 26.

263) Vgl. M. Ch. Jakobs, (FN241), S. 27.

264) 비례성에서 요구되는 형량(Abwägung)과 재량(Ermessen)의 개념을 먼저 명확하게 구별할 필요가 있다. 형량은 고려되는 변수와의 관계에서의 판단 방법의 문제이고 결정이 내려지는 내부과정(관계)의 판단문제인데 반하여, 재량은 복수행위간의 선택의 자유로서 결정범위의 문제라고 할 수 있다. 따라서 양자는 상호 표리관계에 놓여 있다. 모든 형량은 재량영역을 전제로 해서만 이루어질 수 있고 모든 재량은 당연히 형량을 내포하고 있다. 예컨대 형량없이 또는 형량을 그르친 경우에 행사되는 재량권의 행사는 결국 재량권의 흠결 내지 해태, 일탈(유월), 오용 내지 남용에 해당될 것이다.

265) Vgl. R. v. Krauss, (FN238), S. 16.

이다. 먼저 입법가가 행정에 재량영역을 부여하여 그 재량영역안에서 상반되고 모순되는 행위를 적법한 것으로 간주하는 것과 비례성심사와는 원칙적으로 관련이 없다. 그러나 재량영역설정과는 달리 재량규정의 집행으로 이루어진 국가행위가 수긍될 수 있는 것이냐의 문제는 정확히 비례성심사와 접촉된다. 따라서 비례성의 원칙은 재량권 행사의 한계로 기능한다. 설령 비례성의 원칙도 여러 가지 재량통제 방법 중의 단지 하나의 방법에 불과할지라도 일단 재량은 비례성의 원칙에 기속되기 때문에 재량권행사의 당부, 적법여부를 판단하는 척도로서 비례성의 원칙이 규제적 기능을 한다. 결국 비례성의 원칙은 모든 재량규정의 순환적 구성요소로(wiederkeherende Bestandteil) 변형되어 존재한다고 볼 수도 있다.[266)]

다음은 교차효과(Wechselwirkung)[267)]와 비례성의 원칙과의 관계를 검토해보기로 한다. 교차효과란 일반법률의 한계정립적 기능(schrankensetzende Funktion)과 기본권의 가치정립적 기능(wertsetzende Funktion)이 서로 교차하여 영향을 미치기 때문에 기본권을 제한히는 일반법률은 기본권의 의미내용에 비추이 보아 해석되어야 한다는 것을 일컫는다.[268)] 이 교차효과를 법익형량의 실체적인 표지(materielle Merkmale)와 전제조건으로 삼기도 한다.[269)] 일반법률의 해석에서 적용되는 교차효과는 결국 기본권과 보호법익과의 관계(das Verhältnis zwischen Grundrecht und Schutzgut)를 바탕으로 하기 때문에 비례성의 원칙의 논리구조와 아주 흡사하다. 비례성원칙과 마찬가지로 교차효과론도 종국적으로는 기본권과 충돌하는 보호법익과의 비교가

266) Vgl. E. Grabitz, (FN239), S. 613.

267) 교차효과는 기본권의 객관적 가치 질서성과 이에 따른 기본권의 방사효과(Ausstrahlungswirkung)를 전제로 할 때만 도출될 수 있는 개념이라고 할 수 있다.

268) Vgl. BVerfGE 7, 198(208f.)

269) Vgl. H. Schneider, (FN253), S. 31.

행해져야 하기 때문에 형량으로 귀결되는 요소를 내포하고 있다. 아울러 양자 모두 '의심스러운 경우 자유를 위하여'란 법이념을 공통의 기반으로 하고 있다. 하지만 교차효과이론은 기본적으로 법률의 해석에서 기능하는 것이기 때문에 우선적으로 그 수신인이 재판관[270]인데 반하여, 비례성의 원칙은 예외적으로만 해석척도로서 기능한다. 논리적인 측면에서 보았을 때 비례성의 원칙은 통상 해석 이후에 제기되는 논증형식이라 할 수 있다. 왜냐하면 국가행위의 의미내용이 밝혀진 이후에야 그것이 비례적인 것이냐 아니냐의 문제가 제기될 수 있기 때문이다.[271] 또한 교차효과이론은 기본권 합치적 해석의 창구적 역할을 하는 일반조항이 있는 법률에 적용될 수 있는데 반하여, 비례성의 원칙은 원칙적으로 모든 국가행위에 적용될 수 있다.[272] 나아가 교차효과이론은 기본권의 가치정립적 의미라는 것이 뚜렷하게 확정되기가 어렵기 때문에 프로그램규정의 목표표상을 갖는 반면에 비례성의 원칙은 그 목표대상이 비교적 구체적으로 확정될 수 있다는 점에 차이점이 존재한다는 견해도 있다.[273] 어쨌든 교차효과이론에 의하여 잠재적인 상충관계를 덜어줄 수 있기 때문에 나중에 비례성의 원칙에 의한 심사가능성이 경감된다고 볼 수는 있으나 어떤 법규범이 교차효과의 존중하에서 해석되었다고 하여 그 법규범 또는 거기에 근거한 집행행위가 비례성의 원칙에 의한 심사

---

270) Vgl. U. Langheineken, Der Grundsatz der Verhältnismäßigkeit in der Rechtsprechung des Bundesverfassungsgerichts, unter besonderer Berücksichtigung der Judikatur zu Art. 12 Abs. 1 Satz 2 GG (Wiesbaden: Inaugural Dissertation der Albert Ludwigs Unversität zu Freiburg im Breisgau, 1972), S. 30f; 그러나 교차효과이론은 재판관이 그 수신인이고 비례성의 원칙은 그 수신인이 입법가라고 하는 Langheineken의 견해는 타당하지 않다. 비례성의 원칙은 헌법재판의 심사척도로 기능하고 일반적으로 비례성의 원칙의 수신인으로 재판관이 긍정되고 있기 때문이다.

271) Vgl. M. Ch. Jakobs, (FN241), S. 112.

272) Vgl. U. Langheineken, (FN270), S. 31.

273) Ebenda.

를 거치지 않고도 비례적이다라는 판단을 받는다고 볼 수 없으며 비례적이지 않다라는 판단도 배제할 수는 없는 것이다.274)

비례성 판단의 척도로서 기대가능성(Zumutbarkeit)이 곧잘 언급된다.275) 그러면 이제 비례성의 원칙과 기대가능성의 원칙과의 관계를 살펴보기로 한다. 학자들중에는 기대불가능한 부담의 금지를 비례성의 개념과 동의어로 파악하기도 하고 당사자에 대한 부담이 기대불가능한 것이 아닐때 비례성의 원칙이 유지된다고 말하기도 한다.276) 또한 기대가능성이 비례성의 사고에 포함되는 것으로 보아 기대가능성의 원칙이 비례성의 원칙을 바탕으로 하고 있다고도 언급된다. 나아가 기대가능성의 부분내용은 비례성의 개념을 약간 틀어 놓으면 파악될 수 있다고도 한다.277) 독일 연방헌법재판소의 판례는 비례성의 원칙이 기대가능성의 한계를 엄수해야 한다고 논증하면서 비례성과 기대가능성을 동위의 것으로 파악하고 있다278) 우리 헌법재판소는 비례성(법익의 균형성)과 기대가능성을 인과적 측면에서 이해하고 있는 듯하기도 하다. 법익의 균형성이 있어야만 수인의 기대가능성이 있다는 것을 의미한다는 언명에서 위와 같은 사실을 엿볼 수 있다.279)

한편 기대가능성의 원칙이 비례성의 원칙과는 구별되는 차이점을

---

274) 따라서 교차효과이론을 비례성원칙의 전단계(Vorstufe)로 보는 Langheineken의 견해는 전혀 타당하지 아니하다. Vgl. U. Langheineken, (FN270), S. 32; M. Ch. Jakobs, (FN241), S. 113, FN 309.

275) 헌재결 1989. 12. 22. 88헌가13, 헌법재판소 판례집 제 1권 (1989), 374면; BVerfGE 7, 377(406); 13, 97(104, 113); 14; 19(22); 18, 353(362); 21, 150(156); 21, 173(183); 22, 1(20f.); 23, 50(60). 30, 292(316); 33, 240(244, 246f).

276) Vgl. J. Lücke, Die Grundsätze der Verhältnismäßigkeit und der Zumutbarkeit, DöV(1977), Heft 22, S. 769; E, Grabitz, (FN239), S. 683.

277) Vgl. H. Huber, Über den Grundsatz der Verhältnismäßigkeit im Verwaltungsrecht, ZSR (1977), Bd. 96, S, 28.

278) 전게 판례, (주 275) 참조.

279) 전게 판례, (주 275) 참조.

지적하기도 한다.[280] 이와 같은 논란에 직면하여 볼 때 먼저 기대가능성의 개념을 확정할 필요가 있다. 그런데 Lerche가 기대가능성에 대해 '윤곽을 잡기 어려운 공식' (konturarme Formel)이라고 지적하고 있는 바와 같이[281] 개념내용이 너무나 불확정되어 있다. 나아가 기대가능성의 원칙을 단순한 동어반복(bloße Tautologie), 비어있는 형식(Leerformel), 또는 속빈 껍데기(leere Hülse) 개념으로 파악하기도 하고 심지어 기대가능성의 개념에 대한 자세한 내용적 확정은 불가능하다는 견해도 존재한다. 그러나 일반적인 언어사용 관례에 따른다면 기대가능성이란 어떤 사람에게 특정한 방법으로 행위하도록 요구할 수 있는 가능성 내지 일정한 이행을 요구할 수 있는 가능성으로 정의될 수 있다. 여기에서 기대가능성의 법적인 의미가 연역될 수 있는데 기대가능성이란 행위의무자에게 구체적인 상황속에서 의무이행이 요구될 수 있는 정도(das Maß)라고 말할 수 있다.[282] 따라서 이행의무자에게 언제 의무이행이 과도하게 부담되는지의 문제는 구체적인 상황에 의하여 결정되는데, 기대가능성은 이 때에 제기되는 상당성과 수인성(受忍性)에 관한 문제형식이라 할 수 있다. 기대가능성의 논리구조를 분석해보면 그것은 특정한 갈등상황(besondere Konfliktsituationen)을 전제로 해서 희생내지 수인의 한계(Opfergrenze)를 확정하는 구조라 할 수 있다.[283] 한편 앞서 인식해야할 점은 기대불가능성(Unzumutbarkeit)[284]과 불가능성(Unmöglichkeit)의 개념은 구별되는 것이기 때문에 양자를 동위로 보는 시각은 받아들일 수 없고[285] 따라서 기대가능성을 논의하기 위해서는

280) Vgl. J. Lücke, (FN276)., S. 770f.
281) Vgl. P. Lerche, (FN236), S. 298.
282) Vgl. M. Ch. Jakobs, (FN241), S. 89.
283) Ebenda.
284) 학자에 따라서는 기대불가능성이론을 영락(零落)이론(Ruintheorie)이라고도 부른다. Vgl. M. Ch. Jakobs, (FN241), S. 90.

최소한 이행의무의 존재와 이 의무이행의 가능성이 존재하여야 한다. 당위의 언명으로서의 기대가능성은 이행의 당위적 한계(die Grenze des Leisten-Sollens) 내지 최대한으로 이끌어낼 수 있는 행위 유도의 한계(die Grenze der zu erbringenden Kraftanstrengung)를 설정해준다.[286] 기대가능성의 판단척도는 당해 의무자의 개인적, 주관적 관점에서 승인되는 것이 아니라 평균인의 관찰자 시각에서 객관적인 표상으로 결정한다. 기대가능성은 구체적, 개별적인 경우와 연관되어 있고 거기에서 기인하는 다양한 적용가능성이 존재하기 때문에 기대가능성에 대한 포괄적인 일반적으로 타당한 개념정의가 이루어지기가 힘들지만 이제 정리해서 정의한다면 기대가능성이란 어떤 사람에게 공법상의 의무의 이행을 요구할 수 있는지의 여부 내지 의무자가 그의 담지능력으로 이것을 수인할 수 있는 지의 여부를 객관적인 평균인의 관찰자 시각에서 판단하는 척도라 할 수 있다. 따라서 기대가능성의 원칙은 무리한 요구, 과잉의 요구를 배제하면서 희생의 최후적 한계를 설정해주는 기능을 한다. 한편 기대가능성은 갈등영역에서 대(對)개인적인 정의(individualisierende Gerechtigkeit)와 관련되어 있는데 대개인적인 명령(ein Individualisierungsgebot)으로서 기대가능성은 공공이익과 개인이익간의 형량을 내용으로 하는 것이 아니라 의무주체에 정향되어 단지 당사자 개인의 이익만을 고려하고 이러한 한도 내에서 공익에 대한 제한기능을 한다[287]. 부연하면 기대가능성은 요구내용과 요구당하는 대상주체로서의 개인과의 관계를 전제로 추상적이고 경직된 공법상의 의무를 개별적인 의무의 인

285) Vgl. M. Ch. Jakobs, (FN241), S. 90, FN 157.

286) Ebenda.

287) Vgl. M. Ch. Jakobs, (FN241), S. 91. 그러나 이익형량을 통한 기대가능성심사의 보충을 요청하는 견해도 있고 침해의 진지성과 공동체이익의 중대성에 따른 총체적인 형량(Gesamtabwägung)이 행해져야 한다는 견해도 있다. Vgl. M. Ch. Jakobs, (FN241), S. 177, 178.

적관계에 정당하게 조응시키고 그렇게 함으로써 국가권력을 제한하는 것이다. 결국 기대가능성은 공법상 의무의 한계로 승인되어 있고 의무제한적 표지(Pflichtbegrenzendes Merkmal)로서 모든 법영역에 일반적 효력이 긍정되어 있다 할 것이다.[288] 기대가능성의 근거에 대한 논증으로는 과잉금지원칙, 특히 여기의 비례성의 원칙에서 그 근거를 찾는 견해, 민법상의 신의성실(Treu und Glauben)의 원칙 및 공정의 원칙(das Gebot der Billigkeit)에서 근거를 찾는 견해, 그리고 사정변경의 원칙(die Lehre von clausula rebus sic stantibus)이나 법치국가사상에서 근거를 찾는 견해 및 독자적인 기대가능성의 원칙을 주장하는 견해들이 있다.[289] 그러나 공법상의 기대가능성 원칙은 일반적으로 민법상 신의성실 원칙에 관한 규정에서 유추하여 인정하고 있다. 또한 기대가능성의 원칙에 대해서 일반적인 법원칙의 성격이 인정되고 있다. 그런데 공법상의 영역에서 이를 부인하고 기대가능성에 의한 제한은 명시적인 규정에 의해야 한다는 견해가 있지만 타당하다고 볼 수 없다. 나아가 기대가능성원칙은 교정적 기능(korrektorische Funktion)을 행하는 규제적 원칙(regulatives Prinzip)의 성격을 갖는데, 그것은 규범적 개념이라기 보다 정확히는 법적용에 있어서 가치판단에 의탁하여 채워져야 할 불확정 법개념이라 할 수 있다[290].

이제 기대가능성과 비례성의 차이에 대해서 짚어 보기로 하자. 기대가능성은 비례성과 필요성의 상위개념에 가깝다고 하는 일부 견해가 있고 다른 편에서 비례성, 필요성, 그리고 기대가능성의 원칙이 서로 상이한 것이지만 동열의 원칙이라는 견해도 있다[291]. 우선 필요성과 기대가능성은 별 어려움없이 구별지울 수 있다. 먼저 형식적

288) M. Ch. Jakobs, (FN241), S. 91.
289) Vgl. M. Ch. Jakobs, (FN241), S. 92f.
290) Vgl. M. Ch. Jakobs, (FN241), S. 93.
291) Vgl. M. Ch. Jakobs, (FN241), S. 92f.

인 측면에서 기대가능성의 원칙은 여러 가지 의무중에서 가장 경미한 의무를 문제삼는 것이 아니라 처음부터 유일한 하나의 의무만을 판단대상으로 삼는다는 점에서 필요성의 원칙과 상위점이 있다. 실질적인 측면에서도 최소한의 지위(Mindestposition)보장의 표상을 그 바탕에 깔고 있는 기대가능성 원칙은 대상법익에 대해 그 법익자체를 위하여 보호하는 것이기 때문에 필요성의 원칙에 의한 최소침해성이 인정되는 경우에도 적용될 수 있고, 침해의 필요성이 존재하지 않는 경우에만 기대가능성의 원칙이 적용되는 것이 아니라 필요성의 원칙의 적용여부와 상관없이 적용된다.[292]

이제 기대가능성과 비례성의 원칙과의 관계를 살펴보면 우선 양자는 모두 두 가지 변수관계를 바탕으로 하고 있는 점에서 공통점을 갖는다. 나아가 양자 모두 법원칙으로서의 성격을 공유하고 공정성(Billigkeit)의 이념과 일정한 관계를 맺고 있다는 점에서도 공통점을 갖는다.[293] 그러나 비례성의 원칙은 목적과 수단의 관계(달리 표현하여 침해되는 법익과 보호되는 법익과의 관계)를 바탕으로 하는데 반하여 기대가능성의 원칙은 공법상의 의무를 지고 있는 사람과의 관계에서 평가한다는 점에 결정적인 차이점이 존재한다. 사실 공법상의 의무를, 침해되는 법익의 지위와 등가적인 것으로 파악할 수 있지만 의무를 지고 있는 사람을 비례성의 원칙의 두 번째 변수와 동위로 놓는 것은 불가능하다. 또한 비례성의 원칙이 국가행위를, 침해되는 법익의 시각에서 판단하는데 반하여, 기대가능성의 원칙은 특정한 사람과 관련된 의무성을 평가한다. 따라서 기대가능성의 원칙은 국가행위를 통하여 야기된(의도된) 법익의 보호와는 전혀 무관하다.[294] 다시말해 비례성의 원칙은 대상관련적, 기능적 원칙(ein sachbezogener, funktionaler

292) Vgl. B. Schlink, (FN252), S. 77f.
293) Vgl. M. Ch. Jakobs, (FN241), S. 94.
294) Vgl. U. Langheineken, (FN270), S. 16f.

Grundsatz)이라 한다면 기대가능성의 원칙은 주체관련적, 대개인적 평가척도(ein subjektbezogener, individualisierender Wertungsmaßstab)라 할 수 있다.295) 나아가 비례성의 원칙이 모든 국가권력을 그 적용의 대상으로 하는데 반하여, 기대가능성의 원칙은 그 기능상 우선적으로 법적용의 영역을 대상으로 하고 부차적으로만 입법영역을 대상으로 한다. 입법영역은 원칙적으로 일반적, 추상적 규율(generell-abstrakte Regelungen)을 내용으로 하기 때문에 처분적 법률이 아닌 한 입법영역에서는 기대가능성의 원칙이 적용될 수 있는 구체적인 상황요건을 결여하고 있다고 볼 수도 있다. 그러나 비례성에 의한 심사가 기대가능성에 의한 심사를 항상 커버한다고 볼 수는 없다. 아울러 비례성의 원칙이 적용될 수 없고 기대가능성의 원칙이 적용되는 대상도 존재함은 당연하다. 또한 양자는 상이한 보호방향을 근거로 하기 때문에 양립하여 적용될 수도 있다.

다음에서는 합헌적 법률해석과 비례성의 원칙을 일별해 보기로 한다. 비례성의 원칙은 합헌적 법률해석의 한계적 기능을 행한다.296) 합헌적 법률해석으로도 비례성의 원칙의 위반으로 귀결되는 결과를 치유할 수는 없기 때문이다. 따라서 비례성의 원칙은 합헌적 법률해석에 있어서 반드시 고려되어야 할 관점이라 할 것이다. 또한 법률에서 비례성의 원칙을 명시적으로 규정하고 있지 않을지라도 통상적으로 존중되어야 할 규범의 구성요소로서의 비례성원칙에 의한 심사척도297)는 합헌적 법률해석이라는 법적 편집수단을 통하여 규범내로 침투, 이식(hineintransplantieren)된다고 볼 수도 있다.298) 나아가 우

---

295) Vgl. M. Ch. Jakobs, (FN241), S. 94.

296) 헌재결 89. 7. 14. 88헌가5, 8, 89헌가44(병합) 참조.

297) 체계정당성과 비례성의 원칙과의 관계에 대한 판례로는 헌재결 89. 5. 24. 89헌가37, 96(병합); 90. 6. 25. 89헌가98 내지 101(병합); 91. 6. 3. 89헌마204 참조.

298) Vgl. M. Ch. Jakobs, (FN241), S. 110.

리 헌법재판소가 채택하고 있는 결정유형 중 한정위헌결정은 결국 합헌적 법률해석과 비례성의 원칙을 절충한 결정유형이라는 측면도 있다고 볼 수 있다.299)

마지막으로 적합성의 원칙, 필요성의 원칙과 비례성의 원칙의 상호관계에 대해서 살펴보기로 한다. 적합성의 원칙은 공권력이 선택한 수단, 그리하여 현재 비례성의 원칙의 심사의 대상이 되어 있는 단지 하나의 수단만을 통제하는 것이 아니라 모든 수단을 일정한 상황과 관련하여 가정적인 적합성심사(hypothetische Eignungsprüfung)를 한다는 점에서 비례성의 원칙과 행동반경을 달리한다고 볼 수 있다.300) 또한 적합성의 원칙은 비례성의 원칙과 달리 정당한 특정 공공목적의 추구를 통제하는 것이 아니라 이러한 목적의 시각에 비추어 특정한 수단의 선택만을 금지한다. 적합성의 척도와 비례성의 척도에서도 차이가 존재한다. 비례성의 척도는 침해되는 법익과 보호되는 법익과의 관계를 판단하는데 반하여 적합성의 척도는 수단과 수단의 관계로서 나타나는 여러 가지 수단들을 평가한다.301)

필요성의 원칙은 실제적인(경험적인) 목적과 수단의 관계를 전제로 하는데 반하여 비례성의 원칙은 임의적 변수관계에서도 생각될 수 있다. 그러나 결정적인 차이점은 역시 비례성의 원칙이 서로 상반되는 이익에 대한 형량적 판단을 내용으로 하는 반면에 필요성의 원칙은 침해(부담)방향과 관련된 여러 가지 수단상호간에 대한 평가를 내용으로 한다는 점이다. 즉 비례성의 원칙이 목적과 수단의 관계를 평가하는데 반하여 필요성의 원칙은 수단과 수단간의 비교, 다시 말해 수단과 수단의 관계를 평가한다.302) 즉 필요성의 원칙은 여

299) 헌재결 1991. 4. 1. 89헌마160 참고.
300) Vgl. L. Hirschberg, (FN236), S. 59.
301) Vgl. L. Hirschberg, (FN236), S. 148.
302) Ebenda.

전히 적법한 수단선정에 관한 수단선택의 영역에 머물러 있다. 적합성의 원칙이나 필요성의 원칙은 적합성이나 필요성의 판단척도를 자체에서 제시할 수 있는데 반하여, 비례성의 원칙은 어느 정도 비어 있는 형식이기 때문에 논리구조상 제3의 변수로서 독립된 판단척도를 차용하여야 한다. 또한 적합성의 원칙과 필요성의 원칙을 광의의 비례성의 원칙의 구성원칙으로서 협의의 비례성의 원칙과 동등한 것으로 파악하는 것이 아니라 여기의 협의의 비례성의 원칙의 하위원칙으로 파악할 수 있다는 것도 생각해 볼 수는 있으나, 적어도 여기의 비례성의 원칙은 적합성의 원칙과 필요성의 원칙을 공제한 부분으로 이해해야 할 것이다.

제5장 과잉금지원칙과의 관련 개념과 구별개념들

제1절 규범조화적 해석원칙과 과잉금지의 원칙

규범조화적 해석원칙(das Prinzip der praktischen Konkordanz)이란 헌법상의 보호법익들이 서로 충돌하는 경우 하나의 법익을 일방적으로 후퇴시키거나 하나의 법익을 희생하여(그 비용의 댓가로) 다른 법익을 실현해서는 아니되고, 관련법익 모두를 양립시켜, '최적실현'의 차원에서 상충문제를 해결하여야 한다는 원칙을 말한다.303) 이러한 사고는

303) Vgl. K. Hesse, Grundzüge des Verfassungsrechts der Bundesrepulik Deutschland(Heidelberg: C.F. Müller Juritischer Verlag, 1988), S. 27.; M. Ch. Jakobs, Der Grundsatz der Verhältnismäßigkeit mit einer exemplarischen Darstellung seiner Geltung im Atomrecht(Köln · Berlin · Bonn · München: Carl Heymanns Verlag KG, 1985), S. 84.; H. Schneider, Die Güterabwägung des Bundesverfassungsgerichts bei Grundrechtskonflikten(Baden-Baden: Nomos Verlagsgesellschaft, 1979), S. 209f.; E. Grabitz, Der Grundsatz der Verhältnismäßigkeit in der Rechtssprechung des Bundesverfassungsgerichts, AöR 98(1973), S. 576. Hesse가 말하는 "das Prinzip praktischer Konkordanz"는 국내에서 실천적 조화의 원칙 또는 실제적 조화의 원칙으로 문자적인 측면에서만 고려하여 번역하는 경우도 있으나 결국 상충하는 법익을 보호하는 헌법규범 상호간을 조화시키기 위한 해석원칙이란 측면을 고려하여 볼 때는 허 영 교수가 사용하는 규범조화적 해석원칙이라는 역어가 보다 더 타당하다고 본다. 이것은 헌법규범외적인 측면에서 이루어지는 조화적 해석이란 있을 수 없다는 취지

최소한 양자택일의 의미에서의 선부른 법익형량(Güterabwägung), 이익형량(Interessenabwägung)이나 추상적인 가치형량(Wertabwägung)을 배척하는 개념형식일 뿐만 아니라 논리적으로 헌법의 통일성을 전제로 한다. 헌법의 통일성의 원칙이란, 헌법을 구성하는 개개의 규범요소들은 상호연관성과 의존성을 지니고 있기 때문에 개개의 헌법규범들은 항상 헌법전체적인 시각에서 파악되어야 하고, 다른 헌법규범과 모순이 생기지 않도록 해석되어야 한다는 것이다. 이러한 헌법의 통일성으로부터 충돌법익의 '최적실현'[304]의 문제가 대두된다. 충돌하는 법

의 Hesse의 언명에서 더욱 더 분명해진다. 즉, 헌법적으로 보호되지 않는 법익, 따라서 임의적으로 주장할 수 있는 보다 고차원적인 공동체이익을 우선시킴으로써 헌법의 통일성 뿐만 아니라 헌법자체까지도 녹초로 만드는 형량이란 전혀 허용될 수 없는 것이며, 단지 헌법적인 차원에서만 그 형량에 대한 가치판단이 이루어진다면 그러한 한도내에서 이해되는 법익형량은 규범조화적 해석원칙과 다를 바 없다고 하는 Hesse 자신의 언명을 "das Prinzip praktischer Konkordanz"라는 용어의 번역에서 유의하여야 할 것이다(Vgl. K. Hesse, (oben), FN 31). 이러한 유의를 바탕으로 한다면 상기 역어의 문제는 쉽게 납득될 수 있을 것이다. 생각건대 번역된 학문용어의 전승은 학문전통의 합리적인 관례에서 찾을 취사(取捨)의 문제라고 할 것이다. 한편 Hesse가 주장하는 "das Prinzip praktischer Konkordanz"라는 것도 원천적으로 U. Scheuner가 요청하고 있는 "기본권의 연관적 해석원칙"(Prinzip der verknüpfenden Grundrechtsauslegung)과 "조화성의 해석원칙"(Auslegungsprinzip der Harmonisierung), 그리고 나아가 P. Lerche가 요구하고 있는 해석원리로서 "상충하는 양자의 관점에 대한 최대의 절제적인 조화사상"(Gedanken des nach beiden Seiten hin schonendesten Ausgleichs: Grundsatz der nach beiden Seiten hin schonendesten Auslegung)에 기초하고 있다. Vgl. K. Hesse, (oben), FN 30; M. Ch. Jakobs, (oben), FN 116, S. 102.

304) 이 때에도 최적실현의 문제를 어느 시각에서 파악할 것이냐가 중요하다. 경제학적인 접근방법에 있어서 파레토 최적이론(Pareto-Opimalität: Pareto allocative efficiency:* Under conditions of efficiency, one person's utility can be increased only by lowering someone else's utility. * Pareto-optimal ist eine Verteilungslage dann, wenn keiner besserstellt werden kann, ohne daß ein anderer schlechter gestellt wird.), 코-스정리(Coase theorem: * Without the delimitation of rights there can be no market transaction. But the ultimate result which

익모두가 최적으로 실현될 수 있기 위해서는 상충하는 법익 모두에게 일정한 제한이 따라야만 한다. 또한 그러한 제한은 구체적인 경우에

---

maximises the value of production is independent of the Legal position. * It is necessary to know whether the damaging business is liable or not for damage caused since without the establishment of this initial delimitation of rights there can be no market transactions to transfer and recombine them. But the ultimate result(which maximises the value of production is independent of the Legal position if the pricing system is assumed to work without cost.), 게임이론(Spieltheorie: game theory: *A competitive solution or Nash equilibrium may lead to an efficent zero-profit outcome. *A Nash equilibrium has the characteristic that, given A's strategy B can do no better, and given B's strategy A can do no better. More precisely, let player A pick stategy Y while player B picks stategy X. Then the pair of strategies X^0, Y^0 is a Nash equilibrium if no player can find better strategy to play under the assumption that the other player sticks to his or her original strategy. That is as long as B sticks to strategy X^0, A can not do better than to stick strategy Y^0; and similarly for B. *A watchful Golden Rule may serve people well in many situation "Do unto others what you would have them do unto you, but only as long as they act the same way.), 애로우의 불가능성정리(Arorows Unmöglichkeitssatz: Arrow's Impossibility Theorem)등은 최적실현과 관련하여 각각 다른 시각을 보여주고 있기 때문이다. 최적실현에 관한 전제조건 및 가변변수에 대해서 고려하는 정도의 크기와 최적실현에 대한 회의적 시각의 반영도는 위에서 언급한 이론의 순서와 상응한다. 그러나 유념해야 할 것은 헌법적인 가치판단에 대한 경제학적인 분석이 이론적인 유희를 제공해 주기는 하지만 일반적인 타당성과 규범적인 적실성에는 한계를 지닌다는 점이다. 이것은 궁극적으로 헌법학과 경제학의 논의차원과 위상, 그리고 학문적인 성격의 차이에서 기인한다고 생각한다. 헌법상의 기본권적인 가치와 경제상의 효율(efficiency)이라는 개념은 헌법학상 양립되기 어렵다. 예컨대 국가안전이라는 중요한 목적의 효율적 실현을 위하여 '막중한' 형벌의 담보하에 두는 것은 헌법학상 지탱하기 어려운 논리이다. 즉 가치의 문제는 경제학적인 균형의 가늠자로 볼 성질의 것도 아니고 또한 효용성의 척도로 잴 수만은 없는 것인데, 왜냐하면 헌법학적 가치판단의 형식이 경제학적 효용극대화의 분석틀과는 반드시 대체적(代替的) 역할을 한다고 볼 수도 없고 아울러 전혀 다른 차원에 속할 수도 있기 때문이다.

비례적인 타당성을 가질 것이 요구된다. 즉, 관련법익 상호간의 조화로운 해결을 달성하기 위해서는 그러한 제한이 필요한 정도이상을 넘어서는 아니된다는 것이다.305)

바로 여기에서 규범조화적 해석원칙과 과잉금지의 원칙과의 관계가 문제된다. 양자 모두 조정절차(Ausgleichsverfahren)로서의 문제라는 점과 위계질서상의 상위의 우월적 법익을 바탕으로 하여 하나의 법익을 일방적으로 후퇴시키는 형량적 사고에서 벗어난 문제의식이라는 점에서는 공통점을 갖는다. 그러나 많은 상위점이 존재한다. 먼저 출발선상의 차이점을 들 수 있다. 규범조화적 해석원칙은 '헌법해석'에서 출발하는 개념이고 과잉금지의 원칙은 기본권제한 내지 침해등과 같은 국가의 행위유형에서 출발한 개념이다. 두번째로 내용구조상의 상위점이다. 과잉금지의 원칙은 독립변수(목적)와 가변변수(수단)의 상호작용으로 인한 목적-수단의 관계를 내용구조로 하는 반면에 규범조화적 해석원칙은 두 가지 또는 여러 가지의 가변변수(상충법익) 상호간의 관계속에서 최적실현을 도모하기 위한 구조이다.306) 양자간의 본질적으로 인식될 수 있는 차이점은 두 가지 변수사이의 교차효과에 있다고 할 수 있다. 즉, 규범조화적 해석원칙은 무엇보다도 기본권상충과 같은 대칭적 갈등구조를 전제로 한다. 따라서 과잉금지의 원칙에서 추구될 수 있는 '의심스러운 경우에는 자유를 위하여'(in dubio pro libertate) 의 원리는 규범조화적 해석의 원칙과는 조화되기 어렵

---

305) Vgl. K. Hesse, (FN303), S. 27. 헤세 자신도 여기서 말하는 비례성이란 독립적인 불변의 상수로서의 목적과 변수로서의 하나 또는 여러가지의 수단과의 관계를 나타내는 것이 아니라, 두가지의 가변적인 변수사이의 최적실현의 관계를 나타내는 것이라고 말하고 있다; vgl. ebenda.

306) Vgl. H. Schneider, (FN303), S. 203. 이러한 구별이 적절하지 않다는 것에 대해서는 vgl. M. Ch. Jakobs, (FN303), S. 86. 목적도 가변변수로 보거나 동시에, 상충하는 양 법익이 목적과 수단이라고 할 때 위와 같은 내용구조상의 상위점은 더 이상 본질적인 것이라 할 수 없을 것이다. Vgl. U. Langheineken, Der Grundsatz der Verhältnismäßigkeit(Wiesbaden: Inaugural Dissertation der Albert-Ludwigs-Unversität zu Freiburg im Breisgau, 1972), S. 43.

다. 이러한 한도내에서는 후자가 전자보다 적용범위에 있어서 협소하다고 말할 수 있다. 반면에 모든 공동체이익을 헌법상의 보호법익으로 설명하려고 하는 견해나 헌법상의 보호법익과 연관시켜 헌법전체를 이해하려는 견해에 의한다면 결국 모든 기본권침해의 총체는 헌법적으로 보호되는 법익을 추구하기 때문에 기본권침해를 규율하는 과잉금지의 원칙은 규범조화적 해석원칙의 예속하에 있다고도 말할 수 있다.307) 이러한 결과의 차이는 헌법상의 보호법익의 상충을 규범조화적 해석원칙의 전제로 삼느냐 아니하느냐의 차이에 기인하는데, 독일의 학설은 전자가 약간 우위에 있지만 거의 대등하게 팽팽히 맞서 있다.308) 어쨌든 규범조화적 해석원칙은 개념상 최적실현을 위해 과잉금지의 원칙을 참작하지 않을 수 없지만 거꾸로 과잉금지의 원칙의 적용에 있어서 반드시 규범조화적 원칙을 고려해야만 하는 것은 아니다. 즉, 과잉금지의 원칙의 적용을 통해서 상충하는 양 법익의 규범조화를 달성할 수 있지만 규범조화적 해석원칙의 요구가 과잉금지원칙의 존재를 대체할 수는 없다고 본다.309) 세째로 심사양태의 차이점이다. 즉, 과잉금지의 원칙이 부정적 언명(nicht unverhältnismäßig)이라고 한다면, 규범조화적 해석원칙은 긍정적 언명(optimal zugeordnet)이다. 긍정적인 언명속에서는 항상 부정적인 언명도 실현되는 것이지만, 부정적인 언명속에서는 반드시 긍정적인 언명이 실현되는 것은 아니다. 헌법재판에서 규범조화적 해석원칙은 상충하는 양 법익의 실현에 있어서 긍정적인 측면에서 적정한 비례성을 '요구'하지만, 과잉금지의 원칙은 목적과 수단의 형량관계가 비례적이다(상당하다)라는 식의 긍정적 확인을 목표로 하는 것이 아니라, 어떠한 조치가 비례적

307) Vgl. R. Dechsling, Das Verhältnismäßigkeitsgebot(München: Verlag Franz Vahlen, 1989), S. 58.

308) R. Dechsling, (FN307), S. 59. FN 247, 248.

309) Vgl. M. Ch. Jakobs, (FN303), S. 84; U. Langheineken, (FN306), S. 43, S. 44.

이지(상당하지: 적합하지)않느냐의 여부에 대한 부정적인 심사기준으로서 비례성을 일탈한 조치를 위헌으로 하여 '금지'한다. 이것은 규범조화적 해석과 관련하여 과잉금지의 원칙의 실체적인 효력범위를 한정하는 중요한 제한요소가 되고 있다. 또한 목적과 수단의 관계가 비례관계를 일탈하지 않고 있다는 확인도 이러한 관계가 곧 최적실현의 관계이냐의 여부에 대한 판단을 내포하고 있는 것은 아니다.310) 즉, 법익배분의 비례성을 갖추었다고 해서 곧바로 규범조화적 해석원칙이 완전히 실현된 것은 아니다. 결과적으로 규범조화적 해석원칙은 상충하는 법익의 조화적인 최적점(Optimierungspunkt)을 나타내 주지만 과잉금지의 원칙은 수인(受忍)의 한계점(Erträglichkeitsgrenze)을 확인시켜 준다고 볼 수 있다. 이에 따른다면 과잉금지의 원칙은 규범조화적 해석원칙에 대해 비유적으로 말할 때, 잔고를 넘어 사용할 수 있는 한도 금액(Minus: overdraft)이다. 그런데 규범조화적 해석권능의 최후적 수신인은 법관 내지 헌법재판관이 아니라 입법가라 할 수 있다. 따라서 규범조화에 입각한 최적실현 여부의 판단은 입법가의 몫이다. 그렇다고 최고의 헌법보호 내지 헌법해석기관으로서 헌법재판소의 역할이 상실되는 것은 아니다. 또한 헌법재판소가 대체(대리)입법기관이 될 수 없다는 점도 분명하다. 상이한 법적 지위 사이에서 모든 법익을 고려하여 최적실현의 형량을 하는 것은 최종적으로는 정치적인 평가를 내포하고 있는 것이다. 따라서 재판기관은 그러한 입법가의 규범조화에 입각한 최적실현의 바탕으로 되어 있는 정치적인 평가를 부수

310) Vgl. H. Schneider, (FN303), S. 203.; E. Grabitz, (FN303), S. 576. 그렇기 때문에 양 원칙은 동위의 것으로 볼 수 없다. 다만 다음과 같은 경우에 한에서만 동위의 것으로 볼 수 있다. 즉, 규범조화적 해석원칙에 의한 목적과 수단에의 최적배분이 '가장' 합당한 해결점(die angemessenste Lösung)으로서 목적과 수단의 관계를 다루는 과잉금지원칙의 비례성의 범위에 내포되어 있거나, 공유되어 조응되고 있는 한도내에서만 규범조화적 해석의 원칙과 과잉금지의 원칙 양자가 서로 커버된다고 말 할 수 있다.

적으로 판단하게 될 때만 입법가의 규범조화에 입각한 최적실현을 판단할 수 있게 된다. 이 때 위헌성 판단지표는 결국 과잉금지의 원칙에 근거할 수 밖에 없다.311) 따라서 과잉금지의 원칙은 규범조화의 입법원리에 대한 사법적 변형(die judikative Spielart)에 다름아니다라고 말할 수 있다. 본질적으로 상이한 과잉금지의 원칙과 규범조화적 해석원칙은 이러한 한도내에서는 밀접한 연관성을 가지고 있다.312) 네째로 적용영역상의 차이점이다. 이것은 궁극적으로 당해 기본권에서 도출되는 보호법익의 평가성에 그 실질적인 근거를 두고 있다. 즉, 절대적인 공공이익313)과 헌법상 보장된 개인이익의 배분과 같이 동위 이익들간의 경쟁관계314)에서는 그 조정을 위한 상호간의 최적실현(eine korrelative Optimierung ihrer Wirksamkeit)이 문제되기 때문에 규범조화적 해석원칙이 적용된다하고 동위(同位)의 입장을 주장할 수 없

311) 우리 헌법재판소는 언론의 자유와 인격권이 충돌하는 경우 규범조화적 해석원칙에 입각하여 논증하고 있지만 최종적인 판단은 과잉금지의 원칙에 따르고 있다. 그러나 규범조화적 해석원칙과 과잉금지의 원칙과의 관계에 대한 명확한 해명은 없다. 헌재결 1991. 9. 16. 89헌마165, 헌법재판소판례집 제3권(1990), 524면, 529면 참조.

312) Vgl. M. Ch. Jakobs, (FN303), S. 85f.

313) Grabitz는 공동체이익과 개인이익을 구별하여 공동체이익은 헌법상 보장된 여러가지 개인이익의 병렬적 총합으로부터 결과 되는 것이 아니라 개인이익과 대립되는 것으로서 공동체의 객관적인 이익이라 하고 있다. 그리고 이 공동체이익(Gemeinschaftsinteressen)을 절대적인 공공이익과 상대적인 공공이익으로 나누어 설명하고 있다. 절대적인 공공이익(absolute öffentliche Interessen)은 공동체의 그 때 그 때의 정치상황과는 독립되어 예컨대 국민보건과 같이 일반적으로 승인된 공동체가치를 말하고 상대적인 공공이익(relative öffentliche Interessen)은 입법가에게 사전에 주어진 것이 아니라 입법가의 특별한 경제적·사회적·정책적인 표상과 목표로부터 비로소 생성되는 이익으로서 입법가 자신에 의해서 공동체이익의 지위를 얻게 되는 것을 말한다고 한다. Vgl. E. Grabitz, (FN303), S. 578.

314) 이러한 경쟁관계를 해소하는 규범은 양쪽 법영역을 모두 침해하기 때문에 과잉금지의 원칙과 같이 하나의 중심축으로부터 일방적으로 조정될 수는 없다. 왜냐하면 그와 같은 경쟁관계는 양 극단으로부터 긴장관계에 있기 때문이다. P. Lerche, Übermaß und Verfassungsrecht(Köln · Berlin · München · Bonn: Carl Heymanns Verlag, 1961), S. 152.

는 상대적인 공공의 이익과 헌법상 보장된 개인이익의 배분에는 과잉금지의 원칙이 적용된다고 한다.315)

제2절 보충성의 원리와 과잉금지원칙

먼저 보충성의 원리와 과잉금지원칙을 동일선상에서 이해하는 견해316)와, 대부분 경우에 있어서 과잉금지원칙의 한 내용인 필요성의 원칙(Erforderlichkeitsprinzip)과 보충성의 원리를 동일하게 다루려는 견해317)들이 있다. 즉 보충성의 원리란, 우월적인 공공복리의 요청이 있는데도 시장의 자율경쟁적 규율에 의해서는 그 요청이 완수될 수 없을 때만 그 한도 내에서 국가의 경제적 자유에 대한 침해가 항상 정당화 된다는 것을 말한다고 하는 견해나 보충성의 원리는 우선적으로 필요한 것 이상의 조치를 금지하는 것이라고 이해하는 견해, 급부행위는 달리 마땅한 방도가 없이 수요가 완전하게 충족되지 않거나 비례적이지 않은 방법으로 수요가 충족된다고 할 때만 요구되어야 한다는 것이

315) Vgl. H. Schneider, (FN303), S. 203f.; E. Grabitz, (FN303), S. 578ff. 여기에 대해서는 앞의 주 313)와 연관하여 Jakobs의 비판이 있다. Vgl. M. Ch. Jakobs, (FN303), S. 86. FN 123.

316) M. Ch. Jakobs, Der Grunsatz der Verhältnismäßigkeit (Könl · Berlin · Bonn · München: Carl Heymanns Verlag KG, 1985), S. 96.

317) Vgl. M. Ch. Jakobs, (FN316), S. 97. FN. 216. 급부행정법과 수용법(受用法)의 영역에서 필요성의 원칙이 문제되는데도 보충성의 원리를 논급하는 것이 점증하고 있고, 경제법의 영역에서도 보충성을 필요성과 의미상 동일선상에 두는 견해가 있다는 사실을 Lerche는 언급하고 있지만, 독일기본법이 기초로 하고 있는 보충성의 원리를 헌법적인 권리구제에 있어서의 보충성의 관념에 까지 확장시키는 것은 아주 잘못된 것이라는 견해를 피력하고 있다. P. Lerche, Übermaß und Verfassung (Könl · Berlin · Bonn · München: Carl Heymanns Verlag KG, 1961), S. 201. FN. 158.

보충성의 원리라고 하는 견해[318]등이 전자에 속한다. 후자도 전자의 입지와 동일한 바탕을 가지나 용례상 과잉금지원칙의 내용을 한정하여 이해하고 있을 따름이다. 물론 과잉금지의 원칙과 보충성의 원리가 인접한 유사성을 지니고 있다는 것은 분명한 사실이다. 양 원칙 모두가 국가의 작용에 한계를 설정한다는 점이 그렇고 법적인 영역의 침해행위가 관련되어 과잉의 정당하지 못한 침해행위를 방지하고자 하는 점이 그렇고, 그 사상적 배경에 가능한한 작은 정부에 대한 지도이념이 깔려 있다는 것이 그렇다.[319] 보충성의 원리와 과잉금지원칙 모두 공공복리의 촉진보다는 보다 작은 단위의 자유, 개인의 자유를 우선적으로 보호한다는 점에서 공통점을 가진다. 그러나 양 원칙자체가 직접 개별적인 개인의 권리를 보장하는 것은 아니다. 따라서 보충성의 원리와 과잉금지의 원칙 공히 동 원칙들을 근거로 하여 항고소송을 제기할 수 없다는 것도 동일하다. 그럼에도 불구하고 양자사이에는 본질적인 차이점이 존재한다.

우선 보충성의 원리에 대해 정의를 내린다면 그것은, 보다 큰 사회적 기능단위는 보다 작은 사회적 기능단위가 그 기능을 수행하지 못할 때 개입해야 한다는 원직을 말한다.[320] 이렇게 볼 때 보중성의 원리란 관할권을 누구에게 귀속시킬 것인가에 대한 질서의 원리라고 말할 수 있다. 즉 보충성의 원리는 하위의 기능단위가 충분한 기능능력을 보유하고 있는 한 그 하위의 기능단위에게 행위의 우선권을 귀속시켜 주는 원리이다.[321] 이때 행위의 우선권이란 그 하위단위의 존립과 기능발현의 우선권을 의미한다. 따라서 보충성의 원리는 보

318) M. Ch. Jakobs, (FN316), S. 96. FN. 215.
319) Vgl. J. Isensee, Subsidiarität und Verfassungsrecht (Berlin: Duncker & Humblot, 1968), S. 88.
320) Vgl. C. Creifelds u. L. M. Gossner(hrsg.), Rechtswörterbuch (München: C. H. Beck'sche Verlag, 1988), S. 1100; M. Ch. Jakobs, (FN316), S. 97.
321) Vgl. J. Isensee, (FN319), S. 28, S. 71; M. Ch. Jakobs, (FN316), S. 97.

다 작은 하위의 기능단위에게 보다 큰 상위의 기능단위에 대한 독자성과 자주권을 보장시켜 준다. 이러한 하위단위의 자유활동보장은 상위단위의 관할권을 한정시킴으로써 달성될 수 있을 것이다. 이것을 국가와 사회와의 관계에 관련시켜 이야기 한다면 국가는 사회가 공공복리에 관한 과제를 수행할 충분한 기능능력이 없을 때 국가가 관여하는 작용을 하여야 한다는 것을 말한다. 즉 국가는 공동선에 대한 최고의 책임자이지만 공공복리를 실현하는데 있어서 최후의 심급기관으로 활동하여야 한다는 것이다. 따라서 국가가 관여하는 침해행위의 최고준칙은 사회적 기능단위의 실존적 활동을 최대한으로 보호하는 것이 된다고 할 수 있다.[322)]

보충성의 원리는 그 기능의 측면에서 적극적 의미와 소극적 의미를 동시에 갖는다. 즉 관할권능의 단계적 실현이 상향식으로 이루어져야 한다는 것, 다시 말해 보다 큰 상위의 기능단위는 보다 작은 하위의 기능단위가 그 과제를 수행할 수 없을 때 보충적으로만(nur ergänzend) 개입해야 한다는 언명은 보충성원리의 소극적 의미를 일컫는 것이지만, 하위권능단위의 기능장애가 있는 경우 하위의 기능단위가 우선적으로 활동할 수 있도록 상위의 기능단위가 보조(Subsidium)를 통한 그 기능발현의 전제조건들을 충족시키기 위해 초과적으로(Überflüssig), 조달(Hilfeleistung) 및 간섭(Eingreifen)할 필요가 있다는 기능적 측면에서는 보충성의 원리는 적극적인 의미를 갖는다.[323)]

---

322) 나아가 Isensee는 국가가 자신의 권능을 완전하게 행사하기 이전에, 그 권능행사의 국가작용에서 취할 수단이 보다 덜 침해하는 완화된 수단임이 충분할 정도로 증명되어 있어야 한다는 견해까지 피력하고 있지만 이것은 보충성의 원리와 과잉금지원칙을 동일하게 다루는 견해들과 결론을 같이 하는 결과가 된다고 본다. Vgl. Isensee, (FN319), S. 72.

323) Vgl. J. Isensee, (FN319), S. 30; M. Ch. Jakobs, (FN316), S. 97.; Isensse는 이 때 상위단위의 보조는 하위단위에 대한 과잉금지원칙의 소극적 지위의 결과적 산물(das Resultat des Übermaßverbots)이라고 하지만 적극적으로 과소금지(Untermaßverbot)의 원칙에서 나오는 상위단위의, 보

한편, 보충성의 원리에 대한 정의를 분석해 보면 보충성의 원리는 국가적인 차원의 관할권 귀속질서에 있어서 인격체로서의 개인에 대해 조직체로서의 국가 단 하나만을 상위에 있는 대립체로 보는 것이 아니라 개인과 국가라는 양 극단사이에 기능하는 무수히 많은 중간 단위의 사회적 조직체들을 전제로 하고 있다는 것을 알 수 있다.[324)]

연혁적으로 살펴보았을 때 보충성의 원리에 관한 맹아는 카톨릭의 사회윤리 내지 사회철학이라는 묘판에서 자라났지만,[325)] 보충성의 원리가 카톨릭 사회철학의 고유한 독자적인 전제조건들에 의존하고 있는 것은 아니고 연방주의와 자유주의의 결합의 변종으로서 독일국법학이 시원적으로 창출시킨 산물이라 할 수 있다. 즉 연방적 사회구조에 대한 자유주의적인 정당화를 시도할 때 양자에 대한 변증법적인 Synthese로부터 보충성의 원리가 완성되었다고 볼 수 있다.[326)] 보충성의 원리의 적용 가능한 영역은 다음과 같은 범주형식으로 경계지울 수 있다. 말하자면 보충성의 원리는 ① 계층구조상 상하의 질서관계에 있고, ② 공통의 업무영역 내지 경합적 권능을 가지며, ③ 공동선(das bonum commune)을 추구하는 공동의 목표를 가지는 사회적 권능단위들 사이에서 적용될 수 있다. 사회에 관한 유기체이론의 Modell들에 있어서는 위에 언급한 보충성원리의 적용에 관한 전제조건들을 포괄적으로 충족시키고 있다고 할 수 있지만, 아울러 국가와 사회의 양면적 관계에 있어서도 본질적으로 전제요건 충족이 상응된다고 볼 수 있다. 적용의 전제요건만 충족되면 무엇이든 담을수 있다는 측면에서 보았을 때 보충성의 원리는 백지규범의 형식적 성격을 가진

다 심대한 대역적(代役的) 조력의무의 결과라고 해석할 수 있다.

324) Vgl. W. F. Hotz, Zur Notwendigkeit und Verhältnismäßigkeit von Grundrechtseingriffen (Zürich: Schulthess polygraphischer Verlag AG, 1977), S. 49.

325) Vgl. J. Isensee, (FN319), S. 23; W. F. Hotz, ebenda.

326) Vgl. J. Isensee, (FN319), S. 71. S. 25.

다고 말할 수 있다.327) 또한 보충성의 원리는 신(新)스콜라 사회철학에 이념적 바탕을 두고 있지만 그 이념적 기초가 와해되고 그 이론적 바탕이 된 하부구조와 단절함으로서 보충성원리가 이제 본질적으로 간직하고 있는 징표는 실천적인 형식원리를 띠게 되기 때문에 보충성의 원리는 이데올로기적인 개방성을 가진다고 언급된다.328) 한편 보충성이라는 용례의 양면적 측면을 간과할 수도 없다. 보충성원리의 전제조건인 가정사실들이 충족되면 보충성의 원리가 현실적응 능력을 얻게 되는데 이 때 구체적인 역사적 상황의 요청에 따라서 신축적인 경합적 권능질서를 창출하게 된다고 할 때 이러한 측면을 탄력적 보충성(elastische Subsidiarität)이라 일컫고, 배제적 기능유보에 있어서 보충성의 합리적인 표준관념에 부합할 정도로 보충성이 그 특정상황에서 유지되고 있을 때만 보충성의 원리에 의하여 정당화된다라고 할 때, 이 때의 여기에서 사용되고 있는 이러한 관념의 보충성을 고정적 보충성(starre Subsidiarität)이라 일컫는다.329)

어쨌든, 보충성의 원리가 가지는 백지규범의 형식적 성격, 이데올로기적 개방성, 현실적응적 탄력성은 보충성의 원리가 적용가능한 영역에 있어서 보충성의 원리 자체에 포괄적인 효력을 부여하기 때문에 어떤 헌법구조하에서 보충성의 원리의 적용을 처음부터 아주 배제시켜 버릴 수는 없다고 본다.330)

---

327) Vgl. J. Isensee, (FN319), S. 72.

328) Ebenda; Thomas주의의 사회철학은 중세적인 현실의 하부구조와 이념적 기초 위에서 논증되어진 것이다. 중세의 사상가들이 생각하는 질서체계는 초개인적, 가부장적 바탕에 정향되어 있어서 그 질서의 정당성은 위로부터 아래로 향한 하향식 권위의 질서속에 자리잡고 있었다. 즉 그 정당성은 창조주 하느님으로부터 영주에 투영되고 무수한 굴절과정을 통하여 가장에게 이르는 것이었다. 그러나 현대의 보충성원리는 개인에서 출발하여 아래로부터 위로의 상향식 정당성을 근거로 함으로써 자유의 우위(der Primat der Freiheit)에 의해서 권위의 우위(der Primat der Autorität)를 붕괴시키게 되었다. 다시 말해 신(神)중심적 질서체계는 인간중심적 질서체계로 대체되었고 초개인적질서는 개인적 질서로 양극이 바뀌게 되었다. Vgl. J. Isensee, (FN319), S. 24, S. 25.

329) Vgl. J. Isensee, (FN319), S. 72.

한편, 일반적인 보충성의 원리(ein allgemeines Subsidiaritätsprinzip)와 국가정치적인 보충성의 원리(ein staatspolitisches Subsidiaritätsprinzip)를 구별하는 견해가 있다. 이것은 보충성의 원리(Subsidiaritätsprinzip)를 국가의 특정한 정치적 구조원리(ein bestimmtes staatspolitisches Aufbauprinzip)로 이해할 것인가 아니면 그것이 단지 일반적인 보충성관념(eine allgemeine Subsidiaritätsvorstellung)으로 존재하는 것인지가 명확하지 않다는 것을 먼저 지적하고 있으며[331] 국가정치적인 보충성의 원리와 명의만을 공통으로 하고 있는 일반적인 보충성의 원리를 독일의 생존배려적인 지방자치단체의 경제에 관한 관련법규정에서 도출하여 논리를 전개하는 것은 옳지 않다고 하고 있다. 아울러 이 때의 일반적인 보충성의 원리는 행정영역을 넘어 법규범영역으로 들어오는 경우 필요성의 원칙과 분리된 한계를 찾을 수 없기 때문에 사실상 필요성의 원칙과는 다르지는 않을 것이라는 조심스런 견해

330) Vgl. ebenda; 하지만 보충성의 원리가 비어있는 형식이 아니라 실질적인 언명을 내포하고 있느냐의 문제, 따라서 실정헌법적 결단의 대상이 되느냐의 문제에 대해서는 법기술적인 의미에서 일반규정들이 갖는 확정성은 아닐지라도 보충성의 원리가 고도의 추상적인 형식이지만 실질적인 것이라는 답으로 갈음한다. 따라서 하위의 기능단위의 행위우선권을 보장하는 헌법적 결단은 실질적인 것이기 때문에 어느 정도 보충성원리의 이데올로기적 개방성은 한정되어야만 한다. 보충성원리의 구성요건적 표지가 규범적으로 구체화되지 않는다면 보충성의 원리가 법률가적인 포섭의 추론에 관한 상위전제로 적합하지 않다고 비난할 수 있지만 바로 그 이유 때문에 보충성의 원리는 법규가 아니고 법원칙이라고 말 할 수 있고, 법률가적인 실제적 유용성의 측면에서의 비난은 보충성의 원리에 한정된 것이 아니라 모든 법원칙에 관련된 것이라 할 수 있다. 보충성의 원리에서 선험적으로 법적인 실제 유용성을 부정하는 논증들은 C. Schmitt에 의해서 밝혀진 무한계성 추론(한계를 지우기 어려운 것은 한계가 존재하지 않는 것으로 추론되다는 논리(Von der Schwierigkeit der Abgrenzung wird auf das Nichtvorhandensein einer Grenze geschlossen)의 영향을 받은 것이다. Vgl. J. Isensee, (FN319), S. 73, S. 74.

331) Vgl. P. Lerche, (FN317), S. 200, FN 155. 아울러 국가나 지방자치단체의 경제활동의 한계에 대해서 그것을 보충성의 원리로 이해할 것이냐, 필요성의 원칙으로 이해할 것이냐 아니면 양자 동일한 것으로 이해할 것이냐의 다툼이 존재하고 또한 보충성의 원리를 헌법상의 혼합경제질서와 내재적인 긴장관계를 야기시키고 있는 구조적 요소로 볼 것이냐에 대해서도 마찬가지로 다툼이 존재하고 있다고 지적하고 있다.

를 피력하고 있다.[332)]

어쨌든 주된 규정과 종된 규정의 적용에 대한 법조경합의 문제나 형사법에 있어서의 경합범에 관한 규정 또는 헌법소원에서의 다른 구제절차 경료의무 등에서 나타나는 "보충성"(Subsidiarität)의 용례는 규범들 사이의 기술적·형식적 관계를 지칭하고 있는데 이러한 법기술적 차원의 보충성(rechtstechnische Subsidiaritätsregelungen)의 의미와 국가론에서 형성된 실체적인 보충성의 원리(das materielle Subsidiaritätsprinzip)는 구별할 필요가 있다.[333)] 전자는 관할권한 주체의 경합을 해결하거나 생활영역을 한정하기 위한 것이 아니라 법규나 법조자체의 경합을 해결하고 적용법을 한정하기 위한 것이기 때문이다. 또한 전자가 후자와의 필연적인 관계속에서 존재하는 것도 아니다.[334)]

시각을 달리하여 볼 때 보충성의 원리라는 테마에 있어서 대두되는 중요 논제들은 다음과 같다.

하위단위가 극한적으로 노력하여도 과제를 수행할 수 없을 때에만 비로소 하위단위의 기능장애가 있다고 말할 수가 있는가 아니면 하위단위가 하는 것보다 상위단위가 보다 잘 과제를 수행하고 충족시킬 수 있을 때, 이 경우 하위단위의 기능장애가 있다고 말할 수 없는 것인가? 자유를 최대한으로 실현시키는 것이 문제인가 아니면 적

332) Vgl. P. Lerche, (FN317)., S. 201; 이에 대해 위의 관련규정은 보충성의 원리와 합치하는 합당한 규정인데 이를 잘못 이해하고 있다고 반박하는 견해도 있다. Vgl. J. Isensee, (FN319), S. 89, FN 4. Hierzu näher, (FN319), S. 74ff.

333) Vgl. J. Isensee, (FN319), S. 86f.; Isensse는 나아가 연방국가적인 보충성의 시각에서 연방법원의 지방법원에 대한 우위성을 부여하는 것은 사법활동의 측면에 관한 보충성의 원리에 배리된다고 생각하고 있으나((FN319), S. 87, FN2) 이 문제는 협동적 연방주의(kooperative Föderalismus)관점에서 연방국가구조에서의 통합 내지 조정이라는 차원에서 고찰되어야 한다; 허 영, 「헌법이론과 헌법(상)」(서울: 박영사, 1991), 319면 참조.

334) 예컨대 헌법소원에서의 보충성규정은 하위단위의 존재활동을 보장하기 위해서가 아니라 헌법재판의 특수성과 소송경제적 관점에서 근거를 두고 있다고 한다; Vgl. J. Isensee, (FN319), S. 86.

정하게 실현시키는 것이 더 큰 문제인가? 하위단위가 행위 할 수 있는 잠재적인 능력은 있지만 실제적으로는 활동하지 못하게 될 때 보충성의 관계는 해소되는가? 보충성의 관계라는 것이 사회의 여러 개별단위마다 성립하여야 할 구체적인 필요요건인가 아니면 전체단위에만 요구되는 충분요건인가? 보충성의 원리는 하위단위에게 반사적 이익만을 가져다주는 단지 객관적인 규범인가 아니면 하위단위에게 주관적 권리를 부여하는 것인가?[335] 이상과 같은 문제의식은 보충성의 원리를 논급하는데 있어서 중요한 좌표가 될 것이지만 과잉금지의 원칙을 다루는 이 글에 있어서는 테마를 상당히 벗어나 지면을 할애할 정도가 되지 못하므로 이제 한정적 고찰로서 보충성의 원리와 과잉금지의 원칙의 관계만을 살펴보기로 한다.

보충성의 원리나 과잉금지의 원칙 양자 모두 자유와 기속에 관한 조정척도로서 절제적 기능을 가지는 측면은 동일하다.[336] 그러나 양자는 그 기능적 징표에 있어서 많은 차이점을 내포하고 있다. 양자의 구별기준을 적용영역의 차이에서 찾는 것, 즉 과잉금지의 원칙을 고권적 침해행정, 보충성의 원리를 수익적 급부행정을 그 적용영역으로 한다고 하여 구별하는 것은 적합하지 않는 방식이다. 왜냐하면 현대의 국가간섭작용의 형태로서 침해나 급부 모두가 호환적으로 작용하고 있기 때문이다.[337] 그외에도 과잉금지의 원칙이 침해행정이라는 고전적 국가작용부문에서 형성되었지만 본래의 영역을 넘어 국가의 보장적 활동의 영역에까지 미치고 있고, 또한 보충성의 원리가 배타적인 국가과업의 분야(무엇보다도 관권적 지배권의 발동을 본질적으로 요구하는 그러한 국가과업의 분야)에는 발을 들여 놓을 수가 없었기 때문에 고권적인 강제적 침해작용으로 표상되는 경찰권[338]은

335) Vgl. J. Isensee, (FN319), S. 29.
336) Vgl. W. Hotz, (FN324), S. 52.
337) Vgl. J. Isensee, (FN319), S. 89.

보충성의 원리와 합치할 수 있는 접점을 가질 수가 없었지만 그러나 국가작용의 레퍼터리가 침해행위이든가 급부행위이든가 간에 경합적 국가과업의 영역에서는 보충성원리가 효력을 미치는 영역에 속하는 소이로 인하여 위의 구별기준은 적합하지 않다.

먼저, 보충성의 원리와 과잉금지의 원칙은 개념적인 상호연관성에 있어서도 차이가 나고 효력범위에 있어서도 차이가 난다고 하여 전자는 정치적인 원리이고 후자는 헌법적인 원칙이다라는 견해[339]가 있다. 또한 보충성의 원리는 국가작용의 가부(ob)문제인데 대해, 과잉금지원칙은 국가작용의 방법(wie)의 문제에 관한 귀속원리라고 할 수 있다.[340] 전자가 국가는 언제(wann) 활동을 개시하여야 하는가에 대해 후자는 어떠한 방법으로(welche Mittel) 개입하느냐에 대한 문제의 규

338) 경찰법에 있어서 보충성과 보충성원리라는 개념의 용례가 특별히 자주 띠는데 이것은 특히 잘못되게 혼동되어 사용되는 용례들이다. 이 때 사용되는 보충성의 의미는 다음과 같이 구별된다. 첫번째로 법조경합으로 사용되는 경우, 즉 경찰법상의 일반조항이 갖는 특별수권에 대한 보충성의 의미로 사용되는 경우이다. 두번째로 행정청과 법원의 관할권에 대한 집행경찰의 개입의 후순위성이 보충성의 용례로 사용되는 경우이다. 세번째로 행정의 계층구조상에서 상급행정청의 개입의 후순위성이 보충성의 용례로 사용되는 경우이다. 네번째로 개인의 자력구조가 가능하기 때문에 경찰이 개입할 필요가 없는 규칙으로서 또는 개인이 민사법적인 방법으로 대처할 수 있기 때문에 경찰권이 발동될 필요가 없다는 규칙으로 보충성의 용례가 사용된 경우이다.
위의 첫번째와 두번째의 의미의 보충성은 여기서 말하는 본래적인 보충성의 의미와는 관련이 없고, 세번째는 행정청의 위계질서에 관한 원칙의 적용문제이고, 네번째는 공공의 안전과 질서의 유지에 있어서 경찰권발동에 대한 국민의 자력구제의 우위성을 생각해 볼 수 있는데 이러한 과제영역에 있어서는 국가에게 우선적인 관할권이 부여된다고 봐야 한다. 공공의 질서를 위태롭게 하거나 방해하지도 않고 사익만이 문제되고 있는 경우에는 본질적으로 경찰권의 발동이 탈락되고 또한 경찰법상의 과제영역 밖에서는 보충적인 경찰권의 발동도 탈락된다고 하는 Isensee는 이 경우 과잉의 경찰작용의 금지를 보충성의 원리와 접속시키는 입장을 견지하고 있다; Vgl. J. Isensee, (FN319), S. 90, FN 8.

339) Vgl. P. Lerche, (FN317), S. 201; 여기에 대해 보충성의 원리도 헌법적인 법원칙으로서 용인되기 때문에 법체계론적인 고찰에 의한 양자의 구별은 따를 수 없다는 견해가 있다. Vgl. M. Ch. Jakobs, (FN316), S. 98.

340) Vgl. P. Lerche, (FN317), S. 201.; 따라서 우리 헌법 제126조의 "긴절한 필요로 인하여"라는 표현에도 불구하고 동조 규정은 과잉금지원칙의 명문규정의 하나로 볼 수 없고 보충성의 원리에 대한 근거조항의 하나로 보아야 할 것이다.

율원리이다.341) 사실상 보충성의 원리는 권능분배의 규칙(Kompetenzverteilungsregel)이라 할 수 있고 과잉금지의 원칙은 권능행사의 규칙(Kompetenzausübungsregel)이라 할 수 있다.342) 따라서 보충성의 원리는 우선적으로 국가작용의 목적의 차원에서 기능하는데 반하여 과잉금지의 원칙은 주어진 목적에 대한 수단의 차원에서 기능한다.343) 과잉금지의 원칙이 개인의 시각에서 기대가능한 정도의 부담을 한정하고자 하는 반면에 보충성의 원칙은 우선적으로 사회적 기능단위에 있어서 객관적인 활동영역을 보장하고 간접적으로만 그 개별단위의 구성분자를 보호하고 상위단위의 시각에서 하위단위와 전체단위와의 관계를 정립한다고 볼 수 있다.344) 과잉금지의 원칙이 목적과 수단의 관계에서 전제로 하는 척도를 보충성의 원리가 제공하고 있다고 보아야 한다. 보충성의 원리는 보충적으로만 간섭할 것을 허용하는 것이기 때문에 논리필연적으로 필요하고 비례적인 조치로부터는 자유롭다고 할 수 있다. 이에 반해 과잉금지의 원칙은 특정한 적용형식에 있어서는 목적과 척도라는 2단계 구조를 내포한다. 보충성의 원리가 내용적인 기본결정을 내포하고 있는데 반하여 과잉금지 그 자체는 목적과 수단관계에 관련되어 있고 따라서 형식적이다. 이데올로기적 내용에 의한 구별기준에서 보았을 때, 과잉금지의 원칙은 보충성의 원리가 취하고 있는 만큼의 이데올로기와의 깊은 관련성을 갖지 않는다.345) 보충성의 원리가 하나의 단위를 이루어야만 하는 생활영역에 시각을 두고 있는데 반하여 과잉금지의 원칙은 분립적이고 개별화된 성격을 갖는다고 할 수 있다.346) 보충성의 원리가 원칙이라는 가장 일반적인 형태에 있어서는

341) Vgl. M. Ch. Jakobs, (FN319), S. 98.
342) Ebenda.
343) Vgl. W. F. Hotz, (FN324), S. 53; J. Isensee, (FN319), S. 91.
344) Vgl. J. Isensee, (FN319), S. 91.
345) Vgl. P. Lerche, (FN317), S. 201.; W. F. Hotz, (FN324), S. 53.; J. Isensee, (FN319), S. 90.
346) P. Lerche, (FN317), S. 201.

완전한 규범적인 성격을 가지지 않는데 반해서 과잉금지의 원칙은 원칙 그 자체로서보다는 완전한 규범적 성격을 가지는 법규로서 기능하는 측면이 있다. 즉 실질적인 우선순위를 결정하는 내용을 가지는 보충성의 원리는 법윤리적인 원칙이지 법기술적인 원칙은 아니다. 따라서 위와 같은 일반적인 단계에서는 보충성의 원리가 중개자적 지위에서 간접적으로 구체화될 수는 있어도 보충의 원리 그 자체를 법기술적으로 집행할 수는 없다. 그러나 보충성의 원리가 현실적인 법속에 접속되어 있을 때는 당연히 보충성원리 위반은 위법한 것이 되고 또한 재량의 최후적인 규범적 한계로서 기능한다. 나아가 독일기본법에서와 같이 경합적인 국가과업을 인정하고 보충성원리의 실질적인 효력영역을 규정하고 있는 경우에는 완전한 규범적 성격을 가지고 헌법상의 해석준칙으로서 합헌적 법률해석의 한도내에서 하위법에도 당연히 적용된다. 보충성의 원리는 그것이 규범적 성격을 가지는 한도내에서만 사법적 판단이 가능하다. 어떤 기능단위가 그 결정권능으로 보충성원리 자체를 폐지할 수는 없지만 재량으로 보충성관계를 조절할 수는 있다. 이 때의 재량행위에 대해 권력분립위반을 이유로 들어 사법심사할 수 있느냐의 문제가 제기되지만 여기에 대한 우선적인 해석권능은 입법부와 집행부에 있다. 국가의 보충적인 목적실현의 필요성여부에 대한 심사에 있어서 굳이 사법부가 심사한다고 하는 경우 결국 보충성의 원리 위반에 대해서는 재량권일탈에 관한 문제가 중심적인 심사기준이 될 수 밖에 없다. 그러나 보충성의 원리는 관할기관의 감독절차와 규범통제의 헌법재판에 의해서 보다 더 잘 보장될 수 있다.

한편 보충성의 원리는 주관적인 개인의 권리를 내포하고 있는 것이 아니라 법치국가의 구성부분이 되는 객관적인 법원칙으로서의 성격을 가진다. 즉 보충성의 원리의 적용을 받는 각 기능단위는 권리주체가 아니라 각각의 개별적인 권리주체들의 총합체이기 때문에 보충성의 원리에 의해서 보호영역이 되는 것은 별론으로 하더라도 부

가적인 개인의 권리를 포함하고 있는 것은 아니다.[347)]

어쨌든 과잉금지의 원칙은 다른 차원에 있어서의 그 보충성원리의 연장선이라고 할 수 있다. 즉 보충성의 원리에 대한 필연적인 보충규범(Komplementärnorm)이 과잉금지의 원칙이다. 보충성의 원리에서 국가작용의 목표(Ziel)가 평가된다고 한다면 과잉금지의 원칙에서는 그러한 국가작용의 적법한 실현의 정도(Maß)가 평가된다고 할 수 있다.[348)]

제3절 확정성의 원칙과 과잉금지원칙

확정성의 원칙(der Bestimmtheitsprinzip)[349)]에 대해서 독일기본법이나 우리 헌법상에 직접적으로 규정된 것은 없다. 명확성의 원칙에 관련된 규정으로는 독일기본법 제80조 제1항 제2문과 우리 헌법 제75조를 들 수 있다. 양국 헌법재판소 판례에는 확정성의 원칙에 대한 많은 판례가 있으나 확정성의 원칙에 대한 '통일화된' 명확한 개

347) J. Isensee, (FN319), S. 313ff.

348) Ebenda.

349) 우리 헌법재판소 판례상에서는 "명확성의 원칙"이라는 용어를 채택하고 있다. 동 판례상 명확성에 관한 언급은 많이 있었지만(예컨대 89헌마38; 88헌가13; 89헌가103; 89헌가113; 90헌가27; 89헌가104) 과세요건명확주의(89헌마38)라는 표현도 있었지만 명확성의 원칙의 명칭을 처음으로 사용한 것은 88헌가13 결정이다. 그리고 89헌가104 결정에서 명확성의 원칙이 확고하게 되었다할 수 있다. 독일에서 말하는 확정성의 원칙에도 "명확성"(Klarheit), 가측성(Meßbarkeit), 견적가능성(Berechenbarkeit), 예측가능성(Voraussehbarkeit)의 내용적 요소가 포함되어 있다. 그러나 여기서는 편의상 혼용하기로 한다. 독일에서는 이 원칙의 근거를 법치국가원리에서 찾고 있지만(BVerfGE 1, 14(45); 8, 274(326); 13, 153(161); 17, 67(82)) 우리는 법치국가원리의 한 측면으로서 인신보호를 위한 헌법상의 기속원리라 할 수 있는 죄형법정주의에서 그 근거를 찾고 있다(위 제시판례 참조).

념정의는 존재하지 아니한다. 먼저 우리 헌법재판소 판례에서 언급되어 있는 명확성의 원칙을 살피기로 한다. “무릇 죄형법정주의는 범죄와 형벌이 법률로 정하여야 함을 의미하는 것으로 이러한 ‘죄형법정주의에서 파생되는 명확성의 원칙’은 누구나 법률이 처벌하고자 하는 행위가 무엇이며 그에 대한 형벌이 어떠한 것인지를 ‘예견’할 수 있고 그에 따라 자신의 행위를 결정지을 수 있도록 구성요건이 ‘명확’할 것을 의미하는 것이다. 여기서 구성요건이 명확하여야 한다는 것은 그 법률을 적용하는 단계에서 가치판단을 전혀 배제한 무색투명한 서술적 개념으로 규정되어져야 한다는 것을 의미하는 것은 아니고 입법자의 입법의도가 건전한 일반상식을 가진 자에 의하여 일의적으로 파악될 수 있는 정도의 것을 의미하는 것이라고 할 것이다. 따라서 다소 광범위하고 어느 정도의 범위에서는 법관의 보충적인 해석을 필요로 하는 개념을 사용하여 규정하였다고 하더라도 그 적용단계에서 다의적으로 해석될 우려가 없는 이상 그 점만으로 헌법이 요구하는 명확성의 요구에 배치된다고는 보기 어렵다 할 것이다. 그렇지 않으면 처벌법규의 구성요건이 지나치게 구체적이고 복잡하게 정형화되어 다양하게 변화하는 생활관계를 제대로 규율할 수 없게 될 것이기 때문이다”[350]. “다만 자의를 허용하지 않는 통상의 해석방법에 의하더라도 당해 처벌법규의 보호법익과 그에 의하여 금지된 행위 및 처벌의 종류와 정도를 누구나 알 수 있도록 규정되어야 하는 것이다. 따라서 처벌법규의 구성요건이 어느정도 명확하여야 하는 것은 일률적으로 정할 수 없고 각 구성요건의 특수성과 그러한 법적 규제의 원인이 된 여건이나 처벌의 정도 등을 고려하여 종합적으로 판단하여야 한다”[351]. “나아가 법규의 적용범위가 과도하게 광범위해지면 어떠한 경우에 법을 적용하여야 합헌적인 것이

350) 「헌법재판소 판례집 제1권」(1989), 383면.
351) 「헌법재판소 판례집 제2권」(1990), 19면.

될 수 있는가 즉 법을 적용하여도 좋은 경우와 적용하여서는 안되는 경우가 법집행자에게도 불확실하고 애매해지는 사태가 온다. 이러한 의미에서 과도한 광범성은 잠재적인 명확성 결여의 경우로 볼 수 있기 때문에 형벌법규에 관한 명확성의 원칙에 위배되는 한가지 예에 해당할 수 있다. 이리하여 어떠한 것이 범죄인가를 법제정기관인 입법자가 법률로 확정하는 것이 아니라 사실상 법운영당국이 재량으로 정하는 결과가 되어 법치주의에 위배되고 죄형법정주의에 저촉될 소지가 생겨날 것이다"[352]. 헌법 제75조 위임의 한계를 벗어난 포괄적 위임인지 여부에 대한 판단, 즉 위임의 명확성문제에 대한 판단에 있어서 "이러한 위임의 구체성·명확성의 요구정도는 규제대상의 종류와 성격에 따라서 달라진다. 기본권침해영역에서는 급부행정영역에서 보다는 구체성의 요구가 강화되고, 다양한 사실관계를 규율하거나 사실관계가 수시로 변화될 것이 예상될 때에는 위임의 명확성의 요건이 완화되어야 한다"[353]. 결론적으로 "이러한 명확성의 원칙은 모든 법률에 있어서 동일한 정도로 요구되는 것은 아니고 개개의 법률이나 법조항의 성격에 따라 요구되는 정도에 대한 차이가 있을 수 있으며 각각의 구성요건의 특수성과 그러한 법률이 제정되게 된 배경이나 상황에 따라 달라질 수 있다고 할 것이다. 일반론으로는 어떠한 규정이 부담적 성격을 가지는 경우에는 수익적 성격을 가지는 경우에 비하여 명확성의 원칙이 더욱 엄격하게 요구된다 할 것이고 따라서 형사법이나 국민의 이해관계가 첨예하게 대립되는 법률에 있어서는 불명확한 용어의 사용이 불가피한 경우라면 용어의 개념정의·한정적 수식어의 사용, 적용한계조항의 설정 등 제반방법을 강구하여 동 법규가 자의적으로 해석될 수 있는 소지를 봉쇄해야 하는 것이다"[354]. 그러나 "그 구성요건을 일일이 세분하여 명확성의 산술

352) 상게 판례집, 60면.
353) 「헌법재판소 판례집 제3권」(1991), 29면 이하.

적인 관철을 요구하는 것이 입법기술상 불가능하거나 현저히 곤란한 것이므로 어느 정도의 보편적 내지 일반적 개념의 용어사용은 부득이하다고 할 수 밖에 없으며, 당해 법률이 제정된 목적과 타 규범과의 연관성을 고려하여 합리적인 해석이 가능한지의 여부에 따라 명확성의 구비여부가 가려져야 할 것이다. 따라서 일반적 또는 불확정개념의 용어가 사용된 경우에도 동일한 법률의 다른 규정들을 원용하거나 다른 규정과의 상호관계를 고려하거나 기히 확립된 판례를 근거로 하는 등 정당한 해석방법을 통하여 그 규정의 해석 및 적용에 대한 신뢰성이 있는 원칙을 도출할 수 있어, 그 결과 개개인이 그 형사법규가 보호하려고 하는 가치 및 금지되는 행위의 태양과 이러한 행위에 대한 국가의 대응책을 예견할 수 있는 정도(의 규정내용이)라면 그 범위내에서 명확성의 원칙은 유지되고 있다고 보아야 할 것이다"[355].

이제 독일 판례를 일견해 보기로 한다. "법치국가원리(법적 안정성)의 측면에서 보장법률은 명확성(Klarheit)과 명료성(Verständlichkeit)을 갖추어야 한다"[356] 즉 "어떤 사항을 금지하는 법률규정은 그 요건과 내용에 있어서 해당 당사자가 예상되는 법적 상태를 인식하고 그에 따른 행위내용을 확정(bestimmen)할 수 있도록 명확하게 규정되어야 한다"[357]. 그런데 확정성의 요청은 모든 규율대상에 있어서 동일한 정도로 실현되는 것을 말하는 것은 아니라고[358] 하여 확정성의 원칙의 상대성과 내용적인 불명확성을 나타내고 있다. 확정성은 조정할 이익들의 비중과 고권적 침해의 강도들에 상응하여 단계를 달리하여 요청될 수 있다. 따라서 법률은 예외적으로만 즉 극단적인 경우에만 불확

354) 「헌법재판소 판례집 제4권」(1992), 78면 이하.
355) 상게 판례집, 79면.
356) BVerfGE 14, 13(16).
357) BVerfGE 17, 306(314).
358) BVerfGE 49, 89(134ff.).

정성을 이유로 법치국가적 원칙들을 위반하게 되는 것이다.359) 나아가 일반조항의 사용360), 행정에 있어서 재량여지의 허용361) 그리고 보편타당한 한정성을 지닌다고 할 수 없는, 해석여지가 있는 유동적인 개념의 사용362)도 불확정 법률개념과 마찬가지로 확정성의 원칙에 비추어 볼 때 엄연히 허용된다고 할 수 있는데, 이러한 경우 확정성의 원칙을 한계지운다는 것은 더 더욱 어렵게 된다. 어쨌든 확정성의 원칙은 논리적으로 우월적인 위치에 있는 법률유보를 강화시켜 주는 기능을 하고 무엇보다도 누가 무엇을 결정해야만 하는가의 권능문제(Kompetenzfrage)에 확실한 답변을 해주는 것은 사실이다. 따라서 한편에서는 국회가 정치적인 결정을 내린다는 것, 집행부에 대해 포괄적 수권(Globalermächtigung)의 위임이 금지된다는 것과 더불어 다른 한편에서는 무수한 세부적 내용결정을 가진 법률의 홍수(Gesetzesflut)가 행정영역에 범람하는 것을 막아준다는 것의 기능도 확정성의 원칙이 수행한다고 볼 수 있다.363)

사실 법률규정의 불확정성은 법률규정내용 그 자체의 흠결이고 자세한 법률요건의 흠결을 의미하는 것이기 때문에 그것에 대해 확정성을 요구한다는 것은 바로 국가권력행사의 가측성(Meßbarkeit)과 견적가능성(Berechenbarkeit)의 요청을 지칭하는 것이 된다.

이제 확정성의 원칙을 내용적으로 정리해보기로 한다.

먼저 확정성의 원칙은 예측가능성(Vorhersehbarkeit)과 견적가능성(Berechenbarkeit)을 그 내용적 요소로 한다. 즉 어떠한 경우에 어떠

359) BVerfGE 17, 67(82).
360) BVerfGE 8, 274(326); 13, 153(161).
361) BVerfGE 8, 274(327); 21, 73(78).
362) BVerfGE 21, 73(79).
363) Vgl. M. J. Jakobs, Der Grundsatz der Verhältnismäßigkeit mit einer exemplarischen Darstellung seiner Geltung im Atomrecht (Köln · Berlin · Bonn · München: Carl Heymanns Verlag KG, 1985), S. 121.

한 방향으로 법규범이 적용되는지 예측할 수 있어야 한다는 것이다. 둘째로 실행성(Praktikabilität)을 요구한다. 즉 실제의 법적용에 있어서 불가결한, 구체적인 규율내용의 최소한의 범위가 나타나 있어야 한다.[364] 세째로 입법가의 자기결정성(Selbstentscheidung)이다. 즉 입법가 '스스로'가 문제된 입법사항에 대해서 결정해야 하고 어떠한 목적으로 그 문제를 규율할 것인지 결정하여야 하며 나아가 자신이 그러한 문제의 규율에 있어서 한계를 확정하여야 한다. 네째로 불확정성으로 말미암은 자의의 배제(Schutz vor Willkür)이다. 다섯째로 심사척도성(Jusititiabilität)의 요구이다. 즉 확정될 해당 법규범이 사법심사에 있어서 심사척도로 통용될 수 있어야 한다. 여섯째로 법적 구성요건의 윤곽, 의도, 과표(Programm)에 대한 인식가능성(Erkennbarkeit)의 요청이다. 즉 입법가의 의사에 의해 실현되어야 하는 의도나 프로그램이 해석을 통하여 충분할 정도로 명백하게 윤곽이 드러나야 한다는 것이다. 따라서 하위의 명령제정권자에게도 위와 같은 법적 규율로 윤곽과 프로그램이 제시되어야 한다. 일곱째로 규범의 명확성(Normenklarheit)이다.[365] 즉 명확한 법적 구성요건의 표지를 구체화할 수 있어야 한다.

법률의 위임에 있어서, 그 수권의 내용·목적과 범위가 법률에서 확정되어야 한다는 독일기본법 제80조 제1항 제2문에 따라 확정성의 원칙에 다음과 같은 내용도 요청된다. 즉 법률적으로 금지하는 경우와 같이 기본권을 침해하거나 기본권행사 일반의 영역을 침해하는 경우에는 확정성에 대한 보다 엄격한 요구가 따라야 하고 결국 법규범이 기본권에 영향을 미치는 정도 및 법규범의 영역에 따라서

364) Vgl. P. Lerche, Übermaß und Verfassungsrecht zur Bindung des Gesetzgebers an die Grundsätze der Verhältnismßigkeit und der Erforderlichkeit (Köln · Berlin · Bonn · München: Carl Heymanns Verlag KG, 1961), S. 69ff.

365) P. Lerche, (FN364), S. 70.

확정성에 대한 본질적인 척도가 달라질 수 있다는 것을 고려해야만 한다는 것이다. 이것은 결국 확정성의 원칙의 개념을 명확하게 확정할 수 없다는 것과 확정성의 요구가 상대적 성격을 가진다는 것을 분명하게 보여주고 있다 할 것이다.366) 그러면 법규범의 확정성을 '어느 정도'로 요구할 것인가의 문제가 대체되어 등장하게 되는데 Geitmann은 그 확정성의 정도가 법을 집행하는 사람이 누구인가와 법률이 제정된 시기가 언제인가라는 형식적인 상황요건에 따라 달리 나타날 수도 있고 규율하려는 입법대상과의 상관관계를 기준으로 하는 실질적인 요건에 따라 달리 나타날 수 있다고 하고 있다. 즉 입법의 난이도에 착안하여, 서둘러 대처할 필요성이 있으면서도 그 규율하려는 생활관계가 다양성과 가변성을 지니고 있을 때는 확정성의 요구가 완화될 수 있고, 반면에 법규범이 침해적 성격을 가지는 경우, 기존의 법적 상태의 현저한 이탈인 예외규정인 경우나 중대한 의미를 내포하고 있는 경우에는 확정성의 요구가 가중될 수 있다고 한다.367)

어쨌든 이러한 내용을 가진 확정성의 원칙과 과잉금지원칙과는 도대체 어떠한 관계에 있는 것일까가 여기에서 문제되는 것이다. 위에서 살펴본 바와 같이 확정성의 원칙의 상대적 성격을 바탕으로 한다면 확정성의 원칙과 과잉금지원칙의 명백한 관련성을 한 눈으로 쉽게 인식할 수 없다. 우선 양자가 침해되는 법익과 국가작용사이의 관계정립(In-Verhältnis-Setzen)을 모색하고 있다는 점에서 적어도 양자사이의 형식적인 연관성은 존재한다. 즉 과잉금지원칙이 침해되는 법익과 관련하여 국가작용이 어떻게 이루어져야 할 것인가를 탐구하고 있는 것과 마찬가지로 확정성의 원칙도 침해되는 법익과 법규정의 내용형성에 있어서 요구되는 확정성의 범위와 관련하여 법정립작용이 어떻게 이루

366) Vgl. M. Ch. Jakobs, (FN363), S. 121f.
367) Vgl. M. Ch. Jakobs, (FN363), S. 122.

어져야 할 것인가를 논구하고 있기 때문이다. 이러한 형식적인 관계를 넘어서 실질적으로 법규정의 불확정성을 허용하는 헌법적 한계가 과잉금지원칙과의 관계에서 이끌어 낼 수 있고 법률규정의 불확정성이 기본권에 미치는 영향으로 말미암아 확정성의 요구에 있어서도 과잉금지원칙이 적용된다는 Geitmann의 견해가 있다.368) 또한 확정성의 요구 정도에 따라 과잉금지원칙의 3단계 내용인 적합성 · 필요성 · 비례성의 의미도 달라진다고 말할 수도 있다. 실제적으로 확정성의 정도문제에 있어서 법규정의 의미가 중대하면 중대할수록 그 확정성의 요구는 더욱 더 커지고 입법의 난이도가 어려우면 어려울수록 그 확정성의 요구는 더욱 더 작아진다고 할 수 있다.369) 만약에 확정성의 원칙을 법규범이 적어도 충분한 확정성(hinreichende Bestimmtheit)을 가져야 한다는 명령으로 내용설정한다면 이 확정성의 원칙은 내용적으로는 과잉금지원칙의 적용을 통해서 비로소 구체화된다고 말할 수 있다. 이렇게 이해한다면 과잉금지원칙은 논리적으로 확정성의 원칙의 구조적 원리(Strukturprinzip)가 된다.370) 그러나 불충분한 확정성은 과잉금지원칙을 끌여 들여서 조정되어질 수 있다는 언명은 적절하지 않다. 왜냐하면 확정성의 원칙은 최종적으로 법적 안정성(Rechtssicherheit)의 명령에 기여하지만 과잉금지원칙은 이러한 법적 안정성과는 자연히 상반되는 구체적 타당성(Einzelfallgerechtigkeit)의 명령에 기여하기 때문이다.371) 만약에 규범의 불충분한 확정성이 과잉금지원칙에 의하여 보충될 수 있다고 한다면 그것은 무엇보다도 국가권력사이의 한계를 문란하게 하여 입법가에게 필요적으로 요구되는 주도적 결정권한이 정의관념(Billigkeitsüberlegungen)으로 대치되어 버릴 것이다.

368) Vgl. M. Ch. Jakobs, (FN363), S. 123.
369) M. Ch. Jakobs, (FN363), S. 124.
370) Vgl. ebenda
371) Ebenda.

확정성의 원칙과 과잉금지원칙을 서로 명백하게 분리해야 한다는 것은 법규범의 충분한 확정성이 긍정될 때에 비로소 과잉금지원칙의 문제가 대두된다는 것에서 알 수 있다. 예컨대 형벌법규가 충분하게 확정되어 있지 않다면 그 위하된 형벌과 처벌된 행위사이에 비례관계(과잉침해여부)에 대한 판단은 무력하게 될 것이다.[372] 그럼에도 불구하고 확정성의 원칙과 과잉금지원칙 사이에는 일정한 관계가 존재한다. 즉 어떠한 규범이 요컨대 충분하게 확정되어 있다면 그 법규정이 명백히 나타내고 있는 정도(범위)내로 과잉금지원칙에 의한 심사는 축소된다. 다시 말해 법률규정이 명백하면 할수록 과잉금지원칙에 의한 심사에서 문제되어 있는 침해된 법익을 더욱 더 정확하게 그리고 별 무리없이 확정할 수 있게 되는 것이다. 그러나 이에 반하여 재량규정의 경우에는 여러 가지 법익충돌이 그 규율대상이 되기 때문에, 그리고 법을 집행하는 위치에서도 여러 가지 행위모형의 방안을 가지고 반응하여야 하기 때문에 과잉금지원칙에 의해 심사해야 할 요소들도 그만큼 불확정하게 된다. 따라서 구체적인 개별사항에 맞추어 과잉금지원칙의 심사가 이루어져야 한다.[373]

우리 헌법재판소 판례에서 명확성의 원칙과 과잉금지원칙과의 관계가 잘 드러나 있는 것은 1992. 1. 28. 선고 89헌가8 결정이라 할 수 있다. 즉 불명료하고 구체성이 없는 개념을 사용하는 규정이 문헌해석상 그 적용범위가 넓고 불명확하므로 인하여 헌법상 보장된 자유를 위축시킬 수 있고 따라서 이러한 규정에 의한 기본권의 제한은 “비례상 과다하고 제한의 폭이 넓어” 그 적용의 광범위성 때문에 헌법 제37조 제2항 소정의 기본권제한의 한계를 넘게 되며 제한의 준칙을 어겨 국민의 기본권을 침해하는 결과를 피할 수 없는 것이라 하고 있다. 여기에서는 명확성의 원칙 위반을 과잉금지원칙 위반과

372) Ebenda.
373) Vgl. M. Ch. Jakobs, (FN363), S. 125.

연결시키고 있다.374) 이것은 거꾸로 확정성의 원칙에 과잉금지원칙을 적용한 것이라고 볼 수도 있다. 어쨌든 이 판례에서 뿐만 아니라 여타의 판례에서도 우리 헌법재판소는 명확성의 원칙에 대해서도, 과잉금지원칙에 대해서도 또한 양자의 관계에 대해서도 세밀하고 밀도있게 논증하고 있는 것은 아니다. 그러나 한편 주목할 것은 적용범위가 과도하게 광범위하고 불명확한 것은 법운영당국에 의한 자의적 집행의 소지도 생길 수 있다 하고 "무릇 법운영에 있어서 주관적인 자의성을 주는 것은 법치주의원리에 반하는 것이고 결국 법집행을 받는 자에 대한 헌법 제11조의 평등권침해가 될 것이다. 나아가 어떠한 것이 금지되며 어떠한 것이 범죄의 구성요건이 되는가를 법제정기관인 입법자가 법률로 정하는 것이 아니라 사실상 법운영당국의 재량으로 결정하는 결과가 되어 권력분립주의 내지 법치주의에 위배되고 죄형법정주의에도 저촉될 소지가 생겨날 것이다"375)라고 하고 있다. 즉 명확성의 원칙을 자의금지의 원칙, 평등권, 권력분립주의, 법치주의, 죄형법정주의와도 연결시키고 있는 점이다.

---

374) 「헌법재판소 판례집 제4권」(1992), 16면, 17면, 18면 참조.
375) 상게 판례집, 18면.

제4절 경제성의 원칙과 과잉금지원칙

일반적으로 경제성의 원칙[376](Wirtschaftlichkeitsprinzip)이란 두 가지 의미로 사용되는데, 즉 주어진 수단으로 최대의 목표를 달성하거나 특정한 목표를 최소의 수단으로 실현하는 것을 말한다. 여기에는 최대의 원리와 최소의 원리가 모두 포함되어 있는데, 즉 성과의 최대화와 비용의 최소화가 그것이다. 이 논리형식은 성과나 비용 일방을 독립적인 상수(상수)로 고정시켜 놓은 경우에만 적용가능하다. 또한 성과나 비용 어느 일방만으로 경제성의 원칙을 확정시킬 수도 없다. 사실 위 경제성의 원칙의 표현은 성과와 비용사이의 최대간격(Maximalspanne)을 지칭할 뿐 별로 말해주는 바가 없다. 성과와 비용을 모두 가변변수로 보고 양자 사이의 차이를 최대화하거나 양자로부터 결과되는 몫을 최대화하는 것으로 경제성의 원칙을 파악한다면 그것은 결국 성과와 비용관계의 최적실현의 문제로 귀결된다.[377]

---

376) 경제행위는 너무나 포괄적으로 사용되는 말이다. 경제주체를 개인, 기업, 국가로 나누어 보았을 때 생산주체인 기업의 경제행위를 다룰 경우에 경제성이란 용어가 비중있게 사용된다. 단순한 경제행위가 아니라 경제성있는 행위가 경제학의 핵심부분이라 할 수 있는데, 하지만 경제학에서의 경제성의 개념과 법학에서의 경제성의 개념이 공약수적인 요소를 젖혀 두고라도 항상 일치되는 것은 아니다. 일단 경제학상의 경제성의 원칙(das Prinzip der Wirtschaftlichkeit; Ökonomisches Prinzip; Optimumprinzip)은 최소의 비용으로 최대의 수입을 올리는 것을 말한다. 법규정상에서의 절차규정과 행위규정에서는 효율성의 관념이 대두되는데 이 때 효율성과 경제성의 관계도 문제된다. 효율성이 경제성의 개념에 내재되어 있는지 효율성은 경제성의 개념에 대해 더 부가적인 요소를 포함하고 있는지의 여부는 명확하게 말할 수 없다. Vgl. K. Stern, Das Staatsrecht der Bundesrepublik Deutschland, Bd. 2. (München: C. H. Beck'sche Verlagsbuchhandlung, 1980), S. 435f.

377) Vgl. Duk-Yeon Lee, Stellung und Funktion des Bundesrechnungshofes im politischen Entscheidungsprozeß (Bonn: Inaugural-Dissertation der Rheinischen Friedrich-Wilhelms-Universität Bonn, 1994), S. 143f.

경제성에 대한 법적인 개념은 그에 대한 경제학상의 정의와는 달리 규정될 수 있는데, 경제성의 원칙을 국가재정행위와 경제수행활동에 대한 심사척도로서 법적 구속력을 가지는 법규범으로 적용할 것이냐의 여부와 어느 범위까지 적용할 것이냐는 명확하게 밝혀져 있지는 않다.[378] N. Luhmann은 경제성의 원칙을 행정영역에 적용하는 것을 부인하고 있다. 그에 의하면 가치의 측면에서 완전하고 통일적으로 모순이 없으며 불변의 질서는 행정영역에서 존재하지 아니한다. 따라서 경제활동의 선택안에 대한 선호의 순위는 순수하게 계량적인 행위평가에 의해서만 보장될 수 있다고 한다. 그런데 이러한 계량화는 가측성의 한계 때문에 의미있게 이루어질 수 없다. 행정의 과제도 행정의 수단도 딱 부러지게 확정되어 있는 크기가 아니기 때문에 주어진 목표, 주어진 수단 중에서 임의적으로 선택하는 것도 주권국가의 행정에 있어서 별로 의미있는 바가 아니다. 결국 차선적인 최적실현의 해결책만이 의미가 있다. 차선적인 중립화된 체계의 형태에 있어서도 완전하게 사물의 본질에 합당한 해결책은 존재하지 아니한다. 이와 같은 이유에서 N. Luhmann은 경제성의 원칙을 대신하여 "가용적인 결정이론"(Theorie der brauchbaren Entscheidungen)을 옹호하고 있다. 이에 의하면 조직의 존속에 기여하는 한 모든 결정은 쓸모있는 유용한 결정이라는 것이다.[379] 이러한 N. Luhmann의 견해가 문제가 없는 것일 수 없다. 국가의 행위를 정확하게 계량화할 수 없다는 것도 옳고, 흠결없고 통일적으로 모순이 없는 가치질서의 토대위에서 합리성을 판단하기 위한 적합한 매개체(Parameter)를 만들어 낼 수 없다는 것도 옳다.[380] 경제성의 원칙으로 최적실현의 결정을 내릴 수 없다

378) 독일기본법 제114조 제2항, 연방예산법(BHO) 제7조 제1항 · 제90조 제3호 · 제4호, 연방과 주의 예산법의 원칙에 관한 법률(HGrG) 제6조 제1항 · 제19조 제2항은 실질적인 심사척도로서 경제성의 원칙에 관하여 규정하고 있다.

379) Vgl. K. Stern, (FN376), S. 435.

는 그의 인식과, 정당한 유일한 결정으로서 모든 측면의 이익을 조화롭게 조정한 최적실현의 결정은 존재하지도 않고 또한 인식될 수도 없다는 그의 인식도 일면 타당한 면도 있다. 그러나 하나의 원칙으로서 경제성의 원칙은 유일하게 정당한, 즉 이상적이고 완전한 최적실현의 결정을 요구하는 것이 아니고 상대적으로 정당한 결정을 요구하는 것이다. 또한 여기에서 정당한 결정방안의 선택 그 자체가 문제되는 것이 아니라 가능한 한 정당한 결정을 내리기 위해 결정과정의 합리성을 제고하기 위한 방안이 문제되는 것이다.381) 경제성의 척도가 적어도 구체적인 결정의 방향제시와 평가 그리고 다양한 결정방안들의 합리적 근거를 제공하는 목적적 요소로서 파악할 수 있다는 것을 부인할 수는 없다. 이러한 한도내에서 행위척도와 통제척도로서의 경제성의 원칙은 국가의 모든 차원의 의사결정에 적용될 수 있다.382) 어쨌든 N. Luhmann에 대한 핵심적인 비판은, 선호순위의 전개에 대한 기수적 및 계량적 가측성 자체도 오류가 있을 수 있고, 굳이 기수적·계량적 방법을 동원하지 않더라도 현시적 선호(顯示的選好 : revealed preference)의 방법으로 선호순위에 대한 경험적인 가측결정도 당연 이루어질 수 있으며 오히려 기수적·계량적 방법으로 계측하기가 더 어렵다는 것을 들어 N. Luhmann의 사고의 출발점 자체를 비판하는 것이다.383) 그밖에도 N. Luhmann은 존재의 인식과 당위의 언명을 충분하게 구별하지 못하고 있다. 따라서 그 자신도 시인하고 있듯이 보다 낫다고 하는 그의 경험적 이론도 법학에 곧바로 이용할 수 없는 것이다.384) 경제성의 원칙과 관련하여 거론되는 원칙이 비용절감의 원칙(das Sparsamkeitsprinzip)이다. 통상적

380) Vgl. D. Y. Lee, (FN377), S. 150.
381) Vgl. D. Y. Lee, (FN377), S. 151.
382) Ebenda.
383) Vgl. K. Stern, (FN376), S. 436.
384) Ebenda, 마지막으로 도구적 조직관에 대한 그의 비판도 재고를 요하는 것이다.

인 용례의 표현에 있어서 비용절감성(Sparsamkeit)은 지출의 측면에서 관계되는 행위를 의미한다. 비용절감성의 원칙이란 자금사용의 관점하에서만 논증되어지는 행위규칙인데 공행정 비용(재정수요)은 가능한 한 적게(절약하여) 지출되어야 한다는 원칙이다.[385] 이것은 비용충족의 원칙(das Kostendeckungsprinzip)과 구별된다. 비용충족의 원칙은 행정비용과 사용료 수입과의 관계를 규율하는 원칙인데, 특정한 급부에 대한 총사용료 수입은 이 사용료를 물리게 하는 직무행위에 대한 총행정비용을 초과하여서는 아니된다는 것이다. 무료의 국가적 급부의 금지로부터 도출되는 비용충족의 원칙은 사용료책정에 적용되는 등가성의 원칙(Äquivalenzprinzip)과 구별된다.[386] 왜냐하면 그 자체로 등가적인 사용료일지라도 등가적인 사용료에 대한 총지출이 그에 대한 총수입과의 관계에서 잉여가 발생할 때에는 비용충족의 원칙이 적용될 수 있기 때문이다.[387]

어쨌든 여기에서는 경제성의 원칙과 비용절감의 원칙과의 관계가 정리될 필요가 있다. 우선 가장 비용절약적인 방안이 곧바로 가장 경제적인 해결방안이라고 말할 수는 없다. 비용절감의 원칙은 모든 사정을 고려하여 최소의 비용을 사용하여야 한다는 것을 요구한다고

385) Vgl. K. Stern, (FN376), S. 437f.

386) 광역폐기물 처리시설로 인하여 피해를 받은 인근주민에 대한 보상을 실시하기 위하여 필요한 재원을 마련함에 있어서 폐기물의 폐기자로부터 오물수거료라는 행정수수료적인 성격이외에 환경침해요인을 제공한다는 의미에서 원인자 부담금적인 요소가 가미된 오물수거료를 징수하는 방법등을 고려해야 한다고 지적하면서 우리나라에서의 오물수거료의 산정기준은 대부분 건물면적과 재산세액에 따라서 부과, 징수되고 있기 때문에 등가성의 원칙과 비용충족의 원칙에 합치하지 못하고 있다는 비판에 대해서는, 김성수, "환경침해시설 설치절차와 주민참여 －한국과 독일에 있어서 폐기물 처리시설 설치절차를 중심으로－", 「고시계」(92. 9), 93면, 94면, 특히 각주9) 참조.

387) 양자의 관계에 대해 자세한 것은 Vgl. C. Wellhöfer, Das Übermaßverbot im Verwaltungsrecht-Grundsätzliches und Tendenzen zu der Prinzipien der Notwendigkeit und Verhältnismäßigkeit (Würzburg: Inaugural-Dissertation der Julius-Maximilians-Universität, 1970), S. 133f.

볼 때, 이러한 측면에서는 경제성의 원칙에서 비용의 최소화의 부분과 동위에 있다고 할 수 있다.388) 그러나 비용절감의 원칙이 비용지출의 측면에만 국한되는데 반하여, 경제성의 원칙은 성과와 비용 양자의 변수에 관계되어 있어서 지출비용의 절대량은 그 자체만으로는 판단대상이 되지 아니한다. 따라서 경제성있는 행위가 때때로 비용지출을 많이 초래할 수도 있고 절약된 지출행위가 경우에 따라서는 비경제적인 것으로 될 수 있는 것이다. 그런데 비용최소화의 명령으로서 비용절감의 원칙은 그 자체 고립화되어 실현될 수는 없다. 왜냐하면 비용절감의 원칙을 논리일관하여 끝까지 관철시킨다는 것은 결과적으로 국가지출비용의 영으로의 축소까지 야기시킬 수 있기 때문이다.389) 결론적으로 말하자면 비용절감의 원칙은 경제성의 원칙에 포함되고 독자적인 의미를 가질 수 없다고 본다.390)

법적인 의미에서 경제성의 원칙이란 공공자금의 사용과 사회적인 이익사이에 "상당한" 관계를 이루어야 한다는 것을 말한다.391) 여기에서 경제성의 원칙과 과잉금지원칙과의 관계가 문제된다. Wolff/Bachof는 연방예산법 제7조의 의미의 경제성의 원칙과 비용절감의 원칙을 과잉금지원칙에 속하는 것으로 보고 있나. 또한 v. Arnim은 과잉금지원칙을 명시적으로 경제성의 원칙에 확장적용하고 있다.392)

---

388) Vgl. D. Y, Lee, (FN377), S. 145.

389) K. Stern, (FN376), S. 438.

390) Ebenda.; D. Y. Lee, (FN377), S. 146f.; I. v. Münch, Grundgesetz-Kommentar, Bd. 3 (München: C. H. Becks'che Verlagsbuchhandlung, 1983), S. 990. 따라서 독일연방예산법 및 연방과 주의 예산법의 원칙에 관한 법률에서와 달리 독일기본법 제114조 제2항에서 비용절감의 원칙을 거론하고 있지 않는 입장이 타당하다고 말할 수 있다. 여기에 대해서, 민간경제에 대해 폭넓은 국가과제를 끌어들이는데 있어서 국가의 자제를 요구하는 절제성의 원칙(Enthaltsamkeitsprinzip)으로 비용절감의 원칙을 이해하여 경제성의 원칙을 보충하는 의미를 부여하여 그 독자적인 내용을 긍정하는 Büch의 견해가 있다.

391) I. v. Münch, (FN390), S. 988; K. Stern, (FN376), S. 436f.

392) Vgl. R. Dechsling, Das Verhältnismäßigkeitsgebot-Eine Bestandsaufnahme der Literatur zur Verhältnismäßigkeit staatlichen Handelns (München:

즉 v. Arnim은 경제성의 원칙을 다음과 같이 설명하고 있다.393) "최적실현의 과제는 필요성의 원칙과 비례성의 원칙에 의해서 모두 해결되는 것은 아니다. 필요성의 원칙은 가능한 한 적은 사회적 비용으로, 추구하는 특정한 사회적 수익을 얻기 위하여, 있을 수 있는 여러 가지 조치들을 서로 교량할 뿐이다. 비례성의 원칙은 우선 비용과 수익이 서로 비례관계에서 벗어난 것을 배제한다. 그러나 이 양자의 관계가 최적일 것까지를 보장하지는 아니한다. 목표가 불변의 상수일 때에는 결과실현의 범위의 변화에 따라 생겨날 수 있는 상승된 좌표는 고려하지 아니한다. 목표범위가 변화될 수 있는 경우에만 사회적 비용-수익관계도 상승될 좌표를 생각할 수 있을 뿐이다. 따라서 이러한 경우에는 상이한 결과실현의 정도도 심사되어야만 한다.…… 플러스의 효과가 마이너스의 효과를 가능한 한 높은 정도로 능가하는 그러한 조치들이 선택되어야 한다.…… 결과는 주어진 사회적 비용으로 견뎌낼 수 있는 한도까지, 다른 단위를 투입하여야만이 비로소 얻을 수 있는 한계점까지 실현되어야 한다. 이 지점에서는 더 이상 상승될 좌표가 있을 수 없다. 바로 이 지점이 최적실현의 문제해결점이다." 이 때의 사회적 비용에는 기본권침해가 포함될 수 있기 때문에 규범조화적 해석에서와 마찬가지로 자유보호와의 잠재적인 갈등관계가 존재한다고 한다.394) 과잉금지원칙을 이상과 같이 경제성의 원칙에 혼합하는 것에 대해 다음과 같은 비판적인 견해가 있다. 먼저 Zimmerli는 과잉금지원칙은 국가의 과잉의 침해에 대해 국민을 보호하기 위한 것이지 국가의 재정상의 이익을 보장하기 위한 것은 아니라고 하고 있다.395)

Verlag Franz Vahlen, 1989), S. 59.

393) R. Dechsling, (FN17), S. 60

394) Ebenda.

395) Vgl. U. Zimmerli, Der Grundsatz der Verhältnismäßigkeit im öffentlichen Recht-Versuch einer Standortbestimmung (Basel: Basler Druck-und Verlagsanstalt, 1978), S. 18f.

Haverkate는 목적실현을 위한 수단들의 최적배합을 문제로 삼는 경제성의 원칙으로 과잉금지원칙을 파악해서는 아니된다고 한다. 왜냐하면 과잉금지원칙에서는 자유의 보호가 문제되는데 즉 경제적인 척도에 의한 최적 목적실현의 자금사용이 문제되는 것이 아니라 가능한한 개인의 자유를 소중하게 다루는 것이 문제되기 때문이라 하고 이 한도내에서는 과잉금지원칙의 목적(Telos)에 주목하여야 한다고 한다.[396] Lerche[397]는 필요성의 원칙의 내용적 표상을 일반적인 경제성의 원칙에 대입하여 설명하고 있다. 필자의 견해로는 법적인 영역에서 양자의 구별은 Lerche에게서 분명치 않다고 본다. 법적인 영역 이외에서 경제성의 원칙이 적용되는 영역에서는 양자는 본질적으로 상이하다고 한다. 그래서 경제성의 원칙의 위반이 동시에 과잉금지의 원칙의 위반으로 되거나 과잉금지원칙의 위반이 동시에 경제성의 원칙의 위반으로 논증되는 것은 아니라고 한다. 이 지적은 정확히 옳다고 본다. Lerche는 그밖에도 과잉의 사고에는 경우에 따라서 경제성의 색채가 가미될 수 있다고 한다.

경제성의 원칙과 과잉금지원칙의 관계에 대한 이상의 견해들을 조명해 보면 양자의 논리적 구조에 대한 체계적 이해가 결여되어 난편적으로 이해하고 있다는 것을 알 수 있다. 먼저 지적할 것은 경제성의 원칙이 우선적으로 공공의 이익의 보호를 목적으로 하는 반면에 과잉금지원칙은 국가권력행사에 한계를 설정함으로써 무엇보다도 국민 개개인의 자유보호를 목적으로 한다.[398] 둘째로 과잉금지원칙은 침해사고모형을 전제로 하

396) Vgl. G. Haverkate, Rechtsfragen des Leistungsstaat-Verhältnismäßigkeitsgebot und Freiheitsschutz im Leistenden Staathandeln (Tübingen: J. C. B. Mohr(Paul Siebeck), 1983), S. 15f.

397) Vgl. P. Lerche, Übermaß und Verfassungsrecht-Zur Bindung des Gesetzgebers an die Grundsätze der Verhältnismäßigkeit und der Erforderlichkeit (Köln · Berlin · München · Bonn: Carl Heymanns Verlag, 1961), S. 22f. FN 10.

398) Vgl. D. Y. Lee, (FN377), S. 155.

는데 반하여 경제성의 원칙은 그러하지 아니하다. 설령 침해를 상정한다 하더라도 전자는 수직적 외부적인 침해인데 반하여 후자는 수평적 내부적인 침해문제이다. 예컨대 어떤 재정행위나 급부행위가 과잉으로 지출되거나 급부되었을 때 손해 내지 침해의 방향[399]이 국가권력을 수신으로 하고 있느냐 국민을 수신으로 하고 있느냐에 따라 양 원칙의 적용이 달라지는데 전자의 경우에는 경제성의 원칙이, 후자의 경우에는 과잉금지원칙이 적용된다. 세째로 심사척도의 방향성의 차이이다. 즉 경제성의 원칙은 결과에 정향된 합목적성의 통제(am Ergebnis orientierte Zweckmäßigkeitskontrolle)에 심사의 촛점이 맞추어져 있다.[400] 그리고 방법으로 비용－이익분석(Kosten-Nutzen Analysen: Kosten-Nutzen- Untersuchung i. e. S) 내지 비용의 효율성분석(이익의 가치분석)(Kostenwirksamkeitsanalysen: Nutzwertanalysen)이 사용된다.[401] 또한 경제성의 원칙은 재정법의 분야에서는 본질적으로 재정학적인 당위와 상태의 비교(kameralistischer Soll-Ist-Vergleich)를 회계심사기준으로 삼는다.[402] 이에 반하여 과잉금지원칙은 목적과 수단의 관계(Zweck-Mittel-Relation)를 전제로 하여 수단의 통제에 심사의 촛점이 맞추어져 있다. 또한 침해를 어느 범위(wieweit)로 할 것이냐의 정도(Maß)의 문제에 심사의 핵심이 놓여 있다.[403] 아울러 과잉금지원칙은 최대결과의 산출에 중점이 놓여 있는 것이 아니라 최소침해의 한계에 중점을 두고 있어 한계적 사고(Schranken- Schranken)에 따른 수인(受忍)의 한계점(Erträglichkeitsgrenz)을 찾는데 그 방향성이 집약되고 있다. 이 점은 규범조화적 해석원칙과 과잉금지원칙과의 관계에서 논하고 있는 관련쟁점과 동일하다.

---

399) Vgl. H. Huber, Über den Grundsatz der Verhältnismäßigkeit im Verwaltungsrecht, in: ZSR(1977), S. 15.
400) Vgl. I. v. Münch, (FN390), S. 990.
401) Vgl. G. Haverkate, (FN396), S. 15. FN 52.
402) Vgl. I. v. Münch, (FN390), S. 989.
403) Vgl. D. Y. Lee, (FN377), S. 155.

제6장 입증책임의 문제

제1절 헌법소송의 특성

제4의 국가작용으로서의 헌법재판은 국가내의 모든 권능행사에 대해 절차적 정당성을 보장하기 위하여 유권적인 헌법해석의 규제적, 조정적 권능행사에 입각하여 권력통제기능을 행한다. 나아가 헌법보호 및 기본권보호기능을 한다는 것은 주지의 사실이다. 사실상 헌법이 보장하는 기본권과 기본권의 법률유보 및 기본권 제한입법의 한계조항 등은 헌법재판제도에 의해서 그 규범적 효력이 제대로 지켜질 수 있을 때 비로소 그 실효성을 나타낼 수 있다.[404] 아울러 다음과 같은 몇 가지 사항도 주목할 필요가 있다. 즉 다수결원칙에 의해 창출되는 국가작용의 규범적 표현이 법률이라고 할 때, 헌법재판은 합법이란 이름의 다수의 횡포를 규범통제의 방법으로 배제시켜 소수를 영원한 소수로 소외시키지 않도록 하는 점과 더불어, 헌법질서의 내적영역에서 건잡을 수 없는 힘의 투쟁을 대신하여 평화적으로 헌법적 가치를 실현시키는 최후보루로 기능함으로써 국가위기봉착 또는 저항권 행사 직전에 합헌적인 예방창구를 개설해 주어 정치풍토를 순화시키는 촉매의 역할을 하는 점과 사회통합의 모티브를 더욱더 활성화시켜준다는 점이다. 그리고 헌법재판은 국민과 국가기관

404) 허 영, 「헌법이론과 헌법」(서울: 박영사, 1995), 신정판, 1051면 참조.

모두에게 헌법적 가치에 입각하여 행위할 수 있도록 촉구하는 교육적 기능도 갖는다.405)

위와 같은 기능을 행하는 헌법재판은 민사, 형사, 행정재판 등과는 다른 특성을 갖는다. 일반재판이 법적분쟁을 해결해준다는 기술적 성격을 가지는 반면에 헌법재판은 동일한 법인식작용에 속할지라도 헌법재판의 대상과 기준이 되는 헌법의 최고규범 및 정치규범적 성격 때문에 헌법재판은 정치형성재판으로서 특성을 갖는다. 또한 헌법재판은 민사소송법상의 강제집행절차, 형사소송법상의 재판의 집행절차, 행정법상의 행정강제 등과 같은 집행수단을 가지고 있지 아니하다. 따라서 헌법재판의 결정내용은 헌법기관 내지 국가기관의 자발적인 집행의지 없이는 도저히 그 실효성을 기대할 수 없다. 이와 같은 특성을 갖는 헌법재판은 헌법적 가치질서에 대한 모든 사회구성원의 확고하고 폭넓은 공감대를 전제로 해서만 그 실효성을 나타낼 수 있다. 즉 국민의 헌법에의 의지가 최종적으로 헌법재판의 실효성을 담보해 준다는 측면에 있어서 일반재판과는 다른 특성을 지닌다.406)

그런데 헌법재판의 심판절차에 있어서는 헌법재판소법에 특별한 규정이 있는 경우를 제외하고는 민사소송에 관한 법령의 규정이 준용되고, 탄핵심판의 경우에는 형사소송에 관한 법령이, 권한쟁의심판 및 헌법소원심판에는 행정소송법이 준용된다(헌법재판소법 제40조). 따라서 위와 같은 특성을 가지는 헌법재판에 있어서 일반소송절차법을 준용할 때는 헌법소송의 특성과 관련하여 각별히 유념하여야 한다. 즉 청구의 병합, 변경, 소송참가, 공동소송 등에 관한 것이 아니라, 예컨대 헌법소

405) 졸고, “헌법이란 무엇인가? －법무사법시행규칙의 헌법재판소위헌결정에 대한 법원행정처 헌법연구반의 연구보고서를 논박하며－”, 「연세법학연구 제2집」(서울:연세대학교 법과대학 법률문제연구소, 1992), 144면 참조.

406) 허 영, 「한국헌법론」(서울:박영사, 1995), 신정판, 788면 이하 참조.

원에 있어서 소의 이익이나, 소의 취하 등과 같은 당사자 처분권주의에 입각한 소송종료절차의 준용에는 특단의 고려를 할 필요가 있다고 본다. 한편 헌법소송에 있어서 서면심리와 평의는 비공개로 하고[407] (동법 제34조 제1항 단서) 또한 헌법소송에는 변호사강제주의[408]가 적용된다(동법 제25조 제3항). 그러나 재판공개의 원칙(동법 제34조), 일사부재리의 원칙(동법 제39조) 등은 일반소송에서와 같이 헌법소송에도 적용된다.

제2절 헌법소송과 입증책임

소송자료의 수집에서 변론주의(Verhandlungsmaxime)를 취하고 있는 민사소송과는 달리, 과잉금지원칙의 적용을 가능케하는 헌법재판, 즉 위헌법률심판과 헌법소원심판은 원칙적으로 직권탐지주의(Untersuchungsmaxime)를 채택하고 있고 예외적으로 변론주의를 받아들이고 있다. 그리고 이 예외적 변론주의에도 직권주의(Amtsbetrieb: Offizialbetrieb)가 관철되고 있다(헌법재판소법 제30조, 제31조, 제32조). 따라서 당사자주의, 당사자진행주의, 당사자 처분권주의와는 친하지 않는[409] 헌법재판에서는 증거조사와 관련하여 직권탐지주의를 채택하고 있기 때문에 증거자료를 제출하지 않는 행위책임으로서의 주관

407) 따라서 1995년 11월 29일 5.18관련자 처벌에 관한 불기소처분에 대한 헌법소원에 있어서 평의과정이 공개되어 동 청구가 취하됨으로써 동 30일에 예정된 역사적인 헌법재판소 선고결정이 무산된 것은 미시적인 관련법령 규정 준수마저도 제대로 이루어지지 않는 것을 볼 때 헌법재판소 구성원들의 자세에 문제가 있다 할 것이다.

408) 헌법소송에 있어서 채택하고 있는 변호사 강제주의가 합헌이라는 헌법재판소 결정에 대해서는 헌재결 1990. 9. 3. 89헌마120, 212(병합) 참조.

409) 「헌법재판소판례집 제1권」(1989), 389면 참조.

적 입증책임의 문제는 일반적으로 대두될 수는 없다. 그러나 요증사실에 대한 증거가 현출되지 아니하여 진위불명이 된 그 결과에 대한 책임으로서 객관적 입증책임은 헌법재판에서도 문제된다.

법률은 일반적으로 규범저장적 원칙(normkonservierendes Prinzip)에 입각하여 합헌성추정을 받기 때문에 법률의 위헌을 주장하는 측에 논증책임(Argumentationslast)이 있다. 따라서 청구인측의 청구이유는 심판청구서의 필요적 기재사항(동법 제71조 제1항 제4호)이지만 피청구인측의 답변서제출이 의무사항은 아니다(동법 제29조). 청구인측에는 논증책임이 있기 때문에 심판청구서에 청구이유의 불기재는 보정되지 않는 한, 각하결정을 면할 수 없지만 피청구인측의 답변서 불제출이 곧바로 위헌논증으로 결과되어 청구인측의 심판청구의 논증내용에 대한 인용으로 귀결되는 것은 아니다. 그러나 헌법재판소는 위헌심사권과 위헌결정권(동법 제45조)을 가지고 있고, 심리에 있어서 직권주의 및 직권탐지주의가 관철되고 있기 때문에 논증불명상태의 책임배분문제란 상정할 수가 없다.

제3절 과잉금지 위반사실에 대한 입증책임

과잉금지원칙의 적용에 있어서의 "과잉"의 입증불명(non-liquet)상태에서 누구에게 객관적 입증책임을 귀속시킬 것인가가 문제된다. 원칙적으로 규범설(법률요건분류설)에 따라 해결하지만 입증책임분배를 설정해 놓지 아니한 일반의 경우가 실질적으로 문제된다. 어떠한 조치의 적합성과 필요성에 대한 입증책임은 국가측에 있고 비례성(여기에서는 비례성일탈)에 대한 입증책임은 침해를 받은 국민측에 있다는 것이 통설적 견해이다.[410] 이에 대해 추상적인 적합성과 필요성에 대한 입증책임은 조치를 내린 국가측에 있지만 그러한 조치의 구체적인 부적합성과 불필요성에 대한 입증책임은 국민에게 있다는 주장[411]은 받아들이기 어렵다. 예컨대 행정행위의 경우 행정청은 그 과제수행에 있어서 추상적인 경우를 상정하여 여기로부터 출발하여서는 아니되고 대상사실의 특별한 현실적 구조와 구체적 특성을 감안하여 조치를 내려야 하기 때문에 위와 같이 추상적인 경우와 구체적인 경우를 나누어 입증책임분배를 달리할 이유가 없다. 이것은 "의심스러운 경우에는 공민(公民)을 위하여"(in dubio pro cive), "의심스러운 경우에는 자유를 위하여"(in dubio pro libertate)의 법언의 정신에 비추어 보아도 타당하지 않다.[412] 자유영역의 침해에 있어서 국가는 원칙적으로 그 침해에 대한 사실적인 전제조건의 입증불명에 대해서 절차적인 위험부담을 떠맡아야 한다.[413] 국가의 조치의 불비례성에 대한 국민의 입증책임도 재고해 볼 필요가 있다. 침해행위의 상황요건은 국가측의 입증영역이고 수익행위의 요건사실은 국민측의 입증영역이라고 하는 것은 공법상에서의 입증책임에 관한 기본원리이다. 또한 침해결과의 비례성일탈에 대해서, 청구하는 입장에 선 국민쪽에 입증책임을 부과하는 것은 권리근거사실(rechtsbegründede Tatsache)에 대한 통설(규

---

410) Vgl. M. Gentz, Zur Verhältnismäßigkeit von Grundrechtseingriffen, NJW (1968) Heft 35, S. 609f.; C. Wellhöfer, Das Übermaßverbot im Verwaltungsrecht-Grundsätzliches und Tendenzen zu den Prinzipien der Notwendigkeit und Verhältnismäßigkeit (Würzburg: Inaugural-Dissertation der Julius-Maximilians-Universität, 1970), S. 101ff.; U. Zimmerli, Der Grundsatz der Verhältnismäßigkeit im öffentlichen Recht (Basel: Basler Druck-und Verlagsanstalt, 1978), S. 118f.

411) M. Gentz, (FN410), S. 1607.

412) J. Isensee, Subsidiarität und Verfassungsrecht (Berlin: Duncker & Humblot, 1968), S. 279.

413) Vgl. W. F. Hotz, Zur Notwendigkeit und Verhältnismäßigkeit von Grundrechtseingriffen unter besonderer Berücksichtigung der bundesgerichtlichen Praxis zur Handels-und Gewerbefreiheit (Zürich: Schulthess Polygraphischer Verlag AG, 1977), S. 84. FN. 76.

범설)의 입증책임분배에 따른 것으로 일응 타당한 것 같다. 독일연방 헌법재판소도 이 협의의 비례성심사에 있어서 입증책임의 문제는 일반적으로 국가공권력의 이익을 위한 것으로 보고 있다.[414] 동 재판소는 예외적으로만, 즉 원칙적으로 제한할 수 없는 것으로 간주된 헌법상의 기본권을 제한할 때에는 국가에게 그 비례성의 입증책임을 부담시키고 있다.[415] 조망하여 보건대 일단 요증사실의 문제와 법리적 논증의 문제를 구별할 필요가 있다고 본다. 입증책임의 문제는 본래 요증사실의 문제로서 요증사실의 진위가 불분명한 경우 법조적용을 가능하게 함으로써 재판불능을 극복하기 위한 문제이다. 따라서 여기서는 사실문제(Tatfrage)에 관한 해결방식이지 법적 문제(Rechtsfrage)에 관한 해결방식이 아니다. 어떠한 조치가 비례성의 원칙을 위반하였느냐의 여부를 법적 논증의 판단의 문제로 생각한다면 그 한도내에서는 입증불명(Beweislosigkeit)을 고려할 필요가 없다.[416] 헌법재판관은 자신의 법적 논증의 판단하에 비례성원칙위반 여부를 긍정의 판단이든 부정의 판단이든 내릴 수 있다. 이렇게 이해하는 측면에서는 비례성일탈의 입증에 있어서 진위불명의 상태가 된 경우에 당사자 국민에게 불이익으로 돌리는 것으로 입증책임을 분배하는 논리는 별로 중요한 의미를 가지지 못한다.

---

414) Vgl. U. Langheinecken, Der Grundsatz der Verhältnismäßigkeit in der Rechtsprechung des Bundesverfassungsgerichts, unter besonderer Berücksichtigung der Judikatur zu Art. 12 Abs. 1 Satz GG (Wiesbaden: Inaugural-Dissertation, 1970), S. 130.

415) Ebenda.

416) Vgl. U. Zimmerli, (FN410), S. 120.

제7장 우리 헌법재판소판례에서 과잉금지원칙의 전개과정

제1절 전개 과정과 문제점

현행 헌법재판소의 판례에 있어서 과잉금지원칙을 정리해 보고 문제점과 지향점을 짚어보기로 한다.

사법서사법 제4조 제1항 제1호에 관한 법규헌법소원에 있어서 위 법규정에 의해 서기직 종사기간이 주사직 종사기간으로 환산되지 아니함으로써 사법서사 직업선택의 자유를 제한하는 결과가 되었다 해도 이는 사법서사의 자질저하를 막고 대국민 위해를 방지코자 하는 공공복리를 위한 제한으로서 '헌법상'의 비례의 원칙 내지 과잉금지원칙에 위배되지 않는다고 함으로써 헌법재판소는 처음으로 과잉금지원칙을 언급하면서 동 원칙의 헌법적 지위를 인정하고 있지만 구체적인 내용설시는 하지 않고 있다.417)

금융기관의 연체대출금에 관한 특별조치법 제5조의 2의 위헌법률심판에서는 과잉금지원칙에 대한 약간의 내용을 언급하고 있다. 즉, 헌법 제37조 제2항의 규정에 미루어 헌법 제27조 제1항의 재판을 받을 권리에 대한 제한이나 차별적인 대우를 하고자 하는 때에는 첫

---

417) 헌재결 1989. 3. 17. 88헌마1, 「헌법재판소 판례집 제1권」(1989), 21면 참조.

째, 제한 또는 차별의 목적이 국가안전보장·질서유지 또는 공공복리를 위하여 필요하고 정당한 것이어야 하고, 둘째, 그 수단·방법이 '목적의 실현을 위하여 실질적인 관계가 있어야' 할 뿐만 아니라 '그 정도 또한 적정한 것이어야' 한다고 하면서 금융기관의 연체대출금에 관한 특별조치법 제5조의 2는 경매법, 민사소송법 및 소송촉진 등에 관한 특례법에 규정된 경매절차와 경락허가결정에 대한 항고절차의 여러 관계규정을 종합하여 생각할 때에 차별목적의 정당성과 필요성에 있어서나 그 수단의 적정성에 있어서 합리적인 근거가 있다고 보기 어렵다라고 판시하고 있다.418) 여기에서는 과잉금지원칙의 구성원칙인 적합성의 원칙과 비례성의 원칙의 내용을 시사해주고 있다고 볼 수 있다.

옛 사회보호법 제5조의 위헌법률심판에서는 국민의 기본권의 제한은 공공의 필요와 기본권제한사이의 비례·균형이 이루어져야 한다는 것이 헌법 제37조 제2항에 규정된 헌법상의 요청이다라고 설시하면서, 보안처분의 본질인 재범의 위험성은 보안처분으로 인한 신체의 자유박탈이라는 비례(균형)원칙상 단순한 재범의 가능성만으로는 부족하고 상당한 개연성을 요구하며, 그 판단은 전과(前科) 이외에도 범행의 의의와 행위자의 연령·성격·가족관계·교육정도·직업·환경·당해 범행이전의 행적·범행의 동기·수단·범행후의 정황과 개전의 정 등을 총체적으로 평가하여 인정되어야 하는 것이라고 판단하여, 옛 사회보호법 제5조 제1항은 헌법 제37조 제2항에 정한 과잉금지원칙에 위반된다고 결정하고 있다.419) 여기서는 과잉금지원칙의 세번째 내용인 비례성의 원칙의 구체적 판단내용을 언급

418) 헌재결 1989. 5. 24. 89헌가37, 96(병합), 상게 판례집, 54면 이하, 56면 참조.

419) 헌재결 1989. 7. 14. 88헌가5, 8, 89헌가44(병합), 상게 판례집, 84면 이하 참조.

하면서 '총체적 평가'에 의한 비례성형량을 지적하고 있으며, 아울러 합헌적 법률해석의 한계를 함께 조명하고 있다는 점에서 주목을 끈다.[420)]

국회의원선거법 제33조, 제34조의 위헌법률심판에서는 헌법 제37조가 입법형성권의 한계를 명백히 선언하고 있다고 설시하면서, 법률의 제정을 함에 있어서는 그 제정의 필요성이 인정된다고 하더라도 헌법상 보장하고 있는 다른 기본권과 충돌할 때에는 그 제한의 비례성 위반 내지 동 권익의 본질적 내용을 침해하는 것이 아닌가를 검토하여야 한다고 하여, 과열선거의 예방과 후보자난립의 억제필요성이라는 법익과 경제적 약자의 기회균등을 보장하는 기본권보호라는 양 법익의 충돌이 기탁금제도에서 발생하게 되는데, 선거절차상의 필요성과 실질적 국민주권을 실현하기 위한 기본권보장이라는 두 보호법익 중 어느 것이 더 중요하고 본질적인 것인가에 대해 그 보호법익을 비교교량하여 볼 때, 국회의원선거법 제33조, 제34조는 비례보호원칙에 반한다고 결정하고 있다.[421)] 여기에서는 이익형량의 원칙을 비례성의 원칙의 한 내용으로 보고 있다.

변호사법 제19조 제2항, 제3항의 위헌법률심판에서는 변호사의 개업지를 일정한 경우 제한함으로써 직업선택의 자유를 제한한 것은 그 입법취지의 공익적 성격에도 불구하고 선택된 수단이 그 목적에 적합하지 아니할 뿐만 아니라 그 정도 또한 과잉하여 비례의 원칙에 벗어난 것이라고 판단하고 있다.[422)] 여기에서는 위 법률조항의 제한이 획일적인 점을 감안해 볼 때 위 법률조항이 정한 개업지의 제한은 결국 정실배제라는 목적실현에도 필요하고 적정한 수단이라고 할 수 없다고 지적하여 적합성원칙의 위반을 논증하고 있으며, 동법 제

420) 상게 판례집, 86면 이하 참조.
421) 헌재결 1989. 9. 8. 88헌가6, 상게 판례집, 246면 이하, 252면 이하 참조.
422) 헌재결 1989. 11. 20. 89헌가102, 상게 판례집, 341면 참조.

10조 제2항의 제정으로 이루고자 하는 공익과 비교하여 과잉제한으로 판시하여 비례성원칙 위반을 논증하고 있다.423)

과잉금지원칙에 관한 leading case에 하나로 국토이용관리법 제21조의 3 제1항, 제31조의 2의 위헌법률심판 결정례를 들 수 있다. 이 판례에서는 어느 정도 과잉금지원칙의 내용을 거론하고 있다. 즉, 과잉금지원칙은 국가작용의 한계를 명시하는 것인데, 목적의 정당성 · 방법의 적정성 · 피해의 최소성 · 법익의 균형성(보호하려는 공익이 침해되는 사익보다 더 커야 한다는 것으로서 그래야만 수인의 기대가능성이 있다는 것)을 의미하는 것으로서 그 어느 하나에라도 저촉되면 위헌이 된다는 헌법상의 원칙이다라고 설시하고 있다.424) 나아가 다음과 같이 논급하고 있다. "무릇 국가가 입법 · 행정 등 국가작용을 함에 있어서는 합리적인 판단에 입각하여 추구하고자 하는 사안을 목적에 적합한 조치를 취하여야 하고 그 때 선택하는 수단은 목적을 달성함에 있어서 필요하고 효과적이며 상대방에게는 최소한의 피해를 줄 때에 한해서 그 국가작용은 정당성을 가지게 되며 상대방은 그 침해를 감수하게 되는 것이다. 그런데 국가작용에 있어서 취해진 어떠한 조치나 선택된 수단은 그것이 달성하려는 사안의 목적에 적합하여야 함은 당연하지만 그 조치나 수단이 목적달성을 위하여 유일무이한 것일 필요는 없는 것이다. 국가가 어떤 목적을 달성함에 있어서는 어떠한 조치나 수단 하나만으로써 가능하다고 판단할 경우도 있고 다른 여러 가지의 조치나 수단을 병과하여야 가능하다고 판단할 경우도 있을 수 있으므로 과잉금지원칙이라는 것이 목적달성에 필요한 유일의 수단선택을 요건으로 하는 것이라고 할 수는 없는 것이다. 물론 여러 가지의 조치나 수단을 병합하는 경우에도 그 모두가 목적에 적합하고 필요한 정도 내의 것이어야 함은 말할 필요조차 없다."425) 여기에서는 과잉금지원칙의 내용

423) 상게판례, 상게 판례집, 338면, 330면 참조.
424) 헌재결 1989. 12. 22. 88헌가13, 상게 판례집, 374면 참조.

중 필요성의 원칙에 대해서는 어느 정도 설명을 가하고 있으나, 적합성의 원칙이나 비례성의 원칙에 대한 명확한 이해에 대해서는 결여되어 있다고 볼 수 있다. 여기에 대한 비판은 이 글의 관련된 부분에서 이미 지적한 바 있다.[426] 그런데 이 판례에서 문제점으로 지적될 것은 필요성의 원칙을 그 적용의 구체적 검토과정에서 임의적으로 논리비약적으로 판단·적용하고 있다는 사실이다. 예컨대 최소침해의 대체수단으로서 청구인측의 논거제시에 대해 합리적으로 배척하는 논증이유의 설시없이 단정적으로 다음과 같이 만연히 판단하고 있는 점이다. "토지의 투기적 거래억제라는 목적달성을 위하여서도 한 가지 또는 여러 가지의 조치나 수단을 취할 수 있다고 할 것이고, 그 방법의 선택은 현실의 토지의 상태, 투기적 거래의 상황, 정도 등 여러 요인들에 의해서 결정될 성질의 것이며, 이는 입법권자의 입법재량의 범위에 속하는 문제라고 할 것이다. 토지의 투기적 거래를 억제하는 조치나 수단으로서는 등기제도, 조세제도, 행정지도, 개발이익환수제, 토지거래신고제, 토지거래실명제 등의 활용 또는 제도개선으로 충분하다고 하는 견해도 있으나 위 제도만으로 투기억제에 미흡함은 '건섬부의 소상헌 설명을 들 필요도 없이 도시거래의 현실에서 국민 대다수의 체험으로 확인되고 있는 것이다'. 따라서 국가가 토지거래허가제라는 보다 강한 구제수단을 선택한 것은 결국 그 당시 토지의 투기적 거래의 상황과 정도에 비추어 불가피했던 것으로 상황과 정도의 변화에 따라 새로운 정책이 입안되고 그에 따라서 새로운 조치나 수단이 취해지거나 기존제도의 내용이 변경될 수도 있는 것이다. 그렇다면 결국 토지거래허가제도가 과잉금지원칙에 위반되는냐는 토지소유권의 상대성, 토지소유권행사의 사회적 의무성, 우리나라의 토지문제와 그와 밀접히 결부된 산업·경제상의 애로, 주택문제의 심각성, 토지의 거래실태, 투기적 거래

425) 상게판례, 상게 판례집, 378면 이하 참조.
426) 제4장 제2절과 제4절 참조.

의 정도 등을 종합하여 판단하지 않을 수 없고, 또 '현재 그것이 전혀 목적에 적합하지 아니하다거나 따로 최소침해의 요구를 충족시켜줄 수 있는 최선의 방법이 제시되 있다거나 아니면 쉽게 찾을 수 있다거나 함과 같은 사정이 없는 상황에서는' 토지거래허가제를 비례의 원칙 내지 과잉금지원칙에 어긋난다고 할 수는 없다 할 것이다."[427] 위의 인용판결문구에서 작은따옴표로 표시한 부분은 치밀성이 결여된, 임의적이고 논리비약적인 논증의 대표적 사례라 볼 수 있다. 나아가 동 판례에서 토지거래허가제 위반에 대한 벌칙규정에 관한 과잉금지원칙의 위반 여부의 논증에 있어서도 마찬가지의 비판이 따른다고 볼 수 있다. 즉, "단순한 법률행위의 효력부인이나 벌금형만으로 토지의 투기적 거래를 규제할 수 있다는 주장은 사태의 진상을 꿰뚫어 보지 못한 것이라고 아니할 수 없으며 국가가 행정의 실효성을 보장하기 위하여 통상의 가벼운 수단으로 그 목적을 달성할 수 없는 경우에는 자유형으로 처벌할 수 있다"[428]는 논지는 사실상 필요성의 원칙 내지는 비례성의 원칙을 무력화시킨 논증이라 할 것이다. 왜냐하면 재산권제한의 목적을 위해 신체의 자유에 대한 제한수단을 국가행정의 실효성보장 관점에서 바로 필요성의 원칙에 부합하는 것으로 연결시키는 것은 필요성의 원칙 내지 비례성의 원칙의 기능목적과 전혀 일치하지 않기 때문이다. 행정의 실효성이라는 이름으로 최소침해의 방법을 검토하지도 않거나 목적과 수단의 상당한 관계를 형량하지도 않고 행사되는 기본권 침해를 방지하기 위한 것이 과잉금지원칙의 내용으로서 필요성의 원칙과 비례성의 원칙의 목적이기 때문에, 위와 같은 논증은 동 원칙의 목적에 정면으로 배치되는 것일 뿐만 아니라 보다 경미한 침해수단에 대한 구체적이고 실제적인 검토 없이 행해진 논리비약적 논증이라 아니할 수 없다.

---

427) 전게판례(주424), 전게 판례집 379면 이하 참조.
428) 상게 판례, 상게 판례집, 381면 참조.

금융기관의 연체대출금에 관한 특별조치법 제7조의 3의 위헌법률심판에서는 평등원칙위반을 논증하는 과정에서 과잉금지원칙을 거론하고 있다. 즉 "금융기관의 연체대출금에 관한 특별조치법 제7조의 3은 ① 공공성이 더 강한 국세채권, 준국세채권, 순위가 더 우선하는 담보권자와의 관계에서 권형(權衡)의 상실, ② 회사정리절차의 공공성, 사회성을 도외시하고 이해관계인의 권익의 부당한 침해가능성의 불배제(不排除), ③ 요건상의 제약도 없고 사법적 통제에도 벗어난 신청권의 부여, ④ 신청권행사에 있어서 채권액의 다과를 문제삼지 않는 점 등 금융기관에 대한 과도한 특권임에 틀림없으며, 이에 의하여 다른 이해관계인들로 하여금 차별대우를 받게 하였는바 이처럼 평등의 원칙에 예외를 이룬데 있어서 목적의 정당성과 필요성에 있어서나 그 수단의 적정성에 있어서 합리적 근거를 쉽사리 찾기 어렵다고 판시하고 있다.[429]

도로교통법 제50조 제2항, 제111조 제3호의 위헌법률심판에서도 평등권의 침해여부에 대해서 피해자의 구호와 교통질서의 회복을 위하여 조치를 필요로 하는 협력의무의 범위내에서 운전자 등에게 교통사고의 신고의무를 부과하는 것은 헌법 제37조 제2항의 질서유지 및 공공복리를 위하여 필요하고도 합리적인 법규이며, 나아가 적법절차에 의한 합헌적인 기본권제한이라고 할 것이므로 도로교통법 제50조 제2항은 입법상 과잉제한금지원칙에 반하는 위헌적 규정이라 할 수 없고 따라서 헌법 제11조의 평등원칙에 위반된다고도 할 수 없다고 판시하고 있다.[430] 여기에서는 도로교통법 제50조 제2항이 교통질서유지법으로서의 목적보다 도리어 경찰관이 운전자 등의 형사입건을 용이하게 하는 범죄수사의 편의로 활용하게 되고 운전자

429) 헌재결 1990. 6. 25. 89헌가98 내지 101(병합), 「헌법재판소판례집 제2권」 (1990), 153면 참조.

430) 헌재결 1990. 8. 27. 89헌가118, 상게 판례집, 236면 참조.

등에 대하여는 자기의 행사책임을 추궁당할 위험을 부담하게 하는 것이 된다는 점을 지적하면서도 합헌적 법률해석을 하여 과잉금지원칙에 반하지 않는다는 점을 이끌어 내고 있다.

과잉금지원칙에 대한 대표적인 leading case로서 국세기본법 제35조 제1항 제3호에 대한 위헌법률심판에서 과잉금지원칙에 대한 확고한 입장이 표명되고 있다고 볼 수 있다. 즉 "과잉금지원칙이라는 것은 국가가 국민의 기본권을 제한하는 내용의 입법활동을 함에 있어서, 준수하여야 할 기본원칙 내지 입법활동의 한계를 의미하는 것으로서 국민의 기본권을 제한하려는 입법의 목적이 헌법 및 법률의 체제상 그 정당성이 인정되어야 하고(목적의 정당성), 그 목적의 달성을 위하여 그 방법이 효과적이고 적절하여야 하며(방법의 적절성), 입법권자가 선택한 기본권 제한의 조치가 입법목적달성을 위하여 설사 적절하다 할지라도 보다 완화된 형태나 방법을 모색함으로써 기본권의 제한은 필요한 최소한도에 그치도록 하여야 하며(피해의 최소성), 그 입법에 의하여 보호하려는 공익과 침해되는 사익을 비교형량할 때 보호되는 공익이 더 커야 한다(법익의 균형성)는 헌법상의 원칙이다. 위와 같은 요건이 충족될 때 국가의 입법작용에 비로소 정당성이 인정되고 그에 따라 국민의 수인의무가 생겨나는 것으로서, 이러한 요구는 오늘날 법치국가의 원리에서 당연히 추출되는 확고한 원칙으로서 부동의 위치를 점하고 있으며, 헌법 제37조 제2항에서도 이러한 취지의 규정을 두고 있는 것이다"라고 판시하고 있다.[431] 따라서 과세관청의 과세징수상의 편의만을 도모한 국세기본법 제35조 제1항 제3호는 방법의 적정성, 피해의 최소성, 법익의 균형성을 위배한 것이라 하고 있다. 이 판례로 인하여 과잉금지 원칙이 우리 헌법재판의 심사척도로 확고하게 자리잡게 되었다고 볼 수 있다.[432]

431) 헌재결 1990. 9. 3. 89헌가95, 상게 판례집, 260면 참조.
432) 과잉금지원칙과 관련된 이후의 헌법재판소 판례에 대해서 주4)에 열거된 판례

제2절 지향점

먼저 과잉금지원칙을 논의하기 위해서는 헌법철학과 헌법해석에 대한 근원적인 검토가 선행되어야 한다. 왜냐하면 과잉금지원칙은 헌법의 구조적 원리로서 헌법에 내재되어 있다고 볼 수 있기 때문이다. 그러나 학자가 논구해야 할 일과 재판관이 판결로써 언명해야 할 일이 반드시 동위의 선상에 있다고 볼 수는 없다. 하지만 우리 판례에서 과잉금지 원칙에 대한 논급에서 지향해야 할 점을 몇가지 간추리면 다음과 같다. 먼저 과잉금지원칙의 근거에 관한 논증에 있어서 이제 우리 헌법재판소는 정리하는 단계에서의 이유설시를 할 필요가 있다고 본다. 과잉금지원칙의 근거를 자연법, 기본권의 본질, 법치국가원리, 독일과 같은 경우 기본권의 국가권력기속조항, 인간의 존엄성, 평등권, 본질적 내용의 침해금지규정, 공익개념 등에서 찾을 것인가 아니면 다차원적인 근거제시론에 입각할 것인가를 판례를 통해서 확정할 필요가 있다. 또한 과잉금지원칙의 법적 성격에 대해서 선국가성(先國家性) 내지 초국가성(超國家性), 헌법적 위임성(憲法的 委任性), 법원리성(法原理性), 법원성(法源性), 해석원리성(解釋原理性), 규범통제 척도성(規範統制 尺度性) 등에 관한 논급에 대해 판단할 필요도 있다. 나아가 과잉금지원칙과의 관련개념과 구별개념에 대해서도 명확한 경계를 지을 필요가 있다. 즉, 재량·형량의 문제와 과잉금지원칙과의 관계를 비롯하여 자의금지·규범조화적 해석원칙·형식오용·체계정당성·기본권의 제3자적 효력과 합헌적 법률해석의 한계 등에 대한 상관관계에 대해서도 판례를 통해서 명료한 한계를 구축하는 것이 바람직하다. 그러나 제1차적으로 과잉금지원칙의 논

들을 참조.

리 구조와 기본내용에 대한 명확한 이해가 선행되어야 하고 정밀한 이유설시를 지행해야 한다. 따라서 과잉금지원칙의 내용에 대해 차제의 판례를 통하여 궁극적으로 정리될 필요가 있다고 하겠다. 이 점이 아무리 강조해도 지나치지 않는 것은 과잉금지원칙에 관한 모든 관련쟁점 파악의 출발점이 되기 때문이다.

제8장 과잉금지원칙에 대한 평가와 제언

제1절 평 가

과잉금지원칙이 독일과 우리나라의 헌법판례에서 위헌판단의 심사척도로서 아주 빈도 높게 언급되고 있으나 아무 헌법문제에나 적용될 수 있는 만능개념(verfassungsrechtlicher Alleskleber)은 아니다. 과잉금지원칙의 심사척도로서의 유용성을 긍정하는 절대적 다수의 견해의 지지에도 불구하고 꾸준하게 이에 대한 비판적 시각이 견지해 왔다는 것도 주목해야 할 것이다. 과잉금지원칙에 대한 비판적 견해에도 헌법적 문제의식에 대한 유용하고도 적절한 언명들이 내포되어 있기 때문이다. 과잉금지원칙에 대한 이러한 비평은 크게 두 가지 흐름으로 나누어 볼 수 있다. 즉 과잉금지원칙에 대한 통일화된 개념이 확립되지 못하였던 시기에 개념의 불명확성으로 야기되는 우려의 관점과 과잉금지원칙의 출발점의 영역에서부터 점점 그 적용이 확대일로에 있는 것에 대한 비판의 관점이 그것이다. 우선 이와 같이 지적되고 있는 관점에 대해 검토해보기로 한다. Eb. Schmidt는 과잉금지원칙이 기본권의 체계에서 도출되었다고 하지만 그 적용을 살펴보면, 동 원칙을 적용하려고 하는 사람의 결단에 내포된 주관적인 가치와 의도에 논증의 바탕을 두고 있어서 최종적으로는 항상 합리적으로 논증할 수 없는 의지적 결단에 과잉금지원칙이 근거를 두고 있다고 주장하고 있다. 그는 과잉금지원칙과 법규범과의 관계에 있어서도 오늘날 성문의 모든 법률들은 어떻게 해서든지 헌법상의 원칙에 의거한 다소간의 위헌의 혐의를 받게 되는 상황에 처해 있는데, 헌법적 지위를 확보한 과잉금지원칙은 개별적인 법률에 동원칙을 적용하는데 있어서 사실상 폭력지배(Gewaltherrschaft)의 의미를 가지고 있다는 것도 과장이 아니라고 하고 있다. 예컨대 이런 식으로 과잉금지원칙의 효력을 인정한다면 그것은 형사소송법의 영역에서의 모든 소송절차적 형식규범들을 연골화(Auflockerung: Knochenerweichung)시키던지 무력하게 만들어 버릴 것이라고 경고하고 있다.

과잉금지원칙이 헌법적 지위를 갖는 만큼이나 형사소송법도 그 자체로 헌법적으로 정당한 것이고 과잉금지원칙이 어떻게 해서든지 스스로 존중해야 할 형사소추절차에 관한 질서라는 것이다. Eb. Schmidt에 따르면 과잉금지원칙이 본래 행정법의 영역에 그 적용의 발원을 두었던 사실을 사람들이 망각하고 있다고 하고 사법절차법의 영역에서는 실정절차규범들은 과잉금지원칙에 의한 특별한 심사 없이도 원칙적으로 그 자체로서 적용되어야 하는데 왜냐하면 다른 시각에서 즉 법적 평등, 법적 안정성 및 확정성의 원칙에 의거하여 그것들이 보장되어 있기 때문이라 하고 있다.433) 한편 Forsthoff는 과잉금지원칙을 헌법적인 차원으로 곧바로 확대 적용하는 것은 입법가의 입법형성권을 부당하게 현저히 위축시킬 위험성을 지적하고 있다. 또한 그는 행정공무원이나 법관에게 과잉금지원칙을 이유로 삼아 강행법규의 적용을 회피하게 해주는 결과가 초래될 수 있다는 우려를 피력하고, 과잉금지원칙으로 의무(강행)규정(Muß-Vorschrift)도 가능(임의)규정(Kann-Vorschrift)으로 만들어 버리게 된다는 생각이 만연된 후에는 이러한 과잉금지원칙의 적용범위에 대한 암호숫자(Dunkelziffer)

433) Vgl. L. Hirschberg, Der Grundsatz der Verhältnismäßigkeit (Göttingen: Verlag Otto Schwartz & Co, 1981), S. 209f.

의 해독에 대해서는 단지 상상에 맡길 수밖에 없다고 하고 그 결과 법적 안정성의 문제는 이제 헤아릴 수 없게 되었다고 비판하고 있다. 나아가 그는 비유적으로 다음과 같이 지적하고 있다. 즉, "그런 식으로 법제도의 천박한 장치가 정의의 여신의 젖가슴에 손을 댄다고 할 때 그녀의 옷고름을 풀어 놓았던 것이 바로 헌법재판이었다"라고 말한 오스트리아의 시인이며 비평가였던 Karl Krauss의 언명마저도 바꾸어 놓으려고 하고 있다고 혹평하고 있다.434) 그리고 H. Ridder도 법적으로 공허한 '비례성'을 다루는 허튼 짓거리가 독일 연방노동재판소에 한정된 것이 아니라 모든 사법심사에서 문제되고 있다고 언성을 높이고 규준력 없는 과잉금지원칙의 적용을 통하여 법치국가의 잘못된 외관을 만들어 내고 있다고 독일의 표준적인 헌법 교과서들을 비난하고 있다.435) 나아가 그는 과잉금지원칙이 규범의 실질적인 내용을 산산히 조각내고 있다고 맹박하고 있다. 한편 Zitscher는 독일 연방노동재판소가 노동법의 영역에 도입하고 있는 과잉금지원칙에 대해 그 자체로서는 아무런 내용도 없는 데도 개별적인 경우에 정의를 보장하는 수단으로 지칭되고 있다고 비판하고 과잉금지원칙은 그 의미범위가 명확하게 밝혀져 있지 않는데 특히 '비례성'이란 단어의 의미는 완전히 불투명한 것이라 하고 있다. 나아가 그는 4세기 이후 고대시대 후기 서로마제국에 있어서의 법률문화의 붕괴를 가리키면서 '모든' 국민들에 의해 받아들여지고 승인된 규범질서란 완벽하게 계층화된 성직자통치국가에서도 존재하지 아니한다고 주장하면서 과잉금지원칙에 의한 구체적 타당성 운운을 비판하고 있다.436)

정리해서 조망해볼 때 과잉금지원칙이 구조화되지 않은 헌법상의

434) Vgl. E. Forsthoff, Der Staat der Industriegesellschaft (München: Verlag C. H. Beck, 1971), S. 138, 139f.

435) Vgl. L. Hirschberg, (FN433), S. 211.

436) Vgl. L. Hirschberg, (FN433), S. 211f.

원칙(unstrukturierter verfassungsgrundsatz)으로서 비어 있는 형식(Leerformel)이고, 규범효력의 방해요인(Störfakor)으로서 모든 법적 구성요건을 마비시키면서 헌법판례를 지탱시켜주는 공리(公理)이며 다의적이고 애매모호하고 윤곽도 설정하기 어려운, 불명확한 원칙이라는 비판은 어느 정도는 무시할 수 없는 성질의 것이다. 왜냐하면 과잉금지원칙의 세번째 내용으로서 좁은 의미의 비례성의 원칙은 구체적인 경우에 어떻게(wie) 결정해야 하는가에 대해서는 그 자체로서는 전혀 아무 것도 말해 주는 바가 없으며, 그것은 형식적이고, 의미론적으로는 내용없는 것이라는 것이 분명한 사실이기 때문이다. 따라서 과잉금지원칙의 적용자에게 결정여지가 유보되어 있어서 이 한도내에서는 법률적 규율에 대한 기속이 붕괴되어 버리기 때문에 법규정을 연골화시킨다든지 무력화(Aufweichung)시킨다든지의 비판은 어느 정도 시사해주는 바가 있는 것이다.437) 헌법과 법률의 관계에서 효력상의 우위는 헌법에 있지만 적용상의 우위는 법률에 있다는 것도 부인할 수 없다. 그러나 문제가 되는 구체적인 상황에서 법원칙과 법규범이 갈등이 생길 때에는 효력상으로 법원칙에 우위를 두는 것은 너무나 당연하다.438) 그리고 과잉금지원칙의 내용에 관한 문제도 현재에 있어서는 충분하게 조탁되어 있다고 볼 수 있고 또한 과잉금지원칙의 암시적인 효력내용(die suggestive Kraft)도 구체적인 상황에서는 손에 잡힐 정도로 가시화될 수 있는 것이다.439) 그러나 무엇보다도 과잉금지원칙의 엄밀한 좌표설정과 논리구조 및 그 내용이 투명하게 밝혀져야 한다는 것은 더 이상 재론의 여지가 없다. 본 논문은 이 시각에 촛점이 맞추어져 논증된 것이다.

이밖에도 과잉금지원칙에 대한 비판은 그 적용의 과잉(Überdehnung:

437) Vgl. L. Hirschberg, (FN433), S. 208. FN 138, 139; S. 212.
438) Vgl. L. Hirschberg, (FN433), S. 216; S. 218f.
439) Vgl. L. Hirschberg, (FN433), S. 220.

exzessive Anwendung)의 측면에서도 제기된다. 이 문제는 Lerche가 그의 교수자격논문의 머릿말의 첫마디에서 언급하고 있지만,440) 우리가 과잉금지원칙의 적용에 있어서 구체적 타당성과 탄력적 법적용의 문제를 완전하게 포기할 수 없는 것이라는 것을 어느 정도 인정한다면 오늘날의 시점에서 과잉금지원칙이 확장적용의 방향으로 진자의 폭이 너무 넓게 옮겨져 있다는 것을 부인할 수는 없을 것이다. 그러나 어떠한 관점에서, 어떠한 기준으로 과잉적용의 경계를 확정할 것인가가 불명확하기 때문에 이 문제도 쉽게 해결될 성질의 것은 아니다. 그러나 과잉금지원칙의 적용의 논리구조가 명확하게 밝혀진다면 과잉적용이란 말은 엄격하게 말해서 과잉금지원칙의 자체의 모순이다. 왜냐하면 동 원칙의 일정한 논리구조에 입각해서 전제조건의 충족을 바탕으로 과잉금지원칙을 적용한다면 그것은 단순히 동 원칙의 적용에 불과한 것이지 과잉적용된다고 할 수 없기 때문이다.

그러나 과잉금지원칙의 적용이 법적 안정성의 부담하에 구체적 타당성을 우호적으로 실현하는 것을 부인하기 어렵다. 또한 권한분배에 있어서 권력이동이 사법쪽으로 기울어져 법치국가(Rechtsstaat) 내지 법률국가(Gesetzesstaat)의 틀이 사법국가(Justizstaat) 내시 재판관통치국가(Richterstaat)로, 법률유보(Gesetzesvorbehalt)에서 판결류보(Urteilsvorbehalt)로 변성시킬 위험성이 지적되기도 한다.441) 나아가 정의감정의 삼투작용으로 법률용어를 감성화(Emotionalisieren)시킬 우려가 있으며442) 기본권영역에 획일적인 과잉금지원칙의 적용은 차별화

---

440) P. Lerche, Übermaß und Verfassungsrecht - zur Bindung des Gesetzgebers an die Grundsätze der verhältnismäßigkeit und der Erforderlichkeit (Köln · Berlin · München · Bonn: Carl Heymanns Verlag, 1961), S. 7(Vorwort).

441) Vgl. P. Lerche, (FN440), S. 150; P. Wittig, Zum Standort des Verhältnismäßigkeits -Grundsatzes im System des Grundgesetzes, DÖV(1968), Heft 23, S. 824; H. Huber, Über den Grundsatz der Verhältnismäßigkeit im Verwaltungsrecht, ZSR(1977), Bd. 96, S. 20, 26.

442) Vgl. L. Hirschberg, (FN433), S. 243.

된 기본권이론을 평준화시키고 다양한 기본권을 탈차별화(Entdifferenzierung)함으로써 일반적인 기본권으로 획일화시킬 경향을 초래할 수도 있다는 비판이 따른다.[443] 또한 어떠한 기본권이 구성요건적으로 해당되는지의 문제가 위험할 정도로 고려의 대상에서 무시되어 버리고 기본권심사가 과잉금지심사로 융해되어 대체될 염려도 있다.[444] 아울러 비례성원칙의 비어있는 공식에는 목적정립, 목적평가, 사실확정, 예측과 사정(査定) 등의 성격이 다른 요소들이 함께 흘러 들어오고 그것들이 합리적으로 파악되기도 어려운 과정속에서 상호간의 관계가 되엉켜버려서 존재하기 때문에 이에 대한 통제기관에게는 사법적 자제와 포괄적 통제 사이의 양극의 활동범위를 인정해 주는 결과가 되기도 한다고 한다.[445] 그러나 과잉금지원칙의 논리구조를 정확히 이해하는 한 문제는 쉽게 해결된다. 즉 침해사고모형을 전제로 하고 재량과 형량관계를 바탕으로 하는 영역에서만 과잉금지원칙이 적용될 수 있기 때문에 기본권영역이라고 해서 과잉금지원칙이 획일적으로 적용되는 것도 아니다. 또한 권력분립차원에서 제기되는 문제도 법치국가원리에서 나오는 한계정립의 방법이 과잉금지원칙이기 때문에 과잉금지원칙의 정확한 적용만이 기능적인 권력분립을 확정적으로 경계지을 수 있다고 본다.

---

443) Vgl. B. Schlink, Abwägung im Verfassungsrecht (Berlin: Duncker & Humblot, 1976), S. 201.

444) Vgl. P. Lerche, (FN440), S. 81ff.

445) Vgl. F. Ossenbühl, Maßhalten mit dem Übermaßverbot, in: Festschrift für P. Lerche(1993), S. 157.

제2절 제 언

이제 우리 헌법재판소 판례를 돌이켜 조망하건대 과잉금지원칙을 수많은 판례에서 '언급'은 하고 있지만 과잉금지원칙의 내용이나 논리구조에 따른 적용관계 등 핵심적이고 중요한 요소들에 대한 논증은 거의 결여되어 있다고 볼 수 있다. 따라서 독일에서의 과잉금지원칙에 대한 비판이 사실 우리나라와 같은 상황에서 오히려 가장 설득력있게 자리잡을 수 있지 않나 생각해 본다. 과잉금지원칙을 잘못 사용하면 헌법재판의 헌법전체 체계구조상의 위상을 생각해 볼 때 사실상 한 나라의 국기(國基)를 뒤흔들어 놓을 수가 있다. 따라서 과잉금지원칙에 대한 정밀한 검토 없이 과잉금지원칙이라는 말을 경박하게 사용하여서는 아니되는(Ne simus faciles in verbis) 이유도 바로 여기에 있다.

사실 헌법재판의 결정은 강제집행력이 담보되어 있지 않다. 결국 헌법재판의 강제집행수단은 논증의 설득력에 귀일할 수 밖에 없다. 따라서 헌법재판이 정당성과 안정성을 지탱시켜주는 정치적 타당성과 법리적 논증력이 헌법재판의 집행수단으로서 담보될 때에 비로소 헌법재판의 실효성이 기대될 수 있는 것이다. 그러나 헌법재판에서의 논증력은 논증 그 자체의 논리적 무모순성에서 비롯되는 것이 아니라 투철한 헌법정신과 가치적 Konsens에 입각한 헌법철학이 근원적으로 전제될 때에야 확실한 집행력의 원동력이 된다는 것도 유념해야 한다. 헌법재판에서 정의의 칼날을 무디게하는 것은 두 가지 측면이 있는데 의지의 측면과 척도의 측면이 그것이다. 따라서 헌법에의 의지를 곧게 세우고 심사척도를 정밀하게 다듬어 내는 것이 급선무이다. 여기에 과잉금지원칙은 심사척도에 있어서 훌륭한 논증무기(Begründungsarsenal)의 하나를 제공해 준다고 볼 수 있다.

Ⅱ. 헌법과 정당성*

* 이 글은 저자의 석사학위논문에 기초한 것이다.

개 관

이 글은 헌법을 정당성의 체계로 재구성하여 헌법의 당위적 모델을 제시함으로써 헌법학의 철학적 지평을 제공하고 주먹구구식의 헌정 생활이 아닌 정상적인 궤도의 헌법 실현을 정향하는 것을 그 목적으로 하고 있다. 여기에서의 방법론상의 출발점은 헌법은 왜 효력을 가지는가라는 문제 제기로부터 비롯된다. 위와 같은 문제 제기의 분석내용 중에서 여기에서 연구의 초점으로 포착하고 있는 것은 헌법의 효력의 범위 내지 내용에 관한 것이 아니라 헌법의 효력근거에 관한 것이다.

먼저 헌법을 정당성의 체계로 이해할 때, 그 정당성을 논의하기 위해서는 다음과 같은 인식이 선행되어야 한다.

첫 번째로 인간관에 대해서, 이성·의지·감성의 정신적 요소와 생물학적 조건과 환경적 요인(자연환경, 사회 환경)등을 포함한 인간 이해의 복합적인 제반 요소를 총체적으로 파악하는 것이다.

두 번째로 사회관에 대해서는 다원적이고 동태적인 사회에 대한 인식과 인용이다.

셋째로 국가관에 대해서는 국가를 사회의 동화적 통합과정이라고 하면서도 사회와 국가 간의 양면적 교차 관계를 인정하고 국가를 사회로부터 아주 독립적인 자기목적적 존재로 본다거나 단순히 영토·국민·주권의 국가3요소설(國家三要素說) 같은 유(類)의, 정태적·기계론적으로 파악하는 국가관을 배제하는 것이다.

넷째로 역사관에 대해서 기본적으로는 진보적이고 발전적인 역사관을 견지해야 하지만 역사관의 제 유형에 대한 통합적인 인식이 필요하다는 것이다.

다섯째로 이데올로기와의 관계에 있어서, 헌법을 정당성의 체계로 논할 때, 자칫하면 그 정당성에 관해 이데올로기성을 고집할 우려가 있는데, 정당성 논의는 비이데올로기화를 그 전제로 해야 한다는 것이다.

여섯째로, 헌법관에 대해서, 가치 체계인 기본권과 기능적 제도적 메커니즘으로서의 통치 질서를 목적과 수단의 관계로 이해하여 헌법을 일원적 체계로서 통일적으로 이해하는 통합론적 헌법관을 그 발판으로 삼아야 한다는 것이다.

이 글에서 정당성의 내용으로서 목적적 정당성 · 민주적 정당성 · 절차적 정당성 · 체계적 정당성을 거론하고 있다.

목적적 정당성은 헌법상 모든 통치 권능의 창설과 통치 기구의 조직을 근거지우는 가치 체계를 말한다.

민주적 정당성은 통치 권능의 생성과 존속에 대한 당위적인 전제 조건으로서 헌법상의 모든 권능의 창설과 그 행사는 언제나 국민적 합의에 바탕을 두어야 한다는 것을 말한다.

절차적 정당성은 민주적 정당성을 기저로 하여 목적적 정당성을 지속적으로 실현하기 위한 권능 통제를 지칭한다.

체계적 정당성은 목적적 정당성 · 민주적 정당성 · 절차적 정당성의 상호 조화을 위한 헌법의 통일적 체계의 구조적인 엄정성을 의미한다.

이와 같은 내용을 지닌 정당성론은 다음과 같은 기능을 한다.

먼저 여기서의 정당성의 개념은 관념의 세계나 초월적인 영역에 존재한는 정당성(Richtigkeit)이 아니라 현실적인 헌법의 효력근거로서의 정당성(Legitimation)인 것이다. 따라서 자연법론의 순환적 굴레에서 벗어나 현대의 냉철한 사회 인식을 바탕으로 하기 때문에 여기서의 정당성론은 자연법과 필연적인 연관이 있는 것은 아니다. 즉 헌법상의 정당성론은 결코 헌법신학이 아니라 헌법학의 내재적인 구성논리로서 그 기능을 다하는 것이다.

이러한 정당성론은 헌법제정권력과 헌법재판권능에 정당성 체계에 의한 한계를 부여하는 기능을 하고 헌법개정권력의 발동근거가 되며 헌법 해석에 있어서 정당성 합치적 해석을 요청하는 기능을 한다. 정당성 체계인 헌법과 헌법현실 사이에서 정당성의 지반을 제공하는 것은 저항권이다. 따라서 정당성론은 저항권에 대한 이해에 있어서 새로운 시각을 요구하게 된다.

이상에서 헌법을 정당성 체계로 이해할 때, 결론적으로, 이것은 개발도상국가에 있어서 정치 영역의 재봉건화를 경고하는 목적을 지니고 또한 현행 헌법의 개정의 당위성과 방향성을 시사해 준다.

제1장 서 론

제1절 연구의 목적

인간 세계를 개념구조 체계(conceptual scheme)의 측면에서 고찰해 볼 때, 인간, 시간, 공간이라는 세 낱말로 족히 한정되어 그 구성요소를 간취할 수 있게 하는데, 이 세 낱말에 있어서 '간(間)'자가 징표 하듯이 모두 stock 개념이 아닌 flow 개념인 것을 쉽게 알 수 있다. 이러한 기본 골격적인 개념사실(fact)을 지탱해 주는 요인(factor)으로서의 미시적 사회 현상들은, 거시적 총체적 사고로서의 역사와 문화라는 유개념(Gattungsbegriff)으로 다시 인식될 수 있다.

한편, 사실개념의 역사 속에서 존재의 양상을 당위의 프리즘으로 투시해 볼 때, 법의 영역이 전개된다. 존재(Sein)와 당위(Sollen), 사실(Faktum)과 규범(Norm)을 엄격하게 분리시키는, 방법이 인식의 대상을 규정한다는 Kant적 사고를 배격하는 입장에서면 존재와 당위와의 관계는 입체적으로 상근성(genus proximum)과 상이성(differentia specifica)을 가지지만 아울러 그 외연(denotation)과 내포(connotation)을 같이 하게 된다. 규범은 결코 자족적인 체계로서 당위의 영역에서 결정체로만 머물러 있는 것이 아니고, 존재의 영역에 그 빛을 방사하고 또한 사실적 요소에 의해 변성되고 해체되기도 한다.

이러한 규범 영역에서 지배 관계가 설정 또는 확인되었을 때에,

왜 치자와 피치자가 따로 존재하여 피치자는 치자에게 복종하여야 하는가? 법이 무엇이기에 법의 형식을 빌려 통치 질서를 형성하게 되는가? 그런데 최고의 규범적 효력을 가지는 헌법은 다른 모든 실정법의 효력을 수권(授權)하는 기능을 한다.

이 글의 테제는 이러한 헌법의 효력을 근거지우는 요소를 가치(Wert)와 정당성(Legitimation)[1]의 관점에서 논해 보려고 하는 것이다. 따라서 헌법학의 철학적 지평을 제공하고 주먹구구식의 헌정 생활이 아닌, 정상적인 궤도의 헌법 실현(Verfassungsverwirklichung)을 정향하는 것을 이 글의 목적으로 한다.

제2절 연구의 범위와 방법

모든 법에 관계되는 물음이지만, 헌법은 왜 효력을 갖는가 라는 문제는 지금까지 항상 논의되어 왔고, 또한 '규범을 통한 지배'가 유지되는 한 계속해서 제기될 것이다. 이 글에서 연구의 초점으로 포착하고 있는 것은 위와 같은 문제 제기의 분석내용 중에서 헌법의 효력의 범위내지 내용에 관한 것이 아니라, 헌법의 효력의 근거에 관한 것이다. 헌법의 효력범위 내지 그 내용에 관한 문제는 헌법해석에 대응되는 것이지만[2] 헌법의 효력근거에 대한 문제는 헌법 철

1) 정당성이란 용어는 독일어로, Legitimation, Legitimität, Gerechtigkeit, Richtigkeit, Rechtfertigung 등으로 표현될 수 있지만, Legitimität는 정적인 뉘앙스가 있고, Gerechtigkeit, Richtigkeit는 자연법적인 색채가 다분하며, Rechtfertigung은 당위적인 농도가 약한 면을 지닌다고 볼 수 있기 때문에 이 글에서의 정당성이란 용어에는 동태적이면서도 당위적인 개념을 징표 하는 듯한 Legitimation이 가장 잘 상응된다고 본다. 여기서 정당성과 정통성이란 개념을 대칭시켜 볼 때, 후자는 정치학적인 개념으로서 정치현실적인 반영의 색채가 농후하다는 위상을 갖는다고 볼 수 있다.

학에 상응하는 지평을 갖는다.

물론 헌법해석이 헌법관에 의해서 좌우되는 것은 부인할 수 없는 사실이지만, 헌법의 효력근거에 관한 문제 설정은 헌법철학 성립 그 자체에 대한 원천적인 해명을 요구하는 것이다.

헌법은 모든 생활 영역에 대한 궁극적 언명으로서 국가라는 관념을 통일적으로 형성하게 해주고, 특정 사회에 있어서 동화적 통합의 최고의 규범적 결정체로서 정당성의 체계(Legitimationssystem)라는 것이 이 글의 기본적인 출발점이다. 따라서 헌법의 효력근거에 대한 것으로 당연히 정당성의 사유형식이 전면에 대두하게 된다. 여기에서는 헌법이 왜 효력을 갖는가라는 질문에, 그것은 "정당하기(legitimiert)" 때문에 효력을 가진다라고 답하게 되고, 또한 가져야만 한다는 당위적 귀결에 이른다. 거꾸로, 효력을 가지려면 헌법이 정당성을 획득하여야만 한다는 명제에 우리는 자연스럽게 도달할 수 있다. 이러한 정당성의 의미연관(Sinnbezug)속에서 우리는 헌법현실(Verfassungswirklichkeit)에 있어서의 정당성일탈(Delegitimation)을 추출해낼 수 있고, 동태적인 역사진행에 있어서 구체적인 헌법의 일생(life cycle)을 그려낼 수 있는 것이다.

헌법과 정당성에 관련하여 통치의 정당성, 국가존립의 정당성[3]과 이 글의 논제(Topik)의 범위와의 연관성을 밝힐 필요가 있다. 헌법은 사회공통체를 정치적인 일원체 내지 국가로 승화시키기 위한 법적인 기본질서로서 조직규범성(organisierender Charakter der Verfassung)의 특성을 갖는다.[4] 따라서 통치 권능과 통치기능이 헌

---

2) Vgl, K. Schlaich, Das Bundesverfassungsgericht(München: C.H. Beck'she Verlag 1985), S. 9f.

3) 국가존립의 정당성과 관련하여 국가의 존립근거 내지 목적에 대해서는 허영, 「헌법이론과 헌법(상)(서울: 박영사, 1980), 138면 이하 참조; Vgl. G. Saloman, Allgemeine Staatslehre(Berlin: Spacth & Linde, 1931). S. 21f.

4) 허영, 상게서, 33면 이하 참조.

법에 의해서 창설되고, 또한 국가를 단위로 하여 통치 질서가 형성하게 된다. 그리하여 치자에 대한 피치자의 복종이유 또는 국가의 존립근거를 정당화(Rechtfertigung)하는, 다분히 정치학적인 발상의 문제는 규범적으로 연관되어 "헌법의 정당성"이라는 테마로 응집되어 포괄된 형태로 논의될 수 있는 것이다.

한편, 헌법제정권력의 정당성을 이유로 한 "헌법의 정당성"문제는 이 글의 테마와 일응의 관련이 있는 것은 사실이지만, 여기의 핵심적인 연구 대상과는 거리가 있는 것이다. 또한 주권론과 관련하여 정당성의 사적(史的) 고찰을 한다거나[5] Max Weber와 같이 사회구성원의 정당성 신앙(Legitimationsglaube)이 현실사회에 어떻게 구현되어 있는가를 사실적으로 고찰하는 것도 이 글의 방법론상의 영역 밖이다.[6]

한 마디로 말해서, 헌법을 정당성의 체계로 재구성(Rekonstruktion)하여 당위적 모델을 제시하는 데에, 이 글의 범위가 확정되고 방법론이 집약된다. 다만 이러한 취지에 있어 이 글은 단순한 Prolegomena로서 정당성과 관련된 사항을 개괄적으로 살펴보는 데 불과하다는 것은 인정하지 않을 수 없다.

---

5) Vgl. C. Schmitt, Verfassungslehre,6. Aufl.(Berlin: Duncker & Humblot, 1983), S. 90f. 그 핵심적인 내용은 "Die dynastische Legitimität beruht auf der Autorität des Monarchen. Die demokratische Legitimität dagegen beruht auf dem Gedanken, daβ der Staat die politische Einheit eines Volkes ist."라는 말에 잘 나타나 있다.

6) Vgl. J. Heidorn, Legitimität und Regierbarkeit(Berlin: Duncker & Humblot, 1982), S. 69f.

제2장 본 론

제1절 정당성을 논의하기 위한 전제 조건

1. 인간관과 정당성

법의 제정자도 집행자도 그 수범자도 인간임으로 인하여, 먼저 인간관을 전제로 하지 않고는 헌법상의 공시적(共時的) 구조(synchronic structure)로서 정당성을 논할 수 없다. 헌법은 일정한 인간상(人間像)을 전제로 하기 때문에, 그것의 올바른 구축을 위해서도 더욱 그렇다.

인간은 이성·의지·감성의 정신적 요소와 생물학적 조건(biological condition)과 환경적 요인(자연환경, 사회 환경)으로 나누어 설명될 수 있다. 정당성을 논의하기 위한 전제 조건으로서 인간을 이해할 때는 위의 세 가지 측면을 통합적으로 이해하는 것이 필요하다고 본다. 그러나 여기에서는 인간의 본질에 관해서, 인간의 원리에 대해서 근본적으로 묻는 기초과학으로서 철학적 인간학(phlosophische Anthropologie)의 제반 사항이 나열될 필요는 없다. 한편, 성선, 성악의 인성론(treatise of human nature)의 양대 극단으로서의 단순한 이해도 거부되어야 한다.

우리는 인간에 대한 편면적 이해를 법존재론(Rechtsontologie)내지 법본질론에 결부시키는 것을 법철학사에서 종종 찾아 볼 수 있다. 위에서 제시한 인간 이해에 있어서 일면을 포착하여, 이성법, 법의지, 이 양자를 중화한 합리성에의 결단(Entscheidung zur Rationalität), 법감정(Rechtsgefühl), 법유기체설, 법사회학(Rechtssoziologie), 풍토설 등등을 운운하는 것이 그러한 예이다. 이성법을 내세워 그것을 이성법률(Vernunftsgesetz)로 이해하거나 이성법(Vernunftsrecht)으로 받아들일 때는 법실증주의나 자연법론의 가능성이 함께 존재하게 된다. 법의지(Rechtswille)를 강조할 때 결단주의(Dezisionismus)에 흐르고 그 자의성(Willkürlichkeit)의 위험에 골몰하기도 한다. 인간의지에 있어서의 의지자유론과 의지결정론이 보여주듯이 우리는 너무나 쉽게 이원론에 빠지고 있다. 인간에 대한 정신과 육체의 이원론적 사고(body-mind dualism)가 그 대표적인 예라 할 수 있다.

우리 헌법은 '인간'의 존엄과 가치를 그 가치적인 핵으로 하고 있다. 이때 우리 헌법은 자주적인 인간상을 헌법질서의 바탕으로 하고 있다는 견해가 있다.7) 이 견해에 따르면 법과 인간과의 관계에 있어서 그 주체적인 측면을 파악한 탁견이 인정된다. 그러나 헌법과 정당성을 논의할 때에는 자주적인 인간상만이 이 때의 인간관의 당위적인 전체(sollendes Ganzes)가 될 수는 없기 때문에, 복합적인 인간이해의 제 요소를 그 전제로 하여야 한다고 본다.

또한 자본주의를 낳게 한 서양의 합리적 경제적인 인간관보다는 항상 우주본체론과 연계된 동양의 일원적 원융적 인간관8)을 정당성 논의의 발판으로 삼을 때 보다 더 설득력을 가질 것이라고 본다.

---

7) 허영, 「헌법이론과 헌법(중)」(서울: 박영사, 1984), 57면 참조.
8) 자세한 것은, 한국동양철학회편, 「동양철학의 본체론과 인성론」(서울: 연대출판부, 1982), 169면 이하 참조.

2. 사회관과 정당성

인간은 사회성을 구유하고 있으며, 그 실존은 공존(Mitsein)에 있다. 또한 사회를 인간의 욕구 체계로 관념화시킬 수도 있다. 우리는 사회에 대한 인식을 위해서 일인생존모델(one-man-living model), 인간 사회 모델(human-society model), 국제 사회 모델(international association model)을 상정해 볼 수 있다.[9)]

우리가 일인생존모델을 가정할 때, 그것은 이미 물상화(物象化)로서, 사람이 사람인 것은 사람사이의 결합에 있다는 언명에 어긋나기 때문에, 사회학이 아닌 인간학의 촉각에도 포착되지 않는다고도 할 수 있다. 여기에서는 진정한 의미의 자유와 법의 문제도 제기될 수 없다는 것도 타당한 견해[10)]라고 생각된다. 하지만 기계의 출현은 인간적 생존 양식을 일변시키고, 개인이 조직속의 기능적 인자(因子)로서 기술적으로 행위가 지배되고 대중 속에 획일화·평균화되어 주체성을 상실하는 인간의 자기소외(Selbstentfremdung der Menschen)라는 '소외적 생존'의 상황에서는 이러한 가설도 의미가 있다.

일인생존모델은 '독자적 생존'과 '소외적 생존'으로 나누어 볼 수 있다. 전자는 어디까지나 가설로서 생각되지만 그 때의 행위기속원리는 철저한 독존(Selbstsein)의 영역에 타당한 윤리적 정당성(ethische Legitimität)—상대적 윤리설이 아닌 절대적 윤리설에 의거할 때—또는 종교적인 정당성(religiöse Legitimität)만으로 이루어질 것이다. 후자에 있어서는 정당성이 개재할 수 없고 그것은 합리성·효율성(Effizienz)·경제성에 종속될 것이다.[11)]

---

9) 이 모델은 필자가 작출한 것이고 앞으로의 과학과 기술의 진보를 무한히 확장시켜 볼 때는 우주교통모델(cosmic communication model)로서 또 하나의 사회 유형을 고찰해 볼 수 있다.

10) 허영, 전게서(중), 44면 참조.

11) J. Habermas, Theorie und Praxis(Frankfurt/M: Suhrkamp Verlag, 1971), 홍윤

인간 사회 모델이 사회공동체의 본질적 징표들에 대한 포괄적 전반적 인식을 가능하게 한다. 여기에는 구성원의 복수성과 다양한 이해관계의 갈등 · 대립이 존재하기 마련이다. 따라서 일인생존모델에서 우려할 수 있는 상황인 절대적 자유의 공포(Schrecken der absoluten Freiheit)의 문제는 제거되지만, 여기에서는 이제 개념내재적으로 제약된 자유의 공유문제가 대두하게 된다. 그 공유의 방법적 한계를 기초지우는 원리가 평등이념으로 귀결되는 것은 하나의 필연이라고 할 수 있을 것이다.

사회구성원이 독존(Selbstsein)이 아니라 …로서의 존재(Alssein)로서 공존(Mitsein)을 추구할 때, 비로소 가치기속을 위한 정당성이 매개되는 것이다. 그렇게 될 때, 모순간의 갈등이 아니라 모순간의 조화의 방향성이 주어진다. 여기에서 사회통합의 인자는 역동적이고 변증법적인 성격을 지닌다.[12] 그렇지 않고는 동태적인 사회의 통합을 촉진할 수 없기 때문이다.

한마디로 말해서, 헌법을 정당성의 체계로서 논할 때 요구되는 사회관은 다원적이고 동태적인 사회에 대한 인식과 인용이다.

국제 사회 모델(international association model)에 있어서는 그 사회의 구성의 특수성과 행위 양식의 특수성에 의해서 약간 다른 시각이 요청된다.

국제 사회는 국가가 외형적으로 구성인자가 되고, 서로 다른 다양한 문화 체계를 그 배경으로 한다. 외교와 교역 및 통상이 주요한 communication의 창구로서 통합적인 관계요인(Korrelat)이 그만큼 제한되어 있다.

하지만 UN헌장의 목적과 원칙, 분쟁(dispute)의 평화적 해결[13]의

기, 이정원역, 「이론과 실천」(서울: 종로서적, 1982), 347면 참조.

12) Vgl. R. Smend "Die Politische Gewalt in Verfassungsstaat", in: Staatsrechtliche Abhandlungen und andere Aufsätze(Berlin: Duncker & Humblot 1968), S. 85.

원칙성, 국가의 사활적인 문제에 대한 국제사법재판소의 재판권의 한계, 국가의 자국민에 대한 외교적 보호권 등을 고찰해 볼 때, 국제정치의 역학 관계에 의한 결정의 요소보다 가치적인 요소가 국제사회의 기본적인 정립근거가 되어야 할 것이다. 또한 국제여론도 인류의 보편적 가치를 위한 정당성 발현의 수단으로서 국제정치의 통제에 기여해하 할 것이다.

3. 국가관과 정당성

국가를 단순한 관념으로, 사회적 사실로, 또는 법관념으로 파악할 수도 있다.[14] 법실증주의에서는 규범의 계층구조(Hierarchie)에 의한 총체적 질서로서 국가를 이해하고[15] 결단주의에서는 조직화된 결단(organisierte Entscheidung)으로 이해한다.[16] 동화적 통합이론에 있어서는 국가의 구성원으로서 국민이나 사회의 구성원으로서 개인은, 국가를 사회의 동화적 통합과정이라고 하기 때문에, 동일한 존재이고, 국가는 곧 사회의 자기조직이라고 한다.[17] 따라서 국가와 사회와의 관계[18]도 법실증주의나 결단주의에서는 당연히 이원론에 귀결하고 통합이론에서는 일원론을 견지하게 된다. 우리는 보통 자율적 체계(Selbstregulier-

---

13) 분쟁의 평화적 해결의 방법과 절차에 관하여는 cf.M. Sorensen, Manual of Public International Law(New York: St. Martin's press, 1968), pp.674-683; J.G. Starke, Introduction to International Law, 9th. ed.(London: Butterworth, 1984), pp463-468, 487-492.

14) Vgl. Nawiasky, Allgemeine Staatslehre, 2. Aufl. (Einsieden/Zürich/köln: Verlagsanstalt Benziger & Co. AG, 1958), S. 30f.

15) Vgl. H. Kelsen, Allgemeine Staatslehre, (Berlin: Verlag Dr. Max Gehlen, 1966), S. 16f, 250.

16) Vgl. H. Heller, Staatslehre, 4. Aufl. (A. W. Sijthoff-Leiden, 1970), hrsg. G. Niemeyer, S. 228f.

17) Vgl. R. Smend, Verfassung und Verfassungsrecht(München: Duncker & Humblot, 1928), S. 20ff.

18) 자세한 것은, 허영, 전게서(상), 167면 이하 참조.

ungssystem)로서 사회를 생각하고 사회의 병리적 현상에 대한 보호자 내지 원조자(Helfer)로서 국가를 생각하게 된다.19) 전자로서 경찰행정(Ordnungsverwaltung), 후자로서 급부행정(Leistungsverwaltung)내지 자금지원행정(Subventionierung)등을 생각하면 쉽게 이해할 수 있다.

여기에서는 국가와 사회와의 관계에서 잠시 짚고 넘어가야 할 것이 있다. 일원론이라고 해서 사회와 국가를 완전히 일치하는 것으로 의미하지는 않고 사회와 국가의 구별 자체를 부인하는 것도 아니기 때문에, 또한 통합이론에 있어서 과정적인 존재인 국가가 현대 시대상황에서 다양한 기능을 하지 말라는 법도 없기 때문에, 통합론의 일원론으로부터 국가와 사회의 양면적 교차 관계를 인정한다고 해서 논리적인 일관성(Schlußrichtigkeit)을 일탈한다고는 볼 수 없다고 생각된다. 이원론에서는 전체국가 또는 전체사회화될 위험성과 국가 기능의 제한의 필요성을 지적하여 일원론을 공박하고 있다. 그러나 전자의 이유는 앞에서 지적한 근거로 보아 타당치 않고 오히려 아주 극단적으로 독립된 국가와 사회가 더욱 더 전체국가 또는 전체사회화 될 가능성이 크다고 볼 수 있다. 후자의 이유도 일원론이라고 해서 국가 기능을 제한할 필요성을 갖지 못한다고는 할 수 없으므로 적절한 이유가 되지 못한다. 이원론에서와 같이 국가를 원칙적으로 사회에서 분리된 지배조직으로 보고 사회를 정치적인 참여에서 제외된 피지배대상으로 보아 양자의 분리·고립화(Isolierung)를 고집하게 된다면, 헌법을 정당성의 체계로는 생각하지 못하게 될 것이다. 왜냐하면 헌법에 의해서 비로소 골격적인 조직이 형성되는 국가가 이원론에서는 국가밖에 있는 어떤 목적을 실현하기 위한 현실체로 기능할 것이기 때문에 이때에 국가의 존립을 정당화(Rechtfertigung)하는 이론이 매개될 수 있을지언정, 이러한 국가의 원전(原典)인 헌법을 정당성의 체계

19) Vgl. H. Krüger, Allgemeine Staatslehre, 2. Aufl. (Stuttgart: W. Kohlhammer, 1966), S. 544ff.

(Legitimationssystem)라고 할 수는 없게 될 것이기 때문이다.

따라서 Smend와 같이 국가를 하나의 의미실현·가치실현의 현실이라고 이해할 때[20], 헌법을 정당성의 체계라고 하는 것과 논리적으로 맞아 떨어진다는 것을 쉽게 알 수 있다. 결국 여기에서는 국가를 아주 독립적인 자기목적적 존재로 본다거나. 단순히 영토·국민·주권의 국가 3요소설과 같은 유(類)의 정태적 기계론적으로 파악하는 국가관[21]을 배격한다는 것을 지적하고 있다.

4. 역사관과 정당성

인간·사회·국가를 역사의 주체적 3구성요소라 할 수 있다. 서두에서 존재와 당위는 그 외연과 내포를 같이한다고 했다.

따라서 당위적인 모델로서 헌법을 정당성의 체계하고 할 때에는 존재의 모든 양상들의 총체적인 인식인 역사를 생각하지 않을 수 없다. 또한 헌법은 일정한 역사적인 상황 속에서 성립하는 역사적인 산물이기 때문에 역사성(geschichtliches Moment)을 갖게 마련인데, 이때 그 역사성은 진보적이고 발전적인 역사성을 뜻하지 않으면 안된다는 견해가 있다.[22]

우리는 역사관을 크게 다섯 가지로 나누어 볼 수 있다.[23]

먼저 기독교사관은 메시아의 재림까지 그 역사진행은 직선적이다. 즉 역사의 시작과 종말에 이르는 과정을 저주와 구제(Unheil und Heil)의 과정으로 이해한다. 세계사로서의 통일적 전반적 과정에 흐르고 있는 운명적 속성과 더불어 역사는 하나의 총체적인 위기연속

20) Vgl. R. Smend, a. a. O., S. 21, 24.

21) Vgl. G. Jellinek, Allgemeine Staatslehre, 3. Aufl. (Bad Homburg vor der Höhe: Gentner Verlag, 1960), S. 394ff.

22) 허영, 전게서(상), 40면 참조.

23) 홍윤기, 이정원 역, 전게서, 300면 참조.

체로서 간주된다. 종말론의 견지에서는 역사는 세계의 역사이면서 동시에 원죄(Erbsünde)로부터의 구제역사라는 이중구조를 갖는다. 여기에서는 어느 경우에든 역사의 주인과 역사의 노예가 명백히 구분되기 때문에 이러한 맥락에서는 단 한명의 역사 주재자가 있을 수 있는데, 그가 바로 신 자신일 수밖에 없다. 한마디로 말해서 기독교 사관은 예정론을 근거로 하는 결정론적 사관이라 할 수 있다.

둘째, 역사는 되풀이 된다(History repeats itself)는 역사진행에 대한 인식이다. 업(Karma)사상으로부터 이어받은 불교의 윤회적 철학에 바탕을 둔 역사관은 이와는 다른 범주에 속하는 문제이지만 동일한 사고 유형으로 다룰 수 있다. 전자는 무정형의 선으로 후자는 원으로써 기하학적 도식을 빌어 요해할 수 있다. 여기에서는 반복과 순환(Ricorso)이 역사의 주된 징표라고 본다.

셋째, Hegel의 변증법적 사관이다. Hegel의 변증법은 프랑스혁명을 전환점으로 하는 근대의 탈한계적 사유의 소산인 동시에 인식론(epistemology)에 있어서 인식의 방법적 도구로서 기능하고 있다.[24] 변증법적 관점에서는 모순을 현실로 보고 '전개와 중첩과 역학적 대립'을 역사와 존재의 본질로 본다.[25] 정 · 반 · 합의 변증법적 방법은 모순을 확인하는 데 그치는 것이 아니고 모순을 정제(ordnen)하고 연관시키는 데 그 원리적인 목적이 있는 것이다. 그러므로 변증법적 사고는 모순의 계열화를 요구한다.[26] 한마디로 말해서 변증법적 사관은 역사진행의 본질을 논구하는 것이 아니고 역사 진행의 방법적 해명으로서 진보적 역사관의 일 유형이라고 말할 수 있다. 도식화하여 표현할 때 나선형의 구조를 빌어 역사의 흐름을 설명할 수 있게

---

24) R. Heiss, Wesen und Formen der Dialektik(Kiepenheuer & Witsch, 1959), 황문수 역, 「변증법이란 무엇인가」(서울: 서문당, 1976), 40면 이하, 161면 이하 참조.
25) 황문수 역, 상게서, 72면 참조.
26) 상게서, 74면.

하는 것이다.

객관정신으로서의 세계이성이 변증법적으로 전개하여 가는 과정을 세계사라고 하여, 절대자(이성 · 정신)의 자기구현을 역사의 본질로 Hegel은 파악하고 있다.27)

넷째는 마르크스의 유물사관으로서 그것은 생산관계(productive relations)를 중심으로 두 계급의 형성을 전제하고, 인류역사를 계급투쟁의 역사로서 인식하는 것이다. 그는 또한 상부구조(Überbau, superstructure)와 하부구조(Unterbau, substructure)로 나누고 하부구조결정론을 취하고 있다. 유물변증법의 내용에 있어서 엥겔스는 3가지, 레닌은 열 여섯 가지, 스탈린은 네 가지 법칙들을 제시하고 있는데, 이것을 종합하면 다음과 같은 다섯 가지 법칙들로 요약할 수 있다.28)

모든 사물 및 현상들은 밀접히 상관되어 있다는 상호 관계의 법칙, 모든 것은 보다 나은 상태로 나아가는 발전 과정에 있다는 낙관적인 진화의 법칙, 현존하는 것과 앞으로 존재하게 될 모든 것은 '필연적으로' 존재하고 있으며 또한 필연적으로 존재하게 될 것이라는 필연의 법칙, 발전은 점진적인 것이 아니라 돌연한 비약에 의해서 이루어지며 이러한 비약을 통하여 '새로운 질'이 생겨난다는 비약의 법칙, 발전의 역동적인 힘은 사물들의 그 본질 속에 있는 모순과 투쟁으로 이루어진다는 모순의 법칙이 그것이다.

다섯째는 진화론적 사관이다. 물론 헤겔과 마르크스의 사관을 넓게는 여기에 포함시킬 수 있지만, 다만 설명 방법상에 특수성이 인정되는 것이다. 여기에서는 자연과 법칙이 인과관계를 매개로 해서

---

27) Hegel의 역사철학에서 역사성의 근본의미에 대해서는, H. Marcuse, Hegels Ontologie und die Grundlage einer Theorie der Geschichtlichkeit(Frankfurt/Main: Vittorio Klostermann, 1932), 황태연 역, 「헤겔의 존재론과 역사성이론의 기초」(서울: 지학사, 1984), 218면 이하 참조. 한편 헤겔이 절대자로서의 이성개념은 현실과 괴리된 Kant의 이성 관념과는 다르다는 것을 선행적으로 인식할 필요가 있다.

28) 국민윤리학회편, 「국민윤리」(서울: 형설출판사, 1985), 271면 이하 참조.

동일한 현상을 반복할 수 있게 하는 데 대하여 역사의 현상은 단 한 번 생기하는 일회적인 것이며 결코 반복되지 않는다고 한다. 따라서 역사의 법칙은 곧 진보·진화의 법칙이라 한다.29)

이상의 모든 역사관은 '나름대로의' 설득력을 가지고 있는 것이 사실이다. 우리가 헌법을 정당성의 체계로 논할 때에는 기본적으로 진보적이고 발전적인 역사관을 견지해야 하지만, 이상의 모든 역사관의 유형(pattern)에 관한 총체적인 인식이 필요하다고 본다. 하나의 역사관만이 절대적인 신앙으로서 이데올로기화하는 것을 경계하기 위해서도 더욱 그렇다. 사회의 동화적인 통합은 단순한 이해관계의 통합뿐만 아니라 신념의 통합에 있어서도 개방되어야 하기 때문이다.

5. 이데올로기와 정당성

흔히 이데올로기라고 말할 경우, 그것은 이념의 체계적인 논리라고 하고 있다. 드 트라시(de Tracy, Destatt)에 의해 처음으로 설정되었던 이데올로기라는 말이 처음에는 관념의 학문 또는 과학으로서, 이념을 과학적으로 형성·적용하여 특히 공적 교육을 보급시켜, 사회의 병리적 현상을 극복하고 재건하려고 하였다 한다.30)

이데올로기라는 말 대신에 학자에 따라서는 신화(myths), 파생관념(derivations), 의사종교(擬似宗教), 신념 체계(belif-system)라 한다. Marx는 허위의식(false consciousness)이라 하여 계급적 이데올로기(class ideology)를 규정하는데, 즉 국가의 본질적 기능에 대한 신념은 환상적인 것이고 이들 허위의 신념은 국가가 현실적으로 그 기능을 수행하는 데 필요한 것이라고 한다.31)

---

29) 한국사연구회편, 「한국사 연구입문」(서울: 지식산업사, 1981), 31면 참조.

30) J. Plamenatz, Ideology(London: Pall Mall press, 1970), 진덕규 역, 「이데올로기란 무엇인가」(서울: 도서출판까치, 1984), 18면 이하 참조.

그 밖에 총체적 이데올로기(Gesamtideologie, total ideology)·부분적 이데올로기라는 용법이 있는데, 전자가 이 글과 관계가 있다. 유토피아 이데올로기는 일종의 상상의 세계에 의하여 사회 제도를 비판하거나 미화하는 것으로서 기존의 지식이나 학문적인 체계로서는 그것의 가치를 설명할 수 없는 성격을 가지는 것으로 규정된다.

퓨어(Feuer, Louis)에 의하면 모든 정치이데올로기는 3가지 요소를 가지는데, 첫 번째가 불변적인 신화(myths)이며 두 번째가 이데올로기의 역사 과정에서 항상 적절한 논리화를 할 수 있는 일정한 철학적인 원칙이며 세 번째는 역사적으로 결정된 한 시대의 선택받은 계급이라고 하고 있다.[32)]

정치이데올로기의 기능에 관한 두 가지 인식은 이데올로기가 현존의 상태 즉 기존 질서나 체제의 안정과 지속을 위해서 기능한다는 인식과 새로이 창설될 미래의 사회를 촉진하고 형성시키려는 변혁의 이념으로 작용한다는 인식이 그것이다.[33)]

이데올로기의 전승과 창조에 관련하여 이데올로기의 자유(Ideologiefreiheit)를 생각할 수 있다. 우리가 헌법을 정당성의 체계로 논할 때, 자칫하면 그 정당성에 관해 이데올로기성을 고집할 우려가 있다.[34)] 헌법 자체가 정치규범성을 지니고 있다는 이면에는 역설적으로 정치세력들에 의한 이데올로기의 위험(Ideologiegefährdung)이 항상 내재할 가능성이 있는 것이다. 따라서 헌법을 정당성의 체계라 할 때는 이데올로기의 본연의 기능을 생각할 수도 있지만 비(非)이데올로기화(Entideologisierung)를 그 전제로 해야 할 것이다. 이데올로기로부터

31) 진덕규 역, 상게서, 29면 참조.

32) 상게서, 19면.

33) 상게서, 동 면.

34) 헌법의 기본적인 원리와 이데올로기에 관해서는 Vgl· A. Hollerbach, "Ideologie und Verfassung", in: hrsg. Maihofer. Ideologie und Recht(Frankfurt: Vittorio Klostermann, 1969), S. 37ff.

의 자유를 주장하는 측면도 통합에 있어 개방되어야 하기 때문이다.

6. 헌법관[35]과 정당성

법실증주의 헌법관에서는 규범자족적 체계를 상정하고 규범내재적 이론에 의해서 헌법을 이해하기 때문에 거기에는 오로지 합법성(Legalität)의 문제면 개재될 뿐이고 정당성(Legitimation)의 문제는 처음부터 제기될 여지가 없다. 결단주의 헌법관에 있어서는 배분의 원리(Verteilungsprinzip)에 의하여 자연권적인 자유의 영역을 지배하는 법치국가원리와 정치적인 국가질서를 형성하는 민주주의원리로서 헌법을 이원구조로 이해하고 있다. 양자의 관계가 이념적으로 단절관계에 놓여져 있기 때문에, 민주적 정당성의 영역이 현실적으로 확대될 때, 신성불가침의 자연권의 영역이 신성하게 침식될 수 있게 된다.

따라서 여기에서는 어떤 통일적이 체계로서 헌법을 이해하는 것은 불가능하게 된다.

통합론적 헌법관에 있어서는 기본권은 동화적 통합의 당위적 가치질서로서 국가 창설의 원동력인 동시에 헌법질서를 밑받침하는 정당성의 원천이고,[36] 통치질서는 이러한 기본권적 가치를 실현하기 위해 마련된 기능적 제도적 메커니즘에 불과하다고 본다.

따라서 기본권과 통치질서와의 관계[37]는 목적과 수단의 관계에 있다. 여기에서는 헌법을, 기본권 실현을 정점으로 하는 일원적인 체계로서, 통일적으로 인식할 수 있게 된다.

---

35) 자세한 것은, 허영, 전게서(상), 5면 이하 참조.
36) Vgl. R. Smend, a. a. O., S. 266, 217.
37) 자세한 것은, 허영, "통치 구조의 근본이념과 기본원리-자유민주 국가의 통치 구조를 중심으로-", 「고시연구」(85. 3), 51면 이하 참조.

결론적으로 말해서 일정한 가치를 기저로 한 정당성의 체계로 헌법을 이해할 때는 통합론의 헌법관을 발판으로 삼지 않을 수 없게 된다.

제2절 정당성의 내용

1. 목적적 정당성

프랑스 인권선언은 권리의 보장이 되어 있지 않으면 그 사회는 헌법을 가지고 있지 않은 것으로 보고 있다.[38] 여기서 헌법의 존재성은 기본권 보장의 목적에 의해서 좌우된다는 것을 알 수 있다.

우리가 헌법을 정당성의 체계라 할 때, 그 한 내용으로서 「목적적 정당성」(Zwecklegitimation)이라 함은 헌법을 통한 통치권능의 창설과 통치 기구의 조직을 근거지우는 가치지표를 발한다.[39] 이렇게 보면 목적적 정당성이 확보되기 위해서는 모든 국가기관의 행위가 기본권적 가치에 기속되어야 한다는 결론에 이른다.

현대의 관료제[40]의 지배 구조의 특징을 한마디로 말한다면 그것은 규범을 통한 지배이다. 그러한 규범 중에서 최고규범인 헌법의 효력은 이 글에서는 목적적 정당성에 의해서 원천적으로 지지되는 것으로 본다. 따라서 모든 규범을 통한 지배는 목적적 정당성의 실

---

38) 인간과 시민에 관한 권리선언(1789), 제16조: 권리의 보장이 확보되어 있지 않고, 권력의 분립이 확정되어 있지 아니한 사회는 헌법을 갖고 있지 아니하다.

39) 허영, 전게논문, 54면 참조.

40) 관료제에 자세한 것은 Cf. M. Albrow, Bureaucracy(London. Pall Mall press, 1970); A. Dunsire, Implementation in a Bureaucracy(New York: St. Martins press, 1978).

현을 위해서만 기능할 때 그것의 존재이유가 설득력을 가지게 되는 것이다. Krüger가 적절히 지적하듯이[41] '법률이 정하는 범위 내에서의 기본권효력'(Grundrechtsgeltung in Rahmen der Gesetze)이 아니라, '기본권이 정하는 범위 내에서의 법률의 효력'(Gesetzesgeltung in Rahmen der Grundrechte)의 논리형식은 위와 같은 사실을 잘 나타내 준다.

헌법을 구성하는 객관적 가치질서의 원리로서 목적적 정당성은 통치 구조의 본질과 기능에 관한 시각에 따라 그 이해가 달라진다.

통치질서를 힘의 규범질서 내지 강제질서(Zwangsordnung)[42]라고 보는 법실증주의의 헌법관에 의해서는 자생적 통치 권능을 전제하고, 통치 구조가 자기목적적 존재 의의를 갖는다고 본다. 이러한 관점하에서는 가치기속(Wertbindung)을 위한 목적적 정당성은 제기될 수 없게 되고 법질서적 정당성만이 대두되기 때문에 그만큼 기본권적 가치는 격하된다. 즉 관계이론(Beziehungstheorie)[43]에 의하여 기본권을 국가의 부작위에 의한 은혜적인 것 또는 국가 권력의 자제에서 나오는 단순한 반사적 이익(Reflexrecht)이라고 하든가, 아니면 지위이론(Status-theorie)[44]에 의하여 기본권의 이중성(Doppelcharakter der Grund-rechte)을 인정할 수 없는 것은 이러한 소치에서 비롯된다.

헌법을 이원질서로 이해하는 결단주의 헌법관에 의하면 기본권을 자유권 중심으로 이해하여 그것을 자연권적인 측면에서 설명하고 있다. 따라서 국가로부터의 자유라는 사고 형식은 먼저 선천적이고 생래적이면서 선국가적인 자유의 영역을 설정하게 된다.

한편 그것을 보장하기 위한 법치국가원리(Rechtsstaatsprinzip)는 국

41) 허영, 전게서(중), 52면 참조.
42) Vgl. H. Kelsen, a. a. O., S.151.
43) Vgl. a. a. O., 150ff.
44) Vgl. G. Jellinek, a. a. O., S. 417ff.

가 권력을 통제하기 위한 것이고 국가 권력을 창설하기 위한 것은 아니라고 한다. 이것은 자유의 원리가 국가를 제한하고 한계 지울 수는 있어도 자유 그 자체는 통치형태인 국가를 창설할 수는 없다고 하는 C. Schmitt의 말에 단적으로 나타나 있다.45) 이러한 관점에서는 헌법에 있어 가치 체계(Wertsystem)를 형성하고 있는 목적적 정당성이 이해되기는 어려운 것이다. 물론 기본권적인 가치가 국가 권력의 '통제' 수단으로서 기능하는 일면도 부인할 수는 없지만 그 근본적인 방향성(Orientierung)은 국가 '창설'의 원동력인 동시에 그 존립에 정당성을 부여하는 질서의 원리(Ordnungsprinzipien)에서 찾아져야 한다.46) 여기서 결단주의 헌법관에 있어서는 기본권의 객관적 가치질서성 (Charakter der objektiven Wertordnung)이나 이의 논리적 귀결인 기본권의 대사인적 효력(Drittwirkung der Grundrechte)을 인정하기 어렵게 된다는 것을 발견하게 된다.

공감대적 가치로서의 기본권을 실현하기 위한 동화적 통합의 생활질서를 헌법이라 하고 그 속에서 통치질서를 이해하는 통합론적 헌법관에서 비로소 목적적 정당성을 선명하게 파악할 수 있다. 여기에서는 통치권의 행사가 일 개인이 정권장악에 의하여 계층적으로 이루어진다는 발상을 전혀 용납되지 못하게 된다. 왜냐하면 일개 정치인의 퍼스낼리티(Personality)에 의해 정치질서가 좌우되는 것이 아니라 전적으로 기본권 실현을 위한 가치기속이 통치 구조의 기본이념으로 작용하고 있기 때문이다. 기본권이야말로 사회공동체를 정치적인 일원체로 동화시키고 통합시켜 주는 실질적인 계기이며 전체로서의 국가(Staat als Ganzes)를 창설케 하는 당위적인 가치질서이기 때문에, 헌법의 효력근거, 국가의 존립근거, 통치권 행사의 근거를 지탱해 주는 목적적 정당성의 내용적 윤곽이 되는 것이다. 따라서

45) Vgl. C. Schmitt, a. a. O., S. 200.
46) 허영, 전게서(중), 35면 참조.

통치 기구는 기본권적 가치를 실현하기 위해 마련된 기능적 제도적 메커니즘47)의 단순한 수단적 의미가 있는 것이지 결코 자기목적적 권능구조가 아니라는 것은 더 이상 설명할 필요성이 없어지게 된다.

정당성 체계의 헌법상에서 목적적 정당성으로서의 기본권을 위와 같이 이해할 때 진정한 의미의 법치국가원리를 파악할 수 있는 것이다. 즉 우리는 목적적 정당성에 근거하여 입법 작용의 한계를 설정할 수 있으며 법치행정을 도출할 수 있고 효과적 권리구제를 위한 사법권의 독립을 생각하게 되는 것이다. 대통령의 비상조치권도 대통령의 독자적 목적을 가진 고유권한이 아니라, 긴급을 요하는 비상사태하에서 목적적 정당성을 타당성 있게 지속시켜 나가기 위한 헌법보호의 비상수단에 불과한 것이다. 여기에는 대통령의 그러한 권능의 과잉행사금지의 사고가 당연히 선행하게 된다.

국가로부터의 자유(Freiheit vom Staat) 형식뿐만 아니라 국가로 향한 자유(Freiheit zum Staat), 나아가서 기본권의 객관적 가치질서성에 의거한 제3자적 효력, 법률유보에 있어서 기본권 제한적 법률유보뿐만 아니라 기본권 보장적·형성적 법률유보의 착안과 기본권 제한에 있어서 한계적 사고(Schranken-Schranken Denken), 기본권의 내재적 한계 설정에 있어서 규범조화를 위한 한계이론, 특별 권력관계에 대한 특수한 신분관계 내지 특수한 생활 관계로서의 이해, 기본권 보호의 논리 등48) 이상의 모두는 헌법을 정당성의 체계로 이해할 때, 그 목적적 정당성과 밀접불가분의 관계에 있다.

한마디로 말해서 목적적 정당성을 상정하지 않고는 사회의 동화적 통합은 생각할 수도 없고, 헌법 자체를 이해할 수도 없다.

따라서 목적적 정당성의 개념은 헌법인식의 제1의 방법적 도구가 되는 것이다.

---

47) 허영, 전게논문, 54면.
48) 자세한 것은 허영, 전게서(중), 19, 34, 77~171면 참조.

2. 민주적 정당성

「민주적 정당성」(demokratische Legitimation)이라 함은 국가 내에서 행사되는 모든 권능의 창설과 그 행사의 정당성이 언제나 국민적 합의(consensus)에 바탕을 두어야 한다는 것을 말한다.

따라서 민주적 정당성은 통치 권능의 '생성과 존속'에 관한 당위적인 전제 조건이다.[49]

통치 기관의 헌법적 권능과 그 기관의 민주적 정당성사이에 정비례 관계를 요구하는 것은 민주적 정당성의 측면에서도 고찰할 수 있지만 헌법의 구조적 정당성 내지 체계적 정당성의 관점에서 후술한다.

인간에 대한 성선설, 성악설 어느 것을 취하든가 간에 일정한 욕구체계를 본능적으로 지니고 있는 인간에 있어서 이해관계에 관한 한 모두 다 선인이라고 말할 수는 없다. 사회라는 한정된 틀로 인간을 시민으로 이끌어 들일 때는 더욱 그렇다. 따라서 인간 사회에 있어서 어느 정도의 투쟁적 · 경쟁적 성격을 부인할 수는 없다. 따라서 현실정치에 있어서 그 투쟁적 · 경쟁적 요소에 가치기속의 윤곽을 마련하는 것이 목적적 정당성이라 하면, 정치역학관계의 한계를 방법적인 측면에서 포착하여 합의와 타협에 귀착하도록 하는 것은 민주적 정당성이라 할 수 있다.

한편 민주적 정당성은 목적적 정당성과 밀접한 관계에서 논해져야 한다. 따라서 일정한 가치내용을 떠난 치자와 피치자의 동일성(Identität von Regierenden und Regierten)[50]에 입각한 국민주권원리,

---

49) 허영, 전게논문, 53면.

50) 여기에 대한 비판으로 박수민주주의(Akklamationsdemokratie)내지는 인민민주의(Volksdemokratie)로 변질될 위험을 지적하고 있는 것은, 허영, 전게서(상), 200면 참조; 그밖에, Vgl. K. Hesse, Grundzüge des Verfassungsrechts der Bundesrepublik Deutschland, 13, Aufl.(Heidelberg: C.F.Müller Juristischer Verlag, 1982), S, 51f.

또는 상대주의적 가치를 내용으로 하는 다수결원리(Mehrheitsprinzip)는 민주적 정당성을 충족시키는 전부의 내용이 될 수는 없는 것이다.

기실, 언론·출판·집회·결사의 자유와 같은 의사표현의 자유도 민주적 정당성의 확보에 있어서 계속적인 국민 투표로서 중요한 input의 기능을 하고, 참정권을 비롯한 여러 가지 기본권의 행사는 통치 권능이 갖추어야 하는 민주적 정당성의 바탕이 될 뿐만 아니라, 민주적 정당성의 신진대사(Erneuerung der demokratischen Legitimation)를 촉진한다는 것[51]을 보아도 민주적 정당성이 목적적 정당성과 불가분의 관계를 맺는다는 것을 알 수 있다. 기본권과 통치 권능의 이와 같은 교차 관계를 도외시한 채, 헌법질서를 기본권과 통치 구조의 독립적인 이원질서로 이해하는 결단주의 헌법관을 받아들일 수 없는 이유도 바로 그 때문이다.[52] 또한 국민의 기본권과는 무관하게 통치 권능이 독자적으로 생성·존속할 수 있다고 생각하면서 통치질서를 힘의 정치질서로 이해한 나머지 민주적 정당성을 소홀하게 다루는 법실증주의헌법관이 배척될 수밖에 없는 이유도 여기에 있다.[53]

민주적 정당성의 관점에서 볼 때, 의사결정의 메커니즘으로서 다수결 원리가 얼마든지 상대적인 내용을 담을 수 있는 그릇인 것은 아니다. 물론 민주주의는 공존을 위한 타협의 형식으로서 일반적인 관용의 자세를 요구하는 것은 사실이지만 정당성의 체계로서의 헌법을 파괴하는 적(敵)에게까지 다수결 원리의 형식을 빌려 줄 수는 없는 것이다. 우리가 방어적·예방적·투쟁적·가치대유적 민주주의(wehrhafte, abwehrbereite, militante, und werthafte Demokratie)의 개념[54]을 생각하는 것도 이 때문이다.

51) 허영, 전게논문, 53면.
52) 상게논문, 동 면.
53) 상게논문, 54면.
54) Vgl. K. Stern, Das Staatsrecht der Bundesrepublik Deutschland, Bd. I (München: C.H. Beck'sche Verlag, 1977), S, 416.

여기에서 다수의 독재(Mehrheitsdiktatur)의 배제와 소수보호(Minderheitsschutz)의 한계를 인정하게 되는 것이다.

또한 다수결 원리가 기능하기 위해서는 일정한 전제 조건이 충족되어야 한다. 결정참여자간의 평등한 지위의 전제, 소수가 다수의 결정에 따른다는 합의, 다수결로 결정될 수 있는 상대적인 대립관계의 전제, 절충과 타협의 자유 분위기 보장, 관점의 다양성과 다수관계의 가변성의 전제 등을 들고 있는 것이 그것이다.55)

민주적 정당성은 소수보호의 정신을 요구한다. 이것은 다수의 독재를 방지하기 위해서, 결정된 합의의 집행의 용이성을 위해서도 필요하다. 또한 소수의 보호는 복수정당 제도와도 이념적으로 관계를 맺고 있다. 따라서 헌법에서 일반적으로 저지소수(Sperrminorität)를 규정하고 있는 것도 민주적 정당성을 구현하기 위한 일개의 형식이라고 볼 수 있다.

국민의 정치적 의식형성은 선거를 통해서 이루어진다. 여기서 민주적 정당성을 획득하기 위해서는 그 선거가 평등, 자유, 직접, 보통, 비밀선거를 통해서 이루어져야 한다는 것은 자세한 설명을 할 필요가 없을 것이다. 그러나 선거에 이르기 전의 정지적 의사의 예비형성을 위해서는 정치 과정의 투명성(Transparenz)과 공개성(Öffentlichkeit)56)이 요구된다는 것은 아무리 강조해도 지나치지 않다.

그런데 현대의 다원적인 사회에서 국민이 정치에 참여할 수 있는 가장 효과적인 방법은 역시 정당(politische Parteien)을 통한 정치활동이라 할 수 있다. 여기에서 민주적 정당성을 확보하기 위한 복수정당 제도의 제도적인 장치가 마련되는 것이다.

아테네의 시민이 모두가 소크라테스와 같은 사람이라고 할지라도 아테네의 집회는 여전히 폭도(Mob)의 상태에 머물렀을 것이라는 플라

55) 자세한 것은 허영, 전게서(상), 215면 이하 참조; Vgl. K. Hesse, a. a. O., S. 56.
56) Vgl. K. Hesse, a. a. O., S. 60.

톤의 대중에 대한 원천적인 의구심[57] 때문만이 아니라 현대 사회에 있어 직접민주정의 방법적 한계 때문에 간접민주정이 일반화되어 있다. 간접민주주의(mittelbare Demokratie)는 국민이 직접 국가의 정책 결정에 참여하는 것이 아니라 선거를 통한 대의기관으로 하여금 통치권을 담당케 하고 그 대의기관의 통치권 행사를 여론(Öffentliche Meinung) 내지는 주기적인 선거에 의해서 통제 내지 정당화시키는 민주주의 유형을 말한다.[58] 이러한 대의민주주의(repräsentative Demokratie)에서 국민이 선출한 대의기관은 법적인 의미에서 국민의 대리기관(Vertretung im juristischen Sinne)은 아니다.[59] 선출 후에도 정책 결정을 할 때마다 국민의 의사를 타진하고, 국민의 구체적인 지시에 따라서 행동하고 그 위임사항을 집행하는 이른바 위원회제 민주주의(Rätedemokratie)의 명령적 위임관계(imperatives Mandat)와는 달리 대의민주주의 대의기관은 자유위임관계(freies Mandat)를 그 특징으로 한다.[60] 따라서 대의기관은 선거(Personenwahl)와 정책 결정(Sachenentscheidung)은 분리되게 되는데, 여기서 바로 책임정치의 문제가 제기된다. 생활 관계가 복잡화되고 전문화되는 오늘날 전문기술관료(Technocrat)[61]에 의한 전문관료 정치(Technocracy)는 민주적 정당성에 심각한 영향을 끼치고 있다.[62]

요컨대 헌법을 정당성의 체계로서 민주적 정당성을 그 한 내용으로

---

57) G. W. Allport, "The Historical Background of Modern Social Psychology" in: Handbook of Social Psychology, Vol. Ⅰ(Addison-Wesley press, 1954), 송대현역, 「사회심리학」(서울: 정음사, 1979), 130면 참조.

58) 허영, 전게서(상), 224면.

59) 상게서, 동 면.

60) 상게서, 동 면.

61) Cf. S. Hyman, The Politics of Consensus(New York: Random House Inc., 1968), pp. 199~211.

62) 경제제도의 측면에서 비판적 고찰은 J. Habermas, Legitimationsprobleme im spätskapitalismus, Translated by T. McCarthy, Legitimation Crisis(Boston: Beacon press, 1975), pp. 61~75참조.

할 때에는 이러한 대의민주주의 상황을 전제로 하는 것이다. 정치적인 의사 결정의 구조(Mechanism)에서 권력엘리뜨(Power elite)에 의한 조작(Manipulation), 인(人)의 장벽에 의한 암실정치 등에 민주적 정당성은 경고적인 기능을 강하게 갖는다. 따라서 국민의 직접적인 자기통치권의 창구로서 국민 투표(Referendum)를 전혀 보장하지 않은 헌법 체계는 민주적 정당성을 획득했다고 볼 수는 없을 것이다. 국민의 '전체적인 의사'를 묻는 최소한의 기회나마 확보되지 않고는 대의민주주의 그 자체의 성립이 어려울 것이기 때문이다.

물론 이때도 신임투표적 민주주의(Plebiszitäre Demokratie)의 위험은 상존하지만 그것은 정치현실적인 측면을 갖는다. 정당성의 체계로서의 헌법을 당위적인 모델로 제시할 때, 정당성과 정치현실과의 문제는 저항권과 정당성의 장에서 논하기로 한다.

민주적 정당성은 헌법기관의 구성에 국민대표성[63])을 요청한다. 따라서 우리 헌법상의 헌법재판소장 · 대법원장 · 국무총리 · 감사원장의 임명동의, 헌법재판소 · 선거관리위원회의 구성의 특수성 등은 민주적 정당성의 이식의 측면에서 파악하여야 할 것이다.[64])

결론적으로 말해서 민주적 정당성을 징표하는 민주주의 실질적인 요소로서 국민주권(Volkssouveränität)의 참다운 의미는 국가 권력의 창설이나 통치 기관의 존립과 통치기능의 행사의 최후의 정당성이 국민의 가치적인 공감대에 근거하고 귀착하여야 한다는 것을 말한다. 한편 민주적 정당성이 목적적 정당성의 내용적 윤곽을 이루는 기본권의 통치형태적 실현의 논리라고 한다면, 법치국가원리는 기본권의 국가 기능적 실현수단이고, 사회국가원리는 기본권이 국민스스

63) 대표의 정당성(die Legitimierung der Repräsentation)의 논증방법에는 초월적인 방법과 내재적인 방법이 있다는 것에는 Vgl. G. Leibholz, Die Repräsentation in der Demokratie, 3. Aufl.(Berlin: Göschen'sche Verlag, 1973), S. 141ff.

64) 허영, 전게논문, 59면 참조.

로의 자율적인 생활 계획에 의하여 실현될 수 있도록 생활여건을 조성해 주는 이른바 사회 구조의 골격적인 테두리를 말한다고 할 수 있을 것이다.[65] 그러나 사회국가원리[66]가 일방 통행적인 명목상의 급부에 의하여 국민의 저항을 마비시키는 외형상의 복지국가로 변질되어 지배관계의 고정화 내지 영구화로 기능할 위험성으로 말미암아 정당성과 관련하여 사회국가원리를 논의하는 데는 신중을 기해야 할 것이다.

3. 절차적 정당성

민주주의라는 것도 인간의 인간에 대한 통치를 부인할 수는 없고, 동화적 통합의 가치적이고 실질적인 원동력인 기본권을 실현하여야 할 통치 권력도 본래 악용 내지 남용될 속성과 충분한 가능성이 있기 때문에 그 권능의 행사를 통제할 필요가 있다.

헌법을 정당성의 체계로 파악할 때, 이러한 면을 포착하여 절차적 정당성(prozessuale Legitimation)의 문제로 삼는 것이다.

「절차적 정당성」이라 함은 통치 권능을 통제하여 목적적 정당성을 실효성 있게 확보하기 위한 권능 행사의 방법과 과정의 정당성(Mittel-, Prozeßlegitimation)을 말한다.[67] 절차적 정당성의 구체적 내용에는 여러 가지가 있을 수 있지만, 그 핵심적인 내용은 권력 분립(séparation des pouvoirs)이라 할 수 있다.

고전적 의미의 권력 분립은 우선 정치적 권력을 의미하는 입법과 집행을 구별하고 그것을 각각 의회나 정부와 같은 별개의 기관에 담

---

65) 허영, 전게서(상), 291면 참조.
66) 재산권의 보장과 사회국가원리와의 관계에 대해서는, vgl. Y. HuH, "Eigentumsgarantie und Steuerpolitik in Korea", in: Festschrift für Dr. T. S, Shim, 1983.
67) 허영, 전게 논문, 55면 참조.

당케 하고 다음으로 입법·집행과 같은 정치적인 권력으로부터 중성적인 사법권의 독립을 조건으로 하였다.68) 이러한 권력 분립은 헌법의 근대성을 징표하는 한 요소가 되었다.

절차적 정당성을 확보하기 위해서는 통치 구조상 권능의 분산뿐만 아니라, 권능간의 균형관계, 권능에 대한 견제·감시수단의 형평성, 그리고 통제 방법의 효율성 등이 강력히 요구된다.69) 본래 권능을 분산시켜 놓으면 당연히 권능상호간에 견제와 균형(check and balance)이 이루어지는 것으로 기대되었으나 오히려 현대의 정당국가에서는 권력융화 현상이 나타나고 있어 권력에 의한 권력의 억제(le pouvoir arrête le pouvoir)를 통한 자유의 보장의 본래의 목적이 상실되고 있는 것에 즉응하여 기능적인 권력 분립70)이 대두하고 있다.

즉 소수의 보호를 통해서 다수의 독주를 견제할 수 있는 여당과 야당의 기능적인 통제, 정치적 세력과 관료 조직의 기능적인 통제, 직업공무원 제도에 있어서 행정조직내부의 기능적인 통제, 선거관리·정당사무와 일반 행정사무의 분리, 보충의 원리에 입각한 중앙정부와 지방자치단체의 기능적인 통제, 헌법재판을 통한 통제,71) 연방 국가에 있어서 연방과 주의 기능적인 통제, 각종 사회 압력단체간의 기능적인 통제 등이 그러한 예이다.

절차적 정당성은 삼권의 정치적 이질성·독립성을 보장하는 권력분립에 의해서 뿐만 아니라 선거제도·정부형태 등에 의해서도 확보된다.

결론적으로, 절차적 정당성이란 민주적 정당성을 발판으로 삼아

---

68) 한태연, 「헌법학」(서울: 법문사, 1983), 271면 참조; Vgl. H. Triepel, “Wesen und Entwicklung der Staatsgerichtsbarkeit,” in: hrsg. P. Häberle, Verfassungsgerichtsbarkeit (Darmstadt: Wissenschaftliche Buchgesellschaft, 1976), s. 59f.

69) 허영, 전게 논문, 55면.

70) 상게 논문, 63면 이하 참조.

71) Vgl. K. Schlaich, a. a. O., S. 3f.

목적적 정당성을 지속적으로 실현하기 위해 통치 권능행사의 통제를 규율하는 헌법의 정당성 체계의 한 내용이라 할 수 있다. 이와 같은 시각에서는 통치 구조를 권력행사의 자기목적적 메커니즘으로 이해하는 법실증주의적 사고방식은 물론이고, 통치 권능의 민주적 정당성만을 중요시한 나머지 그 목적적 정당성을 소홀히 한 채 권능행사의 절차적 정당성을 무시하는 결단주의 입장도 비판을 면할 수 없다고 할 것이다.72)

4. 체계적 정당성

헌법을 정당성의 체계라고 할 때, 그 일개 내용으로서 체계적 정당성을 논하기 위해서는 헌법의 통일성(Einheit der Verfassung)을 전제해야 한다고 본다. 헌법의 이러한 '통일적 체계'에서 체계위반적 요소(Systemwidrigkeit)를 파악하기 위한 개념이 체계적 정당성인 것이다.

일반적으로 체계적 정당성(Systemgerechtigkeit)이라 함은 기본적인 규범 체계에 있어서 개별적인 규정들의 체계에의 가치적 합치성(Wertungskonformität)을 의미한다.73) 여기에 대해서 입법자가 입법대상(Regelungsmaterie)에 내재하는 사물의 본성(Natur der Sache)의 구조, 그것의 법칙성에 기속해야 한다는 개념으로서 좁은 의미의 구조적 정당성(Strukturgerechtigkeit)이라는 용어가 사용된다.74) 입법자의 자기기속으로서 이러한 구조적 정당성은 규범적인 평가에 있어서 논리일관성을 요구하는 명령(ein Gebot notmativer Wertungskonsequenz)으로서만 헌법적인 문제가 된다고 한다.75)

---

72) 허영, 전게 논문, 56면.

73) Vgl. C. Degenhart, Systemgerechtigkeit und Selbstbindung des Gesetzgebers als Verfassungspostulat(München: C. H. Beck'sche Verlag, 1976), S. 36.

74) Vgl. a. a. O.

75) Vgl. a. a. O., S. 41.

이와 같이 체계적 정당성을 이해할 때 헌법적 요청으로서 체계정당성에서 하위의 법질서 구조에 있어 가치모순(Wertungswidersprüche)을 제거하기 위해 입법자에 대한 체계엄정성(Systemtreue)의 명령이 도출되겠지만 이것은 필자가 헌법을 정당성의 체계로서 이해할 때 그한 내용으로서의 체계적 정당성과는 거리가 먼 것이다.

필자는 목적적 정당성, 민주적 정당성, 절차적 정당성의 상호조화를 위한 헌법의 통일적 체계의 구조적인 엄정성을 「체계적 정당성」(systematische Legitimation)이라고 부르고 싶다. 그리고 이러한 체계적 정당성을 헌법개정의 발동근거로 삼으려고 한다.

따라서 헌법에 위반되는 헌법규범(verfassungswidrige Verfassungsnormen)의 논리[76]도 이러한 시각에서 고찰되어야 한다고 본다. 헌법에 위반되는 헌법규범을 논증하는 방법에는 헌법제정권력의 결단의 질(質)을 근거로 하는 것과 헌법 자체 내에 내재하는 위계질서(Rangordnung)를 근거로 하는 것이 있다. 전자는 헌법(verfassungsrecht)과 헌법률(Verfassungsgesetz)[77]을, 후자는 일차적인 헌법(primäre verfassung)과 부차적인 헌법(sekundäre verfassung)[78]을 그 출발로 하고 있다. 그리고 헌법에 위반하는 헌법규범은 헌법 내의 상하의 질서 관계(Über-unter-ordnungsverhältnis)를 전제로 하지만 서열적으로 동위의 헌법 규정에 있어서도 가치모순은 생각될 수 있다는 견해[79]가 있다.

여기서는 헌법을 정당성의 체계로 보기 때문에 헌법에 위반하는 헌법규범의 논리는 '정당성에 위반하는 헌법규범(legitimationswidrige Verfassungsnormen)의 형식으로 대체된다. 예컨대 민주적 정당성이

76) 허영, 전게서(상), 101면 이하 참조 ; Vgl. C. Degenhart, a. a. O., S. 66f.
77) Vgl. C. Schmitt, a. a. O., S. 75ff.
78) Vgl. Y. HuH, Probleme der Konkreten Normenkontrolle(Berlin: Duncker & Humblot, 1971), S. 125f.
79) Vgl. C. Degenhart, a. a. O., S. 66(FN 369).

통치 기관의 헌법적 권능의 크기에 적정한 비례관계로 구현되지 못했을 때, 그것은 민주적 정당성의 측면에서 뿐만 아니라 현실적으로 헌법의 통일적 체계의 구조적인 엄정성을 의미하는 체계적 정당성을 위반한 것이라고 할 수 있다. 이 때 헌법 자체가 규정하고 있기 때문에 헌법위반(verfassungswidrig)은 아니라고 형식적으로 주장할 수 있을지 모르나 실질적으로 정당성에 위반하는(legitimationswidrig) 헌법규범이 되는 것이다.

따라서 법률의 헌법위반은 위헌의 당연한 귀결로서 그 효력을 무효화 할 수 있는 근거가 되는데 반하여 헌법 자체 내에서의 정당성 위반은 일차적으로 헌법개정권력의 이론적인 발동근거가 되는 데에 그 특수성이 있다고 할 수 있다.

제3절 정당성의 기능

1. 자연법과 정당성

지금까지 법철학사에서는 꾸준히 자연법의 내용의 문제에 골몰하여 왔으나 결국 가변적 내용의 자연법(Naturrecht mit wechselndem Inhalt) 내지 생성적 내용의 자연법(Naturrecht mit werdendem Inhalt)으로 귀결하고 말았다.[80] 역사상의 자연법논의를 이념적 자연법(die ideelle Naturrecht)과 실존적 자연법(die existentielle Naturrecht)[81]의 면에서 고찰한 Welzel의 종국적인 언명은 이렇다.

---

80) 황산덕, 법철학강의(서울: 방문사, 1981), 252면, 333면, 참조.

81) Vgl. H. Welzel, Naturrecht und materiale Gerechtigkeit(Göttingen: Vandanhoeck & Ruprecht, 1962), S. 11.

"자연법의 사상적 세계로부터 남는 것은 영원한 실질적 법원칙의 체계가 아니라 사회관계들의 정당한 형성을 위한 투쟁이 정신적 대결에 머무르고, 폭력에 의해서나 인간에 의한 인간의 살육에 의해 결판나지 않도록 배려하려는, 항상 새로운 조건들 밑에서 이루어져야 할 실정법에의 위탁이다."[82)]

한편 자연법의 영원회귀(die ewige Wiederkehr des Naturrechts)를 주장하는 사람이 있는가 하면 법실증주의 영원회귀(die ewige Wiederkehr des Rechtspositivismus)를 주장하는 사람들도 있다.[83)] 법의 효력근거를 법의 본질성에서 찾으려는 자연법론과 법의 존재성에서 찾으려는 법실증주의 양극성은 배제되어야 한다고 본다.

자연법사를 자연법의 내용의 측면이 아니라 자연법의 기능의 측면에서 살펴볼 필요가 있다. 이 때 자연법이 실정법을 통제하고 그 보충을 촉구하는 기능을 하였다는 것은 자연법의 폐단을 감안하더라도 인정하지 않을 수 없다. 현대에까지 자연법의 재생 내지 부흥을 주장하는 것이 어느 정도의 설득력을 가지고 먹혀 들어가는 것은 바로 여기에 기인한다고 볼 수 있다.

그러나 헌법을 정당성의 체계라 할 때 그 정당성의 개념은 관념의 세계나 초월적인 영역에 존재하는 정당성(Richtigkeit)이 아니라 현실적인 헌법의 효력근거로서의 정당성(Legitimation)인 것이다. 이 정당성이 단순한 사실(Faktum)이 아니라 당위적인(sollend) 것이라 하여 자연법과 필연적인 연관이 있는 것은 아니다. 그 당위성은 헌법 자체의 규범성에서 당연히 비롯되는 것이다. 따라서 헌법상의 정당성론은 결코 헌법신학(Verfassungstheologie) 아니라 헌법학의 내재적인 구성논리인 것이다.

82) Vgl. a. a. O., S. 253.

83) Vgl. Arthur Kaufmann, "Die ontologische Struktur des Rechts." in: Die ontologische begründung des Rechts, hrsg. A. Kaufmann, 1965. S. 470f.

따라서 자연법이냐 실정법이냐의 택일적인 문제는 헌법이론에 있어서 그 대상성을 상실한 문제이다.[84] 정치공동체에 관한 헌법이론과 그 실천의 문제는 자연법의 위건 아래건 하여간 자연법과는 독립하여, 고유한 문제 제기를 하고 독립적으로 논증하고 헌법의 실체적 절차적 원리를 전개하는 것이다.[85]

이것은 헌법의 생활규범성(Verfassung als Lebensnorm)을 살펴봐도 쉽게 이해할 수 있다. 헌법은 모든 생활 영역(Alllebensbereich)을 대상으로 하는 가치규범(Wertnorm)적 내지 행동규범(Aktionsnorm)적 성격을 띤 생활규범성을 갖는다.[86] 즉, 객관적 가치질서로서의 헌법은 국민의 의사결정규범(Bestimmungsnorm)인 동시에 행위규범(Verhaltensnorm)인 것이다. 이러한 규범의 효력근거를 어떤 영원불변한 것으로부터 끄집어 낼 필요는 없다. 예컨대 민주적 정당성이 바로 현실과 밀접불가분의 관계에 직면하고 있다는 것을 봐도 쉽게 알 수 있는 것이다.

2. 헌법제정권력과 정당성

우리가 구체적인 헌법을 라이프 싸이클(Life-cycle)의 과정적 측면에서 고찰할 때, 먼저 그것의 잉태와 분만을 생각할 수 있는데, 그것은 헌법의 성립과 제정에 대비시켜 볼 수 있다. 헌법의 성립(Entstehung der verfassung)은 가치적 공감대(Konsens)－중심세력－참여세력의 삼각변수에 의해서 이루어지는 정치사회학(politische Soziologie)적 현상이고, 헌법의 제정(Verfassungsschöpfung)은 헌법학의 대상이라 할 수

---

84) Vgl. P. Häberle, “Verfassungstheorie ohne Naturrecht”, in: Verfassung als Öffentlicher Prozeß(Berlin: Duncker & Humblot, 1978), S. 93.

85) a. a. O.

86) 허영, 전게서(상), 36면 참조.

있다.[87] 헌법의 제정은 헌법제정권력(Verfassungsgebende Gewalt, pouvoir constituant)의 행위를 통해서 이루어진다.

헌법제정권력의 주체가 국민인 것은 이 글에서의 민주적 정당성에 비추어 보아 당연한 것이다.

헌법제정권력의 정당성 문제는 헌법을 정당성의 체계로 이해하여 당위적인 모델로 제시하는 입장에서는 그리 중요한 문제가 아니다. 헌법제정권력을 어떻게 정당화시킬 것이냐의 문제가 아니라, 헌법제정권력을 어떻게 정당성의 체계에 기속시킬 것이냐의 측면에서 파악하기 때문이다. 따라서 헌법제정권력의 정당성을 그 시원성(Ursprünglichkeit)에서 또는 그 주체의 입헌적 의지에서 끌어내려고 하는 시도는 무의미하다고 본다.

그러므로 헌법제정권력을 정당성의 체계에 기속시키려는 측면에서는 당연히 헌법제정권력은 한계성을 지니며 이것을 부인하는 Sieyès나 C. Schmitt의 논지는 받아들이기 어렵다. 헌법제정권력은 결코 아무런 내용이나 결단을 내릴 수는 없는 것이며 그것의 최소한의 윤곽적 범위, 즉 목적적 정당성, 민주적 정당성, 절차적 정당성, 체계적 정당성에 기속되지 않을 수 없는 것이다.

일반적으로 헌법제정권력의 한계[88]로서 이데올로기적 한계, 국제법적 한계를 설정하는 것은 정치사회의 현실적인 측면을 반영한 논거라 할 수 있다. 또한 법적 이성(Rechtsvernunft), 정의(Gerechtigkeit), 법적 안정성(Rechtssicherheit)에 의한 헌법제정권력의 법원리적 한계[89]는 위에서 논술한 정당성의 체계에 의한 한계에 포괄될 수 있는 것이라고 본다.

한편 헌법제정권력의 정당성을 문제로 삼아 헌법의 정당성을 논하

87) 상게서, 49면 참조.
88) 자세한 것은 상게서, 54면 이하 참조.
89) 상게서, 56면 참조.

는 것은 너무나 외형적인, 편면적 이해가 아닌가 한다. 먼저 헌법의 라이프 싸이클(Life cycle)을 빌어 이 문제의 위상을 살펴볼 때, 이 문제는 정치학과 헌법학의 경계상에 자리 잡고 있다. 정치학적인 영역에서 헌법학적인 영역으로 삼투되는 과정에 있는 이 문제에 대해 헌법학적 측면에서 내밀 수 있는 촉각은 외형적으로 '제정된 헌법 전체'(Verfassung als Ganzes)가 내용적으로 어떠했기 때문이라는 관점에 맞추어져야 하고 여기에 따라서 헌법제정권력과 관계된 헌법의 정당성 문제를 논증하여야 할 것이다. 예컨대 어떤 헌법이 제정되었을 때, 그 헌법이 정당한 것으로 받아들이냐 그렇지 않으냐의 문제를 그것은 이데올로기적인 질(ideologische qualität)의 문제로서 헌법이 제정된 당시의 일반적인 정치이념(politische Idee), 시대사상(Zeitgeist) 내지는 생활감각(Lebenssinn)에 따라 결정한다는 것[90]은 헌법학적인 차원을 일탈할 것이라고 본다. 만약 국민적 합의를 위장하는 상황에서 헌법이 제정되었다고 가정할 때에 그 헌법의 정당성은 너무나 포괄적인 의미의 정치이념, 시대사상, 생활 감각에 비추어 용납되지 못한다는 논리보다, 실질적인 민주적 정당성을 유월한 것을 이유로 정당화되지 못한다고 하여야 헌법학에서 요구하는 우선적인 답이 될 것이다. 또하나의 예로서 인간의 존엄과 가치, 언론출판의 자유를 무시하는 헌법제정이 있었다고 상정할 때, 그것은 정치이념, 시대사상, 생활 감각에 어긋난다는 이유를 차용할 것이 아니라 먼저 목적적 정당성을 확보하지 못한 것으로 정당성 문제를 제기하여야 헌법학의 순리적인 대답이 될 것이다.

90) 상게서, 53면 참조.

3. 헌법재판권능[91]과 정당성

헌법재판(Verfassungsgerichtsbarkeit) 이란 헌법을 운용하는 과정에서 헌법의 규범적 내용이나 기타 헌법문제에 관한 다툼이 생긴 경우에 이를 유권적으로 해결함으로써 헌법의 규범적 효력을 지키고 헌정 생활의 안정을 유지하려는 헌법의 실현 작용(Verwirklichung der Vefassung)을 말한다.[92]

이러한 헌법재판은 헌법규범과 헌법현실의 갭(Gap)이 필요이상 커지는 것을 막기 위한 헌법해석적인 헌법보호의 수단으로서 기능하고[93] 법적인 영역과 정치적인 영역을 연결시키는 교량적 역할을 한다. 후자는 정치의 사법화(Juridifizierung der Politik), 사법의 정치화(Politisierung der Justiz)의 문제가 대두하는 정치적 작용설[94]로 헌법 재판의 본질을 이해하는 입장에서 주장될 수 있다. 헌법재판의 본질을 이해하는 데에는 그 밖에 사법작용설[95], 입법작용설[96], 정치작용설[97], 정치적 사법작용설과 약간 뉘앙스가 다른 제4의 국가작용

91) 권능(Kompetenz)과 권력(Gewalt)의 용례에 있어서 원칙적으로는 선사가 법학적 개념으로 후자는 naked power의 뉘앙스가 있어 정치학적인 개념으로 구별하여 사용하여야 하겠으나 보통 혼용되고 있다.

92) 허영, "헌법재판"「고시계」(81, 2), 51면 참조.

93) 상게논문, 59면 이하 참조 ; Vgl. G. Müller, "Die Bedeutung der Verfassungsgerichtsbarkeit für das Verständnis des Grundgesetzes." in: hrsg. P. Häberle, a. a. O., S. 400f.

94) Vgl. G Müller, a. a. O.; O. Massing, "Recht als Korrelat der Macht? Überlegungen zu Status und Funktion der Verfassungsgerichtsbarkeit." in: hrsg. P. Häberle, a. a. O., S. 411ff; H. Triepel. a. a. O., S. 69f.

95) Vgl. G. Leibholz, "Bericht des Berichterstatters an das Plenum des Bundesverfassungsgerichts zur Status-Frage", in: hrsg. P. Häberle, a. a. O., S. 224ff.

96) Vgl. C. Schmitt, "Das Reichsgericht als Hüter der Verfassung", in: Verfassungsrechtliche Aufsätze aus dem Jahren 1924-1954, 2. Aufl.(Berlin: Duncker & Humblot, 1973), S. 79; K. Stern, Das Staatsrecht der Bundesrepublik Deutschland, Bd. 2(München, C. H. Beck'sche Verlag, 1980), S. 941 (FN 31).

97) Vgl. U. Scheuner, "Diskussionsbeitrag", in: hrsg. P. Häbberle, a. a. O., S. 278ff.

설[98]이 있다.

헌법재판의 기능으로서 위의 두 가지 기능 이외에 다음과 같은 것을 들 수 있다. 규범통제에 있어서 소수에게 헌법재판 청구권을 부여하는 방법에 의한 소수보호기능[99], 헌법보호를 위한 헌법재판소의 정상적인 가동으로 인한 국가위기 예방기능[100], 연방분쟁사건(föderative Streitigkeit)을 해결하는 과정에 있어서 연방국가의 통합기능[101], 정치적 분쟁을 법적인 논쟁으로 이끌어 들여 정치풍토를 순화하는 촉매(Katalysator der politischen Atmosphäre)의 기능[102], 헌법재판소가 단순히 존재한다는 사실로부터 모든 국가기관(Staatsapparate)에 합헌적으로 행위할 수 있게 하는 교육적 기능[103], 헌법분쟁이 걷잡을 수 없는 힘의 투쟁이 아니라 규율될 수 있는 절차적 형식과 헌법존중의 기본결정에 기초하도록 하는 평화적 기능(Friedensfunktion)[104], 국민에게 저항권의 합법적인 창구(legaler Kanal)을 개설해 주는 기능[105]등이 그것이다.

그러나 헌법을 정당성의 체계로 이해할 때 헌법재판의 가장 중요한 기능은 절차적인 정당성을 보장하기 위한 가장 강력한 통제수단으로서의 권력통제적인 기능[106]이라고 하지 않을 수 없다. 이것은 헌법재판의 헌법보호기능의 중요한 부분을 차지한다.

이러한 측면의 헌법재판의 기능과 제4의 국가작용으로서의 헌법재판의 본질을 고찰하는 경우에는 입법·행정·사법작용에서 그 민

98) 허영, 전게 논문, 64면 이하 참조.
99) Vgl. K. Stern, a. a. O., S. 985.
100) Vgl. a. a. O., S. 1004f.
101) Vgl. a. a. O., S. 995f.
102) Vgl. E. Friesenhahn, "Die Funktion der Verfassungsgerichtsbarkeit," in: hrsg. P. Häberle, a. a. O., S. 365.
103) Vgl. a. a. O.
104) Vgl. G. Müller, a. a. O., S. 400.
105) Vgl. E. Friesenhahn, a. a. O., S. 365.
106) Vgl. K. Schlaich, a. a. O., S. 3f; K. Stern. a. a. O., S. 954f.

주적 정당성이 중요시되는 것처럼 헌법재판에서도 그 민주적 정당성이 경시될 수 없다.[107] 따라서 민주적 정당성을 확보하지 못한 헌법재판권능은 그 존립지반을 상실한 것이라고 할 수 있다.

헌법재판의 한계를 사법의 본질적 한계, 기능적 한계, 정책적 한계 등의 관점에서 살펴볼 수 있겠지만 헌법을 정당성의 체계로서 이해할 때의 헌법재판의 한계에 대해서는 다음과 같이 요약할 수 있다.

먼저 헌법재판권능은 목적적 정당성의 실현에 기속되어야 한다. 헌법재판의 작용에 있어 그 목적 내용에 내재하는 한계라 할 수 있다. 둘째 절차적 정당성의 관점에서이 한계이다. 모든 헌법적 해석의 유권적 종국으로서 헌법재판권능은 권능의 권능(Kompetenzkompetenz)의 현실적인 담지자가 된다.[108] 이렇게 되면 절차적 정당성을 확보하기 위한 헌법재판이 절차적 정당성에 대한 최고의 위험인자가 될 가능성을 생각하지 않을 수 없다. 모든 권능의 융화적 통일성은 절차적 정당성의 관점에서 배제되는데 그 대상의 한 예가 헌법재판권능이 되는 것이다. 따라서 여타의 다른 권능에 대한 규제적·조정적 권력(pouvoir moderateur et regulateur)[109]으로서 헌법재판권능은 절차적 정당성의 관점에서 일정한 한계를 갖는다.

셋째 민주적 정당성의 측면에서의 한계이다. 헌법 재판권능은 그 전문성으로 인하여 그 구성상 민주적 정당성을 직접 수여받기는 어렵다. 헌법에 관한 전반적인 양식을 가진 인물이 선거에 의해서 선출된다고 반드시 보장할 수는 없기 때문이다. 그러므로 헌법재판권능이 민주적 정당성을 확보하는 데는 기술상의 문제로 일정한 한계를 갖지 않을 수 없다. 따라서 민주적 정당성의 관점에서 헌법재판권능이 민주적 정당성을 발판으로 하는 타 정치기관의 고도의 정치적인 문

---

107) 허영, 전게 논문, 65면 참조.

108) Vgl. K. Schlaich, a. a. O., S. 10.

109) Vgl. H. Triepel, a. a. O., S. 59.

제(Hochpolitischen)에 한계를 갖는 것은 당연하다. 결국 political question doctrine이나 judicial self-restraint [110]는 이러한 논리상에서 이해하여야 한다고 본다.

4. 헌법의 해석과 정당성

헌법의 해석과 정당성의 기능의 측면에서는 일반적으로 거론될 수 있는 헌법해석의 방법론이 아니라 헌법해석의 지침(Leitpunkte)에 관해서 논구하는 것을 목적으로 한다.

헌법을 정당성의 '통일적인 체계'로서 기능구조적으로 이해할 때 헌법 해석의 제1의 지침은 이 통일적인 체계의 일원성을 항상 염두에 두어야 한다는 것이다. 헌법의 통일성을 헌법 해석의 지침으로 강조하는 이유는 헌법에 당연히 내포된 어떤 확립된 조화성을 존중한다는 의미보다는, 헌법에 내재할 수도 있는 규범 상호간, 헌법원칙 상호간의 긴장·부조화현상 등을 최대한으로 완화시켜 이를 조화적인 전체가 될 수 있도록 헌법의 통일성(Einheit der Verfassung)을 실현시켜야 된다는 의미로 이해해야 한다[111]고 하는 것도 이러한 맥락에서 파악하여야 한다. 헌법의 통일성을 실현하기 위한 두 가지 원칙[112]으로서 법익교량의 원칙(Prinzip der Güterabwägung)과 조화의 원칙(Prinzip der Harmonisierung)이 확립되고 있다.

헌법을 '정당성'의 체계로서 파악할 때, 헌법 해석의 제2의 지침은 목적적 정당성·민주적 정당성·절차적 정당성·체계적 정당성이 헌법 해석의 기준(Maßstäbe)으로 작용하여야 한다는 것이다. 따라서 위의 정당성이 최대한으로 구현되도록 모든 해석방법론이 집약될 때 그

110) 허영, 전게 논문, 71면 참조.
111) 허영, 전게서(상), 101면.
112) 자세한 것은, 상게서, 101면 이하 참조.

해석은 그야말로 사리적(事理的) 정당성(sachlogische Legitimation)을 획득할 것이다. 따라서 우리가 법률의 합헌적 해석(verfassungskonforme Auslegung von Gesetzen)과 관련하여 헌법의 정당성 합치적 해석(Legitimationskonforme Auslegung von Verfassung)을 생각할 수 있을 것이다.[113]

결론적으로 헌법해석의 지도원리로서 정당성 체계의 논의는 모든 해석방법론에 있어서 자의의 금지의 윤곽적 범위를 제시하여 준다.

5. 저항권과 정당성

헌법을 정당성의 체계라고 할 때, 그 정당성의 개념과 자연법과의 연계관계를 고찰한 바 있다. 그런데 저항권이 실정법적 권리(positives Recht)이냐 자연권이냐 실정법내재적인 권리이냐의 물음은 전혀 무의미한 것으로 사료된다. 헌법이론적으로 논증될 수 있다면 그것이 실정법에 규정되어 있느냐의 여부는 문제로서의 가치를 상실하기 때문이다. 이러한 맥락에서 인간이 저항권(Widerstandsrecht)이 인간의 천부적인 자유를 보상하기 위한 최후의 수단인 동시에 불가양의 권리로서 실정법화될 수 없는 것이라고 말하는 것도 설득력을 갖기 어렵다.

헌법을 정당성의 체계로서 논할 때, 목적적 정당성의 내용인 기본권은 사회의 동화적 통합의 당위적인 가치질서를 이룬다. 여기의 기본권의 하나로서 저항권은 일단 사회의 동화적 통합의 관점에서 고찰하여야 한다. 저항권을 정당성의 지반으로 이해하기 위해서는 먼저 그것의 사회통합기능을 살펴보아야 하기 때문이다. 국가는 사회의 통합과정이지만 국가와 사회는 상호 교차관계적 영향을 미친다. 이때 저항권의 가치를 부인한다고 가정한다면, 사회적인 영역에서는 가장

113) 자세한 것은, 상게서, 104면 이하 참조.

역동적인 통합요인(Integrationsfaktor)을 상실한 것이다. 다원적인 사회의 활성적인 근거가 되는 저항이라는 것의 부존재는 정체사회의 대표적인 구성요소를 징표하기 때문이다. 한편 국가적인 영역에서는 국가를 해체하고 융해하는 독소가 제거된다고 할 것이다. 저항권의 이와 같은 구심력(Zentripetalkräfte)과 원심력(Zentrifugalkräfte)의 기능을 감안하고도 동화적 통합의 법질서인 헌법이 기본권의 한 내용으로 하고 있는 것은 상당히 변증법적(dialektisch)이다. 따라서 저항권은 변증법적인 Synthese의 관점에서 고찰되어져야 한다.

즉 사회가 통합되고 국가가 와해되고 사회가 재통합되어 가는 과정에서 저항권은 정당성 체계로서의 헌법과 헌법현실과의 관계에 있어서 정당성의 확보의 그 지반을 이룸과 동시에 부단한 촉진제가 되는 것이다. 따라서 저항권의 내용을 일시적인 힘의 행사로 보고 그 행사요건(보충성, 최후수단성, 성공가능성)을 설정하는 입장과는 여기서 거리가 멀어지게 된다.

결론적으로 저항권의 성격은 정당성 체계로서의 헌법에 대한 보호수단에서 찾아져야 한다. 저항권의 내용을 국가의 권력에 대한 비판적 복종[114]으로 이해하는 견해가 있다. 즉 이유 없는 반항이 아니라 이유 있는 순종의 면을 간과해서는 안 된다는 것이다. 이 이상을 뛰어넘는 혁명권 등의 개념설정은 헌법학의 대상이라고 보기 어렵다.

인간의 존엄과 가치가 목적적 정당성의 '이념적 내용'의 기본권이고 표현의 자유(Äußerungsfreiheit)가 목적적 정당성의 실현을 위한 '원초적인 방법'을 제공하는 기본권이라고 하면, 정당성의 체계인 헌법에 있어서 국민의 자조(自助)수단(Nothilfe des Bürgers)[115]인 저항권은 목적적 정당성의 '지반'을 이루는 기본권이라 할 수 있다.

114) 허영, 상게서(상), 120면 ; 전게서(중) 171면 참조.
115) 허영, 상게서(중), 170면 참조.

제3장 결 론

제1절 정당성 논의의 전망

우리 헌법학계에 있어서 정당성 논의는 상당히 낯선 일면이 있다. 그러나 사회철학에 있어서는 프랑크푸르트학파의 이론이 대략적으로 소개되어 있는 상황이다. 규범의 지배를 지나 과학과 기술의 지배로 이르고 있다는 Habermas의 통찰은 많은 시사를 준다.[116] 자연법의 순환적 굴레에서 벗어나 현대의 냉철한 사회 인식을 바탕으로 정당성 논의를 지속시켜 나가야 할 것이다.

개발도상국가의 경제 발진과 더불어 정치 영역의 새봉건화(Refeudalisierung)를 간과해서는 안 될 것이다. 따라서 헌법상 공화적 군주정(monarchie républicaine)이 발을 못 붙이도록 하는 것이 우선 정당성 논의의 시급한 목표라고 할 수 있다. 여기서 Heidorn의 정당성과 통치자격(Legitimität und Regierbarkeit)[117]은 좋은 소재가 될 것이다.

우리 헌법학계에선 허영 교수가 통치 질서의 일원적 체계 설명을 위하여 정당성 논의를 한 것[118]이 신선한 영향력을 미치고 있다. 필자는 여기서 범위를 확장시켜 헌법 전체를 정당성의 체계로 구성하

---

116) Vgl. Habermas, Technik und Wissensehaft als ‘Ideologie’(Frankfurt: Suhrkamp, 1968), S 62ff.

117) Vgl. J . Heidorn, a. a. O.

118) 허영, 전게 논문.

려는 시도를 해보았다. 한 가지 분명한 것은 이 글은 미천한 시도에서도 시도에 불과하다는 것이다.

제2절 현행 헌법과 정당성

이상에서 논의한 정당성의 관점에서 볼 때 현행 헌법이 문제가 없는 것은 아니다. 몇 가지만을 들어보자면 다음과 같다.[119)]

목적적 정당성의 정신에 위배하는 헌법 제37조 제2항의 일반적인 법률유보(allgemeine Gesetzesvorbehalte)－왜냐하면 개별적인 기본권의 특수성을 감안하지 않고 일정한 요건하에서 모든 기본권을 일반적으로 제안할 수 있다는 것은 통치기능의 목적에 대한 회의의 여지를 남겨두기 때문이다.

민주적 정당성과 체계적 정당성의 관점에서 문제가 되는 대통령의 권한과 그 선출방법의 불비례, 목적적 정당성 및 절차적 정당성의 관점에서 문제가 있는 재판소원 금지, 민주적 정당성을 위반하는 헌법재판소의 구성(특히, 대법원장의 헌법재판소 재판관 지명권), 한국은행의 비독립성을 포함하여, 체계적 정당성 · 절차적 정당성을 위반하는 권력분립 등이 그것이다.

그러나 여론적으로 우리 국민의 헌법에의 의지(Wille zur Verfassung)를 아무리 강조해도 지나치지 않을 것이다.

---

119) 헌법의 개정의 당위성과 방향성에 관해서는 Cf. C. Y. Hwang, “Constitution, Legitimation and Amendment.” in: 「Yonsei Annals」(May 1, 1986).

Ⅲ. 헌법과 종교*

* 이 글은 저자의 학사학위논문에 기초한 것이다.

제1장 서 론

제1절 연구의 목적

20C의 물질문명이 팽배한 시대적 상황 하에서, 인간은 고독한 예외자(Ausnahme)요, 일회적 존재라는 의식 밑에, 정신적 위기를 맞고 있다. 이러한 현대적 문제 상황에 있어서, 종국적 보루로서의 종교는, 그 자체에 있어 조직의 비대화, 금권화 및 권위의 실추로 말미암아 그 기능이 의문시되고 있고, 신흥종교와 사교(邪教) 문제, 기타 종교적 활동에서 야기되는 사회 문제가 대두되고 있으며, 종교와 정치를 둘러싸고 제기되는 문제들도 많다.

종교가 형식화되고 사회적 한계를 일탈하는 문제들을 직면하여, '사회를 초월해서 존재하는 종교도 없고 국가라는 테두리를 넘어서 살고 있는 성직자도 없다'라는 논리가 성립될 수 있다[1] 물론 종교 현상도 사회내적 현상의 일종이지만, 인간의 존재론적인 성향에서 출발해 볼 때에는, 신심(信心)을 핵심으로 하는 종교가 인류보편의 원리상 침해할 수 없는 절대적인, 인간의 관념적 행태라는 걸 부인할 수도 없다.

어쨌든 현대의 모든 종교 문제를 「종교의 자유」라는 논점 하에 헌법상의 규범 문제로 이끌어 들일 수는 없는 것이므로 이 글에서는

---

1) 한상범, "사상 · 양심과 종교의 자유" 「고시계」 81. 4, 5. 49.

종교에 대한 존재론적인 인식을 바탕으로 하여 '종교의 자유'에 대한 헌법상의 규범 내용을 개괄적으로 해석하고 분석함을 그 목적으로 한다.

제2절 연구의 범위와 방법

헌법관에 따라 그 규범적인 내용의 이해와 해석에 있어서 상이한 결과를 초래할 수 있지만 통합과정론적인 헌법관에 의한다면 헌법을 다음과 같이 규정한다. 즉 헌법이란 사회공동체가 내포하고 있는 다양한 이해관계, 그 구성원의 행동양식, 행동목표 등을 일정한 가치세계를 바탕으로 한 일체감 내지 연대의식에 의해 하나로 동화·통합시킴으로써 정치적인 일원체내지 국가를 조직하기 위한 법질서라 하고 그것은 공존을 위한 타협의 결과(Kompromiβfrucht für existentielle Verbundenheit)로서 최고의 가치를 존중되어야 한다고 한다.[2] 또한 기본권은 사회공동체가 하나로 동화되고 통합되어 가기 위한 '당위적 가치질서'이고 한 민족의 문화질서이며 따라서 헌법상의 생활질서인 동시에 행동규범(Verhaltensnorm)이라 한다.[3] 그런데 이런 기본권들은 추상적 규범요소(abstrakte Normelemente)로 구성되어 있다. 종교의 자유도 예외는 아니다. 당장 헌법상의 종교가 어떠한 것을 말함인지부터가 너무 추상적이다. 이러한 추상적 규범요소를 해석하는 데 있어서 헌법관의 이해가 선행되어야 하겠지만[4] 획일적인 이론적 논리성에

2) 허영, 「헌법이론과 헌법(상)」(서울, 박영사, 1979), 15면 이하.
3) 허영, "기본권능력과 기본권행사능력"「고시계」82. 12. 25면.
허영, 「헌법이론과 헌법)(중)」(서울: 박영사, 1984), 35면.

입각하여 일개의 헌법관에 의해 해석 대상을 투시해 보는 것은 너무나도 복합적인 의미들을 일축해 버리기 십상이다. 따라서 사람에 의한 결정의 요소, 규범성, 가치지향적인 통합촉진의 요소 등 헌법의 본질적 요소들을 염두에 두는 것은 물론이거니와[5] 인간과 사회에 대한 근본적인 철학적 이해를 수반하는 다원적인 접근 방법이 필요하다고 본다. 궁극적으로 사회적인 생존의 주체로서 인간의 문제를 보지 아니하면 자유의 문제는 아무런 뜻이 없기 때문이다[6] 따라서 존재(seim)와 당위(Sollen), 사실(Faktum)과 규범(Norm)을 엄격히 구별하고, 방법이 인식의 대상을 규정한다는 Kant적 사고방식은 배격되어야 하고,－특히 문제중심적 접근방법(problem approach)에 있어서 그렇다－, 규범의 학문(Normwissenschaft)의 영역에서는 규범적인 것만이 연구 대상이 되고, 규범적인 접근 방법만이 고찰방법으로 채택될 수 있다는 것은 억견(doxa)에 불과하다고 본다. 기본권 영역을 규정하려는 법률가의 노력은 종종 법률적 영역을 떠난 전문적 영역의 권능(Fach-Komepetenz)의 침해와 호사주의(好事主意 : Dilletantismus)에 귀착하고 좀 더 아는 사람(Besserwisser)의 조소(嘲笑)에 빠진나[7]고 하는 것은 전술한 규범외적인 사항을 포함하는 다원적인 접근 방법에 대한 비판 같으나 타당하다고 생각되지 않는다. 왜냐하면 사실과 규범의 이원적 사고차원을 떠나서, 다방면에 걸쳐 입체적 고찰을 하고, 규범적 채색을 가하는 것이 함께 필요하다고 보기 때문이다.

‘보편(普遍)은 개물(個物)에 앞선다’ (universalia ante rem)라는 명제에 입각한 Anselm의 실념론(實念論)에 따르면 객관주의로 귀결되고, ‘보편은 개물속에 있다’ (universalia in re)라는 명제에 입각한

4) 허영, “동화적 통합이론과 기본권”「고시연구」81, 8. 83면.
5) 허영, 전게 논문, 25면.
6) 한상범, 전게 논문, 46면.
7) Josef Isensee, 「wer definiert die Freiheitrechte?」(Heidelberg: C.F Müller Juristischer Verlag GmbH, Karlsruhe Gesamtherstellung, 1980), S. 26.

Roscelinus의 유명론(唯名論)에 따르면 주관주의에 귀착한다.[8] 전자는 실증주의의 폐단에 빠질 염려가 있고 후자는 회의적인 상대주의의 극단인 불가지론(不可知論 : Agnostizismus)에 빠질 염려가 있다. 따라서 일정한 가치판단을 요하는 해석대상에 대하여 주관적 해석방법과 객관적 해석방법을 철저하게 대립시켜 사고하는 방식도 받아들이기 어렵다.[9] 주관적인 평가와 객관적인 평가가, 동일대상에 대한 평가의 연쇄(連鎖) 속에, 함께 요구되고 있는 경우가 많고 또한 단순히 존립해 있는 객관보다도 '주관 · 객관관계(Subjekt-Objekt-Verhältnis)'가 선재하고 있다는 사실을 간과하고 있기 때문이다.[10]

다음은 해석권능(Interpretationskompetenz)의 문제이다. 불확정한 추상적 규범 내용을 구체적으로 확정할 필요가 있을 때 과연 누가 어디로부터 그 해석권능을 부여 받았는가 하는 것이다. 이 문제는 각 단원마다 줄곧 제기될 것이다. 관계되는 곳에서 언급하기로 한다.

하나 부기해 둘 것은 헌법은 다원적인 사회의 근본적인 문제에 대한 타협의 소산인데 이러한 타협이 일단 이루어지고 성문화되면 사후에 있어서 일방적으로 변경되거나 폐기되지 아니하여야 할 뿐만 아니라 그 근본적인 타협은 헌법해석에 의해서도 더 이상 타협될 수 없을 때 보장된다는 것이다.[11] 헌법상의 근본적인 타협의 규범 내용의 최후 한계선이 확정되어 있다고 전제되지 않을 때는 순환논법(Zirkelschloβ)에 빠지기 쉽기 때문이다. 결론적으로 말해서 이 글에서는 규범외적 존재론에서부터 출발하여 다원적으로 접근 방법을 모색하고 종교의 자유 전 범위를 개괄하는 것을 연구 범위로 하되 필요한 곳에서 관련 문제들을 언급하기로 한다.

---

8) 황산덕, 「법철학강의」(서울, 제3정판; 방문사, 1971), 114면.
9) Josef Isensee, a. a. O., S. 29ff.
10) 황산덕, 전게서. 288면.
11) Josef Isensee, a. a. O., S. 33.

제2장 본 론

제1절 종교의 사적(史的) 고찰

선사의 구석기 시대 중기에 네안데르탈인(Neandertalensis)의 무스테리안 문화(Mousterian Culture)에 있어서 처음으로 종교 의식을 엿볼 수 있다.[12] 그 이전의 전혀 동물과 동일한 상태, 즉 진화도상 인간의 의식의 발아 없는 맹목상태 하에서는, 물론 종교 현상이란 있을 수가 없었다. 동물상태의 무의식적인 공구심(恐懼心)으로부터 인간상태의 지각할 수 있는 공구심으로의 전기(轉機)를 종교의 기원으로서 상정할 수 있다. 그 후 만물숭배(Totemism), 영혼숭배(Animism), 무격신앙(sharmanism)등의 원시적인 표상종교(表象宗敎)[13]가 대두된다. 그리고 종교의 진화론적 관점에서 고대 종교의 차후에 유사(有史) 종교, 초기근대 종교, 현대 종교로 이어진다.[14] 원시적 종교, 고전적 종교, 현대적 종교로 나누어 보는 입장도 있다.[15]

여하튼 원시적인 자연숭배의 다신교로부터 유일신신앙의 일신교로 성립에 이르기 까지는 물론이거니와 각각 성립배경을 달리하여 현재

12) 조좌호, 「세계문화사」, (서울: 박영사, 1981), 37면.

13) 원시종교의 일반적 특성을 파악하고 필자가 붙인 조어.

14) Robert N. Bellah, “Religious Evolution”, 「Comparative Religion」(New York; 1958), pp. 36-50

15) 연세대학교 종교교재 편찬위원회(편)「종교 현상과 기독교」(서울: 연대출판부, 1983.) 48면, 52면. 참조.

에 이르는 기존의 세계 종교에서까지 대내적인 종파대립과 대외적인 종교분쟁은 단속적이나마 거의 끊이지 않고 계속되어 왔다. 예컨대 유럽문화의 정신적 지주인 크리스트교(Christianity)는 313년 콘스탄티누스(Constantinus)대제의 밀라노 칙령(Edict of Milan)에 의해 공인된 후에도 수차례의 종교회의, 이단교의 파생, 대외적인 크고 작은 종교분쟁, 신 · 구교의 갈등이 있어왔다.16) 그리고 페르시아 지방에 있어서, 조로아스터교(Zoroastrianism: 拜火教), 마니교(摩尼教: Manichaeism)의 성쇠, 이슬람교(Islamism)의 포교, 인도에 있어서 브라만교(Brahmanism), 불교, 자아나교(Jainism), 힌두교(Hinduism)의 영고(榮枯), 17) 중국에 있어서 도교, 유교의 뿌리 깊은 이념적 갈등과 대립 등은 위의 사실을 여실히 보여주고 있다.

종교가 사회 현상으로서 국가와 종교의 관계에 있어 어떻게 인정되고 보장되어 왔는가 하는 과정은 다음의 종교의 자유의 연혁적 고찰에 미루기로 한다. 다만 여기서 일기해 둘 것은, 이와 같은 역사적 사실 속에서 종교의 자유의 보장사상이 사회적으로 요청되고 대두된 것은 서양에서는 종교의 인간 이성에 대한 지배로부터 벗어나 자율적인 이성에 의한 세계관의 형성 및 종교에 대한 주체적 안목을 가지기 시작한 르네상스와 종교개혁 이후에서라는 것이다. 즉 전통적인 획일적 종교만이 관념화되는 사회에서는 생활 그 자체 속에 그 종교에 대한 무의식적인 강요만이 있을 뿐이지 인간존재론에서부터 출발하는 폭 넓은 신앙의 자유는 인정될 여지가 없었다.

16) 고려대학교 세계문화사 연구실(편) 「세계문화사 개설」(서울: 고대출판부, 1983). 61-65, 78-88, 113-119, 123-135면. 참조.

17) 상세한 것은 조의설(편)「세계사대사전」(서울: 민중서관, 1976), 998, 292, 907, 476, 950, 1420면. 참조.

제2절 종교의 자유의 연혁적 고찰

고대 내지 중세의 정교일치(政敎一致)의 사회(Staatkirchentum od. Kirchenstaatstum)에 있어서는 종교에 융화된 국가권력 또는 국가에 융화된 교회권력의 획일적 정책과 종파 간의 투쟁으로 말미암아, 개인의 신앙의 자유, 즉 진정한 의미의 종교의 자유가 저해되었다는 것은 전술한 바와 같다.

르네상스와 종교개혁을 전환기로 하여, 근대 시민의식의 발현, 즉 세계와 인간에 대한 자각과 심화되는 자연 과학의 발달 및 산업·경제의 발전 등으로 구 사회가 와해되기에 이르렀고, 이에 부응하여 서구의 기독교 국가에 있어서 종교의 자유는 국가에 대하여 종교와 정치의 분리를 요구하고, 특정 종교에 대한 특혜나 차별대우를 철폐하도록 하기 위한 투쟁의 과정에서 획득되어 왔다.

종교의 자유의 쟁취는 사상, 학문, 언론 등 모든 정신생활의 자유권 획득의 선구적 역할을 하였으며 초국가적 성질을 가지는 자연권 개념의 성립에 원동력이 되었다. 그리하여 종교의 자유권 규정은 헌법의 근대성을 표시하는 징표라 한다.[18]

종교의 자유의 연혁을 이와 같은 대국가적 쟁취과정과 더불어 기독국에 있어서의 이교도에 대한 관용정책의 과정이라고 보는 입장도 있다.[19] 결국 동일한 시각에 불과하다고 본다.

각국에 있어서 구체적인 연혁을 살펴보면 다음과 같다.[20] 영국에 있어서는 1534년의 수장법에 의하여 영국 국왕을 수장으로 하는 성공회(Analican Church)를 국교로 하여 비국교도를 차별대우하였으나, 국민

18) 박일경, "종교의 자유" 「법제」 58, 1. 12면 이하.
19) 신재현, "종교의 자유" 「고시계」 74, 4. 12면.
20) 상게 논문, 13면.

협정(The Agreement of the people: 1647), 권리장전(Bill of Right: 1689), 관용법(The Toleration Act, 1689)에 의하여 종교의 자유의 기초가 확립되었다.

미국의 경우에 있어서, 종교의 자유를 최초로 국가의 원리를 삼고 이를 헌법적으로 보장한 것은 미주의 Rhode Island이다. 여기서 Roger Williams는 Providence 시를 건설하고 비기독교에 대해서도 완전한 관용을 베풀었다. 미국수정헌법 제1조는 국교부인과 종교행사의 자유를 선언하였고 제6조, 제3항 단서는 정교분리를 규정하였다.

독일의 경우 1740년 프리드리히(Frederik) 대왕하의 「프러시아」, 프랑크프르트(Frankfurt) 헌법(1849), 프로이슨(Preußen) 헌법(1850) 등에서 종교의 자유를 엿볼 수 있고 바이마르(Weimar) 헌법과 현행 독일 기본법이 각각 그 규정을 두고 있다.

프랑스에 있어서 1789년 인권선언 제10조에 불완전하나마 종교적 의견의 자유가 규정되었으나 1905년의 정교분리법에 의하여 종교의 자유가 확립되었다. Kahl에 의하면 정교분리법에서 교회를 국가로부터 분리시킨 것이 아니라 교회로부터 국가를 분리시킨 것이 특색이라고 한다.

이탈리아에서는 1871년 「보장법」에 의하여 정교분리를 실시하였으나 역대 교황들과 대립이 많았다. 그러다가 1920년의 「라테란」조약에 의하여 「바티칸」시국(市國)이 성립함으로써 해결이 되었다. 이탈리아 헌법(1941)은 정교분리와 종교의 자유를 규정하고 있다. 그러나 바티칸시국은 정교합일(政敎合一)제도를 취하고 있다고 보는 것이 일반적이다.

제3절 입법례

종교의 자유의 보장에 관한 각국의 입법례는, 일반적 포괄적 보장규정을 두는 것과, 개별적 구체적 보장 규정을 두는 것으로 크게 나누어 볼 수 있다.「종교의 자유」,「신앙의 자유」,「종교행위의 자유」,「교회의 자유」등의 보장과 같이 일괄적으로 규정하는 태도가 전자의 경우이고,「종교적 고백, 견해, 교수의 자유」,「설교, 포교의 자유」,「종교적 예배 · 의식(儀式)의 자유」,「종교적 집회 · 결사의 자유」,「종교적 심문 · 선서강제의 금지」,「종교과세 금지」,「종교적 이유로 인한 시민적 · 정치적 권리의 차별금지」등의 보장과 같이 개별적 · 열거적으로 규정하는 태도가 후자의 경우이다.[21]

양심의 자유와의 밀접한 관계 때문에 종교의 자유를 양심의 자유와 함께 규정하는 입법례와 각기 독립하여 별개의 규정을 두는 입법례를 찾아볼 수 있다.[22] 또한 종교의 자유의 내재적 한계 이외에 개별적 법률유보 내지 제 규제를 종교의 자유와 함께 규정하는 입법례가 있다.[23]

종교의 자유의 일 내포라 할 수 있는 무종교의 자유를 염두에 두고 무신론을 선전하는 자유 내지 반종교적 선전의 자유를 보장하는 특별규정을 두는 입법례가 있다.[24]

성문헌법을 가지지만 현재 종교의 자유의 보장에 관한 명문규정을 가지고 있지 않는 나라가 있다.[25] 법, 공서양속, 안녕질서, 공익, 도덕, 위생, 국가적 · 시민적 의무 내지 개인의 자유와 권리 상호간의 조화

21) 구병삭, "종교의 자유",「고시계」75, 7. 16면 이하.
22) 권영성,「비교헌법학」(서울: 법문사, 1981), 453-458면 참조.
23) 상게서. 453-458면 참조.
24) 중공헌법 제46조 참조.
25) 구병삭, 전게 논문. 17면 참조.

등에 의한 다분한 제한 가능성에 주 안목을 두고 그러한 태도를 취한지 모르나 헌법에 종교의 자유에 대한 명문의 보장규정이 없다하더라도 헌법에 열거되지 않은 자유권으로 보아야 하고, 종교의 자유의 본질적 내용을 침해할 수 없다 할 것이다.

국가와 종교의 결합상태에 관하여, 특정종교에 국교성, 지배성, 우위성을 명백히 하는 「국교규정을 두는 입법례」와 국가와 종교와의 결합정도를 표현하는 「국·교 결합적 규정」을 두는 입법례가 있다[26]

국가와 종교와의 분리상태에 관해서는, 국가와 종교를 분리 선언하는 「정·교 분리선언규정」을 두는 입법례와 국가와 종교를 분리하는 성격의 규정, 즉 국가기관의 비종교성 규정, 종교에 대한 재정지원금지규정, 국립학교의 종교교육 금지규정을 두는 입법례가 있다. 그 밖에 「국교규정」과 「정교분리」를 선언하지 않은 국가도 있다.

제4절 우리나라 헌법의 규정

건국헌법 제12조는 「모든 국민은 신앙과 양심의 자유를 가진다. 국교는 존재하지 아니하며 종교는 정치로부터 분리된다.」라고 규정하고 있다. 전단에서는, 신앙의 자유와 양심의 자유의 밀접한 관계를 인식하여 함께 보장규정을 두는 입법례에 따르고 있고, 일반적·포괄적인 종교의 자유의 보장으로서 신앙의 자유를 규정하고 있다. 후단에서는 국교불인정을 명백히 하고, 정교분리를 선언하여 간접적으로 종교의 자유를 확고하게 하고 있다. 헌법개정 제4차에 이르기까지 건국헌법 규정태도에 별다른 변경이 가해져 있지 않다. 5차 개정에

---

26) 상게논문 17면 주 8).

의한 1962년 제3공화국헌법 제16조는 제1항에 「모든 국민은 종교의 자유를 가진다.」라고 규정하여 제17조의 양심의 자유의 보장규정과 독립하여 종교의 자유를 규정하고, 문자 그대로의 포괄적인 「종교의 자유」를 보장하는 태도를 견지하고 있다. 제2항에 「국교는 인정되지 아니하며 종교와 정치는 분리된다」 하여, 건국헌법에서와 같이 국교 불인정과 정교분리 원칙을 천명하고 있다. 제9차 개헌에 이르기까지 종교의 자유에 대한 제3공화국 헌법의 규정에 수정 없이 현행 헌법 제20조에 동일하게 규정되어 있다.

제5절 종교의 자유의 의의

현행헌법 제20조 제1항은 「모든 국민은 종교의 자유를 가진다.」라고 규정하고 있다. 여기에서 우리는 논리적 사고에 의한 추론적인 문제를 이끌어낼 수밖에 없다. 입법사항은 최소한의 해석을 규정하는 것일 뿐이기 때문이다. 어떠한 것을 종교라 하는 것이며 그 종교의 자유란 도대체 무엇을 말함이며 그것은 헌법상 어떠한 성격을 지니는가? 누가 종교의 자유를 향유할 것인가? 우리가 종교에 관계되는 어떤 현상에 개입할 때 그것은 종교의 자유의 내용에 속하는 것인가? 아니면 그 한계 밖의 것인가? 또한 그것은 어떠한 의미를 지니는 법적 효력이 생기는가? 만약 그것이 제한된다면 언제 어떻게 제한되어야 하고 왜 그 제한이 정당화 되는가? 위에서 제기된 문제들은 각각 관계되는 부분에서 논술하기로 하고 여기서는 종교의 자유의 개략적인 의의의 언급에 그치기로 한다.

모든 인간은 정도의 차이는 있으나 필연적으로 그 무엇에 대한 다소의 신심을 갖기 마련이다. 바로 이러한 인간의 존재론적인 성향에 종교가 자리 잡고 있는 것이라고 사료된다. 따라서 종교의 자유라 함은 인간의 존재론적인 성향에 의하여 신앙의 욕구를 가지는 개인이, 그 신앙에 있어서 내심의 작용을 침해 받지 아니하고 그것과 관련된 일체의 외부적 종교 활동의 자유를 말한다고 할 수 있다. 이와 같은 논리에 입각한다면 종교의 자유는 인류보편의 원리상 절대불가침의 것이며, 천부적 초국가적인 절대의 권리라 아니할 수 없을 것이다. 그러면 과연 무신앙의 자유는 종교의 자유에 포섭되지 아니한가? 이 문제는 종교의 자유의 내용의 부분에서 후술하기로 한다.

제6절 종교의 개념

인간은 다른 동물과는 달리 자기가 신이 아닌 유한자(有限者)의 존재라는 사실을 알고 있다. 아예 선험적으로 인식하고 있는지도 모른다. 이러한 인간의 내재적 한계성 위에 종교는 그 존립의 기초를 지니고 있다. 따라서 종교의 실체가 무엇이건 간에 종교는 인간역사와 더불어 자연발생적으로 또는 필연적인 귀결로 이끌어져 왔다고도 할 수 있다.

모든 개인마다 나름대로의 연상할 수 있고 상징화시킬 수 있는 종교에 대한 인식을 가지고 있는 이상, 종교를 보는 시각은 얼마든지 달라질 수 있다. 대체로 종교를 피조된 인간의 절대자에의 귀의를 보지만, 종교는 유기체인 인간의 진화과정에 있어서 부수적으로 생겨난 정신적 차원의 것에 지나지 않는다고도 할 수 있다. 또한 관점을 달리하여 종교는 자기의 존재시점을 기준으로 하여 그 전후를 돌이켜보고 내다볼 수 있는 그런 인식능력을 가진 인간이 이성을 통하여 정신적인 위안의 일개 대상으로서 창조해 낸 것, 바꿔 말해서 끊임없는 형이상학적인 사색의 누적으로 인한 결과, 허무를 극복하기 위한 종국적인 보루로서 안출해 낸 것에 지나지 않는다고 볼 수도 있다. 이러한 관점에서 더 나아가게 되면, 신에 의해 피조된 인간을 상정하는 것이 아니라 인간에 의해 창조된 신을 상정하는 것이 가능하게도 된다. 그러나 신앙의 차원은 위의 어떠한 논리가 더 설득력이 있는가 하는 문의를 떠나 보다 더 원초적으로 지탱되는 인간만이 독특하게 가지는 절대적인 개념적 행태라는 걸 부인할 수도 없다.

어떻게 보면 종교는 불가피한 인간고뇌의 내적 발현일는지 모른다. 모든 종교 현상과 종교적 활동은 거기서 스스럼없이 우러나오는 외양일 따름일 것이다.

어쨌든 종교의 자유와 관련하여 먼저 제기될 수 있는 것은 무엇이 헌법상의 보장을 받는 「종교」인가 하는 개념 정립의 문제이다. 아울러 누가 개념정립의 권능을 가지는가가 중요한 문제로 대두된다. 개념정립권능 또는 해석권능(Definitions-od. Auslegungskompetenz)에 대해서 기본권의 일반성(Allgemeinheit)과 평등성(Gleichheit)을 논거로 하여 국가에 그것을 귀속시키고, 국가가 정의할 수 없는 것은 보호할 수 없다고 하는 견해가 있나[27] 그러나 그것은 서두른 일반화이고 객관화이며 일률적으로 그렇게 말하는 것은 위험한 생각이라고 본다. 왜냐하면 다음과 같은 이유에서다. 즉, 만약 거기에 국가의 자의가 개입된다면 어떻게 될 것인가? 그것은 일 개인이 가질 염려가 있는 자의 보다 훨씬 더 위험천만한 일이 아닐 수 없고, 기본권 충돌의 조정을 위한 법적 안정성 때문에 논리적인 객관화가 요구되는 것은 부인할 수 없겠지만, 법이나 법학이 논리성을 필요로 한다고 해서, 논리에 봉사하기 위한 것은 아니며 종국적으로 인간의 자유스런 생존에 봉사하기 위한 것이기 때문이다. 따라서 필자는 구체적

27) Josef Isensee, a. a. O., S. 35-36.

타당성을 견지하는 독일 연방헌법재판소의 판결태도를 지지한다.[28] 개념정립권능이 기본권주체에게 주어지지 않으면, 기본권 수신인인 국가에게 귀속되어야 한다고 하는 대칭대립적 사고는 지양되어야 하며 그것은 대체적으로 기본권주체에게 주어질 수 있는 것이지만 국가가 가지는 기능 때문에 국가에게도 주어질 수 있는 것이라고 본다. 우리의 해석은 이 양자의 권능이 보다 더 정의에 접근하도록 하기 위한 노력인 것이다.

그런데 우리가 어떠한 사회 현상이나 자연현상의 본질을 파악하고 그 개념을 획정하고자 할 때는 그 곤란성으로 말미암아 곧잘 인식의 한계문제에 부닥치게 된다. 특히 사회 과학에 있어서의 개념정립은 무내용의 동어 반복(Tautologie) 내지 순환이론에 빠질 위험성이 다분하다. 그럼에도 불구하고 고찰대상의 범위를 확충하고 연구입문에 있어서 분석의 도구를 갖춘다는 의미에 있어서 최소한이나마 가능한 개념 확립은 필요불가피한 것이 사실이다.

종교의 개념추출에 있어서 사회학적, 철학적, 신학적, 법학적 및 학제적 접근 방법(inter-disciplinary approach) 등의 여러 가지 접근방법이 있을 수 있다. 여기서는 우선 선례의 종교에 대한 정의를 알아보고, 보편적인 종교가 갖추고 있는 요소와 속성을 드러내어, 법적인 측면에서 종교의 자유의 보장의 필요상, 종교와 미신·사교와의 구별 및 종교와 사상·양심과의 관계에 관해 언급하기로 한다.[29]

28) BVerfGE 33, 23-35; BVerfGE 33, 23. S.26.f.; BVerfGE 24, 236.
29) 한국어사전편찬회(편) 「한국어대사전」(서울: 현문사, 1976), 1481면.

1. 종교의 정의

1) 종교의 사전적 정의

종교란 "신이나 또는 어떤 초월적인 절대자를 인정하여 일정한 양식아래 그것을 믿고, 숭배하고, 신앙하는 것에 의하여 마음의 안락과 행복을 얻으려고 하는 정신문화의 한 체계"라 하고 또는 "신이나 초자연적인 것에 대한 신봉과 그 의식(儀式)[30]"이라 한다.

2) 학자들의 견해로서의 종교의 정의

Allport는 종교를 "민주주의자들이라면 지지해야 할 가치의 하나로 보고 개인이 우주 가운데 최선의 적소(適所)를 찾을 권리 내지는 자기의 생활철학을 정립할 권리"[31] 로서 개념화시키고 있다. Robert Bellah는 종교란 인간을 그의 존재의 궁극적 조건에 관계를 맺도록 하는 상징적 형태와 행위[32] 라고 정의한다. Maunz는 종교란 인간의 형이상학적인 신앙을 그 내용으로 하는 것으로서 절대자에 대한 귀의, 또는 신과 피안에 대한 내적인 확신의 집합개념이라 한다.[33] 인간이 신의 존재 등 초인적인 것을 신봉하고 그것에 귀의 하는 것을 종교라 하는 견해도 있다.[34] Karl Brinkmann은 헌법에서 말하는 종교라 함은 초자연적, 초개인적인 본질의 존재를 확신하고 외경 숭배하는 심정과 행위를 말하며 개인적 종교, 집단적 종교, 자연적 종교를 불문한다고 한다.[35]

---

30) Webster, 「Webster's New Collegiate Dictionary」(7th. ed. G. &. C. Merriam co, 1975), p. 1724.

31) Gordon W. Allport, 「The Individual and his Religion」(The Macmillan Co, 1962), p. 7.

32) Robert N. Bellah, Loc. cit.

33) 허영, 전게서. 226면.

34) 권영성, 「헌법학 원론」(서울: 법문사, 1981), 370면.

35) 구병삭, 전게 논문. 19면.

3) 판례상의 종교에 대한 정의

종교 문제가 미국 연방대법원의 판례에 나타나기 시작한 것은 1878년에 Mormon 교도에 의해 제기된 "레이노드" 사건(98 US.145)에서부터이다. 미국 연방대법원은 "종교는 조물주와의 관계에 관한 개인의 견해 및 그에 따른 의무"라고 풀이하였다.[36] 그 후 한 판례에서 "종교의 핵심은 보통 인간관계에서 야기되는 의무보다 더 우월한 의무를 지우는 신과의 관계에 대한 신봉"이라고 판시했다.[37] Seeger 사건과 Welsh사건을 계기로 헌법 기타 병역법 등 실정법상의 「종교」 규정에 대한 해석은 신이나 초인간적인 것에의 신봉 또는 귀의라는 정통적이고 협의적인 정의로부터, 이러한 것과 평행적인 기준만 충족되면 무신론적인 확신도 개인의 인생에 신앙적 기능을 가지는 것이므로 종교와 동등한 법적 결정을 해주어야 한다는 입장으로 확대되고 있다.[38]

유엔도 종교개념의 기능적 정의라는 입장에 서서 종교를 유신론, 무신론, 무신론적 신앙까지 포함하는 것으로 보고 있다.[39]

4) 사견(私見)

인간의 존재론적 구조를 투시해 볼 때, 모든 사람은 정도의 차이는 있으나 필연적으로 그 무엇에 대한 다소의 신심을 가지게 되는 성향이 있다. 종교에 있어서 가장 중추적이고 핵심적인 바탕을 여기에 두는 입장에서는 정통적이고 협의적인, 엄격한 종교 개념의 정립보다는 종교의 자유의 광범위한 보장의 필요상 신축성 있는 개념정

---

36) Davis V. Benson, 133 U.S. 333(1890).

37) United States V. Macintosh, 283 U.S. 605(1931).

38) Vgl United States V. Kanten, 133F. 2nd 703(1943); Torcaso V. Watkins Clerk, 367 U.S. 488(1961); United States V. Seeger, 380 U.S. 163(1965); Welsh V. United States, 398 U.S. 333(1970).

39) Elimination of All Forms of Religious Intolerance, UN Doc. A/8330(1970).

립이 바람직하다고 본다. 존재론적 성향에서 이끌어지는 종교적 차원의 신심과 거기서 우러나오는 외향적인 종교 활동의 자유는 어떠한 독재자나 전제자도 그 자신도 인간임으로 인하여 타부(Taboo)시할 수밖에 없는 불가침의 영역이라고 보기 때문이다. 따라서 Brinkmann의 종교정의와, 실제적인 법적용상에 있어 판례에 나타난 기능적인 종교개념의 정의도 그런데로 적절하다고 본다.

그러나 종교의 자유가 미신이나 사교의 횡행까지 보호하는 것은 아니므로 종교개념의 정립에 있어 불명확한 기준은 그 나름대로 문제점이 있다.

그런데 미신(Aberglaube)이나 사교(邪教)와 종교의 '자유'와의 관계는 종교의 개념 정립의 차원에서 다루지 않고 종교의 자유의 한계문제로서 취급해도 별다른 무리가 없다고 본다. 여기에 대해 헌법해석자가 기본권 보호의 영역에서 인정된 것을 기본권 한계의 영역에서도 철회시키지 않는 것이 이론적인 논리성의 명령일 뿐만 아니라 공정성(Redlichkeit)의 명령이라 하여 비판하는 견해가 있다.[40] 그러나 기본권 영역에서 어느 것이 종교이고 종교가 아니냐 하는, 종교의 인정여부의 차원과 인정된 종교가 그 자유의 한계로서 제한을 받느냐, 제한을 받지 않느냐 하는 것은 전혀 별개의 차원임을 간과하고 있고, 또한 종교와 미신·사교를 엄격한 객관적인 척도로서 구별하지 못하는 한, 이것을 종교의 자유의 한계로서 처리하려는 입장을, 이론적인 논리성을 운운하여 비판하는 것은 타당하지 아니하다. 여기서 기본권의 한계는 어떠한 경우이든가간에 객관적인 교정자(objektive Korrektive)로서 기능하여야 한다는 것을 전제하고 있는데, 이 글에서는 헌법상의 근본적인 타협의 규범 내용의 최후 한계선이 확정되어 있다고 전제한다. 이것은 순환논법에 빠지지 않기 위해, 어느 학문에서나 필요불가피한

40) Josef Isensee, a. a. O., S. 31.

최소한의 전제와 다름이 없다. 예컨대 수학에 있어서 자명한 것으로 받아들이는 근본명제나 공리와 같은 것이다. 그렇지 않으면 어떠한 학문도 성립될 수 없으며 불가지론(Agnostizismus)에 귀결할 것이다.

2. 종교의 보편적인 구성요소

종교를 발상양상에 따라 자연종교와 창도종교로도 나누어 볼 수 있으나, 일반적으로 창도자, 신앙대상, 교리, 신도를 종교의 구성요소로서 들 수 있다. 이상 4요소를 간단히 살펴보면 다음과 같다.

1) 창도자(創道者)

역사상 수많은 종교가 있어 왔지만 자연종교이거나 창도종교이거나, 그 시단은 일정한 창시자에 의해 비롯되었다고 볼 수 있다. 자연종교는 어떤 부족이나 민족속에서 자연히 발생하여 성장하였기 때문에 그 종주(宗主)가 전면에 나타나지 않는 것이 두드러진 특색이다. 그리고 창시자는 역사상의 인물이거나 전설상의 가인물(假人物)이거나 불문한다. 신앙의 영역에 있어서 그 종교의 단서를 연 교조(教祖)에 관한 것은 법률상 그리 중요한 문제가 아니다. 인간의 존재론적인 성향으로부터 도출되는 신심에 의한 자기구축적 종교 및 창교의 자유를 긍정하는 입장에서는 더욱 그렇다. 단지 그것은 개창자(開創者)가 속한 사회적인 배경 때문에 그 종교적 특색을 좌우하는데 어느 정도의 영향을 미칠 뿐이다.

2) 신앙대상

대개의 종교는 상징의 구조(the Structure of Sybolism)를 통하여 절대성과 궁극성에 입각한 전지전능한 어떤 존재를 신앙대상으로 하고 있다. 물론 불교와 같이 신앙대상으로서 절대자 내지 신을 전제로 하지 않는 종교가 있기도 하다.

신앙대상은 자연현상이거나 사회적 · 역사적 인물이거나 관념적 존재이거나를 불문한다. 신앙대상을 핵으로 하여 일원적인 종교공동체의 성립이 가능하게 되고, 신앙대상으로부터의 근원적인 계시(a primordial revelation)는 종교법을 시원적으로 정당하게 하고 그 자체로서 타당성(Gültigkeit)과 실효성(Wirksamkeit)을 가지게 하기도 한다.[41]

3) 교설(doctrine) · 교리(dogma)

종교는 신앙을 핵심적인 내용으로 하고 있기 때문에 그 속성상 이성적 면 보다는 의지적 요소를 많이 지니게 된다. 즉 종교는 후술하는 바와 같이 우리의 인식상의 이성적 합리성을 초월해 있다. 그런데 종교적 지각에 의한 지적 표상(知的 表象)으로서 교설 또는 교리가 있다. 이것은 신앙을 설명하고 명료케 하는 일, 예배와 의식을 포함한 종교적 삶에 대한 규범적 규제의 원리를 제공하는 일, 신앙을 보존하고 타로부터의 반론이나 이론에 대하여 자기를 천명하는 일 등의 세 가지 기능을 한다고 한다.[42]

종교 현상도 사회 현상이고, 교실 · 교리도 사회적인 의미를 가지는, 종교에 의한 규율적 표현이므로 종교의 구성요소 가운데 교설 · 교리는 법률상 대상적 의의를 갖는다. 또한 교설, 교리는 그 종교의 경전에 잘 나타나 있는 데 종교법의 중요한 법원(法源)이 되기도 한다.

4) 신도(信徒)

종교는 인간만이 가지는 관념이고 따라서 신도라는 성원적(成員的) 요소가 필수적일 수밖에 없다. P. Tillich는 우리의 실존구조 안에는 궁극적인 것에 대한 욕구가 있다고 하고 있다.[43] 이러한 욕구에 의하

---

41) 연세대학교 종교교재 편찬위원회(편), 전게서, 36면 이하 참조.

42) 상게서 37면.

여 자신에게서 소우주(小宇宙)를 찾는 종교경험이나 자기확립적 종교를 전제로 하는 한 종교의 구성요소로서 신도의 수에는 억매일 필요가 없다. 신도가 복수화되면 종교공동체가 성립하게 되고 교단(教團)이라는 신도조직이 형성된다. 종교공동체의 구체적인 것으로 제사공동체(cult group)가 있는데 크리스트교의 교회라든가 불교의 승가, 이슬람교의 움마(ummah)등이 그 대표적인 예이다.44) 이러한 단체에도 종교의 자유를 인정할 것인가가 거론된다. 자세한 것은 종교의 자유의 주체의 부분에서 다루기로 한다.

3. 종교의 속성

종교가 어떠한 속성들을 지니고 있는가를 알아보는 것도 종교를 이해하는 밑바탕이 된다. 여기서는 주술적 속성, 기복적 속성, 신비적 속성, 내세지향적 속성으로 나누어 종교의 성격을 살펴보기로 한다.

1) 주술적(呪術的) 속성

대개의 종교가 초과학성으로 말미암아 신비적 속성을 지니는데 놀라운 사실은 기존의 세계 종교를 막론하고 어느 종교에서나 비과학성을 요소로 하는 주술적 속성이 발견된다는 것이다. 질병을 고치기 위하여, 경건한 수련을 위하여, 어마어마한 어떤 신의(神意)의 발현을 위하여 괴이한 주술에 의존하는 경우가 허다하다. 기도에 의하여 나타나는 신심의 외적표현이 더욱 그렇다. 주술적이냐 아니냐 하는 것도 시대감각에 의해 좌우되어 변천될 수 있지만, 어쨌든 모든 종교가 어느 정도의 주술성을 갖는 것은 부인할 수 없다. 여기서 종교와 종교 아닌 것과를 구별하는 것은 더욱 애매하고 불가능해진다.

---

43) 상게서, 18면.
44) 상게서, 42면.

2) 기복적(祈福的) 속성

무릇 일정한 종교가 신도를 포섭할 수 있는 궁극적 요인은 종교의 기복적 속성에 있다 할 것이다. 시간의 공포(the terror of time)로부터 어떻게 벗어날 수 있을까 하는 것이 인간의 실존적 고뇌의 내용을 이루는 가장 큰 부분이다.45) 이러한 어떤 한계상황으로부터 안식을 구할 수 있는 종교는 훌륭한 기복적 대상이 된다. 종교의 기복적 속성은 민간신앙에서 더욱 두드러지게 나타난다. 보통 사교가 중생의 우매함을 이용하는 기만성을 발휘할 수 있는 계기가 여기에 있다.

3) 신비적 속성

인간을 신앙적 존재로 성찰해 볼 때는 신앙은 이성보다 앞선다. 즉 우리의 인식상의 이성적 사유의 한계를 극복한다. 모든 불가사의한 종교 현상이 이것을 입증하고 있다. 나는 믿는다 고로 존재한다는 식으로 존재 그 자체가 신비적이다. 어떤 궁극적인 실재, 거룩한 것과의 합일의 경지는 가능·불가능을 판단할 수 있는 세계를 초월한 영역인 것이다. 신앙의 영역에 있어서 종교 현상의 계기(繼起)는 비과학적이기라기 보다는 초과학적이다. 여기서는 시간에 대한 종교 경험도 반역사적(an-historical)일 수가 있는 것이다.46) 종교의 신비적 속성은 신화적인 언어로써만 표출가능하다. 종교에 의한 계시와 영적경험의 신비성은 종교의 속성 중 가장 본질적인 것이라 할 수 있다.

4) 내세(來世)지향적 속성

일반적으로 대개의 종교가 현실초월적 속성을 지니고 있다. 이것은 영혼불멸사상과 밀접한 관련이 있다고 본다. 즉 현세와 내세의 이원론적인 구조를 가지고 영혼을 구원할 수 있다는 바탕을 제공한

45) 상게서, 24면.
46) 상게서, 26면.

다. 피안, 극락천당, 별천지, 이상향을 종교가 상정하는 것은 인간의 무한한 신앙적 욕구충족의 가교역할을 한다. 브라만(Brahman) 교의 업(業 : Karma) 사상, 불교의 윤회사상, 크리스트교의 원죄사상은 종교의 내세지향적 속성의 우회적인 발로라고 본다.

4. 종교와 미신, 사교와의 구별

1.에서 종교의 정의를, 2.와 3.에서 종교의 요소와 속성을 살펴보았지만 미신 · 사교와의 구별의, 어떤 명백한 기준을 시사해 주는 것은 아니다. 종교와 종교 아닌 것과를 구별하기 위한 준거를 정립하기 위해서는 개념적으로 표현된 지각내용만을 다루어서도 안 되고, 감정이나 정서만을 관찰해서도 안 되며, 그러한 지각내용이나 정서가 나타난 표상만을 연구해서도 안 된다고 한다.[47] 하물며 인간존재론에서부터 출발하는 신앙에의 실존적 욕구에 의거한 폭넓은 종교의 자유를 인정하려는 입장에서는 그 구별에 있어 더욱더 딜레마에 빠진다. 종교와 미신 · 사교가 본질적으로는 모두 신앙을 그 내용으로 하는 점에서 공통점을 갖기 때문이다. 그러나 법학에서 만큼 종교와 종교 아닌 것을 구별할 현실적 필요성을 느끼는 영역은 드물다. 왜냐하면 어떤 종교가 정통의 종교가 아니고 이단이라고 하여 그 종교성을 매몰시켜 버린다거나 어떤 신생종교가 국가시책에 반대한다하여 미신이나 사교로 몰아쳐 탄압하는 상황도 가정할 수 있기 때문이다. 상기의 가정이 역사상 현실화된 것도 종종 볼 수 있다. 하지만 정녕 미신과 사교는 종교의 자유의 법적 보장의 대상이 아니란 것도 분명한 사실이다. 일반의 종교가 초과학적인 속성을 지니는 데 반하여 미신 · 사교는 비과학성이 짙고 기만적 요소가 농후하다는 것을

---

47) 상게서, 17면.

들 수 있으나 위에서 종교의 속성을 살펴본 결과, 이것은 결코 구별의 기준이 되지 못한다는 것을 알 수 있다. 또한 2.에서의 종교의 요소를 엄격하게 모두 갖추고 있는 것은 기존의 세계 종교라는 것도 쉽게 발견할 수 있다. 요컨대 종교와 미신·사교의 구별은 궁극적으로는 건전한 평균적 시대 양식(良識)을 척도로 하는 법관의 구체적 판단의 문제로 귀착한다고 할 수 있다. 여기서는 건전한 평균적 시대 양식의 척도를 어떻게 규정지을 수 있느냐 하는 것과 현실적인 문제로서 법관의 자의의 방지를 확보하는 문제가 여전히 남는다. 따라서 미신이나 사교가 그 종교성에 비추어 볼 때 명백히 헌법상의 '종교'라는 규범 내용에 포섭되지 못할 때를 제외하고는 가급적 종교성을 인정하되 그의 종교적 활동이 종교의 자유의 한계를 일탈할 때 그 자유의 제한의 문제로서 해결토록 하는 것을 차선책으로 밖에 제시할 수 없다.

5. 신앙, 사상, 양심과의 구별

건국헌법은 신앙과 양심의 밀접한 관계에 의하여 함께 규정하는 입법례에 따르고 있었으나 현행헌법에서는 제19조에 양심의 자유를, 제20조에 종교의 자유를 각각 독립하여 규정하고 있다. 1980년 헌법연구반 보고서에 의하면 헌법에서 독일의 입법례와 같이, 사상이나 세계관의 자유까지 명시하는 경우, 공산주의 사상까지 허용하는 것으로 인식하게 되어 비록 규제는 할 수 없더라도 우리의 현실에서는 여러 가지 문제가 발생할 수 있다 하여 사상 및 세계관의 자유의 규정은 두지 않았다 한다.48) 똑같이 분단국가의 상황에 처해 있던 독일과 우리나라이지만 각기 입법태도에 있어 그 특색을 보여준다 하겠다.

48) 장석권, "양심의 자유의 내용", 「고시계」 83. 8. 38면.
법제처(편), 헌법연구반 보고서, 1980. 3, 121-122면.

하여튼 신앙·양심, 사상은 모두 인간의 내면적 정신의 영역에 속하는 개념이라는 공통점을 갖는다. 위 3자에 대한 구별은 각자의 인생관과 가치관에 따라 그 견해가 분분할 수 있다.

역사적으로 보면 양심의 자유는 내면적인 종교의 자유를, 신앙의 자유는 외면적인 종교의 자유를 의미하는 것으로 규정되었다 한다.[49] 이것은 양심의 개념에 대하여 종교적 신앙설에 입각하고 있다고 본다.

Maunz에 의하면 신앙은 신과 피안에 대한 인간의 내면적 확신이고 양심은 도덕률의 존재와 구속력에 대한 인간의 의식이며, 신조는 신앙과 양심에 따라 주변사에 대하여 개별적 판단을 표명하는 것이라 한다.[50] 양심은 신앙보다 넓은 개념이라 하여 신앙이 종교적인 측면에서 파악되는 것이라면 양심은 논리적인 측면에서 파악되는 것이므로 양자는 구별되어야 하고 사상을 논리적 사고라고 한다면 양심은 윤리적 측면을 가진 사고라는 점에서 사상은 양심보다 넓은 개념이고 따라서 양자는 구별된다고 하는 견해가 있다.[51] 양심은 옳고 바른 것을 추구하는 도덕적, 윤리적 마음가짐(attitude of mind)으로서 헌법의 보호대상으로서의 양심은 반드시 구체적인 상황을 전제로 한 진지하고 절박한 구체적인 양심이며, 사상은 내적인 확신에 입각한 주의·주장이라 하고, 신앙은 신과 피안에 대한 내적인 확신이라 하여 구별하는 견해도 있다[52] 전 3자는 양심의 개념에 대하여 도덕적 윤리설에 따른 구별이라고 본다.

우리 헌법의 규정상 양심과 종교의 자유는 각기 독립하여 규정하고 있으므로 신앙은 차치하고, 사상의 자유의 보장 필요상, 양심은

---

49) 김철수, 「신 헌법학개론」(서울, 법문사, 1981), 375면.
50) 권영성, 전게서, 371면.
51) 상게서. 363면.
52) 허영, 전게서. 210면, 226이하 참조.

사상과 일체를 이룬다 하여 현실적인 헌법해석의 요청에 따르고 있는 견해도 있다.[53] 이것은 양심의 자유를 사상의 자유로 보는 V. Mangoldt를 비롯한 독일 헌법학계의 지배적인 견해이고 일본의 다수설이라 한다. 이 설은 양심의 개념에 대한 내심적 정신설(정신적 관조설)의 일 견해라고 본다.

위의 어느 견해를 따르던 간에 개개의 상황이나 구체적인 사건에 대한 확신에 입각하여 하는 단순한 주의나 주장은 사상내지 양심에 불과한 것이지 종교가 될 수 없다. 따라서 그것은 양심과 사상의 자유의 보호대상은 되지만 종교의 자유로써 보호받을 수는 없다.

그런데 여기서 종교와 미신·사교의 구별과 같이 신앙·양심·사상의 엄격한 구별은 학리상의 이유로서는 몰라도 실제상에 있어서는 그리 중요한 문제가 아니다. 왜냐하면 미신·사교는 종교의 자유의 보장의 필요상 명백히 배척되는 개념인데 반하여, 신앙·양심·사상은 모두 정신적 자유권(Freiheits des forum internum)의 영역에 포괄할 수 있는 것이고 또한 보장할 대상으로서 상호간에는 내면적 정신 영역의 독립적인 구성부분을 치지하는 것이 아니라 "교집합적 요소를 분유(分有)"하고 있기 때문이다. 따라서 기본권주체의 주장에 의하여 또는 객관적으로 명백히 구별이 가능한 것은 별도로 하더라도, 일정한 사실로 말미암아 종교의 자유와 양심의 자유가 포섭되는 경우에는 기본권 경쟁의 법리[54]에 따라 기본권주체의 의도에 염두를 두고 상호보완 내지 최강효력설에 의해 해결할 수 있으므로[55] 개념정립의 차원에서 엄격한 구별의 실제상의 필요성은 그리 심각하지 않다고 본다. 이에 대하여 인간내지 사물의 본성에 관한 고차원

53) 김철수, 전게서 373면.
54) 허영, "기본권 상호간의 갈등", 「고시연구」 83. 9. 94면 이하.
허영, 전게서 105면 이하. 225면 참조.
55) 허영, 전게서 227면.

적이고 형이상학적인 인식과 이해를 바탕으로 하는 신앙의 세계와, 인간의 윤리적이고 도덕적인 자기실현을 본질로 하는 양심의 세계와는 엄격히 그 범주가 같지 않다고 하여 입장을 달리하는 견해가 있지만 필자는 그 범주를 어느 정도는 교차적으로 분유한다고 하는 견지에서 이해가 상반되고 있다.

第7절 종교의 자유의 법적 성격

우리 헌법이 전제로 하고 있는 인간상은 자주적 인간이다. 자주적 인간의 개성신장으로서, 정신적 생활 영역에 있어 종교의 자유는 인간의 존엄성과 가치를 핵으로 하는 우리 헌법상의 기본권의 한 분지(分枝)이다. 따라서 종교의 자유는 인간생활의 바탕이 되는 신앙생활 영역에 대한 국가의 불필요한 간섭을 배제하고 동화적 통합의 헌법질서 내에서 적극적 또는 소극적으로 신앙생활을 형성해 나가기 위한 국민의 주관적 권리(subjektives Recht)인 동시에 그것은 또한 동화적 통합의 생활형식인 헌법질서의 기본이 되는 객관적 질서(objektive Ordnung)로서의 성격을 지닌다. 따라서 종교의 자유는 국민의 신앙생활에 대한 국가권력의 침해를 막는 대국가적 방어권일 뿐만 아니라 국가의 종교적인 중립성을 요청하고 신앙의 다원화를 실현시키는 객관적인 가치질서로서의 양면성을 지니는 것이 사실이다[56] 그러나 이 글에서는 인간의 성향을 존재론적으로 고찰하여 신심의 발현으로서의 종교의 자유에 대해서, 기본권이 일반적으로 가지는 정치성과 국가형성적 기능의 법적 성격을 중시함은 물론이거니와 선국가적이고 천부

56) 상게서 228면.

적인 절대의 권리로서의 자연권성을 특히 강조하는 면에서 파악한다.

한편 종교의 자유도 기본권인 이상, 통치기능과 통치구조에 대해서는 목적으로서의 성격을 갖는 것이지 한날 통치기술상의 양념에 불과한 것은 아니다.

제8절 종교의 자유의 주체

기본권의 주체란 헌법상 보장하고 있는 기본적 인권의 향유자를 말한다. R. Smend처럼 특정한 생활공동체를 전제로 한 기본권의 문화질서적 측면과 국가형성적인 동화적 통합권능을 강조하는 입장에서는 특정한 생활공동체의 구성원만이 기본권 주체성을 가지게 될 것이다. 또한 '자연법이란 법의 탈을 쓰고 등장하는 정치에 불과하다고 생각하는 H.Kelsen과 자연법을 법에 관한 상상이라고 이해하는 G.Jellinek와 같이, 자연법사상에 바탕을 두고 주장되는 인간의 권리(Menschen rechfe) 내지 절대적 기본권을 부인하는 입장에서는 외국인은 기본권 주체가 될 수 없다고 한다.57) 그러나 이 글에서는 누누이 말했듯이 종교의 자유는 인간이 인간이기 때문에 당연히 갖는다고 생각되는 천부적인 자연권의 하나라고 본다. 따라서 제20조에서 말하는 「국민」이란 내외국인을 불문하고 생래적인 인권인 종교의 자유의 향유자가 된다. 그리고 국민은 일반권력관계에 있거나 특수신분관계에 있거나를 가리지 아니한다.

종교의 자유에 있어서는 기본권 능력과 기본권 행사능력이 일치한다고 본다. 즉 태아나 신생아도 특정 종교의 일정한 종교 의식에의

57) 상게서 64이하 참조.

참여권을 정당한 이유 없이 방해받지 아니한다.

법인은 그 성질상 내심의 작용에 바탕을 둔 신앙의 자유 등의 주체가 될 수 없으나 예배 등 종교 의식의 자유, 종교 교육의 자유, 포교활동의 자유 등의 향유자가 될 수 있다. 권리능력 없는 사단이나 단체 및 단순한 결사도 종교의 자유의 주체성을 긍정할 수 있다. 그러나 공법인 및 그에 준하는 각종의 공적인 위원회 등은 정교분리의 원칙상 및 공적과업의 수행상 종교의 자유의 주체가 될 수 없음은 물론이다. 반면에 공적 기능을 가지지만 종교단체의 색채를 띤 정당이나 노동조합 등에도 종교의 자유의 주체성을 부인할 수 없다.

제9절 종교의 자유의 내용

1. 소극적 종교의 자유

필연적으로 그 무엇에 대한 다소의 신심을 각기 마련인, 이러한 인간의 신앙에의 실존적 욕구에 의거한 종교의 자유를 인정하는 이 글의 관점 하에서 과연 무종교의 자유를 인정할 것인가? 그런데 종교개념을 기능적으로 정의할 때 우리는 종교를 유신론·무신론·무신론적 신앙까지 포함하는 것으로 보고 있다. 즉 종교의 핵심적 내용인 내적인 신앙확신과 평행적 기준만 충족되면 무신론적인 확신도 개인의 인생에 신앙적 기능을 가지는 것이므로 종교와 동등한 법적 인정을 해 주어야 한다. 따라서 무종교의 자유도 종교의 자유에 포섭된다. 무종교의 자유의 구체적 내용은 '신앙강제로부터의 자유'(Freiheit von Religionszwang)의 형식으로 나타난다. 무신론을 선전하는 자유 내지 반종교적 선전의 자유도 여기에 포함된다고 본다. 신앙의 영역에서 인정되는 신앙침묵의 자유도 적극적인 신앙을 내용으로 하는 것이지만 소극적인 신앙고백의 자유(negative Bekenntnisfreiheit)라 볼 수 있다. 따라서 자기의 신앙에 반하는 종교적인 형식의 선서를 강요하는 것은 허용되지 아니한다[58]. 그러나 단순히 종교의 분포를 파악함으로써 행정의 자료로 삼기 위한 종교에 관한 통계조사, 국립병원에 입원한 환자에 대하여 정신적 간호를 하기 위한 종교 조사, 수형자들에 대한 교회(敎誨)를 하기 위하여 종교 조사를 하는 것 등은 소극적인 신앙고백의 자유에 대한 침해가 아니라 한다.[59] 이에는 반대설이 있다.[60]

2. 적극적인 종교의 자유

1) 창교(創敎)의 자유

헌법상 보장의 대상이 되는 종교는 기존의 세계 종교는 물론이거니와 집단적 종교·자연종교, 개인적 종교를 불문한다. 따라서 신앙적 확신에 입각한 자기 구축적 종교를 인정하는 입장에서는 창교의 자유를 긍정하는 방향으로 귀결하게 된다. 모든 국민은 자신의 인간 존재론적인 신앙욕구를 너욱 왕성하게 하고 개성신장을 위한 사회적인 욕구를 발현시키기 위해서도 어떠한 종교이든지간에 종교의 자유의 한계에 어긋나지 않는 한 자유로이 종교를 개창(開創)할 수 있다.

2) 신앙의 자유

종교생활의 내면적인 영역에 있어서 가장 핵심적인 내용은 신앙이다. 신앙의 자유는 신앙선택, 신앙변경(개종), 신앙고백, 신앙침묵의 자유를 그 내포로 한다.

---

58) Vgl. BVerfGE 33, 23.
59) 허영, 전게서, 228면 이하 참조.
60) 신재현, 전게 논문, 15면.

가. 신앙선택의 자유

이 글에서는 창교의 자유와 신앙선택의 자유를 구별한다. 신앙선택의 자유라 함은 특정한 종교를 믿기 위하여 선택하는 데 있어 국가나 사인의 일정한 종교적 세계관의 강요나 억압으로부터의 자유를 말한다.

특정한 신앙의 포기의 자유도 신앙선택의 자유에 포함된다고 본다. 공직자 취임에 있어 특정종교를 신앙하는 사람만 채용하는 것은 명백히 신앙선택의 자유의 침해가 되어 위헌이라 본다.

나. 개종의 자유

역사상 종교의 자유의 진전 형태는 개종의 자유를 인정하는 방향으로 진행되어 왔다. 특정한 전통적인 종교만이 획일적으로 인정되고 개종의 자유가 인정되지 않는 곳에서는 진정한 의미의 종교의 자유가 존재한다고 볼 수 없다. 개종의 자유라 함은 특정종교의 신앙을 변경하고, 다른 종교의 참여를 제한받지 아니함을 의미한다. 따라서 특정 종교단체의 신도에 대한 엄격한 가입이나 탈퇴 강제는 개종의 자유의 대사인적(對私人的) 효력에 의하여 금지된다.

다. 신앙고백의 자유 및 신앙침묵의 자유

신앙고백이란 누구나 자기의 종교적인 확신을, 언어 등의 행동 형식으로 표현하는 것을 말한다.[61] 신앙고백은 적극적인 신앙고백뿐만 아니라 소극적인 신앙침묵도 포함한다는 것이 정설이다. 후자에 대해서는 소극적인 종교의 자유에서 전술한 바 있다. 미국연방대법원은 공립학교의 일과개시전의 기도문 또는 성서낭독은 위헌이라 하였고, Torcaso v, Watkins, 367 U.S. 488(1961) 사건에서 공직취임에 신의 존재를 믿는다는 선서를 강요하는 것은 위헌이라 하였다.[62] 신앙고백의 자유는 신앙표현의 자유라 명명할 수 있다. 따라서 종교적

61) 허영, 전게서, 228면.
62) 신재현, 전게 논문, 16면.

인 언론・출판의 자유, 학문과 예술의 자유, 집회・결사의 자유는 신앙표현의 자유의 나아간 형태이고 종교의 자유와 경쟁관계에 있다고 보며 또한 종교 활동의 자유의 일 내포로도 볼 수 있다.

3) 종교 활동의 자유

종교 활동의 자유(Freihiet der Religionsausübung)는 종교행사 내지 종교 활동을 통해서 신앙을 실천하는 자유이다.[63] 여기에는 종교의식의 자유, 종교 선전의 자유, 종교 교육의 자유, 종교적 집회・결사의 자유를 포함시키는 것이 일반적이다. 종교의 자유가 그 본래의 기능을 나타내기 위해서는 신앙의 자유뿐만 아니라 종교적인 확신에 따라 행동하고 교리에 따라 생활할 수 있는 종교 활동의 자유가 함께 보장되어야 한다.[64]

가. 협의의 종교행위의 자유

상기의 종교 활동의 자유의 내용이외 것을 포괄할 수 있는 개념이 협의의 종교행위의 자유이고 이것은 신앙표현의 자유(신앙고백의 자유)의 확장된 것에 지나지 않는다. 관계된 것만을 언급하기로 한다.

목회권(牧會權)이 종교행위의 자유에 포함되는가 하는 것에 대해 목사가 범인은닉죄에 저촉하는 목회를 하더라도 목적에 있어서 상당한 범위에 머무르는 한 정당한 업무행위로서 무죄이다 라고 한 일본의 판례가 있다.[65] 일정한 종교적인 행위를 해야 할 의무를 설령 사법상의 계약에 의해서 부담한 경우라도 그 계약내용을 강제 집행하는 것은 소극적인 종교행위의 자유를 침해하는 것이기 때문에 강제집행은 불가능하다는 독일판례가 있다.[66] 직무명령으로 공무원이나 영조

63) 허영, 전게서, 229면.
64) 상게서, 229면.
65) 김효전, "한국헌법에 있어서 종교의 자유", 58면.
66) 허영, 전게서, 229면.

물 직원에 대하여 종교행사를 강제할 수 없다. 교도소의 수용자에 대하여 종교방송을 청취케 하는 것은 수용자의 개별적 신청이 없는 한 종교행위의 자유에 위배되는 것이라 한다.[67] 대법원은 국기에 대한 경례를 종교상의 우상숭배라고 하여 거부한 학생을 제적 처분한 것을 정당하다고[68] 하고, 종교행위의 자유는 학생의 경우 학칙과 교내질서를 해치지 않는 범위 안에서만 보장되는 것이라 판결하였는데[69] 이것은 너무 근시안적이고 징계권의 남용을 용인한 것으로 부당하다고 본다. 미국의 경우에는 이와 유사한 사건에서 반대 판례를 찾아볼 수 있다.[70] 1938년의 "라벨"사건(319 U.S. 444)에서 "예호바"의 증인(Jehovah's Witness) 종파는 사전에 지방관청의 허가 없이 종교적인 전단을 배포하는 권리를 인정받았으며 1943년 "Martin"사건(319. U.S. 141)에서 전단 및 문서를 배포하기 위하여 문을 두드리거나 초인종을 누르는 것을 용인 받고 1940년의 "캔트윌"사건(310 U.S. 296)에서, 당국의 사전허가 없이 기부금을 모집하는 것을 종교행위의 자유로서 인정받았다[71] 교회나 사원의 설립행위도 종교행위의 자유에 해당한다. 종교적 치료행위도 종교행위의 자유로 인정하는 입법례가 있으나, 판례는 종교적 치료행위가 의료법 위반임을 명시하고 있다.

나. 종교 의식의 자유

일정한 종교 의식을 통해서 신앙을 실현시키는 자유이다. 종교상의 예배, 독경, 예불, 성찬식 등과 같은 종교상의 의식과 축전 등의 행사를 할 수 있는 자유이다.[72] 따라서 국경일 등의 경축일에 특정 종교 의식의 거행을 강제하거나 혼인의 성립요건으로 일정한 종교적

67) 구병삭, 전게서, 20면.
68) 상게 논문 20면.
69) 김효전, 전게 논문, 64면.
70) 상게 논문, 64면.
박일경, "미국에서의 종교의 자유", 「고시계」 81. 5. 47면
71) 박일경, 상게 논문, 46면.
72) 허영, 전게서, 230면.

의식을 요구하는 것과 같은 것은 인정될 수 없다.

미국 연방대법원은 McGowan v. Maryland, 366 U.S. 420(1961) 사건 등에서 일요일의 휴식은 세속적인 휴식을 의미하는 것이고 종교적 예배를 강요하는 것이 아니기 때문에 일요일 휴업법은 위헌이 아니라고 한다.80) 또한 Sherbert v. Verner et al., Members of South Carolina Employment Security et. al., 374 U.S. 398(1963) 사건에서 토요일에 일하지 않기 때문에 취업하지 못하는 안식교도에 대한 실업보상 지급거절은 위헌이 아니라 하였다.[73]

다. 종교 선전(포교)의 자유

자신의 종교적 확신을 남에게 선전하고 전파함으로써 신앙을 실현시키는 자유이다. 포교는 자신의 신앙에 대한 동조자를 규합하기 위한 적극적인, 신앙실천의 행위이다.[74] 선교의 자유에는 다른 종교를 비판하거나 다른 신자에 대하여 개종을 권고하는 자유도 포함된다.[75] 포교나 전도는 그 수단으로서 언론·출판 등에 의하는 것이 보통인바 표현의 자유의 문제에 속하지만 성질상, 일반적인 표현의 자유보다는 광범위한 보장을 받는다. 종교 선전은 '순수한 방법으로' 행해져야 하기 때문에 불공정한 종교 선전(unlautere Religionswerbung)까지 보호하는 것은 아니다. 종교 선전의 자유에 내포된 공권력의 방해금지 의무로부터는 공공시설을 일반적인 이용관계의 관례를 무시하고 종교 선전행사에 제공해야 할 의무는 나오지 아니한다.[76]

라. 종교 교육의 자유

가정과 학교에서 또는 종교단체에서 종교의 교리에 입각한 종교교육을 실시할 수 있는 자유로서 여기에는 수동적으로 종교적 교육

---

73) 신재현, 전게 논문, 15면 이하.
74) 허영, 전게서, 230면.
75) 권녕성, 전게서, 373면.
76) 허영, 전게서, 230면 이하.

을 받거나 받지 아니할 자유가 포함된다. 친권자는 그 자녀에게 특정 종교 교육을 금지 또는 허용할 수 있지만 가정에서의 종교 교육의 자유도 자녀의 종교의 자유를 합리적으로 조화시킬 수 있도록 규범조화적인 요청에 맞도록 행사되어야 한다.77) 양친이 보호하는 그 자녀에게 특정의 종교 교육을 행하는 것을 제한 금지하거나 종교학교가 종교 교육을 행하는 것을 제한 금지하거나 또 종교 교육을 행하는 것을 이유로 교육행정상의 차별대우를 하는 것을 허용되지 아니 한다. 하지만 종립학교가 사립학교라 하더라도 획일적인 종교 교육을 실시하는 것은 문제가 있다.

미국 연방대법원은 Illinois ex. rel. McCollum v. Board of Education. 333 U.S 203(1948) 사건에서 주교육위원회에서 의무교육을 받는 초등학교 아동에게 일과 중 학교 내에서 시행하는 종교 교육에 출석하는 조건으로 정식수업을 면제해주는 제도 (released time arrangement)를 위헌이라 하였으나 학부형의 문서에 의한 요구로 종교단체가 실시하는 교외에서의 종교시간을 가질 수 있도록 학생들에게 정식수업을 면제한 Zorach v. Caluson, 343 U.S. 306(1952) 사건에서는 이 면제 시간 제도를 위헌이 아니라고 하였다.78)

마. 종교적 집회결사의 자유

종교의 목적을 달성하기 위하여 신앙을 같이 하는 자들이 모이고 종교 활동을 위해 계속적인 단체를 결성하는 자유를 말한다. 종교적 집합·결사의 자유는 우리 헌법이 보장하고 있는 일반적인 집회·결사의 자유(제21조 제1항)의 특별법에 해당한다고 볼 수 있기 때문에 일반적인 집회·결사의 자유보다는 특별한 보호를 받는다. 일반적인 집회·결사의 자유에 관한 내용은 그것이 종교의 자유의 정신에 저촉되지 않는 한 종교적·집회·결사의 자유에 그대로 적용된다. 누구나 종교적인

77) 상게서, 231면.
78) 신재현, 전게 논문, 17문.

회합이나 단체에 자유로이 참가·탈퇴할 수 있으며 또한 누구나 그것에의 참가·탈퇴를 강요당하지 아니한다. 자연인에 의한 종교단체 결성의 자유뿐만 아니라 종교단체의 합병 및 분리 그리고 이종의 종교가 공통 문제를 연구하기 위하여 단체를 조직하는 자유까지 포함한다.79) 대법원 판결을 보면 다음과 같다.

① 신앙단체의 결사의 자유는 단체 주요구성원의 선정에 관한 자유를 내포한다 할 것이므로 이를 제한한 사찰령시행규칙 제2조 제2항은 위헌무효이다.80)

② 종교적 결사의 자유와 관련하여 대법원은 불교재산관리법 부칙에 본 법 시행당시의 주지와 대표임원은 등록되지 않으면 해임된 것으로 간주한다는 규정은 위헌이 아니라고 하였다.81)

③ 지교회(支敎會)는 그가 소속할 교회를 그 소속 교인의 총의에 따라 선택할 자결권을 가진다.82)

④ 종교단체와 관련하여 동명이질(同名異質)의 종교단체가 등록하여 일방의 등록취소를 청구하는 행정소송은 소의 이익이 없다.83)

제10절 종교의 자유의 효력

1. 대국가적 효력

기본권이 가지는 방어적 기능과 질서로서의 형성적 기능의 상호보완작용에 의해 비로소 국가권력이 창설되고 유지된다는 관점에서 볼

79) 상게 논문, 18면.
80) 1956. 4. 20. 대판 1956형상1.
81) 1969. 12. 23 대판 69다1053.
82) 1967. 12. 18 대판 69다2202.
83) 1964. 7. 23 대판 64누42.

때, 가치적인 공감대(Konsens)로서의 기본권에 국가권력이 기속되는 것은 당연한 귀결이고 따라서 종교의 자유도 대국가적 효력을 가진다고 한다.[84] 물론 선국가적인 자연권성을 가지는 종교의 자유가 대국가적효력을 가짐은 틀림이 없다. 이 글에서는 전자의 입장을 중요하게 받아들이는 한편 후자적인 성격을 부인하지 않는 태도를 견지한다.

2. 대사인적 효력

기본권의 공감대(Konsense)적 가치성과 그 동화적 통합의 촉진기능을 인정하고 기본권에 내포된 주관적 공권외에 객관적 질서성을 중요시하는 기본권의 '양면성'(Doppelcharkter der Grundrechte)의 논리를 받아들이지 않고는 헌법 이론적으로 기본권의 대사인적 효력을 논증하기가 어렵다 한다[85]. 미국에서는 국가작용 의제이론에 의하여 사인간의 기본권효력의 인정에 접근하려고 하는 것은 이념적으로 아직도 자연법사상이 잔재하고 있다고 한다.[86] 독일에서는 기본권의 사인적 효력에 관하여 간접적 사인효력설과 직접적 사인효력설이 있는데 전자가 통설적 견해이다. 이론적 논리성만을 가지고 따진다면 간접적 사인효력설이 가장 합당하다고 하는데 설득력을 잃는 이유는 무엇일까? 인간의 실존을 어떠한 한 가지 이론적인 논리만을 가지고 일목요연하게 해부할 수는 없기 때문이다. 따라서 종교의 자유의 자연권성을 전제로 하여 대사인적효력의 인정에 접근·확장해 갈려는 미국의 국가작용의제이론과 간접적 사인효력설은 이념적으로는 동일한 취지라고 본다. 이론은 인간의 자유스런 생존에 필요하기

84) 허영, 전게서, 82면.
85) 상게서, 87면.
86) 상게서, 91면.

때문에 필요한 것이지 그 이상의 의미를 지니지 못하는 것으로 보아, 존재론적인 입장에서 출발하는 종교의 자유의 자연권성을 부인할 수는 없고, 또한 자연권론이 객관적 가치 질서성을 전제로 하지 않는다고 하여 대사인적 효력을 부인해야 한다는 것은 너무 논리적이다. 필요는 논리를 파괴하고 이 경우 논리는 파괴되는 것으로 보다 더 큰 의의를 가질런지도 모른다.

제11절 종교의 자유의 한계와 제한

기본권의 내재적 한계의 논리형식에는 3한계이론, 개념내재적 한계이론, 국가공동체 유보이론, 규범조화를 위한 한계이론이 있다.[87] 나의 자유가 소중한 만큼 남의 자유도 소중하기 때문에 내 자유를 존중받기 위해서는 남의 자유도 존중해야 한다는 의미의 자유의 한계성은 바로 자유의 본실이다.[88]

종교의 자유의 한계에 관하여는 ① 내면적 영역의 문제인 경우에도 한계가 있다는 내재적 한계설과 ② 그것이 외부에 표현될 때에는 그 부분만 일정한 제한이 따를 수 있어도, 그것이 내면에 머무르는 한 절대의 자유라고 하는 내면적 제약설 ③ 그것이 외부에 표현될 때에도 그 목적이 순수한 종교적인 것이라면 제약이 없다는 절대적 무제약설이 있다.[89]

신앙의 자유는 그 자체가 내심의 자유가 본질이기 때문에 법률로서도 침해할 수 없는 절대적 자유라 아니할 수 없고 내재적 한계는

87) 상게서, 119-126면 참조.
88) 상게서, 124면.
89) 신재현. 전게 논문 18면 이하.

존재하지 아니한다. 그 밖의 종교의 자유는 헌법질서에 의한 제한을 받는다. 국가의 안전보장, 질서유지, 공공복리를 위하여 제한할 때에도 그 제한은 목적상, 형식상, 내용상, 방법상의 한계를 지닌다. 즉 헌법적 가치를 전체적으로 그리고 통일적으로 실현시킬 목적으로 제한되어야 하고 제한은 법률로써 하되 필요한 최소한의 범위내에 그쳐야 하며 종교의 자유의 본질적 내용을 침해하지 못한다. 간단하게 종교의 자유의 한계를 살펴보면 다음과 같다.

1. 범죄 행위와 종교의 자유

이슬람교를 신봉하는 자일지라도 우리나라에서는 일부다처제는 간통죄로서 처벌된다. 미국에서도 일부다처제를 신봉하는 Mormon 교도에게 중혼죄를 인정하였다.[90] 또한 미신적 치료의 효과를 주장하는 안수기도에 의한 살인도 처벌된다. 우리 대법원도 1959. 12. 4. 「믿음의 깊이는 헌금액의 다과에 의하여 판단된다.」는 등의 설교를 한 세칭 박장로 사건에서 동인을 사기죄에 문의하였다.

2. 국민의 의무와 종교의 자유

미국 연방대법원은 Pierce v. Society of Sisters of the Holy Names of Jesus and Mary, 268 U.S. 510(1925) 사건에서 종교상의 이유로 의무교육을 거부할 수 없다고 하였다. 종교의 자유를 이유로 병역의무를 거부할 수 있는가에 관하여 미국, 영국, 캐나다, 덴마크, 핀란드, 스웨덴, 벨기에, 오스트리아 등은 물론 독일기본법에서는 명문으로 이를 인정하고 있으며 프랑스, 영국, 벨지움은 특별법을 제정하여 대체역무

---

90) Mormon Church v. United States 1890; Church of Jesus Christ v. United States 136 U.S. 49(1890).

(Ersatzdienst)를 부과하고 있다. 미국과 일본은 징병제가 아니므로 별 문제가 없으리라 본다. 우리 대법원은 「여호와」의 증인의 병역거부에 대하여 처음에는 헌법판단을 회피하였으나(1961.9.28판결), 뒤에는 이를 인정하지 않고 있다.

3. 기 타

미국에서는 종교적 이유에 의한 국기경례거부를 처음에는 인정하지 않았으나 1943년의 West Virginia State Board of Education v. Barnette, 319 U.S. 624 사건에서부터 이를 인정하고 있다.[91)]

종교상의 이유로 수혈을 거부할 수 없다. 각 개인은 그 자신의 신체의 주인이라고 하더라도 죽음을 택할 권리는 공중보건이나 공공복리를 위태롭게 하는 경우 다소 제한될 수도 있다.

제12절 정교분리

1. 종교에 대한 국가의 태도

M. Searle Bates에 의하면 근대 각국의 종교에 대한 태도를 ① 실질적이며 완전 평등한 종교제도를 보장하는 것 (예: 미국, 프랑스 등) ② 특정 종교에 우선적 지위를 보장하면서도 타 종교에 대해서도 충분한 자유를 보장하는 것(예: 폴란드, 콜롬비아 등) ③ 국교를 가지나 타 종교에 대해서도 자유를 보장하는 것(예: 영국 등) ④ 특정종교에 중요한 특권을 인정하고 타 종교를 차별대우하는 것(예.

91) 신재현, 전게 논문, 19면 이하.

노르웨이, 스웨덴 등) ⑤ 종교 일반에 관하여 압박을 가하는 것(예. 구 소련 등)의 5가지를 분류하고 있다.92)

2. 제1항과의 관계93)

헌법 제20조에서 제1항이 제2항을 당연히 내포하는가에 관해서 학설이 나뉘어져 있다. 긍정설은 근대국가에 있어서의 종교의 자유가 영국에 있어서의 국교제도를 중심으로 한 대립과 투쟁과정에서 형성되었던 까닭에 종교의 자유에는 당연히 국교제도를 부인하는 의미가 포함되어 있다고 본다. 부정설은 종교의 자유가 정교의 분리를 당연히 포함하는 것은 아니며 국가가 특정한 종교와 결합하여 다른 종교를 압박·금지하던 역사적 사실에 비추어 종교의 자유를 완전히 보장하기 위해서는 종교의 분리가 필수의 전제가 되므로 정·교 분리의 원칙을 규정하여 종교의 자유를 간접으로 보장하는 것이라고 본다. 후자가 다수설이다.

3. 정교분리 원칙의 법적 성격

정교분리의 원칙은 국민의 공권(公權)이 아니라 객관적인 제도로서의 성격을 가진다고 한다. 즉 교회국가주의와 국가교회주의를 부정한 정교분리 원칙은 민주주의 사회에서는 결여될 수 없는 전제라고 하고 이것은 제도보장의 일례라 한다.94) 또 다른 견해는 종교의 자유가 수행하는 객관적 가치질서로서의 기능을 강조하는데 그 참된 헌법적 의미가 있다고 한다.95)

---

92) 신재현, 전게 논문, 20면.
93) 김철수, 전게 논문, 380면.
94) 구병삭, 전게 논문, 21면.

4. 정교분리 원칙의 내용

1) 국교의 부인과 종교평등의 원칙

국교라 함은 국가가 특별히 지정하여 각종의 특권을 부여하거나 특별히 보호하는 종교를 말한다. 따라서 국가는 어떤 종교를 국교로 지정할 수 없으며, 어떤 종교를 우대하여 국가가 종교적인 행사를 하거나 재정적인 원조를 하는 것 등도 금지된다. 모든 종교를 평등하게 보호하는 것은 무방하다는 견해와 무종교의 자유를 고려하면 종교 단체에 대한 특별대우는 부당하다고 하는 견해가 나뉘어져 있다. 수형자나 소년원재소자들의 교회(敎誨)를 위하여 교도소나 소년원내에 교회를 설립하는 경우에는 특정 종교만을 위한 국유지 제공이기 때문에 위헌의 여지가 있다. 크리스마스와 석가탄신일의 공휴일제는 추석이나 설날처럼 오늘날에 와서는 특별한 종교적 의미가 없는 하나의 습속으로 생각하기 때문에 무방하다는 견해가 있다.96) 크리스마스가 세계적인 휴일이라고 하나 서울시청 앞에 매년 국고로 거목의 추리를 세우는 것은 위헌적인 처사라는 견해가 있다.97)

2) 국가의 종교 활동 금지

국가나 지방자치단체가 국·공립학교에서 특정의 종교 교육을 실시하는 것은 금지된다. 국가공무원과 지방공무원에 관하여 종교적 행위를 강요하거나 특정 종교에의 가입이나 탈퇴를 강제할 수 없다. 또 공직취임에 있어서 특정 종교의 의식에 따르는 선서를 요구하는 것도 금지된다. 국장(國葬)을 특정 종교로 행하면 위헌이다. 종교단체의 구성원의 선임·징계 등 그 법적 지위에 관한 문제에도 국가는

---

95) 허영, 전게서, 234면.
96) 권영성, 전게서, 377면.
97) 신재현, 전게 논문, 21면.

관여할 수 없다. 종교단체에 대한 특별한 규제법은 그것이 재산적인 것이라도 위헌의 추정을 받는다고 한다. 정치의 종교화, 즉 정치인의 신격화, 우상화도 금지된다.

3) 종교의 정치 간섭 금지

종교단체가 정치에 간섭할 수 있느냐 하는 것은 많은 문제가 있겠지만 학설은 대체로 부정적이다. 독일 Hessen주 헌법이 명문으로 이것을 규정하고 있다.

이것은 종교가 정치활동화하는 것을 막기 위한 것이다. 개인적으로 정치활동을 하거나 동신자(同信者)들이 결사를 조직하여 정치활동을 하는 것은 무방하다고 보는 것이 일반적이다.

제3장 결 론

우리가 죽음과 같은 초극할 수 없는 한계 상황에 가까이 할 계기가 있었을 때 누구나 종교에 대해서 관심을 갖기 마련일 것이다. 그런데 현대적 상황에서 사회의 소금이 되어야 할 종교는 어떻게, 무엇을, 누구를 위하여, 시대의 양심의 목소리를 발하고 있는가를 망각했다고 여겨지는 사례도 많다. 어쨌든 인간을 신앙적 존재로 성찰해 볼 때는 어떻게 하면 종교의 자유를 폭넓게 인정해야 할 것인가 하는 문제가 중심 거리이겠지만, 사회 현상으로서 종교를 바라 볼 때는 어떻게 하면 각 개인이 갖는 종교의 자유를 조화시키고 종교의 한계를 확정시킬가 하는 것이 중요 문제로 된다.

이 글은 전자의 길을 택했다.

Ⅳ. 헌법과 재판

제1장 헌법이란 무엇인가*

제1절 서 론

헌법재판소가 법무사법시행규칙(1990. 2. 26. 대법원 규칙)을 대상으로 한 헌법소원사건에 대해서 내린 위헌결정으로 말미암아 헌법 제107조 2항과 관련하여 그것의 합헌여부가 쟁점이 되어 헌법재판소와 대법원의 분쟁으로 비쳐지고 한국공법학계의 초미의 관심사로 대두됨으로써 논쟁의 전단이 열리고 있는 것 같다.

여기서는 헌법에 대한 체계적인 이해를 도모하고 헌법재판에 대한 올바른 자리매김을 위해서 헌법재판소법 제68조 1항의 위헌논증을 바탕으로 하여 입법론을 제고하고 상기 헌법재판소의 결정을 중심으로 제기되는 논쟁에서 언급되고 있는 주장과 논거들을 실정헌법 해석론의 차원에서 검토하기로 한다.

그리하여 헌법의 전체적인 구조체계에 있어서 차지하고 있는 헌법재판기능의 위상을 명확히 하고, 헌법해석에 있어 기관중심이 아닌 기능중심의 접근방법 통하여 헌법재판권능의 담당기관이 헌법재판기능을 제대로 수행할 수 있도록 그 좌표설정을 위해 국회·대법원을 비롯한 관련 헌법기관들의 당해 존립목적에 맞는 헌법정신을 촉구하고자 한다.

---

* 이글은 저자가 연세법학연구 제2집에 발표한 논문에 기초한 것이다.

제2절 헌법은 어떠한 체계로 이루어져 있는가?

우리가 헌법을 이해하려고 할 때 그 본질적 요소로서 규범적 요소, 인간에 의한 결정의 요소, 동화적인 통합촉진의 요소[1]) 등을 총체적으로 고찰하지 않고는 헌법을 정당성의 체계[2])로 파악하기는 어렵다. 어떠한 헌법관[3])을 견지하느냐에 따라 위 세 가지 요소 중 어느 것을 두드러지게 강조하는 면이 있겠지만, 여기서 어떠한 한 요소를 완전히 무시해 버리고 논리를 전개한다면 곧 구성의 오류(fallacy of composition)에 빠지고 말 것이다. 존재론적인 측면에서 볼 때 헌법이 정치적 세력 간에 타협의 산물로서 성립되는 것이기는 하지만 어떠한 사항이라도 그것이 타협만 되면 헌법의 내용에 포용될 수 있다고 하는 것은 참으로 위험한 사고라고 아니할 수 없다. 외견상 타협의 구색만을 갖추어 국민적 합의를 도출하는 그 이면에는 가장 적나라한 힘의 논리가 절대적인 신앙처럼 도사리고 있을 소지가 있기 때문이다. 이것이 곧 문제중심적 사고를 벗어나 체계론적인 접근을 필요케 하는 소이이다. 헌법의 효력근거를 천착하고 규명하는 헌법철학이나 헌법규정의 효력범위 및 그 구체적·객관적 의미내용을 설명하고 확정하는 헌법해석을 단순히 현실적 필요성이라는 이름만으로 주먹구구식으로 행할 수 없는 까닭도 여기에 있다. 문제중심적 접근방법을 과소평가하는 것은 아니지만 이러한 체계중시적 사고에 입각하여 헌법을 정의해 볼 때, 헌법이란 일정한 사회공동체

---

1) 자세한 것은, 허영, 「헌법이론과 헌법(상)」(서울: 박영사, 1989), 25면 이하 참조: 허영, 「한국헌법론」(서울: 박영사, 1990), 19면 이하 참조.
2) 황치연, "헌법의 정당성적 이해의 소고"(연세대학교 대학원 석사학위논문, 1987, 2), 3면 이하 참조.
3) 자세한 것은, 허영, 「헌법이론과 헌법(상)」, 5면 이하; 허영 「한국헌법론」, 13면 이하 참조.

를 정치적 일원체라는 기능적 활동단위로서의 국가로 동화시키고 통합시키는 과정에 성립하는 정당성 체계의 생활형식이라 할 수 있다. 그렇다면 도대체 정당성 체계의 그 내용은 무엇인가? 그것은 한마디로 헌법이란 틀 속에 당위적으로 내재되어 있는 목적적 정당성·민주적 정당성·절차적 정당성·체계적 정당성이란 이념적 징표들로 설명되어진다.[4] 먼저 목적적 정당성이란 정치적 일원체로서 하나의 주권적인 국가를 창설하는 데 그 동인이 되는 일정가치의 기속적 측면에서 통치 질서를 설정하여 헌법의 존재목적을 지탱시켜 주는 가치요소를 말한다. 나아가 민주적 정당성이란 이러한 가치적 내용에 입각하여 그것을 실현하는 통치권능의 창설 및 그 권능행사의 방법적 측면에서 헌법의 존립방법을 기초지우는 주권적 요소를 말한다. 또한 절차적 정당성이란 통치 구조를 구성하는 모든 통치기관의 통치권능 행사를 통제의 메카니즘 속에서만 이루어지도록 함으로써 절차적 측면에서 가치실현을 위한 헌법의 존재형식을 밑받침하는 기능적 요소를 일컫는다. 그리고 체계적 정당성은 헌법의 정립방식을 규범이라는 통일적 체계의 틀 안에서 그 존립윤곽을 설정하여 초실정적인 자의금지를 내용으로 하는 논리범주의 측면에서 가치체계를 의미하는 헌법의 조직구조를 근거지우는 규범형식적 요소를 지칭한다.

제3절 헌법상의 한계좌표들
-헌법재판은 어디에 위치하는가?

그러면 이러한 정당성 체계로서의 헌법이란 무엇인가에 대해 그

4) 정당성이란 용례들의 뉘앙스 차이와 정당성을 논의하기 위한 전제조건·정당성의 내용·정당성의 기능 등에 대해서는, 황치연, 전게논문, 2면·6면·21면·38면 이하 참조.

위상을 포착하게 해주는 좌표점들의 외곽을 살펴보기로 한다.

먼저 헌법의 생성·존속의 사실적 측면에서 고찰해 볼 때 헌법의 라이프 싸이클의 한계개념으로는 헌법제정권력과 혁명을 들 수 있다. 헌법제정 권력에 의한 헌법창조행위 없이는 헌법이 존립할 수 없으며 새로운 헌법제정권력의 발동 또는 혁명에 의하여 폐지되지 않는 범위에서 헌법은 존재한다. 헌법의 제정 이전에 제정행위는 없지만 이미 헌법제정에 대한 합의(Konsens)－중심세력－참여세력의 삼각변수에 의해 헌법이 잉태되고 있는 현상을 헌법의 성립이란 개념으로 표징할 수는 있지만 그것은 정치사회학적 현상5)으로서 우리의 좌표상의 영역을 벗어나 있다. 또한 혁명을 질서개념 초월적인 억압된 힘의 폭발에 대한 극한현상으로 단순히 묘사할 것이 아니라, 헌법의 파괴와 창조를 동시에 수행하는 응집된 힘의 내포로서 질서의 원천적 권원(權原)을 창출할 수 있는 권리를 혁명권이란 표상으로 국민에게 부여할 수 있느냐하는 혁명권의 문제6)를 부정적으로 생각할 수밖에 없는 것도 우리가 논의하려고 하는 카테고리를 유월하고 있기 때문이다.

둘째로 현대 자유민주국가의 헌법을 전제로 할 때 그 내용적 한계개념으로 자유민주적 기본질서를 들 수 있다. 우리가 체제이데올로기로부터 자유로울 수 있는 권리로서 그 체제로부터 탈출할 수 있는 망명권은 정당성 체계로서의 헌법의 가치내용에 편입될 수 있지만, 자유민주적 기본질서 그 자체를 파괴할 수 있는 권리는 용납되지 아니한다. 이러한 범주적 명령을 기득권 계층 내지 유산자 계급의 자기수호의 보수적 논리로 전락시키는 것은 하나의 심정적 표현에 불과하며 헌법학의 현미경에 포착할 필요조차 없는 오류이다. 또한 자유민주적 기본질서의 수호라는 명목 하에 철갑의 환상적 껍데기를 뒤집어쓰고 민중들의 절규를 막무가내로 급진적인 좌경용공으

5) 허영 「헌법이론과 헌법(상)」, 49면; 허영, 「한국헌법론」, 42면.
6) 허영, 「헌법이론과 헌법(상)」, 64면 참조.

로 몰아붙여 '달리 생각할 수 있는 자유'까지 박탈하는 정치세력이 존재한다면 그것은 더더욱 기만적 오류이다. 보수냐 진보냐의 논쟁은 자유민주적 기본질서라는 한계의 틀 안에서 이루어지는, 헌법적 가치내용을 실현하는 방법과 속도에 관한 정치적 상황논리이지 정당성 체계론의 외곽좌표로서 투쟁적·방어적 개념인 자유민주적 기본질서 그 자체를 인정할 것이냐 인정하지 않을 것이냐의 문제설정에 대한 다툼은 아니기 때문이다. 일정한 사회공동체를 정치적인 일원체라는 기능적 활동단위로서의 국가로 동화시키고 통합시키는 과정에 성립하는 정당성 체계의 생활형식을 헌법이라고 할 때 그 통합과정에는 그 이전 단계에 이미 통합을 필요로 하는 여건으로서 사회관계의 다원성과 사회구성의 개방성을 전제로 하고 있다. 이러한 다원성과 개방성에는 이해관계에 대한 것뿐만 아니라 신념에 대한 문제도 당연히 내포되고 있다. 따라서 우리가 논하고 있는 정당성 체계론 자체를 의미하고 있기도 한 한계개념으로서의 자유민주적 기본질서는 그 이념을 강요하는 것 자체가 그 정신에 어긋나기 때문에 강요를 요구할 수 없고 또한 그것과 반대에 서거나 달리하는 이념을 견지할 수 있도록 하지만 이러한 이념의 실현만큼은 자유민주적 기본질서라는 한계의 틀 안에서 이루어져야 한다는 언명이다.

셋째로 비정상적인 헌정 상황 하에서 정당성 체계로서의 헌법을 보호하기 위한 한계적 장치로서 국가긴급권과 저항권을 들 수 있다. 전자가 국가권력의 측면에서 긴급을 요하는 비상상태에서 헌법의 규범적 효력을 지키기 위한 응급조치라고 한다면, 후자는 국민의 입장에서 헌법을 수호하기 위한 대응수단이다. 위로부터의 혁명·정변·군사쿠데타 등과 같이 헌법 질서에서 이탈된 실력행사와는 달리, 국가긴급권은 헌법자체 내에 근거를 두고 그 규범적 통제하에서 행해지는 위기관리의 한 형식이다.

헌법질서 자체의 변혁을 목적으로 하는 아래로부터의 혁명 등과는 달리 저항권은 헌법적 가치질서가 침해되고 그 침해를 제거할 수 있는 정상적인 통로가 두절된 상태에서 그 회복을 위한 국민의 최후적인 자조(自助)수단[7]이다. 저항권을 위헌적인 권력행사에 대한 일시적인 권력행사로 보지 않고 그것을 정신적인 차원으로 끌어들여 국민의 국가권력에 대한 비판적 복종(kritischer Gehorsam)의 자세로 파악하여 수시적이고 계속적인 현상으로 이해하려는 유력한 견해가 있다.[8] 질서적인 측면에서만 고찰해 볼 때, 국민의 법질서 준수의무를 전제로 하지 않고는 기능적 활동단위로서의 국가의 성립자체를 상정할 수 없는 것은 부인할 수 없는 사실이다. 그러나 법질서 준수의무에 입각하여 불법적인 통치에 대해서 행하는 수시적이고 계속적인 비판적 복종이 통상의 기본권 행사로 커버되는 것이라면 이미 저항권의 의미를 개재시킬 필요가 없는 경우가 된다. 이때 표현의 자유, 재판청구권 등 통상의 기본권 행사로 커버될 수 없는 경우는 전통적인 의미의 저항권만이 논의될 수 있을 뿐이다. 통상의 기본권 행사로 커버될 수 없는 합헌적인 통치권능 행사에 대한 비판적 복종만이 이 경우 실질적 의미를 갖는다고 볼 수 있는데, 이 경우는 또한 너무나도 당연한 귀결로 굳이 저항권을 따질 필요가 없다. 따라서 저항권의 개념적 내포는 비정상적인 헌정 상황 하에서 최후적인 헌법보호를 위한 한계논리로 파악할 수밖에 없다. 학자에 따라 소규모의 저항권[9]이라고도 부르는 시민불복종은 대체적으로, 저항상황이라 할 수 없는 경우에 자기의 절실한 양심적 판단에 입각하여 공공의 이익을 위한 공적 표명을 통하여 자기가 책임질 각오하에 비폭력적인 상징적 항의의 수단으로 행해지는 의식적인 규율위반[10]이라고

7) 허영, 「헌법이론과 헌법(중)」(서울: 박영사, 1989), 170면 참조.
8) 허영, 「헌법이론과 헌법(상)」, 126면,; 허영, 「한국헌법론」, 93면.
9) R. Dreier, Widerstandsrecht und ziviler Ungehorsam im Rechtsstaat, in: P. Glotz(hrsg), Ziviler Ungehorsam im Rechtsstaat(Frankfurt am Main: Shurkamp Verlag, 1983), S. 57.

일컬어진다. 만약에 이러한 불복종의 저항행위가 통상의 기본권 행사로 커버될 수 없는 영역을 다루기 위한 기본권형식으로 정당화될 수 있다면 한계상황에서 대두되는 전통적 의미의 저항권과는 다른 의미의 불복종권리로서 헌법상 열거되지 않은 자유로 용인할 만하다. 그러나 이러한 시민 불복종의 개념적 내포에 대한 합치된 견해를 찾아보기 힘들고 그 개념인정 여부에 대한 논란도 정리되지 않았으며, 더욱이 그것의 신학적 · 윤리적 · 사회철학적 · 형사법적 · 헌법적 정당화 문제에 대해서는 찬반의 견해가 첨예하게 대립하고 있다. 하지만 아무리 발전된 성숙한 민주사회라 할지라도 불복종할 수 있는 자유(설령 그 대상이 합헌적 · 합법적 통치권능 행사가 되더라도)가 전혀 배제된다고 한다면 다원적인 사회의 활성적 근거를 박탈하는 것이 되기 때문에 어떻게 하면 양심의 자유 등 헌법상의 가치질서와 조화될 수 있는 연결고리를 찾을 수 있겠는가 하는 것을 급선무로 골몰해야 하겠지만, 하여튼 시민불복종 행위의 위법성 판단을 일반 형사범과 동일선상에서 행할 수 없다는 것만큼은 명백하다 할 것이다.

어쨌든 국가긴급권과 저항권은 정당성 체계의 헌법상에 내재된 하나의 안티노미(Antinomie)로서 비정상적인 헌정 상황의 한계좌표로 기능하는 헌법의 자기보호 수단이지만 그것의 남용과 오용으로 말미암아 독재와 카오스(Chaos)로 전락하는 역기능의 출혈적 요소를 항상 염두에 두어야 할 것이다.

넷째로 정상적인 헌법실현의 과정을 전제로 하여 헌법규범의 효력범위와 내용을 해석하는데 한계적 기능을 하는 장치로서 헌법개정권력과 헌법재판기능이 또한 정당성 체계로서의 헌법상의 외곽좌표에 해당한다. 헌법해석을 체계론적으로 접근해 볼 때 헌법의 통일성에 입

---

10) Vgl. W. Hassemer, Ziviler Ungehorsam - ein Rechtfertigungsgrund? in: FS für R. Wassermann, S. 328.

각한 규범조화적 해석은 지침적 명제로 대두하게 된다.11) 그러나 헌법 자체 내에 정당성 체계에 합치하지 않는 헌법규범이 섞여 있어 헌법 규범 상호간 나아가서 그 헌법규범에 근거하여 제정된 법률상호 간에 규범충돌을 초래하고 있을 때 이 경우에는 헌법개정이라는 메스를 가하여 근원적으로 그 충돌을 제거할 수밖에 없다. 그런데 헌법개정 같은 중대하고 예외적인 정치적 행태는 그 헌법개정권력 발동의 역학적 계기를 만들어 내는 것조차 결코 용이한 일이 아니다. 따라서 헌법개정에 대한 국민의 합의(Konsens)를 떠나 평면적인 문제의식에 입각하여 헌법상의 논리적 모순을 해결하기 위하여 헌법의 라이프 싸이클에 있어서 외과적 수술을 의미하는 헌법개정의 극한처방을 함부로 채택할 수 없는 것이 현실이다. 헌법실현의 정상적인 궤도를 이탈하지 않고 헌법이 제대로 규범력을 발휘하여 기능하고 있는 상황을 전제로 할 때, 헌법개정권력은 역시 정당성 체계의 헌법상의 한계좌표에 자리잡고 있다고 아니할 수 없다. 문제는 이러한 위상을 갖는 헌법개정권력의 발동에 관한 이론적인 근거를 정당성 체계에 입각하여 이끌어 내는 것이다. 헌법의 최고규범성을 함부로 터치할 수 없도록 하는 경성헌법의 국가에서 헌법개정권력 발동의 이론적 근거를 찾는 일은 우선 헌법규범과 헌법현실 사이의 갭을 메우는 현실적 필요성에 입각할 수 있지만, 헌법을 한 사회공동체의 동화적 통합과정에 성립하는 정당성 체계의 생활형식으로 파악한다면, 지금까지의 '헌법에 위반되는 헌법규범'(verfassungswidriges Verfassungsnorm)의 논리12)를 대치하여 목적적 정당성 · 민주적 정당성 · 절차적 정당성 · 체계적 정당성의 정신에 어긋나는 '정당성위반적 헌법규범'(legitimationswidriges Verfa-

11) 허영, 「헌법이론과 헌법(상)」, 106면 참조; 허영, 「한국헌법론」, 76면 참조.

12) Vgl. Y. Huh. Probleme der konkreten Normenkontrolle(Berlin: Duncker & Humblot, 1971), S. 125f.; C. Degenhart, Systemgerechtigkeit und Selbstbindung des Gesetzgebers als Verfassungspostulat(München: C. H. Beck'sche Verlag 1976), S. 66.

ssungsnorm)의 형식[13]으로 헌법개정권력 발동의 이론적 근거를 보다 심층적으로 제공할 수 있게 되는 것이다. 따라서 이러한 정당성 체계로서의 헌법정신에 포섭될 수 없는 모든 정당성위반적 규율요소들은 그것이 아무리 헌법 자체 내에서 규정되어 있을지라도 헌법해석으로 해결할 수 있는 한계를 뛰어넘기 때문에 그 가치적·기술적 모순으로 말미암아 결국 헌법개정권력 발동을 초래할 수밖에 없게 되는 것이다. 여기에 굳이 자연법론을 차용하여 헌법적 가치관의 초월적 기준으로 삼을 필요는 없는데, 그것은 자연법 또는 자연적 정의라는 이념형식이 법적인 사고 언저리에 있는 하나의 헌법신학 내지 사회철학의 일부분에 불과하다고 보기 때문이다.

또한 헌법을 실현하는 과정에서 권능의 권능이라는 포맷으로 헌법해석적인 헌법보호 수단을 의미하는 헌법재판권능이 모든 헌법적인 분쟁에 대한 제도적인 통로의 유권적 종국으로서 정당성 체계로서의 헌법의 전체구조의 한계좌표에 자리 잡고 있다. 이러한 헌법재판에 대한 본질을 이해하는 데 있어 여러 입장이 나누어지고 있는데, 사법작용설, 입법작용설, 정치작용설, 정치적 사법작용설, 제4의 국가작용설 등이 그것이다.[14] 이때 헌법재판의 본질을 정당성 체계론적인 시각에서 고찰한다면 입법, 행정, 사법을 비롯한 모든 통치권능의 행사는 목적적 정당성, 민주적 정당성, 절차적 정당성, 체계적 정당성으로 통칭되는 정당성 체계에 기속된다는 당위적 명제를 무엇보다도 앞서 인식해야 한다. 헌법재판권능도 예외는 아니다.[15] 그런데 헌법재판을 통해서 국가권력의 3권 중 어떤 특정한 국가작용을 드러내는 것이 아니고, 헌법

13) 황치연, 전게 논문, 38면 참조.

14) 자세한 것은, 허영, 「한국헌법론」, 794면 이하 참조.

15) 그렇지 않으면 재판관 통치국가(gouvernement des juges)내지 재판관의 귀족정치(Aristokratie der Robe)라는 의욕하지 않은 상황에 귀착될 위험에 빠질 수도 있겠기 때문이다. Vgl. T. Maunz - B. S. Bleibtreu - F. Klein - G. Ulsamer(Kommentar), Bundesverfassungsgerichtsgesetz(München: C. H. Beck'sche Verlag, 1987), Rn 94.

재판이란 곧 헌법의 규범적 내용이나 기타 헌법문제에 대한 분쟁을 유권적인 헌법해석의 규제적·조정적인 권능행사에 입각하여 권력통제의 차원에서 해결함으로써 헌법의 최고 규범적 효력을 지키고 헌정생활의 안정을 유지하는 헌법실현작용16)을 나타내기 때문에 헌법재판에 대해서 절차적 정당성을 보장하기 위한 권력통제적인 기능에 초점을 맞추고 있는 제4의 국가작용설이 가장 이론적인 설득력이 크다고 본다. 헌법재판의 권력통제적인 기능과 더불어 다음과 같은 몇 가지 사항도 주목할 필요가 있다. 즉 다수결 원칙에 의해 창출되는 국가작용의 규범적 표현이 법률이라고 할 때, 헌법재판은 합법이란 이름의 다수의 횡포를 규범통제의 방법으로 배제시켜 소수를 영원한 소수로 소외시키지 않도록 하는 점과 더불어, 헌법질서의 내적 영역에서 걷잡을 수 없는 힘의 투쟁을 대신하여 평화적으로 헌법적 가치를 실현시키는 최후보루로 기능함으로써 국가위기봉착 또는 저항권행사 직전에 합헌적인 예방창구를 개설해 주어 정치풍토를 순화시키는 촉매의 역할을 하는 점과 사회통합의 모티브를 더욱더 활성화시켜 주는 점이다. 아울러 헌법재판은 국민과 국가기관 모두에게 헌법적 가치에 입각하여 행위할 수 있도록 촉구하는 교육적 기능도 갖는다.17)

제4절 헌법소원심판 대상에서 법원의 재판이 제외될 수 있는 것인가?

이상과 같은 헌법의 이해와 헌법재판의 위상에 대한 인식을 바탕으로 헌법재판소법 제68조 제1항에 대한 위헌 여부를 논증해 보기

16) 허영, 「한국헌법론」, 790면 참조.
17) 황치연, 전게 논문, 46면 참조.

로 한다. 우리 헌법 제111조 제1항은 헌법재판의 관할사항으로 법원의 제청에 의한 법률의 위헌여부심판, 탄핵의 심판, 정당의 해산심판, 국가기관 상호간·국가기관과 지방자치단체 간 및 지방자치단체 상호간의 권한쟁의에 관한 심판, 법률이 정하는 헌법소원에 관한 심판을 규정하고 있다. 그런데 위의 관할사항에 대하여 살피건대, 헌법 제107조 제1항, 제65조, 제8조 제4항, 제111조 제1항 제4호와 같은 보다 더 구체적 언명이 없는 헌법소원심판은 그 전제가 되는 헌법소원이라는 개념내용을 헌법적 차원에서는 설정하지 않고 있기 때문에 단순 법률의 입법권자에게 입법정책적으로 자유위임시켰다는 주장은 제111조 제1항 제5호의 문의적인 의미에 언뜻 볼 때 가장 적합한 해석처럼 보인다. 왜냐하면 '법률이 정하는 헌법소원'이라는 의미는 헌법소원에 대해서 실정 헌법규정상으로는 아무것도 전달해 주는 것이 없다고 볼 수도 있기 때문이다. 그러나 과연 그렇게만 볼 수 있을까 하는 의문의 소지가 없는 것도 아니다. 물론 정당성 체계에 근원적으로 일탈하는 헌법규정이 아닌 한 실정헌법 규정에 충실해야 한다는 것은 하나의 불문율적인 해석원칙이다. 그런데 어떤 세수된 헌법상의 개념을 헌법제정권자가 사용할 때 그것을 차용하는 사회상황이 다르다는 이유만으로 그 개념 사용에 있어 전적으로 자유로울 수 있다고 한다면 우리는 엄청난 개념적 혼란에 빠지고 말 것이다. 이러한 문제의식의 출발점에서 볼 때 '법률로 정하는 헌법소원'이라는 문구에서 '법률로 정하는'에 중점을 두느냐 또는 '헌법소원' 그 자체에 중점을 두느냐에 따라 해석의 결과는 달리 나올 수밖에 없다. 어쨌든 우리 헌법재판소법 제68조 제1항은 헌법소원심판의 청구사유로서 다음과 같이 규정하고 있는데, '공권력의 행사 또는 불행사로 인하여 헌법상 보장된 기본권을 침해받은 자는 법원의 재판을 제외하고는 헌법재판소에 헌법소원심판을 청구할 수 있다 하고, 다만 다른 법률에 구제절차가 있는 경우에는 그 절차를 모두 거친 후가 아니면 청구할 수 없다 라고 하고 있다. 여기서 문제점은 헌법소원의 보충성에 관한 단서의 규정을 충족시키다 보면 종국적으로 법원의 재판에 이르게 되는데, 본문의 규정에서 법원의 재판을 헌법소원의 대상에서 제외시킴으로써 헌법소원의 핵심적인 영역을 공동화시키고 있다는 것이다. 이러한 규정의 입법배경에는 어찌 감히 대법원이 행하는 재판결과를 옥상옥의 형식으로 신출나기 헌법재판소가 위헌여부를 심판할 수 있느냐 하는 권위적인 사고가 중압감으로 작용했던 엄연한 현실이 존재하고 있었다. 그러나 그러한 현실적 배경에 자리 잡고 있는 헌법학적인 무지와 오류를 도의시하더라도 합헌적 법률해석에 입각하여 조금이라도 이 규정으로 헌법소원이 가능한 영역을 찾아보고자 하는 현실체념적 사고로 말미암은 구성의 오류를 지적하지 않을 수 없다. 우리 헌법재판소의 결정례와 학설에 의거할 때 현재 가능한 헌법소원의 영역에 속하는 것으로 검찰의 소극적 공소권행사, 행정소송에서 소의 이익이 부인되어 온 권력적 사실행위 및 계획적 행정작용, 통치행위 등에 의해 기본권이 침해된 경우와 위헌법률에 의해 직접적으로 기본권이 침해된 경우 또는 입법권자의 부작위에 의한 소극적 기본권 침해의 경우 등[18]을 들 수 있다. 이러한 극도로 한정된 경우의 헌법소원 이외에, 헌법재판소법 제41조 제1항의 규정에 의한 법률의 헌법여부심판의 제청신청이 기각된 때 그 신청을 한 당사자는 헌법소원재판을 청구할 수 있지만, 그것은 명색이 헌법소원이지 위헌법률심사에 있어서 구체적 규범통제의 변형형태에 불과한 것으로 공권력에 의한 자기의 기본권 침해를 대상으로 하는 헌법소원의 유형에는 본질적인 면에서 포함시킬 수 없는 것이기 때문에 헌법재판소법 제68조 제2항에 의하여 동 조 제1항의 문제점을 보완하여 보충적으로 헌법소원을 확대시켜 보장하

18) 허영, 「한국헌법론」, 824면 참조.

고 있다는 논리는 성립하지 아니한다. 이러한 기초적 사실에 입각하여 헌법재판소와 대법원의 관계, 헌법소원의 개념적 징표의 하나인 보충성의 의미, 규범충돌의 문제, 합헌적 법률해석의 한계, 입법정책상의 입법재판권의 한계, 재판청구권과 헌법소원심판청구권과 헌법적 가치질서와의 상관관계라는 시각에서 헌법재판소법 제68조 제1항의 위헌성을 논증하기로 한다.

상고법원인 대법원의 재판결과를 헌법소원의 대상으로 삼는 경우 헌법재판소는 대법원의 옥상옥에 위치하는 상고법원의 상급심으로 잘못 이해하기 십상이다. 헌법재판 권능에 대해 권능의 권능(Kompetenz-Kompetenz)으로서 유권적 종국의 징표만 보고 헌법재판의 본질과 기능, 그것의 헌법적인 위상을 제대로 파악하지 못할 때 이러한 단견에 빠지게 된다. 헌법재판의 본질과 기능을 앞서 장황하게 언급한 이유도 있을 수도 있는 이러한 오해를 사전에 해결하기 위한 정지작업의 필요성에서 기인한 것이다. 헌법재판도 재판의 일종인 이상 그 재판작용의 본질이 사법작용일 수밖에 없다는 측면에 초점을 맞추어 헌법재판의 본질을 사법작용으로만 일관되게 파악한다면 논리상으로는 일견 그럴 듯하게 보인다. 왜냐하면 사법적인 차원에서 심급의 연결고리를 계속 이어갈 때 헌법재판소는 계쟁사건을 최종적으로 확정짓는 상고법원인 대법원의 상급심(Superrevisionsgericht)으로 귀결될 수밖에 없다는 것은 너무나도 단순 명확한 사실이 될 것이기 때문이다. 이러한 이유 때문에 헌법재판소 제68조 제1항이 헌법소원의 대상에서 법원의 재판을 제외한 것의 합헌적 근거로 하고 있다면 그것은 입법권자의 너무나도 소박한 헌법학적인 무지에서 기인하는 위헌입법의 근거라 아니할 수 없다. 독일 기본권이 사법의 장에서 일반법원과 함께 헌법재판소를 규정해 놓고 있지만 그 권능행사를 연방법원과 동일한 위상에서 이해하는 견해는 거의 없다. 헌법소원과 관련하여 헌법재판소를 하나의 '차상급의 심급법원'(höhere Instanz)으로 보는 것이 아니라 사법적인 심급차원에서는 벗어난 '별도의 위상을 갖는 재판소'(anderes Gericht)[19] 라고 이해하기 때문이다. 이것은 사법작용이라기보다는 권력통제적인 성격이 강한 제4의 국가작용이라는 헌법재판의 본질적 특성, 헌법재판의 전체 헌법체계상의 위상과 헌법소원의 기능에 비추어 보면 너무나 당연하다. 헌법소원은 일반적인 사법적 권리구제 수단에 부가적으로 부여한 제4심의 단순한 기본권침해 제거청구권을 의미하는 것이 아니라 명백히 헌법해석을 그르쳤거나 기본권의 방사효과를 무시한 법적용으로 헌법정신을 위반하여 기본권을 침해하는 공권력에 대하여 기본권 보호를 위한 사법제도 초월적인 헌법심청구권[20]을 의미하기 때문이다. 하물며 헌법재판과 일반재판의 본질적 차이점에 착안하여 각각 독립된 장에서 헌법재판소와 법원을 규정하고 있는 우리 헌법질서 하에서 이러한 논리가 설득력 있게 들린다는 것은 말할 나위도 없다. 따라서 미시적인 심급을 매개로 해서 헌법재판소와 대법원의 관계를 설정하는 것은 헌법이란 전체 숲을 보지 못하는 우를 범하는 것이라 아니할 수 없다. 헌법재판소와 대법원의 관계를 헌법전체의 총체적인 시각에서 접근하지 않고 단순히 상하관계이냐 병렬관계이냐 또는 반립관계이냐 양립관계이냐 하는 식의 문제제기에 의한 소박한 논쟁은 이제 거두어들일 때가 아닌가 한다.

한편 헌법소원의 개념적 징표의 하나인 보충성(Subsidiarität)의 의미를 어떻게 이해할 것이냐가 헌법재판소법 제68조 제1항의 위헌성을 논증하는데 중요한 관건으로 대두하게 된다. 독일 헌법재판소법 제90조 제2항과 우리 헌법재판소법 제68조 제1항 단서는 서로 유사하게 권리구제 절차를 모두 거치고 난 후에야 헌법소원을 제기할 수

---

19) Vgl. R. Zuck, Das Recht der Verfassungsbeschwerde(München: C. H. Bect'sch Verlag, 1988), S. 8.

20) Vgl. K. Schlaich, Das Bundesverfassungsgericht, (München: C. H. Beck'sche Verlag, 1985), S. 134.

있다는 취지의 규정을 하고 있다. 본래 국가철학이나 사회철학에서 기원하는 보충성이라는 용례의 의미는 보다 큰 사회적 기능단위는 보다 작은 사회적 기능단위가 그 기능을 수행하지 못할 때에 개입해야 한다는 원칙을 말한다.21) 이러한 보충성의 의미에 충실할 때 헌법소원의 보충성은 헌법재판소와 각개의 전문법원과의 관계에 대한 원칙적인 언명만을 의미할 뿐이고 헌법소원을 제기하기 위해서 통상의 권리구제절차를 모두 거쳐야 한다는 것은 헌법소원의 보충성이 아니라 헌법소원의 소송요건이라고 이해해야 정확한 논의의 출발점에 서 있다고 말할 수 있을 것이다. 그러나 어떤 독자적이고 부가적인 실질을 갖지 않는 절차조건22)으로서 '모든 권리구제절차를 거쳐야 한다는 것'뿐인 이러한 언명이 실질적으로 헌법소원의 보충성에 대한 일반적인 논증으로 기능하게 된다면 의문의 여지가 있지만 결국 이러한 소송요건은 헌법소원의 보충성이라는 개념적 내포에 합류되어 버리기 때문에 헌법소송의 보충성을 모든 권리구제절차를 경료해야 할 의무로 파악해도 무방하게 된다. 도대체 헌법소원에서 그 보충성은 어떻게 인정된 것인가? 헌법소원이란 사문의 본성 속에 개념필수적으로 당연히 내재되어 있는 것인가 아니면 헌법재판소의 특수한 지위에서 인정되는 것인가 또는 헌법재판과 각개의 전문재판과의 관계에 대한 권력분립원칙의 차원에서 용인된 역사적인 표상인가? 사실적인 측면에서 세 번째 언급된 주장이 가장 유력하지만23) 헌법소원의 보충성을 인정하는 이론적 근거를 위의 세 가지 이유 중에서 어떻게 취합하여 제시하더라도 문제될 것은 없다고 본다. 왜냐하면 헌법의 권능질서를 체계적으로 고찰해 볼 때, 즉 헌법소원을

21) Vgl C. Creifelds u. L. M. Gossner(hrsg), Rechtswörterbuch(München: Verlag C. H. Beck, 1988), S. 1100.
22) Vgl. R. Zuck, a. a. O., S. 12.
23) Vgl. a. a. O., S. 14.

헌법의 전체질서 안에서 구현하려고 할 때 헌법소원의 보충성은 권능구조상 당연히 뒤따르기 마련이기 때문이다. 다시 말해서 헌법적인 권능질서의 권능분배에 입각해 볼 때 기본권 침해에 대해 기본권을 보장하고 관철시킬 우선적인 과제는 심급법원이 떠맡고 있다고 보아야 하고 따라서 심급법원에 출소되어 오는 기본권 침해에 대해서 법원 자신이 스스로 그 침해를 제거해야 할 의무를 지고 있는 것이고 이것은 헌법적 가치질서의 유지를 위해 헌법제정권자가 사법권능에게 부여한 근본결단적 명령인 것이다. 권능분배의 차원에서 필연적으로 수반되는 헌법소원의 보충성은 이러한 법원의 기능으로 말미암아 부수적으로 헌법소원의 남용과 오용을 차단하는 효과를 아울러 가지게 된다. 기본권 침해의 심사에 대한 헌법상의 재판권능의 특수한 분절구조(in der besonderen Gliederung) 속에 그 권능행사의 과정적 산물로서 헌법소원의 보충성의 정당화근거가 자리 잡고 있다고 한다면 이제 헌법소원의 보충성은 헌법소원을 제기하려고 할 때 그 권리보호의 필요성을 판정하는 독자적인 적법요건이라 할 것이다. 이러한 헌법소원의 보충성의 결과로서 먼저 소원사항을 해결할 수 있는 가장 근접한 절차로부터 심급법원의 판단에까지 모든 권리구제 절차를 거치도록 법원에게는 그 기능과제를 부여하고 소원제기자에게는 그러한 경료의무를 부여하게 되는 것이다.[24] 헌법소원의 보충성을 위와 같이 이해할 때 우리 헌법재판소법 제68조 제1항 단서의 규정은 지극히 당연한 규정이고 이 규정을 충족시키다 보면 종국적으로 법원의 재판에 이르게 되는데, 이 법원의 재판을 헌법소원에서 제외시킨 납득한 만한 합헌적 근거를 찾을 길이 없다. 헌법소원과 법원의 재판과의 연결고리는 헌법소원의 보충성과의 관계에서만 이어져 있는 것이지 기본권 침해로부터 자유로운 사법권능과 헌

24) Vgl. a. a. O, S. 15ff.

법소원의 전체구성과 직결되어 있는 것은 아니다. 즉 헌법소원의 보충성을 인정해야 할 논리적 필요성으로부터 헌법소원의 심판대상에서 법원의 재판을 제외하여야 한다는 명제까지는 결코 도달할 수는 없게 되어 있다.

다음으로 규범충돌의 문제를 살펴보기로 하자. 우리 헌법 제111조 제1항 제5호는 '법률이 정하는' 헌법소원에 관한 심판을 헌법재판소의 관장사항으로 하고 있기 때문에 헌법소원의 대상에 관한 헌법재판소법 제68조 제1항에서 단서와 본문과의 논리적 모순은 동위의 법률규범 간의 수평적 규범저촉이 있을 뿐이지 상위 헌법규범과의 충돌, 즉 수직적 규범저촉은 존재하지 않아 헌법위반이 아니라는 주장이 있을 수 있다. 그리고 이때의 수평적 규범충돌의 해결은 구체적인 관련사건에 있어 교통정리로서 행하는 헌법재판소의 결정례에 유보시켜 두어야 하고 따라서 기속적인 선례의 확립이 우선적 과제라는 지적이 있을 수 있다. 예를 들어 어떤 위헌적인 행정처분으로 기본권을 침해받았을 때 헌법소원의 보충성에 입각하여 행정쟁송의 권리구제수단을 모두 거쳤는데 그 위헌성이 제거되지 않았을 때는 최종식인 대법원의 판결은 헌법재판소법 제68조 제1항 본문이 헌법소원의 대상에서 제외시켜 놓았기 때문에 헌법소원의 대상이 될 수 없고 원처분에 대하여 헌법소원을 제기할 수 있도록 헌법재판소가 결정례로 확립해 놓는다는 가설 등이 그것이다. 이러한 가정적인 해석은 헌법 제107조 제2항과 관련하여 행정처분에 대하여 대법원이 갖는 최종적인 심사권의 의미를 일반재판청구권과 헌법소원심판청구권의 기능적 차이를 인정하는 바탕 위에서 사법적인 심급단계에서의 최종적이라는 의미로 해석할 때 가능한 것처럼 보인다. 이러한 경우 대법원의 판결은 간접적으로 파기되고 헌법소원의 심판대상에서 법원의 재판을 제외시킨 헌법재판소법 제68조 제1항의 본문규정의 일부를 사문화시킴으로써 헌법소원의 보충성과의 이론적 모순을 제거할 수 있는 것처럼 보인다.

이것은 위헌적인 행정처분과 그에 부응하는 위헌적인 대법원판결을 염두에 두고 헌법소원에 이르는 과정을 상정한 것에 불과하다. 그러면 행정소송이 아닌 일반 민·형사소송의 경우에는 어떻게 해석할 것인가? 예컨대 헌법정신을 몰각하고 헌법해석을 그르친 형사재판으로 기본권을 박탈당했을 때는 그에 대한 헌법소송에 이르는 위의 예와 같은 중간매개수단조차 현행 헌법재판소법상 있을 수 없기 때문이다. 이 경우 일단 최종적인 대법원의 판결을 헌법소송으로 제기하고 법원의 재판을 헌법소원의 대상으로 할 수 없다는 이유로 그것에 대한 헌법재판소의 각하결정을 받았을 때 헌법재판소법 제68조 제1항이 위헌적인 형사판결을 받은 기본권 주체에게는 전혀 헌법소원심판청구권을 배제하고 있다 하여 그 법률규정이 직접 기본권을 침해하고 있다고 논지로 헌법소원을 청구하여 헌법재판소법 당해규정의 위헌판단을 유도하는 것도 그럴싸한 가설처럼 보인다. 왜 이렇게 무리한 상상을 해야만 하는가? 그것은 헌법재판소법 제68조 제1항의 위헌성에 대한 가장 강력한 시사이기도 하다. 다시 규범충돌의 본래의 문제로 돌아와서 생각할 때, 전체적인 헌법적 가치질서와의 관계를 도외시하고 미시적으로 수평적 규범저촉이 되고 있는 규정에 대한 헌법상의 근거규정의 문리적 해석만으로 그것은 수직적 규범저촉이 아니기 때문에 여타의 헌법적 판단에서 자유로울 수 있다고 단언할 수 있겠는가? 헌법위반인가 법률 간의 불합치인가의 판정기능밖에 없는 수직적 규범저촉, 수평적 규범저촉의 개념형식의 실제적인 효용은 무엇인가? 수평적 규범저촉은 헌법적 차원의 문제성을 상실하는 것이며 헌법재판소의 결정례에 의거한 유권적인 형성력에 무작정 방치해 두는 것이 헌법적인 명령이라고 볼 수 있는가? 그러나 법률이 정하는 '헌법소원'이란 문구에서 헌법소원에 초점을 맞추어 헌법해석을 할 때 위의 문제설정에 대한 답변은 회의적으로 귀결될 수밖에 없다. 먼저 법기술적 모순과 가치모순의 논증형식으로 해결책을 고찰해보면 다음과 같다. 법기술적 모순(gesetztechnische Widersprüche)이란 그것이 수직적 규범저촉이든 수평적 규범저촉이든지 간에 관련 헌법 규정과의 관계에서 헌법적 가치판단을 배제한 단순한 법기술적인 측면에서 규범충돌을 야기시키는 모순을 말하고, 가치모순(Wertungswidersprüche)은 헌법상의 근거규정의 지시명령에 입각한 기술적 판단 외에 관련 법률 규정이 직접 헌법적 가치판단과 충돌하는 규범저촉을 말한다. 전자는 일정한 제도설정시에, 후자는 기본권 실현적 또는 제한적 법률유보의 경우에 잘 나타날 수 있다. 법률로 정하는 헌법소원이라는 헌법조문의 문구 중에서 '법률로 정하는'에 초점을 맞추어 이것을 피상적으로만 이해하여 헌법소원의 내용을 법률로 정하기만 하면 되는 것이기 때문에 그 헌법상의 지시명령에 입각하여 법률로 정하라는 방법으로 관련 법률로 정하여서 헌법소원의 내용을 형성해 놓았는데 무슨 문제가 있겠는가 하여 법기술적 모순이 존재하지 않는다 하겠지만, 헌법소원의 보충성을 인정하면서 그 보충성요건의 종국적 귀결인 법원의 재판을 헌법소원의 대상에서 제외시킴으로써 헌법소원을 형해화하는 방법으로 규범충돌을 야기시킨 것은 '실질적으로' 법기술적 모순에 해당하는 것이고 이것은 입법가의 자기기속을 규율하는 헌법상의 체계정당성의 명령에도 위반된다. 인간의 존엄과 가치를 정점으로 하는 기본권적 가치를 국가는 이를 확인하고 보장할 의무(헌법 제10조 참조)를 지고 있기 때문에 헌법재판소법 제68조 제1항에서의 규범상충으로 야기되는 법기술적인 모순은 헌법 제111조 제1항 제5호에 의거한 위와 같은 기본권적 가치를 지탱해 주는 방법의 일종인 헌법소원심판 청구권의 핵심적인 영역을 공동화시킴으로써 헌법적 가치질서와 상치하는 '가치모순'으로 귀결되어 위헌이고, 나아가 공권력의 위헌적인 기본권 침해를 전제로 한 헌법소원이 갖는 여타 헌법재판 유형과 대비되는 본래의 특성, 즉 국가기관이 아닌 기본권 주체인 국민에게 부여한 유일한 헌법재판 청구권능이란 점을 유명무실하게 한 헌법재판소법 제

68조 제1항은 헌법상의 목적적 정당성을 위반하고 통치권의 기본권 기속성이라는 헌법정신을 일탈한 위헌이라 아니할 수 없다. 따라서 단순한 법기술적 모순에 수반하는 '가치모순'을 헌법적 판단의 촉각으로 포착하여야 한다는 것을 명심하여야 한다.

이제 합헌적 법률해석의 한계라는 관점으로부터 헌법재판소법 제68조 제1항의 위헌성을 논증하기로 한다. 합헌적 법률해석이란 외형상 위헌적으로 보이는 법률이라 할지라도, 그것이 헌법정신에 맞도록 해석될 여지가 조금이라도 있는 한, 이를 쉽사리 위헌이라고 판단해서는 아니된다는 법률의 해석지침을 말한다.[25] 이러한 해석지점의 가장 설득력 있는 근거는 국민과 가장 밀접한 관계에서 국민의 의사를 직접적으로 발현시키기 위해 입법부가 제정한 법률을 그에 견줄 만한 민주적 정당성을 확보하지 못한 타 헌법기관이 입법기관의 규범적 의사표현을 존중해야 한다는 당위적 명제에서 출발하고 있다. 그러나 법률의 합헌적 해석을 헌법의 전체적인 권능질서에서 권능배분의 정신을 무시하고 민주적 정당성이란 이름으로 목적적 정당성, 절차적 정당성, 체계적 정당성에 어긋나는 법률규범에까지 확장시킬 수 있는 만병통치약과 같은 논리형식으로 가능할 수 없는 것도 분명한 사실이다. 헌법재판에 의한 규범통제의 존립지반도 바로 여기에 자리 잡고 있는 것이다. 합헌적 법률해석이란 입법권의 침해를 겨냥한 방어적 논리형식에 불과한 것이기 때문에 헌법소원심판청구권을 사실상 형해화시킨 헌법재판소법 관련규정의 적극적인 합헌논증으로 이끌어 들이는 데는 무리가 있다. 그것은 구체적인 합헌논거의 제시와는 달리 입법권이 민주적 정당성에 입각하여 합헌적으로 행사될 것이라는 신뢰하에서 법적 안정성의 측면에 기여하기 위해 법률의 합헌추정력을 추상적으로 뒷받침하고 있을 따름이겠기 때

---

25) 허영, 「한국헌법론」, 79면.

문이다. 즉, 합헌적 법률해석의 근본취지를 출발점으로 하여 위헌논증이 제기되어야 한다는 의미이지 그 밖에 그것이 곧바로 위헌논증에 대한 하나의 대립되는 간접 반증으로 될 수는 없는 것이다. 따라서 헌법적 가치질서를 보호하기 위한 방법의 일종으로 헌법재판의 기능에 공여할 수 있는 헌법소원제도를 형성하는 데 있어 가능한 몇 가지 헌법소원사유를 성립시켰다는 것을 근거로 하여 헌법소원대상에서 법원의 재판을 제외시킨 헌법재판소법 제68조 제1항 본문의 합헌적 논거로 할 수는 없는 것이다. 헌법소원 대상의 중핵을 제외함으로써 헌법소원의 보충성이라는 본래의 취지마저 무색케 하는 헌법재판소법 제68조 제1항은 합헌적 법률해석이라는 논리전개에 의해서도 커버할 수 없는 중대한 위헌적 가치판단을 수반하기 때문에 필히 그 개정이 요구된다.

입법정책상의 입법재량권의 한계의 측면에서 헌법재판소법 제68조 제1항의 위헌성을 논증하기로 한다. 우리 헌법 제111조 제1항 제5호에서는 독일기본법 제93조 제1항 제4a호의 규정과는 달리 헌법소원의 내용에 관한 언명이 없이 '법률로 정하는 헌법소원'이라는 문구를 사용하여 헌법소원의 대상에 관하여 전적으로 입법정책상의 입법재량권에 방임시켜 놓은 듯한 인상을 풍긴다. 따라서 헌법소송제도를 구체적으로 어떻게 형성하느냐는 입법재량에 속하기 때문에 공력권의 행사 또는 불행사라는 개념 설정시에 임의적으로 공권력에 대해서 그 내포범위를 극도로 적당히 축소·조정할 수 있다는 인식 아래 헌법소원대상에서 법원의 재판을 제외시켰는지 모른다. 독일 기본법상의 헌법소원에 관한 규정에는 공력권이라는 문구가 들어가 있는데 공력권의 개념내용을 입법권자가 입법형성권에 의하여 확정하는 데 있어 법원의 재판을 배제하는 것은 불가능하다는 것이 학설의 지지를 받고 있다.26) 나아가 법원의 재판에 대한 헌법소원절차를 아주 까다롭게 하여 헌법소원을 공동화(nudum ius)시키는 간접적인 제한까지도 금지된다는 게 일반적인 주장이다.27) 어쨌든 헌법소원이라는 개념을 계수하면서 헌법소원의 보충성까지는 받아들이고 법원의 재판을 헌법소원 대상에서 제외시킨 것에 대하여는 아무리 우리 헌법의 특수성을 강조하여도 우리 헌법제도상에서 납득할 만한 차별규율 근거를 찾아보기 힘들다. 입법가 스스로가 정립하는 어떤 특별규정을 통하여 하나의 법영역을 획정하는 내재적인 근본 규율로부터 벗어날 수 있느냐 하는 것은 그의 광범위한 입법 형성권에 비추어 볼 때 원칙적으로 자유재량의 것이다.28) 그러나 그러한 이탈이 헌법상의 목적적 정당성을 비롯한 가치적 결단을 침해하지 않는 범위 내에서만 의미 있는 것이지29) 무한정으로 입법정책상의 입법재량권이 행사될 수는 없는 것이다. 목적적 정당성, 절차적 정당성이 배경으로 하고 있는 한계적 사고(Schranken-Schranken-Denken)를 그 이론적 근거로 삼을 수 있다. 따라서 입법형성권의 한계에 자리 잡고 있는 체계정당성의 원리는 그 입법재량의 자의성을 체계 합치성 및 체계 위반성의 규준으로 판단한다.30) 공권력 중에서 행정권능, 특히 민주적 정당성을 가장 크게 확보하고 있는 입법권능으로부터까지 기본권적 가치의 침해를 예정한다면 왜 하필 사법권능에 의한 침해는 그 예정에서 배제되어야 하는가? 그것은 도대체가 납득되지 않는데 이것이 바로 체계 위반성에 의한 입법가의 자의의 징표로서 헌법상의 체계정당성의 명령을 위반한 입법형성권의 위헌적인 한계유월이 아니고 다른 무엇인가! 결국 헌법재판소법 제68조 제1항에서 법원의 재판을 헌법소원에서 제외한 것은 헌법소원의 체계정당성에 위반하여 헌법적 가치질서와 조화되기 어려운 위헌입법이라 아니할 수 없다.

---

26) Vgl. R. Zuck, a. a. O., S. 2.
27) a. a. O.
28) C. Degenhart, a. a. O. 21.
29) a. a. O.
30) Vgl. C. Degenhart, a. a. O., S. 21f.

마지막으로 재판청구권과 헌법소원심판 청구권과 헌법적 가치질서와의 상관관계라는 시각에서 헌법재판소법 제68조 제1항을 검토하기로 한다. 목적적 정당성을 그 이념적 기초로 하는 법치국가의 원리에 입각해 볼 때 가능한 한 흠결 없는 권리구제가 헌법정신에 가장 적합한 것임에는 이론의 여지가 없다.[31] 독일 기본법 제19조 제4항은 공권력으로 인한 권리의 침해가 있는 경우에는 재판의 청구가 가능하게 하고 일반법원 이외에 다른 관할권에 속한 경우를 제외하고 일반법원에 통상의 재판청구를 할 수 있음을 보장하고 있다. 동 기본법 제93조 제1항 제4a호도 공권력으로 인한 기본권 또는 기타 거기에 열거된 기본법상의 권리를 침해한 경우의 헌법소원심판을 인정하고 있기 때문에 일반적인 재판청구권과 헌법소원심판 청구권과 전체적인 헌법적 가치질서와의 상관관계를 어떻게 파악할 것이냐가 문제된다. 이것은 헌법소원의 보충성과도 관련되는 것이며 연방법원과 헌법재판소와의 관계와도 연결되는 문제이다. 헌법소원을 지극히 단순히 이해하여 일반법원의 권리구제에 대한 부가적인 권리구제방법으로만 생각하는 것은 헌법소원심판이라는 헌법재판의 본질과 기능을 잘못 파악한 것이다. 단순한 권리구제의 측면은 헌법소원의 보충성의 제소요건에 의하여 여과되는 것이고 헌법해석을 그르쳤거나 헌법정신을 위반한 쟁점을 기저로 하여 청구하는 헌법심청구권이 헌법소원이기 때문이다. 독일의 경우는 양 청구권의 대상으로서 기본법상 공권력의 침해를 명시하고 있지만 우리 헌법의 경우에는 법률에 의한 재판을 받을 권리(제27조 제1항)와 법률로 정하는 헌법소원(제111조 제1항 제5호)을 정하고 있을 따름이다. 그러나 기본권 침해대상으로서 공권력이라는 말의 명시규정을 헌법적인 차원에서 두지 아니하였다 하더라도 이것은 너무나도 당연한 논리적 전제이기

---

31) Vgl. R. Zuck, a. a. O., S. 3.

때문에 우리 헌법에서 양자의 관계가 특별히 달라질 것은 없다. 이들 양자의 포섭관계를 살펴보면 헌법소원심판 청구권은 재판청구권과는 별도의 근거규정에서 인정된 권리이지만 법치국가원리를 구현한다는 측면은 같고 또한 순수하게 재판이란 성질만 따져 봤을 때 헌법소송이라는 차원에서는 일반재판청구권의 확장이라는 측면이 있고 보충성의 엄격한 제소요건이라는 차원에서는 일반재판청구권의 제한이라는 측면이 있다. 이러한 헌법소원의 구체적 특질을 감안하지 않고 헌법소원의 대상에서 법원의 재판을 포함시키면 사법적 심급 내에서 최고법원이라는 대법원의 권위를 손상시킨다는 구시대적인 사고방식은 이제 탈피하여야 한다. 따라서 헌법적 가치질서의 보호에 대해 국민이 행사할 수 있는 최후의 제도적 보루로서의 기능을 가지는 헌법소원이라는 제도의 설정시에 그 심판의 대상에서 법원의 재판을 배제한 것은 전체적인 헌법적 가치질서의 추구목적과 배치되는 위헌입법이라 아니할 수 없다. 합헌론에서 제기하는 권력분립적 차원 운운하는 것은 이미 헌법소원의 보충성이라는 헌법소원의 독특한 성격에서 커버되는 것으로 전혀 이유 없다.

여론적으로 비교헌법적인 차원에서 헌법소원의 대상에서 법원의 재판을 제외한 것을 정당화하는 주장을 검토해 보기로 한다. 비교헌법학적인 입장에서 오스트리아의 헌법소원에서는 그 심판의 대상에서 법원의 재판을 제외시켜 놓았지 않았느냐는 주장으로 각 나라마다 특수한 사정으로 헌법소원제도가 달리 형성될 수 있음을 강변하는 입장이 있는 것 같다. 그러나 오스트리아 헌법재판제도 하에서는 독일과 우리나라가 채택하고 있는 것과 같은 헌법소원(Verfassungsbeschwerde)은 엄밀한 의미에서 존재하지 않는다는 것이 학리적으로 가장 정확한 표현이라고 볼 수 있다. 오스트리아 연방헌법상에는 일반적인 사법체계 내에서 대법원(das oberste Gericht)을 정점으로 하는 통상의 법원과, 기본권보호와 통제의 차원에서 별도의 위상을 갖는 행정재판소(Verwaltungsgericht), 헌법재판소(Verfassungsgericht)가 또한 따로 존재한다. 먼저 이 점을 유의해야 한다. 오스트리아의 경우 엄밀한 의미에서 헌법소원제도가 독자적인 실질을 가지고 존재하는지 의문이 가지만 독일학자들이 비교헌법적인 차원에서 그나마 독일식의 헌법소원과 유사한 제도를 찾게 되는 것은 오스트리아 연방헌법 제140조 제1항 제4문과 제139조 제1항 제3문, 그리고 제144조 제1항에 관한 것이다. 그러나 전자는 구체적 규범통제에 관한 변형으로서 법률이나 명령·규칙의 위헌, 위법성에 의해 직접 개인의 권리를 침해한 경우 제청권자를 거치지 않고 일반개인에게 규범통제심사 청구권(Individualantrag)을 부여한 규범통제제도에 불과하다.[32] 이와 같은 구체적 규범통제제도 하에서는 헌법소원에 있어 법원의 재판을 대상으로 하느냐 안하느냐, 헌법소원의 보충성을 인정할 것이냐 안할 것이냐를 논하는 것 자체가 무의미하다. 그러나 독일학자가 이 규정을 헌법소원과 관련하여 참조하고 있는 것은 독일에 있어서 법규헌법소원(Rechtssatzverfassungsbeschwerde)과의 연관성 때문이라고 본다. 법규범이 집행행위를 매개하지 않고 직접 개인의 기본권을 침해할 때 헌법소원의 보충성과 관련해서 명분의 규정을 두고 있지 않은 독일의 경우에 연방헌법재판소의 판례에 입각하여 직접성, 현재성, 침해의 자기관련성의 엄격한 요건 하에[33] 연방헌법재판소법 제90조 제2항 단서의 실정법상의 보충성의 예외와는 다른 차원에서 그 예외성을 인정하여 법원을 거치지 않고 연방헌법재판소가 직접 심판하기 때문이다. 후자는 오스트리아에서의 행정재판소와 헌법재판소와의 관계를 우선적으로 파악하고 난 연후에 이해하여야 한다. 오스트리아에서의 행정재판은 우리의 행정소송과 같이 통상의 사법체계 내

32) Vgl. R. Walter u. H. Meyer, Grundriβ des österreichischen Bundesverfassungsrechts(Wien: Manzsche Verlags-und Universitätsbuchhandlung), S. 362ff.

33) Vgl. T. Maunz - B. S. Bleibtreu - F. Klein - G. Ulsamer(Kommentar), Bundesverfassungsgesetz(München: C. H. Beck'sche Verlag, 1987), Rn. 95ff.

에서 3단계의 심급재판을 통해 이루어지는 것이 아니라 헌법재판소와 대등한 지위를 가지는 독자적인 행정재판소의 독점관할로 이루어진다. 따라서 행정소송의 경우에 사전심사단계의 구제절차를 거쳐야 한다는 것(오스트리아 연방헌법 제131조 제1항 제1호 후단)에는 당연히 법원의 재판은 포함될 수 없는 것이다. 똑같은 이유로 여러 관할권 중에서 특별한 행정재판소의 기능(Sonderverwaltungsgerichtsbarkeit)으로서 행하는 헌법재판소의 헌법 제144조 제1항 소정의 관할권에 대해서도 마찬가지로 설명될 수 있는데, 동 조 규정을 부연하여 언급한 헌법재판소법 제82조 제1항에서 행정상의 구제단계를 거친 후(nur nach Erschöpfung des administrativen Instanzenzuges) 동 조 소정의 소청을 제기할 수 있도록 한 것에는 당연히 법원의 재판 등은 포함될 수 없는 것이고 행정절차상에 주어진 통상적인 권리구제수단을 지칭하는 것이다. 이것은 헌법소원에서 말하는 보충성의 요건도 아니다. 왜냐하면 이때의 소청(Beschwerde)에 대한 심판은 특별한 행정재판의 기능으로서 행하는 것이기 때문에 전심단계로 행정상의 구제절차를 거치도록 하는 것은 행정소송에서의 그 전제적 요청에 불과하기 때문이다. 오스트리아의 경우 헌법소원의 대상에서 법원의 재판을 제외한 것이 아니라 오스트리아의 행정재판소의 위상과 관련된 헌법구조 체계상 관할권 밖에 있을 따름이다. 또한 오스트리아 연방헌법 어디에서도 헌법소원(Verfassungsbeschwerde)이라는 명칭으로 제도화된 것은 없고 동 헌법 제144조 제1항 소정의 소청(Beschwerde)은 독일에서 말하는 본래적인 의미의 헌법소원이라고 보기 어렵다. 그 이유를 설명하면 다음과 같다. 먼저 각각 독립된 별도의 재판소로서 행정재판소와 헌법재판소와의 관계가 문제된다. 행정처분으로 단순 법률차원의 권리(공권: öffentliches Recht)를 침해받은 자는 행정재판소에 행정소송을 제기할 수 있다(동 헌법 제131조 제1항 제1호). 또한 직접적인 행정명령과 강제권의 행사에 의거한 특정인에 대한 조치처분도 해당조치가 권리를 침해하는 한

행정재판소에 행정소송을 제기할 수 있다(동 헌법 제131a조). 한편 행정처분으로 '헌법상에 보장된 권리'를 침해한 경우나 법률이 헌법에 보장된 권리를 침해하였을 때 또는 명령·규칙이 법률에서 인정한 주관적 권리를 침해하였을 때에는 법률에 의해서 '권리'가 침해되었다고 충분히 주장할 수도 있는데 여기서 관할권문제가 대두된다(그렇지 않다고 하는 주장도 있을 수 있다). 이때 헌법재판소에 소청이 계류하는 외에 행정재판소에도 행정소송이 제기될 수 있다. 헌법상 보장된 권리와 단순한 법률 차원의 주관적 공권의 침해여부에 바탕을 둔 서로 다른 심사기준이 적용되기 때문에 동일한 사안은 아니라고 하지만 해결해야 할 법적 문제가 맞물려 있기 때문에 양 재판의 충돌이 있을 수 있다.[34] 여기서 행정재판소의 기각판결에 헌법재판소가 기속되지 않는다는 주장에는 찬반의 견해가 대립되어 있다.[35] 양 재판의 어려운 한계문제를 해결하기 위하여 헌법재판소에 제기되어 온 소청이 충분한 인용가능성을 가지지 못하거나 또는 헌법재판소의 재판으로 헌법적인 문제성을 명백하게 드러내기 어려운 때 결정회피제도(동 헌법 제144조 제2항)를 헌법개정(1981년)으로 신설하여 입법정리(1984년) 하였다. 한편 행정재판소와 헌법재판소의 관할이 겹치는 부분, 즉 계쟁대상이 되고 있는 행정청의 처분이나 행정청의 행정명령 및 강제권의 행사로 야기된 소청의 경우 일정한 조건하에 행정재판소에 이송할 수 있도록 하고 있었다(동 헌법 제144조 제3항). 그러나 헌법재판소에 대한 소청은 행정소송의 당사자적격이 없는 경우에도 허용되지만 행정재판소의 취소판결 후에 취해진 이른바 대체행정처분(Ersatzbescheide)에 대해서 헌법재판소가 심사할 수 있는지의 여부 및 어느 범위까지 심사할 수 있는지에 대해서는 아직도 학설상 다투어지고 있다.[36] 이상에서 살

34) Vgl. R. Walter-H. Mayer, a. a. O., S. 392.
35) a. a. O.
36) Vgl. a. a. O. S. 393.

펴본 바와 같이 오스트리아에서는 독립한 행정재판소를 두고 있는데 행정처분에 관련된 부분에서 명확한 개념범위가 설정되지 아니하였기 때문에 헌법재판소가 일정한 보충적인 소청관할을 가지는 데 불과하고 공권력의 기본권 침해에 대해 기본권 주체인 국민이 직접 헌법재판을 청구할 수 있다는 헌법심청구권이라는 인식의 결여하에 있어 본래적인 의미의 독일식 헌법소원과는 거리가 멀게 규정되어 있는 것이다. 따라서 오스트리아의 헌법소원의 경우 법원의 재판이 헌법소원의 대상이 되지 않는다고 하는 것을 근거로 들면서 우리 헌법소원에서 법원의 재판을 그 심판대상에서 제외한 것이 우리의 특수한 사정을 바탕으로 정당화될 수 있다고 주장하는 것은 설득력의 크기의 문제가 아니라 설득력 자체가 전혀 없는 경우이다.

결론적으로 헌법재판소법 제68조 제1항 중에 헌법소원의 대상에서 법원의 재판을 제외한 것은 위헌으로서 필히 개정되어야 할 사항이다. 그리고 헌법재판에 대한 제대로의 인식을 바탕으로 헌법 제107조 제2항과 제111조 제1항 제5호와의 관계도 헌법의 통일성에 입각하여 규범조화적으로 해석되어야 한다. 따라서 명령 · 규칙 · 처분의 위헌여부심사에 대한 최종적인 심사권도 사법적인 심급단계에서의 종국이라는 의미로 해석하고 위헌법률심사 또는 헌법소원과 관련하여 통일적인 헌법재판을 가능하도록 하는 것이다. 그러나 더욱더 바람직한 것은 비교헌법적인 차원에서도 유례를 찾아보기 힘든 헌법 제107조 제2항의 규정은 제9차 헌법개정시 헌법재판소를 설치하면서 세밀한 검토 없이 존치해 놓은 것이기 때문에 미국식의 사법형 헌법재판제도와는 달리 독립한 헌법재판기관을 두고 있는 현행 헌법재판 제도 하에서는 헌법개정권력 발동시에 헌법개정을 통하여 제거하는 것이다.

제5절 헌법재판소의 법무사법시행규칙의 위헌결정에 대한 소견

이상에서 법무사법시행규칙에 대한 헌법재판소의 위헌결정으로 제기되어 있는 여러 가지 쟁점들을 검토하기 이전에 헌법재판소법 제68조 제1항의 위헌논증을 바탕으로 당해 법률개정의 당위성을 촉구하는 입법론을 제고한 것은 현실적인 해석론의 올바른 방향설정을 기하기 위함이다. 이러한 입법론상의 관련쟁점을 파악치 않고 행하는 해석론은 헌법학적으로 공허하고 몽매한 의견에 불과할 가능성이 크기 때문이다. 헌법개정으로 앞서 논술한 모든 문제점들이 학리적인 설득력을 바탕으로 조화롭게 해결되는 게 가장 순리에 맞는 일이겠지만 그것을 촉구하는 데 그치고 상기 결정에 대한 쟁점들을 살펴보기로 한다. 이때 헌법 제107조 제2항과 제111조 제1항 제5호와 헌법재판소법 제68조와의 상호연계 속에서 전체적인 헌법질서와 관련하여 고찰하지 않으면 문제의 위상을 정확히 파악할 수 없다는 것을 새겨 두어야 한다.

(1) 먼저 어느 경우에 우리 실정헌법 해석상 명령·규칙에 대한 위헌심사권을 헌법재판소가 갖게 되고, 헌법 제107조 2항에서 대법원이 갖는 명령·규칙에 대한 심사권은 어떠한 해석적 의미를 지니고 있는가?

여기에 대해서 유권적 헌법해석권능을 담지하고 있는 헌법재판소가 확정적 결정을 내릴 수 있다는 그 사실 자체에 대해서는 결정의 당부 논의에 앞서 선재적으로 확고히 인식되어 있어야 한다. 따라서 결정 그 자체는 엄연하게 준수되어야 하는 것이고 이것을 타 국가기관이 함부로 가치판단할 수는 없는 것이다. 이것은 굳이 헌법재판소법 제47조 제1항, 제60조, 제67조 제1항, 제75조 제1항의 예를 들지 않더라도 너무나 당연한 상식에 속한다. 다만 그 결정형식과 결정내용의 논증에 대해서 학문적 평석의 차원에서는 당부여부를 논의할 수 있다. 위의 문제설정에 대해 헌법재판소가 법무사법시행규칙에 대한 위헌결정의 이유 설시에서 밝힌 판단논거는 다음과 같다.

> "헌법 제107조 제2항이 규정한 명령·규칙에 대한 대법원의 최종심사권이란 구체적인 소송사건에 명령·규칙의 위헌여부가 재판의 전제가 되었을 경우 법률의 경우와는 달리 헌법재판소에 제청할 것 없이 대법원이 최종적으로 심사할 수 있다는 의미이며, 헌법 제111조 제1항 제1호에서 법률의 위헌여부심사권을 헌법재판소에 부여한 이상 통일적인 헌법해석과 규범통제를 위하여 법률의 하위법규인 명령·규칙의 위헌여부심사권이 헌법재판소의 관할에 속함은 당연한 것이며 이를 배제한 것이라고는 볼 수 없다. 그러므로 법률의 경우와 마찬가지로 명령·규칙 그 자체에 의하여 직접 기본권이 침해되었음을 이유로 하여 헌법소원심판을 청구하는 것은 위 헌법규정과는 아무런 상관이 없는 문제이다. 그리고 헌법재판소법 제68조 제1항이 규정하고 있는 헌법소원심판대상으로서의 '공권력'이란 입법·사법·행정 등 모든 공권력을 말하는 것이므로 입법부에서 제정한 법률, 행정부에서 제정한 시행령이나 시행규칙 및 사법부에서 제정한 시행규칙 등은 그것들이 별도의 집행행위를 기다리지 않고 직접 기본권을 침해하는 것일 때에는 모두 헌법소원심판의 대상이 될 수 있는 것이다."

위 헌법재판소의 결정논지를 살피건대, 헌법재판소가 구체적인 소송사건에 명령·규칙의 위헌여부가 재판의 전제가 되지 않았을 때에는 일정한 경우에 명령·규칙에 대한 위헌심사권을 갖는다는 결론은 타당하나 논증과정에 논리적 치밀성이 결여돼 있다고 본다. 우선 대법원의 명령·규칙에 대한 위헌심사권의 객관적 의미내용의 확정해석은 대체적으로 타당하다. 이것은 헌법 제107조 제2항의 문의적인 의미에도 가장 충실한 해석이며 후술한 헌법 제111조 제1항 제5호의 헌법소원심판과의 통일적인 해석을 위해서도 올바른 귀결이다. 아울러 헌법 제107조 제2항의 문구에서 '최종적'이라는 의미도 사법적 심급단계에서의 종국을 의미한다고 하였으면 더욱 의의가 있었을 것이다. 그러나 헌법 제111조 제1항 제1호에서 법률의 위헌여부심사권을 헌법재재판소에 부여한 이상 통일적인 해석과 규범통제를 위해서 법률의 하위법규인 명령·규칙의 위헌여부심사권이 헌법재판소의 관할에 속함은 당연하다는 논지는 논리의 비약이라고 생각된다. 그것은 입법론적인 취지로서는 타당하나 또한 필자도 그러한 입장을 견지하고 있으나 실제적인 헌법재판에 있어서는, 대법원이 일단 명령·규칙에 대한 위헌심사권을 갖는다는 명시적인 제107조 제2항의 실정헌법 규정과의 관련 속에서 볼 때 무리한 논거의 제시라고 본다. 여기서는 재판의 전제가 되지 않고 명령·규칙이 헌법소원의 대상으로 되어 그 명령·규칙의 위헌여부심사가 판단문제로 대두될 때 헌법재판소가 명령·규칙에 대한 위헌여부심사권을 가지게 되는 경우가 있다는 합당한 논리전개를 해야 실제적인 의미에 가장 타당한 해석이 된다.

우리 헌법 제111조 제1항 제5호와 헌법재판소법 제68조 제1항에서의 헌법소원에 관한 관할권에 대해서는 헌법재판소의 심판사항으로 하고 있다. 또한 헌법 제107조 제2항과 헌법 제111조 제1항 제5호에 있어서 헌법상의 위계질서와 관련되는 어떤 효력상의 우열관계는 찾아보기 힘들다. 따라서 헌법과 헌법률의 개념형식 내지 일차적인 헌법과 부차적인 헌법의 논리형식에 입각한 헌법에 위반되는 헌법규범의 규준을 적용할 여지는 없게 된다. 다만 헌법재판소를 신설한 취지에서 헌법 제111조 제1항 제5호 규정의 헌법정신은 어떠한 경우에도 무시되어서는 아니된다고 하는 공감대적 가치를 최소한 존중하여야 한다고 보는 측면에서는 헌법 제107조 제2항의 헌법적 수용배경과 비교해 볼 때, 전자의 제도배경적인 입지가 보다 강하다고는 볼 수 있다. 헌법소원의 심판대상에서 법원의 재판을 제외한 것에 대한 위헌논증은 이미 상술한 바와 같다. 그러나 아직 위헌으로 확정되지 않은 상황에서 실정적인 해석은 다음과 같다. 헌법재판소법 제68조 제1항의 공권력의 행사 또는 불행사의 개념 중에서 법원의 재판만 제외시켜 놓았기 때문에 대법원의 규칙제정권은 공권력의 개념에 포착된다. 따라서 대법원의 법무사법시행규칙은 헌법소원의 대상이 된다(헌법소원의 제기요건을 충족시켰는가의 여부는 후술한다). 헌법 제111조 제1항 제5호에 의하여 헌법소원에 대한 전속관할권은 헌법재판소에 속하기 때문에 헌법소원으로 제기한 법무사법시행규칙의 위헌여부에 대해 헌법재판소가 유권적 판단을 내려야 하는데, 헌법 제107조 제2항과의 조화적인 해석상 재판의 전제가 되지 않는 본안과 같은 경우 헌법재판소가 명령·규칙에 대한 심사권을 갖는다는 취지의 결정은 법치국가원리의 헌법정신에 충실한 것으로서 정당한 것이다. 이것은 헌법상의 통치기관은 그에게 부여된 권능 자체를 위하여 기능하는 것이 아니라 기본권적 가치를 실현시켜야 되는 그 과제를 위해 기능함으로써 그 존립목적에 기속되어야 한다는 헌법의 목적적 정당성의 이념에도 부합하는 것이다.

이에 대한 반론을 검토하기로 한다. 먼저 「헌법은 중요한 국가기관 간의 권한분배에 대하여 규정하고 있는 법으로서, 입법, 사법, 행정 등의 구체적 권한을 서로 다른 국가기관에 중복적으로 부여하는 예는 없으며, 국가기관 간의 권한분배에 관한 헌법규정의 해석에 있어서 자의적으로 유추해석을 할 수는 없는 것이고, 또 위의 원칙을 무시하고 중복적 권한을 인정하는 해석을 해서는 아니된다는 주장」[37]을 살피기로 한다.

헌법은 단순히 중요한 국가기관 간의 권한분배에 대하여 규정하고

---

37) 법원행정처, "명령·규칙에 대한 위헌심사권,"「헌법연구반 연구보고서」(1990, 11), 11면.

있는 법은 아니다. 이와 같이 헌법을 이해하는 것은 너무나 피상적인 헌법이해에 불과한 것이다. 앞서 헌법이 어떠한 체계로 이루어졌는가를 살펴본 이유도 여기에 있다. 헌법이라는 일정한 가치체계 내에 담겨진 헌법정신에 맞도록 해석하는 것이 헌법해석상의 근본원칙이다. 목적론적인 해석이 법리적인 한계를 일탈했느냐의 입장에서 볼 때도 헌법재판소의 선택은 균제적이고 조화적인 해석상의 최선이었다고 보여진다. 결코 자의적으로 유추해석을 하지 않고 헌법 제107조 제2항의 문의적인 의미에 충실했으며 또한 대법원의 명령·규칙에 대한 위헌심사권에 중복되는 권한을 인정하여 해석한 것이 아니라 헌법상의 목적적 정당성과 법치국가원리에 맞게 명령·규칙에 대한 위헌심사권이란 권능의 영역범위를 분담배분한 것에 불과하다. 어떤 권능에 대해 기관중심의 귀속차원에서 논하기보다는 헌법 전체적인 체계의 기능적인 관점에서 고찰하여야 한다고 본다.

둘째, '재판의 전제가 된 경우에'라는 문구는 구체적 규범통제의 원칙을 규정한 것일 뿐, 그 이상의 의미는 없고 따라서 그 의미는 '대법원이 최종적으로 심사하되 일반적·추상적으로 심사할 것이 아니라 구체적 쟁송으로 재판의 대상이 된 때에 한하여 심사한다'는 취지이지, '재판의 전제가 된 때에는 대법원이 심사하고 그렇지 않은 때에는 다른 기관이 심사한다'든가 또는 '원칙적으로 다른 기관이 심사하되, 재판의 전제가 된 때에 한하여 대법원도 심사할 수 있다'는 취지로 새길 수는 없다는 주장」[38]을 살피기로 한다.

이 주장의 전단에 대한 가장 확실한 논박은 재판의 전제가 되지 아니한 때에도 명령·규칙이 그 위법성에 의하여 직접 개인의 권리를 침해한 경우에 구체적 규범통제의 변형으로서 일반개인에게 규범통제심사청구권을 부여하여 헌법재판소가 판단케 하는 오스트리아의

38) 전게 보고서, 13면.

실례(오스트리아 헌법 제139조 제1항 제3문)로서 커버된다. 이 경우 추상적 규범통제로 잘못 오해할 수도 있는데,[39] 그것은 추상적 규범통제의 경우에는 어느 입법례를 보아도 그 제소권자가 엄격하게 일정한 국가기관으로 제한되어 있다는 사실을 간과할 때 생겨나는 오해이다. 따라서 상기 주장의 전단은 원천적인 타당성을 잃고 있다는 것을 알 수 있다. 상기 주장의 제2단은 헌법 제111조 제1항 제5호에 의한 헌법소원의 경우에도 명령·규칙이 그 소원대상으로 될 수 있어서 헌법재판소가 명령·규칙에 대한 위헌심사권을 가지느냐의 여부를 예정하지 않고 오로지 헌법 제107조 제2항의 경우만 집착하여 양자의 관계에 대한 조화적인 접근은 몰각하고 기관중심으로 접근해서 대법원만이 명령·규칙에 대한 독점적 위헌심사권을 갖는다는 경직된 사고의 일단으로서 유의해 볼 여지가 없다. 위 주장의 후단에서 거론하고 있는 두 가지 예시는 법무사법시행규칙에 대한 헌법재판소의 결정의 세밀한 고찰을 간과한 한낱 개념유희에 불과하다. 여기서 다른 기관이란 우리 헌법구조상 헌법재판소외의 다른 기관을 지칭할 수 없음은 명백하고 동 헌법재판소의 결정논거에 입각해 볼 때 대법원이 갖는 명령·규칙에 대한 위헌심사권에 대한 해석적 의미를 그 유권적 권능에 의하여 확정한 것에 불과하고 본래 대법원이 가지고 있었던 명령·규칙에 대한 위헌심사권을 없게 만들었거나 무시한 것이 아니기 때문이다.

셋째, 「헌법위원회제도를 채택하고 있었던 제4, 5공화국헌법상에도 제107조 제1항, 제2항과 똑같은 규정이 있었고 이는 제헌 이래 일관되게 존치되어 온 규정이다. 그런데 과거 어느 때에도 대법원 아닌 다른 기관이 명령·규칙에 대한 위헌여부심사권을 가진다고 주장한 적은 없다. 헌법소원제도가 새로 도입되었다는 이유만으로 대

---

39) 박일환, "법규범에 대한 헌법소원과 제소요건," 한국공법학회 「제13회 월례발표회 요지집」(1990. 12. 14), 10면.

법원과 헌법재판기관(헌법위원회 또는 헌법재판소) 간의 권한분배에 관한 헌법해석이 달라질 수 없다. 왜냐하면 헌법소원제도는 '법률의 규정'에 의하여 그 범위와 내용을 정하도록 되어 있는데, 하위의 '법률규정'이 상위의 '헌법규정'을 침해할 수 없고 법률의 제정이나 해석으로 헌법의 명문규정을 배제할 수 없기 때문이다. 즉 헌법은 이미 제101조, 제107조, 제111조에 의해 종전의 헌법에서와 마찬가지로 법률의 위헌심사권은 헌법재판기관(헌법재판소)에, 명령·규칙의 위헌심사권은 대법원에 각각 나누어 부여한 것인데, 헌법재판소에 헌법소원심판이 추가되었다는 이유만으로 이러한 헌법상의 기본적인 권한분배가 달라질 수는 없다. 이와 관련하여 헌법소원의 대상이 없으면 어쩔 수 없는 것이지 헌법소원제도의 활성화를 위하여 다른 국가기관의 전속적 관장사항까지 헌법재판소에서 관장하게 한다는 것은 본말이 전도된 것으로서 입법론이라면 몰라도 해석론으로서는 성립할 수 없다.」는 이상과 같은 주장[40]을 살피기로 한다.

위 주장의 전반부의 논거의 비판은 다음과 같다. 이 경우도 현행 헌법소원과 연관시켜 고찰하지 않은 것을 핵심적으로 지적할 수 있고 헌법재판소의 결정에 이거할 때 대법원 아닌 다른 기관이 대법원을 제쳐두고 명령·규칙에 대한 위헌심사권을 갖는다는 의미가 아님을 명심해야 한다. 또한 다른 기관이 과거에 명령·규칙에 대한 위헌여부심사권을 가진다고 주장한 적이 없다는 논거에 대해서도 법사학적인 입장에서 볼 때 과거와 현재에 있어서 구체적 규범통제에 관한 제107조 제1항, 제2항의 헌정사적인 의의가 전혀 다르고(유신과 5공 때를 냉철히 회상하기 바란다.), 헌법위원회형과 헌법재판소형에 있어서 헌법재판기능의 수행입장이 다르다는 것을 인식해야 하고 실제로 제4, 5공화국 때 헌법위원회는 제도적으로[41] 현실적으로도[42]

40) 전게 보고서, 동면.

41) 제4·5공화국헌법하에서는 헌법위원회의 위헌법률심사는 법원의 제청에 의하여

기능할 수 없었던 명목적 · 허상적 존재였다는 엄연한 역사적 사실을 도외시해서는 아니된다. 헌법 제107조 제2항이 제헌 이래 일관되게 존치되어 왔다는 이유와 과거 어느 때에도 대법원 아닌 다른 기관이 명령 · 규칙에 대한 위헌여부심사권을 가진다고 주장한 적이 없었다는 논거가 현행 다른 헌법재판제도와의 상관관계를 고려치 않고도 당연히 대법원이 독점적인 명령 · 규칙에 대한 위헌심사권을 갖는다는 논거로 될 수 있다면 이 만한 어불성설도 존재하긴 힘들 것이다. 오히려 동 조항이 헌법에 편입된 기형적 과정을 염두에 두어야 할 것이다. 위 주장의 후반부의 논거에 대한 비판은 다음과 같다. 첫째로 헌법소원제도가 새로 도입되었다는 단순한 사실 그 자체만을 이유로 하여 헌법재판소가 명령 · 규칙에 대한 위헌심사권을 가지게 되는 경우를 논증하는 것이 아니고 헌법의 규범조화적인 해석을 통하여 효력상의 우열의 차이가 없는 헌법 제107조 제2항과 제111조 제1항 제5호 사이에 외견상 갈등이 있는 듯한 관계를 합리적으로 해결하기 위한 것이다. 둘째로 도대체가 하위의 법률규정이 상위의 헌법규정을 어떻게 침해하였고 법률의 제정이나 해석으로 헌법의 명문규정을 어떻게 배제하였는지 반문하고 싶다. 누누이 설명하였거니와 법무사법시행규칙에 대한 헌법재판소의 위헌결정을 면밀히 고찰해 보면 그의 유권적 헌법해석권능에 의거하여 헌법 제107조 제2항이

이루어질 수 있었지만(제4공화국헌법 제105조 제1항), 제5공화국헌법에서는 특히 법률이 헌법에 위반되는 것으로 법원이 인정할 때에만 제청하도록 되어 있어 헌법적으로도 거의 봉쇄되어 있었고(제5공화국헌법 제108조 제1항), 헌법위원회법에서는 실제로 제청서가 대법원을 경유하도록 하면서 불필요하다는 이유를 들어 얼마든지 불송부결정을 할 수 있었다(구 헌법위원회법 제15조).

42) 위헌법률심사의 경우 대법원을 통한 제청이 하나도 없어서 결정례가 하나도 없었고 이것은 그 때에도 효력이 있었던 일련의 법률들이 현행 헌법재판소제도하에서 위헌결정으로 나타나는 것과는 참으로 대비되는 현실이다. 극소수의 헌법재판소의 결정례 중에는 아직 아쉬운 점이 있지만 헌법재판소제도의 역사적 의의를 높이 평가하지 않을 수 없다. 구 헌법위원회는 휴면기관으로서 헌법재판관할권 전체적으로도 사건이 계속되지 않아 결정례를 하나도 남기지 못했다.

대법원에 부여한 명령·규칙에 대한 위헌심사권의 해석적 의미를 헌법재판소가 확정한 것이지 헌법 제111조 제1항 제5호와 헌법재판소법 제68조 제1항을 앞세워 대법원의 명령·규칙에 대한 위헌심사권을 부인하거나 무시한 것이 아니기 때문에 위와 같은 침해나 배제는 존재할 수가 없다. 따라서 현행헌법제도하의 규범통제에 있어서 법률의 위헌심사권은 헌법재판소에, 명령·규칙의 위헌심사권은 대법원에 양단적으로 부여하였다는 의미가 아니며 또한 헌법상의 기본적 권한분배라는 표현이 의미하는 바가 기본적으로 달라진 게 없다. 그리고 관련문제로 명령·규칙의 위헌심사권에 대한 대법원의 관장사항이 차지하고 있는 본래의 영역을 고스란히 한정하고, 헌법 제111조 제1항 제5호에서 접근해 오는 명령·규칙의 위헌심사권에 대한 별개의 영역분담을 헌법의 조화적인 해석을 통하여 확정시킨 의미에 불과하기 때문에 다른 국가기관의 전속적 관장사항까지를 탈취하여 헌법재판소가 관장한다는 의미가 아니고, 또한 헌법소원제도의 활성화를 위해 본말을 전도시킨 입법론이 아니라 현실적으로 가능한 가장 충실한 해석론이라 아니할 수 없다.

넷째, 「만약 헌법재판소의 해석대로 헌법제정자의 의사가 '재판의 전제가 되지 않은 경우'에 헌법재판소에도 명령·규칙의 위헌심사권을 부여하려고 하는 것이었다면, 오스트리아 헌법(제139조, 제140조)이 법령에 대한 규범통제의 개인신청제도를 직접 규정하고 있는 바와 같이 헌법재판소의 그러한 권한과 임무에 관한 명문규정을 두었을 것이지, 헌법 제107조 제2항과 그 밖의 관련조항은 그대로 두면서 '법률의 규정에 의한 헌법소원'만을 새로 규정하는 방식을 취하였을 리는 없다.」는 주장[43]을 살피기로 한다.

위 주장의 시각은 근본적으로 구체적 규범통제의 관점에만 고착되

43) 전게 보고서, 14면.

어 있어 문제의 위상에 대한 정확한 인식이 결여돼 있고, 구체적 규범통제의 변형으로서 법률 또는 명령·규칙이 그 위헌, 위법성에 의하여 직접 권리를 침해했을 때 제청권자를 거치지 않고 일반개인에게 헌법재판소에 규범통제청구권을 행사할 수 있도록 한 오스트리아 제도는 우리 헌법재판소가 그 관할로 하고 있는 헌법소원제도와는 제도취지상 전혀 다른 것이기 때문에 우리 헌법재판소법이 헌법상의 근거규정에 입각하여 헌법소원을 형성할 때에 헌법적 가치질서에 입각하여 일정한 개념내포범위를 설정하는 데 족하고, 헌법재판소의 명령·규칙에 대한 규범통제의 권한과 임무에 대해 명문규정을 두어야 할 필연성을 갖지 않으며, 양자의 이러한 관계를 몰이해하고 헌법 제107조 제2항과 관련하여 헌법소원심판 규정에 대해 논리비약적인 상상의 추론을 할 수밖에 없게 되는 것은 비교논의의 출발점부터가 논리학상의 잘못된 비유(false metaphor)에 속하기 때문이다.

다섯째, 「헌법 제107조 제2항을 헌법재판소의 결정과 같이 해석하면 같은 조항상의 '최종적으로'라는 문구의 의미를 도저히 설명할 수 없게 된다. 혹 '최종적으로'란 문구가 빠졌다면 헌법재판소와 같은 해석론이 가능할는지도 모른다. 그러나 대법원을 '최종적인' 판단기관으로 규정한 이상 대법원 이외의 '최종적인' 판단기관은 있을 수 없다. 성질상 '최종적인' 판단기관은 하나일 수밖에 없는 것이다. 따라서 만일 헌법재판소도 명령·규칙의 위헌여부를 판단할 수 있다고 한다면 헌법재판소의 심판이 끝난 다음에 다시 대법원의 최종판단을 받아야 하는 것으로 되는데, 실정법상 이와 같은 결과를 용인할 수 있을 것인가?」라는 이상과 같은 주장[44)]을 살피기로 한다.

헌법의 전체적인 기능질서상의 대법원은 사법체계 내에서의 법원 중 최고법원으로서 정점에 위치한다(헌법 제101조 제2항). 따라서

---

44) 전게 보고서, 14면 이하.

명령·규칙이 '재판의 전제가 되는 경우'란 바로 사법적 판단의 단계를 지칭하는 것이고, 나아가 대법원이 명령·규칙의 위헌여부를 최종적으로 심사할 권한을 가진다는 의미는 사법부 내의 심급단계에서의 최종적인 판단기관이라는 것이다. 따라서 헌법상 기능을 달리하는 별도의 권능체계에까지 최종적인 판단기관성을 고집 내지 강요를 할 수 없는 것은 당연하다. 전체적인 권능질서와의 상관관계를 무시하고 오로지 대법원이란 기관만을 중심적으로 생각하여, 성질상 최종적인 판단기관은 하나일 수밖에 없다고 하는 것은 너무나도 단순소박하고 일차원적인 이해라 아니할 수 없다. 나아가 헌법재판소의 심판이 끝난 다음에 다시 대법원의 최종판단을 받아야 한다는 논리는 성립될 수 없는데, 왜냐하면 대법원이 갖는 명령·규칙의 위헌심사권의 해석적 의미를 확정한 헌법재판소의 결정을 기초로 할 때, 즉 재판의 전제가 되지 않고 명령·규칙이 헌법소원심판의 형식으로 위헌심사가 될 때 헌법재판소의 결정에 의한 유권적 종국은 굳이 헌법재판소법 제75조의 예를 들지 않더라도 헌법심청구권에 대한 헌법재판의 본질과 그 기능상 너무나 당연하고 모든 국가기관은 이를 존중하여야 하기 때문이다.

여섯째, 「헌법 제107조 제2항, 제101조, 및 '법원은 헌법에 특별한 규정이 있는 경우를 제외한 일체의 법률상의 쟁송을 심판한다'는 법원조직법 제2조 제1항 등을 볼 때, 이들 규정의 해석상 행정소송을 포함한 모든 법률상 쟁송의 판단은 위헌법률심사권 등 헌법이 따로 규정한 것을 제외하고는 전적으로 법원의 권한에 속하며, 특히 법률이 아닌 하위법령, 즉 명령·규칙의 위헌여부에 대한 심사권은 대법원을 정점으로 하는 일반법원에 전속함이 분명하다. 한편, 행정소송법 제6조는 '대법원판결에 의하여 명령·규칙이 위헌 또는 위법임이 확정된 경우에는 대법원은 이를 총무처장관에게 통보하고, 이 통보를 받은 총무처장관(현, 행정자치부장관)은 지체 없이 이를 관보에 게재하여야 한다.'라고 규정하고 있는데, 이는 명령·규칙의 위헌, 위법여부의 최종적인 심사권이 대법원에 있음을 전제로 이에 관한 대법원 판결은 당해사건뿐만 아니라 일반적으로 모든 행정기관을 기속하는 것임을 보여주는 규정이다.」라는 이상과 같은 주장[45]을 살피기로 한다.

다른 헌법규정과의 연관상 헌법 제107조 제2항, 제101조의 법문의 해석적 의미로는 대법원에게만 명령·규칙의 위헌심사권을 전속시킬 수 없다는 것은 이미 살펴본 바와 같다. 위 주장에서 법원조직법 제2조 제1항이 명령·규칙의 위헌여부에 대한 심판은 대법원을 정점으로 하는 일반법원에 전속한다는 것의 논거가 되는지 도무지 납득될 수 없다. 헌법에 특별한 규정이 있는 경우를 제외한다는 동조의 명시적 표현에서 헌법재판소의 위헌법률심판은 포함시키고 똑같이 동일한 조문 속에 들어 있어 헌법재판소의 관할권에 속하고 있는 헌법소원심판은 왜 포함시키지 않는지 납득이 안가기 때문이다. 헌법소원을 통한 명령·규칙의 위헌심사권은 결코 법원의 관할에 속하는 법률상의 쟁송에 속하지 않으며 따라서 명령·규칙의 위헌여부에 대한 심사권이 대법원을 정점으로 하는 일반법원에 전속한다는 논증에 있어서 법원조직법 제2조 제1항을 든 것은 터무니없는 논거이다. 또한 동일한 논증에 있어서 행정소송법 제6조를 그 논거로 삼는 것도 다음과 같은 중요한 사실을 간과한 것이며 법리적으로도 타당성이 없는 논거이다. 행정소송법 제6조는 1951년 8월 24일 법률 제213호로 제정, 공포된 본문 14개조의 간결한 법률이었던 구 행정소송법이 현행 골격구조로 1984년 12월 15일 법률 제3754호로 전문 개정되면서 현행 행정소송법에 편입된 규정이다. 이때는 1987년 10월 29일 제9차 헌법개정에서 헌법소원심판을 그 관할의 하나로 하는 헌법재판소를 신설한 현행

45) 전게 보고서, 9면.

헌법과 같은 상황과는 달리, 헌법소원심판을 그 관할사항으로 하지 않은 제5공화국 헌법상의 헌법위원회제도하에서 입법된 때이다. 물론 이때는 헌법소원을 통한 명령·규칙의 위헌심사를 상정할 수가 없었다. 따라서 사정이 변화된 현행 헌법제도하에서 행정소송법 제6조 제1항의 규정 중 '대법원의 판결에 의하여'란 문구를 하나의 예시규정으로 해석하면 작금 헌법재판소의 결정과의 관계에 있어서 전혀 문제가 없어지고 또한 마땅한 일이 되게 된다. 한편 이러한 사실을 떠나서 행정소송법 제6조의 규정을 명령·규칙에 대한 대법원의 독점적 위헌심사권에 대한 논증을 함에 있어서 하나의 논거로 하는 것도 법리적 타당성이 없다. 왜냐하면 단순한 지시규정에 불과한 행정소송법 제6조로부터 동 조 제1항 전단에서 전제된 기술사항의 창설적 의미를 유추하는 것은 논리의 비약으로서 설득력이 약하기 때문이다. 또한 본 규정을 근거로 단순한 총무처장관에의 통보와 관보게재 사실로부터 어떻게 대법원의 판결이 일반적 효력을 가진다는 논증을 할 수 있는지 참으로 이해하기 어렵다. 사법의 중심적 기능은 분쟁해결에 초점이 맞추어져 있고 헌법재판의 중심적 기능은 권력통제에 초점이 맞추어져 있어서 대법원의 판결의 효력은 위헌인 명령·규칙을 당해사건에서 적용 거부할 수 있을 따름이지만 헌법재판소의 결정은 모든 국가기관을 기속하는 일반적 효력을 갖는다는 것은 공지의 사실로서 더 이상 요증사실에 속하지 아니하기 때문이다. 상법상의 회사관련소송, 또는 인사소송 등에서 법원의 판결이 대세적 효력을 갖는 경우를 들어 위 대법원의 판결에 일반적 효력을 부여하는 것이 보다 좋은 경우라면, 법원의 판결에 대하여도 이를 부여할 수 있음으로 이는 입법정책의 문제이지 꼭 헌법소원결정이라야 일반적 효력을 부여할 수 있는 것은 아니다라는 주장은46) 전혀 대세적 효력과 일반적 효력을 구별하

46) 박일환, 전게 논문, 월례발표회 요지집, 19면.

지 못하고 있는 것이다. 몇몇 쟁송에 대한 법원의 판결에 대세적 효력을 부여하는 것은 분쟁의 합일확정적 해결(einheitliche Entscheidung)이라는 목적하에서 당사자 외에 제3자에게도 효력을 미치게 한 것에 불과한 것이고 기판력의 주관적 범위를 국가기관의 권력적 작용을 기속하도록까지 확장시킨다는 것은 아닌데, 그렇게 주장한다는 것은 소송물론과 기판력이론에 있어서 가히 혁명적이라 아니할 수 없다.

일곱째, 「헌법 제107조 제1항은 제107조 제2항과 대비되게 규정함으로써, 법률의 위헌여부는 헌법재판소로 하여금, 명령·규칙의 위헌여부는 대법원으로 하여금 각각 심사하도록 한다는 뜻을 뚜렷이 하였다. 한편, 헌법 제111조 제1항은 헌법재판소의 관장사항에 관하여 헌법재판소의 위헌 '법률'심사권을 명백히 하였을 뿐, 명령·규칙 심사권에 대하여는 아무런 규정을 두지 않았다. 그리고 헌법재판소법 제45조, 제47조 등에서 위헌법률심판에 대하여는 자세한 규정을 두고 있는 반면에, 헌법재판소의 명령·규칙의 위헌심판에 대하여는 그 절차나 효력 등에 대하여 일체의 규정을 두고 있지 않다. 헌법소원의 절차에 부수하여 위헌법률심사가 이루어지는 경우에 관하여도, 헌법소원인용시 '법률'의 위헌을 선고할 수 있음을 규정하고 위 제45조, 제47조를 준용하고 있을 뿐(동법 제75조 제5항, 제6항), 명령·규칙의 위헌선언에 대하여는 아무런 규정이 없다. 만약 헌법재판소에 '명령·규칙에 대한 위헌여부심판권을 부여하는 것이 입법자의 의사였다면, 또는 최소한 헌법소원절차에 부수하여 '명령·규칙'의 위헌여부가 심사되는 가능성을 입법자가 예상이라도 하였더라면, '명령·규칙'에 대한 위헌결정이 있을 때의 절차나 효력 등에 관하여 별도의 규정을 두었던지, 최소한 헌법소원심판에 대한 규정을 준용하도록 하는 규정정도라도 두었을 것이다.」라는 이상과 같은 주장47)을 살피기로 한다.

위 주장에서 제1문의 논거는 헌법재판소가 규범통제의 측면에서 명령·규칙의 위헌심사권을 가질 수 있는가에 대한 간접적인 부인논거로서 대비적 고찰을 하고 있다. 여기에 관련하여 법무사법시행규칙에 대한 헌법재판소의 결정이유에 나타난 논증, 즉 헌법 제111조 제1항 제1호에서 법률의 위헌여부심사권을 헌법재판소에 부여한 이상 통일적인 헌법해석과 '규범통제를 위하여' 법률의 하위법규인 명령·규칙의 위헌여부심사권이 헌법재판소의 관할에 속함은 당연한 것이며 이를 배제한 것이라고 볼 수 없다고 하는 논지는 입법론으로서는 몰라도 현실적인 해석론으로서는 부적합하다는 것을 앞서 지적한 바 있다. 그러나 헌법소원심판을 통한 명령·규칙의 위헌여부심사권을 헌법재판소가 가지게 되는 경우가 있을 수 있겠는가라는 문제설정에 대해서 부정론으로서의 상기와 같은 대비적 고찰은 전혀 무의미하고 또한 상기와 같은 양단적 대비가 설득력이 큰 것도 아니며 더더욱 양자가 엄연히 나누어져 있다고 강변하면서 대법원만이 명령·규칙에 대한 배타적 위헌심사권을 갖는 다는 주장의 확증은 결코 될 수 없다. 제107조 제1항과 동조 제2항과의 관계를 어떠한 관점에서 대비시켜 보느냐에 따라 결론이 달라지기 때문이다. 즉 법률과 명령·규칙을 대비시키느냐, 헌법재판소에의 제청여부를 대비시키느냐가 그것이다. 하여튼 우리 헌법재판소는 그의 유권적 해석권능에 의하여 후자를 선택하여 헌법 제107조 제2항에서 대법원이 갖는 명령·규칙에 대한 위헌심사권의 해석적 의미를 구체적인 소송사건에 명령·규칙의 위헌여부가 재판의 전제가 되었을 경우 '법률의 경우와는 달리 헌법재판소에 제청할 것 없이' 대법원이 최종적으로 심사한다는 의미라고 한 판단을 명심하여야 한다. 위 결정이유에서 필자는 헌법소원과 관련하여 재판의 전제가 되었을 경우라는 문구에다 초점을 맞추어 대법원의 명령·규칙에 대한 위헌심사권의 해

47) 전게 보고서, 11면.

석적 의미를 받아들이고 있다는 사실도 아울러 이해하였으면 한다. 위 주장에서 제2문 제3문의 논거는 그 대비의 착상부터가 잘못되어 있다. 위 주장 제1문에서의 대비와는 달리, 규범통제에 대해서 존재하는 규정과 존재하지 않은 규정을 대비시켜 논거로 삼고 있기 때문이다. 여기 주장에서와 같이 아무런 규정을 두지 않았느냐의 실질적인 판단은 헌법소원심판 규정과 관련시켜 파악하여야 한다. 헌법소원의 대상은 헌법 제111조 제1항 제5호의 근거규정에 의해 형성되는데, 동 규정에 입각한 헌법재판소법 제68조 제1항의 헌법소원의 심판대상 중 법원의 재판만을 제외하고 모든 공권력의 행사 또는 불행사가 그 대상이 될 수 있음으로 헌법소원으로 제기되는 명령·규칙의 위헌심사에 있어서 이와 같은 공권력의 행사 또는 불행사의 개념내포범위에 명령·규칙이 당연히 포함되면 굳이 명령·규칙에 대한 심사의 경우만을 따로 규정할 필연성이 어디에 있는가 하는 것이다. 위 주장의 제4문의 경우도 명령·규칙의 경우와는 달리 민주적 정당성을 크게 부여받고 있는 법률의 특성을 고려하여 예시한 것에 불과하다고 보면 명령·규칙의 위헌선언에 관한 구체적인 규정설정 여부에 괘념하지 않은 헌법재판소법의 태도에 대해 전혀 문제삼을게 없다. 따라서 위 주장의 마지막에서 언급되고 있는 추론은 적극적인 논증력을 갖지 않으며 순전히 한번 상상해 본 억지논리에 불과하다.

여덟째, 「단일한 명령·규칙에 대해 헌법재판소와 대법원이 서로 다른 최종적 판단을 함으로써 생기는 법적인 혼란은 대단히 큰 것이다. 그 혼란은 법률에 대한 위헌판단과 명령·규칙에 대한 위헌판단을 서로 다른 기관이 맡음으로써 위헌판단의 경향이 다소 달라질 수도 있다는 막연하고 추상적인 법적 혼란과는 비교될 수도 없다. 나아가, 만일 위 판시의 내용이 헌법재판소의 심사권이 우선함을 나타낸 것으로서 대법원이 최종적으로 판단한 사항에 대하여도 다시 헌법소원을 제기할 수 있음을 전제로 하는 것이라면, 이는 대법원을 사법부의 정점에 있는 최고법원으로 하고 헌법재판소를 예외적, 정치적 사법기관으로 한 헌법의 기본적 권력구조를 무시하는 것으로 가히 초헌법적이라고 하겠다.」는 이상과 같은 주장[48]을 살피기로 한다.

먼저 어떤 명령·규칙에 대한 위헌심사 사안이 동시에 헌법재판소와 대법원의 판단에 계류될 수 있는가? 대법원이 가지는 명령·규칙의 위헌심사권에 대한 헌법해석적인 의미를 확정한 헌법재판소 89헌마 178결정에 충실할 때 결코 동시에 계류될 수 없다. 구체적인 소송사건에 명령·규칙의 위헌여부가 재판의 전제가 되었을 경우에 한하여는 대법원의 최종적 판단사항으로 귀속되기 때문에 더 이상 헌법재판소의 관할사항에 귀속될 수 없고, 구체적인 소송사건에 명령·규칙의 위헌여부가 재판의 전제로 되지 아니하고 헌법소원심판의 경로로 제기되어 헌법재판소가 그 판단관할로 할 때는 그 유권적 종국으로서 모든 국가기관을 기속하여 더 이상 대법원의 관할사항에 귀속될 수 없기 때문이다. 참고로 합헌 또는 위헌을 근거로 하는 기각 또는 용인결정 내지 판결의 경우가 아닌 각하의 경우에는 양쪽 기관 모두 새로이 헌법적 판단을 행할 수 있다. 어쨌든 위와 같은 경우 난일한 명령·규칙에 대해 두 기관이 서로 나른 최종적 판단이 생길 수 없음으로 법적인 혼란 운운은 있을 수 없다.[49] 따라서 법률에 대한 위헌판단과 명령·규칙에 대한 위헌판단을 서로 다른 기관에 맡기게 하는 경우 야기될지도 모르는 법적인 혼란을 위헌판단의 경향이 다소 달라질 수도 있다는 막연하고 추상적인 법적 혼란이란 표현으로 윤색하면서까지 89헌마178 헌법재판소의 결정에 의거할 때 마치 대단한 혼란이 존재할 것이라는 주장논지는 전혀 이유 없고 오히려 89헌마178

48) 전게 보고서, 16면.

49) 헌법재판소결정의 확정적 의미에 기속되어 논증하는 것은 아니지만 다른 차원에서 경우의 수를 나누어 법적 혼란가능성 운운하는 것이 무의미한 추론에 불과하다는 논증에 대해서는, 권영성, 법무사법시행규칙의 위헌결정에 대한 관견, 전게 월례발표회 요지집, 39면 참조.

헌법재판소결정의 헌법해석적인 의미가 정확하고 법적 안정성을 갖는다는 논증은 위에서 본 바와 같다. 그리고 상기 주장의 후반에서 지적하고 있는 가정은 89헌마178 헌법재판소결정의 헌법해석적 의미를 제대로 파악치 못했다는 것을 보여주고 아울러 그 가정에 의한 추론도 용납할 수 없는 것이며 또한 거기에서 언급하고 있는 헌법재판소와 대법원의 관계에 대한 이해에 있어 단견의 일단도 엿보이고 있다.

이상에서 헌법재판소가 법무사법시행규칙에 대한 헌법소원사건의 결정을 통하여 헌법의 명문규정을 무시하고 명령·규칙에 대한 위헌심사라고 하는 월권행위를 하였다는 주장과 그 논거들은 전혀 터무니없는 권위적 독단으로 이유 없다 할 것이다.

(2) 헌법소원심판을 통한 명령·규칙의 위헌심사권을 헌법재판소가 갖게 되는 경우가 있다는 것과 법무사법시행규칙을 대상으로 하는 헌법소원 그 성립요건을 충족시켰느냐의 문제는 또 다른 차원에 속한다.

현행법상 명령·규칙에 대하여 대법원의 최종적 판단을 받을 수 없는 사안은 존재하지 아니하며, 적어도 89헌마178사건에서 문제된 사안이나 기타 헌법재판소의 결정이 예상하는 사안들은 이와 같은 사안에 해당하지 아니한다고 강변하는 입장[50]이 존재하는 것도 그 때문이다. 먼저 법무사법시행규칙에 대한 89헌마178 헌법재판소의 결정에 있어서 위 문제설정과 관련된 이유 설시를 살펴보고 반론을 검토하기로 한다. 그 이유 설시는 다음과 같다.

> "청구인의 궁극적 목적이 법원행정처장으로 하여금 법무사시험을 실시하게 하여 청구인 자신이 법무사시험에 응시할 기회를 얻고자 함에 있는 것이기는 하나 청구인이 이 사건에서 심판청구의 대상으로 하는 것은 법원행정처장의 법무사시험 불실시, 즉 공권력의 불행사가 아니라 법원행정처장으로 하여금 그의 재량에 따라 법무사시

50) 전게 보고서, 15면.

험을 실시하지 아니해도 괜찮다고 규정한 법무사법시행규칙 제3조 제1항이고 헌법재판소법 제68조 제1항 후단 소정의 다른 법률에 의한 구제절차란, 소원의 목적물인 공권력의 행사 또는 불행사를 직접 대상으로 하여 그 효력을 다툴 수 있는 절차를 의미하는 것이지 최종목적을 달성키 위하여 취할 수 있는 기타 모든 우회적인 구제절차를 의미하는 것이 아니며, 이 사건에서 청구인으로서는 법원행정처장에게 법무사시험실시를 요구하고 그 결과(거부처분이나 부작위)에 대하여 불복청구하는 행정심판이나 행정소송을 제기할 수 있을런지도 모르나 가사 그러한 구제절차가 인정된다고 하더라도 그러한 것은 우회적인 절차여서 신속한 권리구제를 받기란 기대하기 어려운 것이므로 이는 헌법재판소법 제68조 제1항 후단 소정의 구제절차에 해당되지 아니하고, 법령 자체에 의한 직접적인 기본권 침해여부가 문제되었을 경우 그 법령의 효력을 직접 다투는 것을 소송물로 하여 일반법원에 구제를 구할 수 있는 절차가 존재하지 아니하므로 이 경우에는 다른 구제절차를 거칠 것 없이 바로 헌법소원심판을 청구할 수 있는 것이다."

이러한 이유 설시를 살펴보건대, 우선 법무사법시행규칙에 대한 헌법소원에 있어서 법무사시험의 불실시, 즉 공권력의 불행사를 소원대상으로 하여 그 부작위의 위헌위법확인을 본안청구의 대상으로 삼은 것이 아니라 법무사시험 실시여부를 실시권자의 전혀 자유로운 재량행위로 방치시켜 놓았기 때문에 법무사법 제4조 제1항과의 관계상 청구인이나 기타 법무사자격을 취득하고자 하는 모든 국민의 헌법 제11조 제1항의 평등권과 헌법 제15조의 직업선택의 자유를 직접 침해하고 있다는 논거로 법무사법시행규칙 제3조 제1항 자체를 소원대상으로 하여 동 조의 취소와 위헌확인을 그 본안청구의 대상으로 삼고 있다는 것을 정확히 인식해야 한다. 소원대상을 무엇으로 파악하느냐에 따라 헌법소원의 제기요건을 충족시켰느냐의 여부 또는 충족시킬 필요성 여부를 논증하는 데 전혀 다른 결과가 나오기 때문이다. 따라서 상기 전자의 입장에서 보충성요건 충족여부를 판단한다든지 우리 실정법상 법원의 재판을 헌법소원의 대상에서 제외시킨 소여된 사실을 논거로 장황한 논증을 한다든지 하여, 위 헌법재판소의 결정을 평석하는 것은 이제 정리되어야 한다는 것만을 지적하고 이것은 또한 너무나 당연한 것이기 때문에 고찰의 대상에서 언급을 피한다. 물론 입법론의 측면에서 법원의 재판을 제외한 그 잘못을 지적하기 위해 위헌논증을 앞서 자세하게 논술하였다. 그리고 헌법소원을 일반적인 사법적 권리구제수단에 부가적으로 부여한 제4심의 단순한 기본권침해 제거청구권을 의미하는 것이 아니라 명백히 헌법해석을 그르쳤거나 기본권의 방사효과를 무시한 법적용으로 헌법정신을 위반하여 기본권을 침해하는 공권력에 대하여 기본권보호를 위한 사법제도 초월적인 헌법심청구권을 의미한다는 기본적 이해가 뒤따라야 하겠다. 또한 위 결정이유설시 중에서 '이 사건에서 청구인으로서는 법원행정처장에게 법무사 시험실시를 요구하고 그 결과(거부처분이나 부작위)에 대하여 불복 청구하는 행정심판이나 행정소송을 제기할 수 있을런지도 모르나 가사 그러한 구제절차가 인정된다고 하더라도 그러한 것은 우회적인 절차여서 신속한 권리구제를 받기란 기대하기 어려울 것이므로 이는 헌법재판소법 제68조 제1항 후단 소정의 구제절차에 해당되지 아니하고'란 부분은 일정한 가정적 요건하의 부수적 이유 설시에 불과하기 때문에 이것을 분해, 비판하는 데 급급하여,[51] 평석하는 데 있어서 간과할 수도 있

51) 전게 보고서라는 것에는 여러 곳에 이와 같은 게 산재하지만 그 하나의 실례는 다음과 같다. "우리 헌법상 헌법소원제도의 취지와 헌법재판소법 제68조 제1항의 명문규정을 완전히 무시하고 헌법적 입법을 한 것으로 밖에 볼 수 없다. '우회적', '신속한 권리구제의 기대불능'이라는 모호한 개념을 내세워 재판사항에 대한 헌법소원의 허용범위를 확대한다는 것은 실로 실정법체계를 완전히 벗어나는 발상이라 아니할 수 없다." 전게 보고서, 39면 참조.

는 헌법재판소의 결정이유 설시의 본령을 왜곡시켜서는 아니 될 것이다. 여기 이유 설시의 핵심은 헌법재판소법 제68조 제1항 후단 소정의 다른 법률에 의한 구제절차란, 소원의 목적물인 공권력의 행사 또는 불행사를 직접 그 대상으로 하여 효력을 다룰 수 있는 절차를 의미하는 것이지 최종목적을 달성키 위하여 취할 수 있는 기타 모든 우회적인 구제절차를 의미하는 것이 아니라는 '헌법소원의 보충성'에 관한 해석적 의미를 유권적 기능에 입각하여 확정시킨 데 놓여 있다. 따라서 위와 같은 논리적 귀결로서 법령 자체에 의한 직접적인 기본권 침해여부가 문제되었을 경우 그 법령의 '효력'을 직접 다투는 것을 소송물로 하여 일반법원에 구제를 구할 수 있는 절차는 존재하지 아니하므로 이 경우에는 다른 구제절차를 거칠 것 없이 바로 헌법소원을 청구할 수 있는 것이다. 이것은 기본권에 대한 법령의 직접침해성의 경우에 헌법소원에 관한 보충성의 예외를 인정한 것으로 이와 같은 헌법재판소의 태도는 1989. 9. 4, 88헌마25 결정에서 보충성에 관하여 판시한 이유 설시와도 그 목적적인 맥락을 같이 하여 그 취지를 짐작하는 데는 어렵지 않게 느껴진다. 그것은 법원의 재판을 헌법소원의 심판대상에서 제외함으로써 헌법소원제도를 형해화한 상황하에서 헌법상의 목적적 정당성에 부합하는 제도적 차원의 기능요소를 찾는 데 있다. 헌법소원의 심판대상에서 법원의 재판을 제외한 입법적 배경과 그 위헌성은 앞에서 논술했지만 현행 실정제도 하에서 국민의 헌법심청구권을 보호하는 현실적으로 가능한 해석을 찾기 위해서는 법원의 재판과의 연결고리인 보충성요건을 차폐하는 가장 합당한 방법을 강구하는 것인데, 그것을 위해 가능한 방법은 설득력 있는 예외를 인정하는 것이다. 독일의 경우 연방헌법재판소법 제90조 제2항 단서에서 보충성의 예외를 인정하고 있는데도 그것과는 다른 차원에서 법규범이 직접 개인의 기본권을 침해하는 경우 보충성의 예외성을 인정하여 법원의 재판을 거치지 않고 연방헌법재판소가 직접 심판함에 비추어 볼 때, 보충성의 실정법상의 예외를 두고 있지 않는 엉성한 우리의 실정제도 하에서 헌법재판소가 취하고 있는 태도는 백번 타당한 것이다. 위의 이유설시 중에서 법령이란 법률, 명령, 규칙을 포괄적으로 지칭한다. 명령 · 규칙의 경우에 그것의 효력을 직접 다투는 것을 소송물로 하여 일반법원에 구제를 구할 수 있는 절차가 존재하느냐의 여부는 다툼이 있을 수 있는데, 필자는 다음과 같이 제도조화적으로 해석하여 헌법재판소의 유권적 판단을 존중하고 지지한다. 첫째로 명령 · 규칙의 규범구조가 '부작위 상태'로 직접 기본권을 침해하는 예로 든다고 할 때, 현행 행정쟁송법상의 행정심판과 행정소송에 의한 구제방법을 살피기로 한다. 우선 행정심판법상의 권리구제방법은 의무이행심판이 있고 행정소송법상에는 항고소송으로서 부작위 위법확인소송이 있다. 양 구제방법상에 쟁점이 되는 부작위란 행정청이 당사자의 신청에 대하여 상당한 기간 내에 일정한 처분을 하여야 할 법률상의 의무가 있음을 전제로 한다. 그런데 부작위를 야기시킨 근거규정이 자유재량의 결정재량 형식으로 규정되어 있을 때 행정심판법상에서는 부당한 불행사를 대상으로 하여 구제되겠고, 행정소송법상에는 재량권이 영(零)으로 수축되어 그 재량행위가 기속행위로 변화될 때 기속행위 위반으로 연결되고 이에 따른 위법한 불행사를 대상으로 하여 구제될 것이다. 만약에 그 근거규정이 위헌일 때에는 명령 · 규칙의 위헌심사를 통해 적용거부를 다툴 수 있을 것이다. 이러한 논리의 저변에는 해당 행정청의 기대되는 작위의 반대상황으로서의 부작위가 놓여 있는 것이다. 그런데 원칙적으로 또는 실질적으로 기대할 수 없는 작위의 반대상황으로서의 부작위의 경우는 어떻게 할 것인가? 또한 그 불행사가 행정심판법상의 부당한 불행사로서 구제될 수 없으나 위헌적일 때, 행정소송법상 재량권이 영(零)으로 수축되지 않아 위법한 불행사로서 구제되지 못하나 위헌적일 때, 단순한 권리구제만 하고 부작위 규범구조의 위헌심사를 하지 않거나 못할 때, 비상계엄이 선포되어 법원의 권한에 관하여 특별한 조치를 한 때, 법원이 사실상 기능하지 못할 때, 어떻게 할 것인가? 이러한 경우의 처분적 명령·규칙의 헌법소원은 실질적으로도 의의가 있으며 헌법재판소가 현실 상황에 비추어 내린 목적론적인 유권적 해석의 법리적 제한에 입각하여 현실적으로 예외를 설정하여 처분적 명령·규칙의 헌법소원이 가능한 경우도 있을 것이다.

둘째로 행정심판법과 행정소송법은 헌법소송제도를 신설한 제9차 개정헌법과 헌법재판소법 시행 이전에 존재한 법률이기 때문에 그 당시에 국민의 권리보호라는 이름으로 행정쟁송법상의 '처분'이라는 개념을 확장하여 행정입법이 그 집행을 기다리지 않고 직접 개인의 기본권을 침해할 때 그 행정입법의 처분성을 인정하는 해석을 한 것과는 달리하여, 현행 헌법소원제도 하에서는 행정심판법상의 취소심판, 무효 등 확인심판 그리고 행정소송법상의 항고소송으로서의 취소소송, 무효 등 확인소송이 전제로 하고 있는 '처분'을 해석하는 데 있어 당해법문의 '법집행으로서의' 문의적인 의미에서 충실하게 해석하여 행정청의 법집행을 기다리지 않고도 직접 개인의 기본권을 침해하는 행정입법은 처분의 내포범위에서 제외52)시켜 상기 심판과 소송의 대상으로 하지 못한다고 할 때 처분적 명령·규칙에 대한 다른 구제방법이 존재하지 아니한다고 보아지므로 처분적 명령·규칙을 헌법소원의 심판대상으로 하는 헌법재판소의 결정을 가장 잘 지탱해 준다고 보아지고 헌법소원의 보충성과의 관계도 무리가 없어진다고 여겨진다. 아래에서는 위의 헌법재판소의 결정이유 설시에 대해 제기되어 있는 반론들을 검토하기로 한다.

먼저, 「행정입법에 침해의 직접성이 인정되면 행정쟁송절차에서

52) 김남진, 「행정법 Ⅰ」(서울: 법문사, 1990), 528면 참조. 그러나 529면에서는 구체적·처분적 행정입법의 처분개념에서의 배제여부는 불확실하다.

곧바로 행정입법을 대상으로 삼아 다툴 수 있는 것이고, 침해의 직접성이 인정되지 아니한다면 그 행정입법에 근거한 행정처분을 기다려 이에 대한 행정쟁송을 제기하면 되는 것이다. 침해의 직접성이 인정되는 경우이든 인정되지 아니하는 경우이든, 행정입법의 위헌여부심사에 헌법소원이 끼어들 여지는 없으며, 또 그럴 필요도 없다.」라는 주장53)을 살피기로 한다.

위 주장의 전단은 상황의 변화에 따른 해석상의 차이에 따라 견해가 달라질 수 있음을 간과하고 있고, 후단은 행정입법의 '효력' 자체를 다툴 수 있는 방법이 존재하지 않는 다는 사실을 인식하지 못하고 있기 때문에 더 이상의 언급은 피한다.

둘째, 「침해의 직접성이 인정되는 행정입법에 대해서 행정쟁송이 가능함은 공법학계에서 의문의 여지가 없는 문제이고 대법원판례도 이를 명시적으로 밝히고 있는 터이므로 헌법재판소로서는 비록 학설과 판례에 반대되는 독자적인 법적 견해를 가진다 하더라도 학설, 판례가 인정하는 권리구제의 길을 굳이 막을 이유는 없지 않을까 생각된다. 그리고 어떤 사항에 대하여 행정쟁송을 허용할 것인지 아닌지에 대하여는 대법원을 비롯한 일반법원에서 결정할 일이지 헌법재판소가 관여할 일이 아니다.」라는 이상과 같은 주장54)을 살피기로 한다.

위 주장은 어떤 법리적인 논거를 제시하지 않고 입장을 제시하고 있는 듯하나 상당한 저항감을 자아내기 때문에 그 반대의 실례만 들어 보기로 한다. 대법원의 판례 중에는 통설을 따르지 않고 소수설을 취하는 예도 많으며, 다수설과 소수설의 대립과는 전혀 다른 차원에서 독자적인 판단을 제시하기도 한다. 또한 대법원은 자기의 견해를 변경하기도 한다. 헌법재판소가 독자적인 헌법적 판단을 가질 때 학설, 대법원판례와 다르면 과감히 방기시켜야 되는가? 학설, 판

53) 전게보고서, 23면.
54) 전게 보고서, 22면.

례가 인정하는 권리구제의 길을 막는다는 것은 어떤 의미인가? 해석을 달리하여 종래와 다른 헌법심판청구권을 제대로 보장하면 종래의 권리구제의 길을 막는다는 것이 되는가? 헌법재판소가 유권적인 헌법판단을 해야 하는 데 관여한다는 소리를 듣지 않기 위해서 대법원을 비롯한 일반법원에서 결정할 때까지 기다려야 한다는 뜻인가?

셋째, 「그러나 이와 같은 재판권 인정상의 혼란이, 사실은 헌법해석의 잘못에 기인한다기보다도 '직접 침해성' 개념의 오해에서 비롯하고 있다. 헌법재판소로서는 '직접 침해성'의 범위를 부당하게 확대해석함으로써 일반법원 고유의 재판사항을 헌법소원의 대상으로 삼는 잘못을 저질러서는 안될 줄 안다.」는 이상과 같은 주장55)을 살피기로 한다.

직접 침해성이란 개념이 어떤 독자적인 실질을 갖는 것은 아니나 법규헌법소원에서는 그 보충성의 예외56)와 직결되기 때문에 우리의 현행 헌법재판에서는 그것의 현실적 중요성이 차지하는 몫이 크다고 할 수 있다. 그런데 우리 헌법재판소가 헌법소원제도의 신설목적과 헌법적 가치질서와의 상관관계에서 필요 불가피한 경우에 제한적으로 그의 유권적 해석권능에 의하여 확정하고 있기 때문에 위 주장은 지나친 과민반응이 아닌가 생각된다. 헌법재판소 스스로가 일정한 경우 대법원과 헌법재판소의 재판권경합을 예상하여 월권을 감행하고 있다고 경계한다면 헌법재판소의 본래의 취지를 몰각한 오해 중

55) 전게 보고서, 34면.

56) 이와 관련하여 일반법원과 헌법재판소가 심급구조로 연결되어 있는 법체계에서 인정되는 의미의 보충성의 예외라는 것도 우리 법체계에서는 있을 수 없는 것이라는 주장이 있다. 전게 보고서, 38면 참조. 이 주장의 전단은 독일의 경우를 지칭하는 것 같은데, 독일 기본법 어디에도 연방헌법재판소를 최고법원으로 하는 법문이 존재하지 않으며 또한 사법의 장에 있는 동 재판소의 중심적 기능을 사법작용으로 보는 것은 극히 드문 견해이다. 독일의 경우에 법규헌법소원에 있어서 법규의 직접 침해성을 근거로 보충성의 예외는 앞서 언급하였고, 위 주장의 후단은 헌법재판소의 기존결정례까지를 무시하는 맹목적 독단이다.

의 오해이다. 우선 헌법재판소결정을 존중하고 어떻게 하면 보다 더 헌법상의 목적적 정당성에 충실해야 할 것인가를 생각하여야지 「이번 헌법재판소결정이 있었다고 하여 국민의 권리를 직접 침해하는 행정입법에 대한 행정쟁송을 허용해 온 일반법원이 그 태도를 바꾸지는 아니할 것이니, 어차피 재판권의 경합은 피할 길이 없다.」라고 하는 자세57)는 지양되어야 하리라고 본다.

(3) 결론적으로 이상에서 본 바와 같이 89헌마178 헌법재판소결정에 대해서 헌법위반의 월권행위라고 하거나 실정법률 체계를 벗어난 자의적인 헌법재판소 결정입법이라고 주장하는 논거들은 법리적인 설득력을 가지지 못할 뿐만 아니라 법리 외적인 차원에서도 타당성을 갖지 못한다. 본 헌법재판소의 결정은 헌법정신에 가장 충실하고 있으며 일정한 법리적인 쟁점에 대해서도 유권적으로 확정하여 해결하고 있다. 본 사건해결 방법에 대한 당부 여부에 있어서도 현실적으로 가장 합목적적인 바탕위에 서고 있으며, 결정과정에서 나타난 국가기관의 공적인 활동관계에서 존중되어야 할 타 국가기관과의 의전형식상의 측면에서도58) 헌법재판소가 보여준 태도에는 결함이 없는 Case연구의 모델이 되는 결정이라 아니할 수 없다.

57) 전게보고서, 24면.
58) 이석연, "헌법소원의 대상으로서의 명령·규칙에 대한 위헌여부심사," 전게 월례발표회요지집(90. 12. 14), 30면 참조.

제2장 헌법재판소의 한정위헌결정을 무시한 대법원 판결 비판[*]

제1절 대법원 95누 11405 판결[59]내용

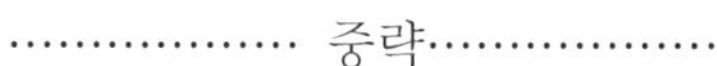

(2) 헌법 제111조 제1항은 법원의 제청에 의한 법률의 위헌 여부 심판 및 법률이 정하는 헌법소원에 대한 심판 등을 헌법재판소의 관장 권한으로 정하고 있는 바, 헌법재판소법 제45조 본문은 '헌법재판소는 제정된 법률 또는 법률조항의 위헌 여부만을 결정한다'라고 규정하고, 제47조 제2항 본문은 '위헌으로 결정된 법률 또는 법률의 조항은 그 결정이 있는 날로부터 효력을 상실한다'라고 규정하며, 같은 조 제1항은 '법률의 위헌 결정은 법원 기타 국가기관 및 지방자치단체를 기속한다'라고 규정하고 있고, 이들 조항은 같은 법 제75조 제6항에 의하여 일정한 범위내의 헌법 소원을 인용하는 경우에도 준용되고 있다. 이와 같이 특정한 법률 또는 법률조항에 대하여 헌법재판소의 위헌결정이 있는 경우에, 당해 법률 또는 법률조항

* 이 글은 저자가 대한변호사 협회지 「인권과 정의(1996. 8)」에 발표한 논문에 기초한 것이다.

59) 본 판결을 내린 대법원 제1부의 구성은 다음과 같다. 재판장 대법관 이돈희, 주심 대법관 김석수, 대법관 정귀호, 대법관 이임수.

은 즉시 그 효력을 상실하게 되고, 그 위헌결정은 법원을 포함한 모든 국가기관 및 지방자치단체를 기속하는 효력을 가지는 것이므로, 헌법재판소의 위헌결정이 법원을 포함한 모든 국가기관 및 지방자치단체에 의하여 엄정하게 존중되어야 함은 더 말할 나위가 없다. 뿐만 아니라, 법률이 일정한 사항에 관하여 구체적인 내용의 입법을 대통령령 등 하위 법규에 위임하고 있는 경우에 그 위임규정인 법률조항에 대하여 헌법재판소의 위헌결정이 선고되면, 당해 법률조항이 효력을 상실하게 됨은 물론, 그 법률조항의 위임에 의하여 제정된 대통령령 등 하위 법규 역시 그 존립의 근거를 상실함에 따라 당연히 그 효력을 상실한다고 하지 않을 수 없을 것이다.

(3) 그러나, 이 사건에서 검토대상이 된 위 결정과 같이, 그 주문에서 당해 법률이나 법률조항의 전부 또는 일부에 대하여 위헌결정을 선고함으로써 그 효력을 상실시켜 법률이나 법률조항이 폐지되는 것과 같은 결과를 가져 온 것이 아니라, 그에 대하여 특정의 해석기준을 제시하면서 그러한 해석에 한하여 위헌임을 선언하는, 이른 바 한정위헌결정의 경우에는 헌법재판소의 결정에 불구하고 법률이나 법률조항은 그 문언이 전혀 달라지지 않은 채 그냥 존속하고 있는 것이므로, 이와 같이 법률이나 법률조항의 문언이 변경되지 아니한 이상 이러한 한정위헌결정은 법률 또는 법률조항의 의미·내용과 그 적용범위를 정하는 법률해석이라고 이해하지 않을 수 없다.

그런데, 헌법 제101조는 사법권은 법관으로 구성된 법원에 속하고 (제1항), 법원은 최고법원인 대법원과 각급 법원으로 조직된다(제2항)라고 규정하고 있으며, 여기서의 사법권이란 구체적인 법률적 분쟁이 발생한 경우에 당사자로부터의 소제기 기타의 신청에 의하여 당해 분쟁사건에 적용될 법의 구체적 내용이 어떠한 것인지를 판단하고 선언함으로써 법질서를 유지하는 작용을 가리키는 것인 바, 특정 법률 또는 법률 조항의 전부나 그 일부가 소멸되지 아니하거나 문언이 변경되지 않은 채 존속하고 있는 이상, 구체적 사건에 있어서 당해 법률 또는 법률조항의 의미·내용과 적용범위가 어떠한 것인지를 정하는 권한, 곧 법령의 해석·적용 권한은 바로 사법권의 본질적 내용을 이루는 것으로서, 전적으로 대법원을 최고법원으로 하는 법원에 전속하는 것이다. 이러한 법리는 우리 헌법에 규정된 국가권력 분립구조의 기본원리와 대법원을 최고법원으로 규정한 헌법의 정신으로부터 당연히 도출되는 이치로서, 만일 법원의 이러한 권한이 훼손된다면, 이는 위에서 본 헌법 제101조는 물론이요, 어떤 국가기관으로부터도 간섭받지 않고 오직 헌법과 법률에 의하여 그 양심에 따라 독립하여 심판하도록 사법권독립을 보장한 헌법 제103조에도 위반되는 결과를 초래하는 것이다. 그러므로 한정위헌결정에 표현되어 있는 헌법재판소의 법률해석에 관한 견해는 법률의 의미·내용과 그 적용범위에 관한 헌법재판소의 견해를 일응 표명한 데 불과하여, 이와 같이 법원에 전속되어 있는 법령의 해석·적용 권한에 대하여 어떠한 영향을 미치거나 기속력도 가질 수 없다고 하지 않을 수 없다.

더욱이 법률보다 하위법규인 대통령령의 제정근거가 되는 법률조항(이른바 위임규정)에 대하여 한정위헌결정이 있는 경우에 있어서도, 앞에서 본 바와 같이 그 법률조항의 문언이 전혀 변경되지 않은 채 원래의 표현 그대로 존속하고 있는 이상, 그 법률조항의 의미·내용과 적용범위는 역시 법령을 최종적으로 해석·적용할 권한을 가진 최고법원인 대법원에 의하여 최종적으로 정하여질 수밖에 없고, 그 법률조항의 해석은 어디까지나 의연히 존속하고 있는 그 문언을 기준으로 할 수밖에 없다 할 것이므로, 그 문언이 표현하고 있는 명백한 위임취지에 따라 제정된 대통령령 조항 역시 의연히 존속한다고 보지 않을 수 없다. 따라서 이와 같이 효력을 상실하지 않고 존속하는 대통령령 조항이 상위법인 법률의 위임 내용에 위반되는지 여부 및 나아가 헌법이나 다른 법률에 위반되는지 여부의 심사권한은 헌법 제107조 제2항의 명령·규칙 또는 처분이 헌법이나 법률에 위반되는 여부가 재판의 전제가 된 경우에 대법원이 이를 최종적으로 심사할 권한을 가진다는 규정에 따라 당연히 법원에 존속한다고 하지 않을 수 없다.

따라서, 이 사건 양도소득세 부과처분에 적용된 구 소득세법시행령 제170조 제4항 제2호는 그 위임근거규정인 구 소득세법 제23조 제4항 단서 및 제45조 제1항 제1호 단서의 각 규정이 앞에서 본 헌법재판소의 결정에도 불구하고 그 문언의 표현이 전혀 변경되지 않은 채 존속하고 있는 이상, 위 시행령 조항의 헌법위반 여부와 상위법의 위반 여부에 관하여는 대법원이 최종적으로 판단하여 이 사건에 적용할지 여부를 결정하여야 하는 것이다.

(4) 그런데, 대법원은 지금까지 실지거래가액에 의하여 양도차익을 산정할 것을 규정한 위 구 소득세법시행령 제170조 제4항 제2호 및 그 위임근거규정인 구 소득세법 제23조 제4항 단서와 제45조 제1항 제1호 단서가 헌법에 위반되지 아니한다는 전제 하에 이를 각 사건에 적용하여 왔다(대법원 1995. 6. 13. 선고, 95누580 판결 참조). 이러한 해석은, 위 구 소득세법 제23조 제4항 단서 및 제45조 제1항 제1호 단서에서 그 각 본문에 규정된 기준시가 과세원칙에 대한 예외로서 실지거래가액에 의하여 양도가액 및 취득가액(양도가액에서 공제할 필요경비 중 하나)을 산정할 수 있도록 하면서 그 구체적 경우를 대통령령으로 정하도록 위임하고 있는 입법목적 내지 입법이유가, 만약 일률적으로 기준시가 과세원칙을 관철할 경우에는, 사안에 따라 실지거래가액이 객관적으로 쉽게 확인되는데도 이에 의한 양도차익보다 고액의 기준시가에 따라 의제된 양도차익에 의할 수밖에

없게 되어 실질과세의 원칙에 위배될 우려가 있음은 물론, 투기거래나 위법거래로 인하여 시가가 단기에 급등한 지역에 있어서는 오히려 기준시가가 현실의 시가를 제대로 반영하지 못하게 되어 투기거래자나 위법거래자의 막대한 양도차익에 대하여 실질에 부합하는 과세를 할 수 없게 됨에 따라 과세의 형평을 해칠 수 있는 등의 부작용이 있으므로, 이러한 두 가지의 우려와 부작용에 함께 대처하기 위하여, 기준시가 과세원칙에 대한 예외를 마련하고자 한 데 있다는 해석을 근거로 하고 있는 것이다.

이와 같이 해석할 경우에, 비록 위 구 소득세법 제23조 제4항 단서 및 제45조 제1항 제1호 단서가 대통령령에 위임하는 사항의 범위를 명시적으로 특정하지는 아니하였다 하더라도 위 조항에 있어서의 내재적인 위임의 범위나 한계는 충분히 인정될 수 있다고 할 것이고, 구 소득세법상 종전의 실지거래가액 과세원칙으로부터 기준시가과세원칙으로 개정된 입법 동기와 연혁, 그리고 다시 기준시가 과세원칙에 대한 예외로서 실지거래가액에 따라 과세할 수 있는 경우를 규정하게 된 입법목적을 두루 고려하여 보더라도, 위 각 조항 단서가 기준시가에 의한 과세보다 실지거래가액에 의한 과세가 납세자에게 유리한 경우만을 한정하여 대통령령에 위임한 것이라는 해석에는 도저히 이를 수 없다고 할 것이다. 더욱이 이 사건의 사안을 보면, 실지거래가액에 의하여 과세하는 경우, 모두 금 1,000,000,000원을 초과하는 양도차익이 발생한 것이 되어 원고 ○○○이 납부하여야 할 양도소득세액이 금 600,000,000여원에 이르게 되는 반면, 기준시가에 의하여 과세하는 경우에는 오히려 양도차손이 발생한 것이 되어 양도소득세를 전혀 부과할 수 없게 되는 바, 원심이 인정한 사실관계에 나타난 바와 같이 실제로 불과 2년 미만의 기간에 금 400,000,000여원, 그리고 불과 2월 남짓 되는 기간에 금 600,000,000원의 각 양도차익을 얻은 위 원고가 위 한정위헌결정과 같은 해석으로 말미암아 양도소득세부과에서 제외된다는 것은 심히 부당한 결과라고 하지 않을 수 없다.

따라서, 이 사건 과세처분에 적용된 구 소득세법 제23조 제4항 단서 및 제45조 제1항 제1호 단서와 구 소득세법시행령 제170조 제4항 제2호가 헌법상의 조세법률주의와 포괄위임금지 원칙에 위배되지 아니하는 유효한 규정이라고 해석하여 온 지금까지의 견해를 변경할 필요가 없다고 본다.

기록에 의하여 살펴보면, 원심의 증거의 취사선택, 사실의 인정 및 판단은 모두 정당한 것으로 수긍이 되고, 거기에 상고이유의 주장과 같은 채증법칙 위배로 인한 사실오인, 법리오해, 법령위반 등의 위법이 있다고 할 수 없다.

원심이 인정한 사실관계 하에서는 원고 ○○○이 그 인정과 같은 경위로 위 채○○에게 금 400,000,000원을 지급하고, 그 지분을 이전받은 이상, 위 원고가 위 전○○ 명의의 지분을 타인에게 양도하고 그와 동일한 비율인 위 채○○ 명의의 지분을 이전받았다고 하더라도 그것이 단순한 지분의 교환에 불과하여 양도차익이 발생하지 아니한 것이라고 볼 수는 없다.

또 위 원고는 피고가 위 각 양도 당시 시행되던 구 소득세법시행령 제170조 제4항 제2호가 아니라 그 이후인 1989. 8. 1. 개정된 소득세법시행령의 조항을 적용하여 부과처분을 한 것은 위법하므로 위 처분이 취소되어야 한다고 주장하나, 설사 피고가 그와 같은 잘못을 저질렀다고 하더라도 조세부과처분의 취소를 구하는 소송의 소송물은 정당세액의 존부로서 과세단위와 처분사유의 동일성이 인정되는 한 과세관청의 위와 같은 법령의 적용착오는 처분을 취소할 사유가 되지 못 한다고 할 것이다.

………………… 하략…………………

제2절 헌법재판소의 94헌바40, 95헌바13(병합)의 한정위헌결정에서 설시되고 있는 이유들

……………… 중략………………

다. 이 사건 위임조항의 위헌 여부60)

(1) 과세요건 법정주의와 과세요건 명확주의를 핵심적 내용으로 하는 조세법률주의의 이념은 과세요건을 법률로 명확하게 규정함으로써 국민의 재산권을 보장하고 국민생활의 법적 안정성과 예측가능성을 보장함에 있는 것이다(헌법재판소 1989. 7. 21. 선고, 89헌마38 결정 참조).

그런데, 조세법률주의를 철저하게 관철하고자 하면 복잡다양하고도 끊임없이 변천하는 경제상황에 대처하여 정확하게 과세대상을 포착하고 적정하게 과세표준을 산출하기 어려워 담세력에 따른 공평과세의 목적을 달성할 수 없게 되는 경우가 생길 수 있으므로, 조세법률주의를 지키면서도 경제현실에 따라 공정한 과세를 하고 탈법적인 조세회피행위에 대처하기 위해서는 납세의무의 본질적인 내용에 관한 사항이라 하더라도 그 중 경제현실의 변화나 전문적 기술의 발달 등에 즉응하여야 하는 세부적인 사항에 관하여는 국회제정의 형식적 법률보다 더 탄력성이 있는 대통령령 등 하위 법규에 이를 위임할 필요가 있다.

우리 헌법도 조세행정 분야뿐만 아니라 국정전반에 걸쳐 위와 같은 위임입법의 필요성이 있음을 인정하여 그 제75조에서 "대통령은 법률에서 …위임받은 사항…에 관하여 대통령령을 발할 수 있다"라

60) 헌법재판소 판례집 제7권 2집(1995), 632쪽 이하.

고 규정함으로써 위임입법의 헌법상 근거를 마련하는 한편, 대통령령으로 입법할 수 있는 사항을 "법률에서 구체적으로 범위를 정하여 위임받은 사항"으로 한정함으로써 위임입법의 기준과 한계를 명시하고 있는 바, 여기서 위임입법에 관한 헌법의 위 규정이 특히 위임입법의 기준과 한계를 명시하고 있는 취지는 단순히 소극적인 측면에서 대통령령 등의 하위 법규로서는 법률이 위임하지 아니한 사항을 정할 수 없음을 밝히고 있는 것에 그치는 것이 아니고, 더 나아가 적극적인 측면에서 대통령령 등의 하위 법규에 입법을 위임할 경우에는 법률로써 반드시 그 위임의 범위를 구체적으로 정하여야 하며 일반적으로 포괄적인 입법위임은 허용되지 않는다는 것까지 밝히고 있는 것이다.

따라서, 입법의 위임은 법률로써 구체적인 범위를 정하여 이루어져야 하는 것이지만, 그 위임범위의 구체성·명확성의 요구 정도는 그 규제대상의 종류와 성격에 따라 달라질 수밖에 없는 것으로서, 특히 처벌법규나 조세법규와 같이 국민의 기본권을 직접적으로 제한하거나 침해할 소지가 있는 법규에서는 구체성의 요구가 강화되어 그 위임의 요건과 범위가 일반적인 급부행정법규의 경우보다 더 엄격하게 제한적으로 규정되어야 하는 반면에, 다양한 사실관계를 규율하거나 사실관계가 수시로 변화될 것이 예상될 때에는 위임의 명확성의 요건은 완화되는 것이다(헌법재판소 1991. 2. 11. 선고, 90헌가27 결정; 1994. 7. 29. 선고, 92헌바49, 52 결정 등 참조).

그러나 위임의 명확성의 요건이 완화될 수 있는 경우에도 국민주권주의, 권력분립주의 및 법치주의를 기본원리로 채택하고 있는 우리 헌법하에서는 국민의 헌법상 기본권 및 기본의무와 관련된 중요한 사항 내지 본질적인 내용에 관한 사항에 대한 정책형성 기능은 원칙적으로 주권자인 국민에 의하여 선출된 대표자들로 구성되는 입법부가 담당하여 법률의 형식으로써 이를 수행하여야 하고, 이와 같이 입법화된 정책을 집행하거나 적용함을 임무로 하는 행정부나 사법부에 그 기능이 넘겨져서는 안 된다고 해석되므로, 국민의 기본의무인 납세의무의 중요한 사항 내지 본질적 내용에 관한 사항에 대하여는 조세법률주의의 원칙상 가능한 한 법률에 명확하게 규정되어야 하고, 이와 같은 사항을 대통령령 등 하위 법규에 위임하는 데에는 일정한 한계가 있는 것이다.

(2) 소득세법은 1982. 12. 21. 법률 제3576호로 개정된 이래 동법 제23조 제4항 본문 및 제45조 제1항 제1호 본문에서 토지 등의 부동산의 양도에 대한 양도소득세에 있어 과세표준 산정의 기초가 되는 양도가액 내지 취득가액의 산정을 원칙적으로 실지거래가액이 아닌 기준시가에 의하도록 하고 있다(이하, "기준시가 과세원칙"이라 한다).

그런데, 이 사건 위임조항은 위 기준시가 과세원칙에 대한 예외로서 실지거래가액에 의하여 양도차익을 산정할 경우를 대통령령으로 정하도록 위임하고 있는 규정임에도 불구하고 위 조항 자체에는 그 위임의 구체적 범위를 명백히 규정하고 있지 아니한 관계로 이 사건 위임조항만으로는 과연 어느 경우에 실지거래가액에 의하여 양도차익을 산정할 수 있는지가 반드시 명확하다 할 수는 없다.

그러나, 이 사건 위임조항 자체에서 위임의 구체적 범위를 명백히 규정하고 있지 않다고 하더라도 당해 법률의 전반적 체계와 관련 규정에 비추어 이 사건 위임조항의 내재적인 위임의 범위나 한계를 객관적으로 분명히 확정할 수 있다면 이를 일반적이고 포괄적인 백지위임에 해당하는 것으로 볼 수는 없는 것이다.

(3) 그러므로, 이 사건 위임조항의 위임의 범위나 한계를 확정할 수 있는지에 관하여 검토하기로 한다.

(가) 양도소득세는 토지, 건물 등 자산의 양도로 인하여 발생하는 소득을 과세대상으로 하는 것이므로 그 세액산정의 기초가 되는 양

도가액 내지 취득가액은 이를 실지거래가액에 의하여 산정하여 실제로 발생한 양도소득에 대하여만 과세가 이루어지도록 하는 것이 양도소득세의 수득세로서의 본질에 한층 부합함에도 불구하고 이 사건 위임조항의 각 본문이 채택한 기준시가 과세원칙은 양도소득의 존부와 범위를 실지거래가액이 아닌 법률에 의하여 의제된 가액으로 산정하는 것이어서 위와 같은 양도소득세의 본질에 반하고, 경우에 따라서는 기준시가에 의한 과세표준산정으로 말미암아 실지양도차익 자체를 초과하는 세액이 부과될 가능성도 있으며, 또 그 정도에까지는 이르지 않더라도 과세표준이 실지양도차익보다 과중하게 산정될 소지를 가지고 있다.

(나) 그럼에도 불구하고 이 사건 위임조항의 각 본문이 기준시가 과세원칙을 채택한 입법목적은 모든 자산의 거래에 관하여 납세의무자가 진실한 실지거래가액을 신고하리라고는 사실상 기대할 수 없는데다 과세관청이 일일이 실지거래가액을 조사한다는 것도 조세행정상 심히 곤란함에도 실지거래가액에 의한 과세를 원칙으로 고집한다면, 납세의무자의 조세저항만을 증폭시킬 뿐 객관성 있는 조사도 어렵고, 담당공무원의 능력이나 자세에 따라 납세의무자의 세부담이 달라지며, 실지거래가액을 조작한 자만 이득을 보게 될 여지도 있어 오히려 실질적으로는 조세공평주의에 반하는 결과가 초래될 우려가 있는 점 등을 고려하여 획일적인 기준시가에 의하여 양도차익을 산정함으로써 조세법의 집행과정에 개재될 수 있는 부정을 배제하고, 실질적인 조세부담의 공평과 조세정의를 실현하고자 하는 데 있는 것이어서 토지 등의 부동산의 양도에 대한 양도소득세의 과세표준 산정에 있어서 기준시가 과세원칙을 채택하게 된 데에는 그렇게 할 만한 합리적인 이유가 있다고 할 것이나, 한편 모든 경우에 일관하여 기준시가에 의하여 양도소득세의 과세표준을 산정할 경우에는 실지양도차익 자체를 초과하는 세액이 부과되거나 그 정도에까지는 이

르지 않더라도 과세표준이 실지양도차익보다 과중하게 산정됨으로써 본래의 제도취지와는 달리 오히려 국민이 부당하게 과중한 조세를 부담하고 조세정의에 반하는 결과를 초래하여 기준시가 과세원칙이 실질적 조세법률주의나 조세평등주의에 위반될 소지가 있어서 이와 같은 기준시가 과세원칙이 안고 있는 문제점을 보완하기 위하여 이 사건 위임조항을 규정하고 있는 것이다.

(다) 그러므로, 이 사건 위임조항이 "대통령령이 정하는 경우에는 실지거래가액에 의한다"고 규정하여 직접적·명시적으로는 위임의 범위를 구체적으로 규정하고 있지는 않지만 소득세법의 전 체계, 양도소득세의 본질과 기준시가 과세원칙에 내재하는 헌법적 한계 및 이 사건 위임조항의 본문과의 관계 등을 종합적으로 고려하여 이 사건 위임조항의 의미를 합리적으로 해석할 때, 이 사건 위임조항은 납세의무자가 기준시가에 의한 양도차익의 산정으로 말미암아 실지거래가액에 의한 경우보다 불이익을 받지 않도록 보완하기 위한 규정으로서 결국 실지거래가액에 의한 세액이 기준시가에 의한 세액을 초과하지 않는 범위내에서 실지거래가액에 의하여 양도차익을 산정할 경우를 대통령령으로 정하도록 위임한 취지로 보아야 하고, 그 한도내에서 이 사건 위임조항은 그 위임의 범위를 구체적으로 정하고 있는 것이므로, 이를 가리켜 헌법상의 조세법률주의나 포괄위임금지의 원칙에 위반되는 규정이라고 볼 수는 없다.

(4) (가) 그런데, 이 사건 토지 등의 부동산 양도 당시 시행되던 소득세법시행령 제170조 제4항(1982. 12. 31. 대통령령 제10977호로 개정된 후 1989. 8. 1. 대통령령 제12767호에 의한 개정을 거쳐 1990. 12. 31. 대통령령 제13194호로 개정되기 전의 것)은 이 사건 위임조항의 위임에 근거하여 실지거래가액에 의하여 양도가액 내지 취득가액을 산정하는 경우를 그 각호로서 다음과 같이 규정하고 있다.

1) 1982. 12. 31. 개정된 소득세법시행령 제170조 제4항

제1호: 국가, 지방자치단체 기타 법인과의 거래에 있어서 양도 또는 취득 당시의 실지거래가액이 확인된 경우

제2호: 국세청장이 지역에 따라 정하는 일정 규모 이상의 거래 기타 부동산의 투기의 억제를 위하여 필요하다고 인정되어 국세청장이 지정하는 거래에 있어서 양도 또는 취득 당시의 실지거래가액을 확인할 수 있는 경우

제3호: 양도자가 법 제95조 또는 법 제100조의 규정에 의한 신고시 제출한 증빙서류에 의하여 취득 및 양도 당시의 실지거래가액을 확인할 수 있는 경우

2) 1989. 8. 1. 개정된 소득세법시행령 제170조 제4항

제1호: 삭제

제2호: 다음 각 목의 1에 해당하는 거래에 있어서 양도 또는 취득 당시의 실지거래가액이 확인되는 경우. 다만, 부동산의 취득, 양도 경위와 이용실태 등에 비추어 투기성이 없는 것으로 인정되는 경우에는 제9항의 규정에 의한 자문을 거쳐 실지거래가액의 적용대상에서 제외할 수 있다.

가목: 제44조 제4항 제2호에 규정된 자산을 양도한 경우

나목: 법 제70조 제7항에 규정된 자산을 양도한 경우

다목: 부동산을 취득한 후 1년 이내에 양도한 경우

라목: 중개업자가 부동산중개업법을 위반하여 직접 부동산을 양도한 경우

마목: 국세청장이 정한 일정 규모 이상의 부동산을 취득 또는 양도함에 있어서 다른 사람 명의의 사용, 허위계약서의 작성, 주민등록의 허위이전 등 부정한 방법에 의하거나 관계법령에 위반한 경우

바목: 기타 부동산의 거래로서 부동산의 보유기간, 거래규모 및 거래방법 등에 비추어 부동산의 투기를 목적으로 하는 것이라고 인정하여 재무부령이 정하는 기준에 해당하는 경우

제3호: 양도자가 법 제95조 또는 법 제100조의 규정에 의한 신고시 제출한 증빙서류에 의하여 취득 및 양도 당시의 실지거래가액을 확인할 수 있는 경우

(나) 이상과 같은 구 소득세법시행령의 규정내용을 살펴보면, 위에서 본 바와 같은 이 사건 위임조항의 위임취지에 합치되는 규정도 있지만, 그 위임취지를 잘못 해석하여 이 사건에서 문제되고 있는 1982. 12. 31. 개정된 동법 시행령 제170조 제4항 제2호와 같이 이 사건 위임조항이 설정한 위임의 한계를 벗어나 기준시가에 의한 것보다 납세의무자에게 불리한 경우에도 실지거래가액에 의하여 산정할 수 있도록 규정함으로써 이 사건 위임조항에 대하여 헌법에 위반되는 해석을 하고 있는 것이다.

만약, 그와 같은 해석을 용인하면, 이 사건 위임조항은 재산권이나 납세의무와 같은 국민의 헌법상 기본권 및 기본의무와 관련된 중요한 사항내지 본질적인 내용에 관한 사항인 양도소득세에 과세표준 산정방법을 대통령령에 아무런 범위를 정하지 않고 백지위임한 것이 되어 헌법상 포괄위임금지 원칙에 위반되고 행정부가 그때 그때의 산정방법을 바꾸어 납세의무자의 조세부담을 마음대로 증가시킬 수도 있어 국민생활의 법적 안정성과 예측가능성을 현저히 저해하게 되므로 조세법률주의에도 위반되는 것이다.

(5) 결론적으로, 이 사건 위임조항은 납세의무자가 기준시가에 의한 양도차익의 산정으로 말미암아 실지거래가액에 의한 경우보다 불이익을 받지 않도록 하기 위하여 실지거래가액에 의한 세액이 기준시가에 의한 세액을 초과하지 않는 범위내에서 실지거래가액에 의하여 양도차익을 산정할 경우를 대통령령으로 정하도록 위임한 취지로

해석되므로, 위 위임의 범위를 벗어나 실지거래가액에 의하여 양도소득세의 과세표준을 산정할 경우를 그 실지거래가액에 의한 세액이 그 본문의 기준시가에 의한 세액을 초과하는 경우까지를 포함하여 대통령령에 위임한 것으로 해석한다면 그 한도내에서는 헌법 제38조, 제59조가 규정한 조세법률주의와 헌법 제75조가 규정한 포괄위임금지의 원칙에 위반된다.

4. 결 론

이상의 이유로 이 사건 산정조항은 헌법에 위반되지 아니하고, 이 사건 위임조항은 실지거래가액에 의할 경우를 그 실지거래가액에 의한 세액이 그 본문의 기준시가에 의한 세액을 초과하는 경우까지를 포함하여 대통령령에 위임한 것으로 해석하는 한 헌법에 위반된다고 선언하기로 하여 주문과 같이 결정한다.[61)]

이 결정은 재판관 김진우의 주문 제2항에 관한 아래 5.와 같은 반대의견과 재판관 조승형의 주문 제1항의 주문 표시에 관한 아래 6.과 같은 별개 의견이 있는 외에는 나머지 재판관 전원의 의견일치에 따른 것이다.

---

61) 1. 구 소득세법 제23조 제2항(1981. 12. 31. 법률 제3472호로 개정된 후 1988. 12. 23. 법률 제4019호로 개정되기 전의 것)은 헌법에 위반되지 아니한다.
2. 구 소득세법 제23조 제4항 단서, 제45조 제1항 제1호 단서(각 1982. 12. 21. 법률 제 3576호로 개정된 후 1990. 12. 31. 법률 제4281호로 개정되기 전의 것)는 실지거래가액에 의할 경우를 그 실지거래가액에 의한 세액이 그 본문의 기준시가에 의한 세액을 초과하는 경우까지를 포함하여 대통령령에 위임한 것으로 해석하는 한 헌법에 위반된다.

5. 재판관 김진우의 구 소득세법 제23조 제4항 단서에 관한 반대의견

이 사건에서 문제가 된 조세부과처분의 근거법령인 구 소득세법시행령이 시행되던 지난 날(1982. 12. 31. 대통령령 제10977호로 개정된 구 소득세법시행령도 1990. 12. 31. 개정되기까지만 시행되었다) 부동산에 대한 과세기준가액은 실지거래가액보다 낮았고, 혹 수회 유찰 후 경매된 경우만이 예외적으로 기준시가보다 낮은 가액으로 거래되는 정도였다. 그러므로 실지거래가액에 의한 과세는 기준시가에 의한 과세보다 납세자에게 불리한 경우가 대부분이었다. 그런데도 만일 이 사건 단서의 위임규정이 다수의견대로 실지거래가액에 의한 과세가 기준시가에 의한 과세보다 납세자에게 예외적으로 유리한 경우만을 위임한 취지라면 이 사건 단서의 법문에 이를 명시하였을 것인데도 이를 법문에 명시한 바가 없다. 기준시가보다 실지거래가격이 낮은 경우는 기준시가 과세원칙이 적용될 때 양도차익이 없는데 양도세를 부과하거나 양도차익에 비하여 과중한 조세가 부과되어 조세정의에 반하는 결과를 초래하는 등 실질적 조세법률주의나 조세평등주의에 위반할 소지가 있다. 기준시가 과세원칙은 이러한 점에서 헌법적 한계에 부딪힌다고 할 것이다. 그러나 이런 경우는 기준시가 원칙을 적용하는 경우에 드물게 발생할 수 있을 뿐이다. 그리고 실질 과세가 조세부과에 있어서의 대 원칙이고(국세기본법 제14조), 다수의견도 인정하는 바와 같이, 실제로 발생한 양도소득세에 대하여 과세가 이루어지도록 하는 것이 양도소득세의 본질에 부합하는 것이다. 그런데도 기준시가 과세원칙을 채택할 수밖에 없었던 사유, 즉 진실한 실지거래가액의 신고를 기대하기 어렵고, 일일이 실지거래가격을 조사하기 곤란하며, 조세저항이 증폭될 우려(실지거래가격이 기준시가보다 높기 때문에 발생한다)나 담당 세무공무원과의 결탁을 통한 세무비리 우려가 있다거나, 실지거래가격을 조작하는 자만이 이득을 볼 위험이 있다는 등의 폐단을 상당히 불식할 수 있는 경우나, 그렇지 않다고 하더라도 이러한 폐단을 감수하고도 실지거래가격에 의한 과세를 하는 것이 보다 공익 또는 조세정의에 합치하는 경우가 있을 수 있다.

따라서, 이 사건 단서의 위임규정에 이러한 경우를 포함시키는 경우도 상정할 수 있다. 그러므로 다수의견이 내세우는 소득세법의 체계, 양도소득세의 본질, 기준시가 제도에 내재하는 헌법적 한계 및 이 사건 위임조항의 본문과의 관계 등을 종합적으로 고려하여도 이 사건 단서의 위임규정이 실지거래가격에 의한 과세가 기준시가에 의한 과세보다 납세자에게 유리한 경우만을 대통령령으로 정하도록 위임한 것이라는 다수의견과 같은 해석은 나오지 않는다. 또 구 소득세법시행령의 내용에는 실지거래가격이 기준시가에 의한 과세보다 납세자에게 유리한 경우에 실지거래가격에 의한 납세를 할 수 있는 길도 규정하였지만, 다수의견이 지적하고 있듯이, 1982. 12. 31. 개정된 소득세법시행령 제170조 제4항 제1호, 1989. 8. 1. 개정된 동법 시행령 제170조 제4항 제2호와 같이 기준시가에 의한 과세보다 납세의무자에게 불리한 경우도 실지거래가액에 의하여 세액을 산정할 수 있도록 규정하고 있다.

이상을 종합할 때 다수의견과 같이 이 사건 단서의 위임규정은 실지거래가액에 의한 과세가 기준시가에 의한 과세보다 납세자에게 유리한 경우에 한정하여 대통령령에 위임하였다고 볼 수 없고, 양도소득세에 대한 과세표준산정방법을 대통령에게 구체적인 범위를 정하지 않고 백지위임한 것이라고 할 것이다.

그러므로, 이 사건 단서 규정은 실지거래가격에 의한 과세가 기준시가에 의한 과세보다 납세자에게 불리한 경우까지 포함하여 위임하였다고 해석할 때만 위헌인 것이 아니고, 이 사건 단서조항 전체가 헌법상 포괄위임금지 원칙에 위반되고 조세법률주의에도 위반되는 위헌적인 규정이라고 할 것이다.

다만, 위에서 본 바와 같이 실지거래가격에 의한 과세가 기준시가에 의한 과세보다 유리한 경우를 비롯하여 양도차익산정에 있어 실지거래가격에 의하도록 규정한 위 구 소득세법시행령의 내용이 조세정의 면에서 보아 합헌적인 내용도 있는데도, 이 사건 단서 규정에 대하여 단순 위헌선언을 한다면, 이 사건의 당해 사건과 동법 시행령에 의하여 성립된 조세에 관하여 쟁송 중인 사건이나 기타 아직 확정되지 아니한 사건에 관하여는, 조세정의와 공익상 실지거래가격에 의하여 과세하여야 할 경우도 실지거래가격에 의한 과세를 못 하게 되고, 실지거래가격에 의한 납세가 기준시가에 의한 납세보다 유리한 경우도 실지거래가격에 의한 납세를 하지 못하므로 이 사건 단서 규정과 동법 시행령에 의하여 실지거래가격으로 납세하여 온 많은 납세자와의 사이에 형평을 잃게 되어 조세정의에 반하고, 이 사건 법률조항에 대한 위헌선언을 하지 않을 때보다 조세정의 원칙을 침해하여 오히려 더 헌법적으로 수인할 수 없는 심각한 상태를 초래한다. 그러므로 이 사건 단서 규정 전체에 대하여 헌법에 합치하지 않는다는 선언을 하면서 동법 시행령의 내용을 실질과세와 조세정의에 합치하는 한도에서 법률로 정하여 개정하거나, 이 사건 단서 규정을 그 자체만으로 위임의 범위의 대강을 국민이 예견할 수 있는 정도로 확정하고 기타 세부사항을 조세정의와 실질과세의 원칙에서 반드시 기준시가과세 원칙의 예외를 인정하여 실지거래가액에 의한 과세를 하여야 할 경우만을 대통령령인 시행령으로 규정하는 방법으로 합헌적인 내용으로 개정하도록 입법 촉구함이 상당하다고 할 것이다. 그리하여, 이 사건의 당해 사건을 비롯하여 아직 쟁송 중인 모든 사건에 대하여 개정되는 신법을 소급 적용하도록 하여, 헌법적으로 수인할 수 없는, 위에 본 바 형평에 반하는 상태가 초래되는 것을 방지함이 헌법재판소가 취할 태도라고 생각한다.

이상과 같은 이유로 다수의견에 반대한다.

.... 하략..................

제3절 위 대법원의 판결에 대한 비판

1. 헌법재판소 결정의 효력

현대의 입헌주의 헌법국가에서 헌법재판은 헌법구조의 내재적인 제도이다.[62] 국가창설의 설계도라 할 수 있는 헌법 자체를 수호하고 보장하기 위해서, 창설된 국가의 현실 생활 속에서 최고의 규범적 효력을 가지는 헌법규범의 실효성을 확보하기 위해서 민주적·사회적 법치국가라는 틀 속에서 조직된 모든 국가기관들의 국가작용이 헌법에 규정된 국민의 기본권을 실현하도록 구속하고 통제하기 위해서는, 일정한 경우 최후의 유권적인 헌법해석이 필요하게 된다. 이러한 최후의 유권적인 헌법해석권능을 담당하는 헌법재판은 일정한 헌법분쟁을 전제로 할 때 필연적인 것이다. 따라서 헌법재판은 입법권·행정권·사법권 등 모든 국가권력의 발동으로 인하여 헌법적 가치질서가 침해되는 것을 방지 내지 시정할 수 있는 가장 강력한 권력통제 수단으로서 기능한다. 현행 제9차 개정 헌법에서는 이러한 헌법재판권능을 사법부가 아닌 독립한 헌법재판소에 담당시키고 있다. 따라서, 헌법재판소의 결정은 곧바로 국가질서, 헌법질서, 정치

62) 허 영, 헌법이론과 헌법(서울: 박영사, 1995), 신정판, 1041쪽 참조.

질서, 생활질서를 구체적으로 형성하는 결과를 가진다. 예컨대, 법률에 대한 합헌결정이든 변형결정이든 위헌결정이든 간에 모두 기속력을 가지기 때문에 국민이나 국가기관은 이에 입각해서 의사결정과 행위결정의 바탕으로 삼아야 하는 것이다(헌법재판소법 제47조의 입법론적 문제점).

합헌결정은 기존 법질서에 변경을 가하지 않는 확인적 효력을 가지는 것이고 변형결정과 위헌결정은 기존 법질서의 변경을 초래하는 창설적 효력을 가지는 것이라는 점에 차이가 있을 뿐이다. 헌법재판소의 법률에 대한 합헌결정을 무시하고 타국가기관이 위헌 결정할 수는 없다. 기존 법질서의 변경을 초래하는 정도에 있어서 가장 강력한 것이 위헌결정이고, 이 위헌결정을 질적으로, 양적으로, 시간적으로 범위를 한정하고 완화시키는 결정 유형이 변형결정인 것이다. 따라서 위헌결정의 실정법적 근거를 헌법재판소법 제45조에서 찾는다면 물론해석상 변형결정의 근거도 동조 본문에서 찾을 수 있는 것이다. 이러한 형식논리를 떠나서도 동법 제45조에 대해 반대해석을 배제하는(변형결정을 금지하는 명문의 적극 규정은 아닌 점을 고려하여), 법 발견의 목적론적인 해석을 하는 경우나 헌법과 헌법재판의 이념에 비추어 판례법으로 변형결정을 존립시킬 수 있는 것이다. 비교법학적인 측면에서 보았을 때도 독일의 경우에 명문의 실정법적 근거 없이도 변형결정이 행해졌던 유례가 있었다.

우리 헌법재판소 판례법상에서도 변형결정은 확고하게 구축된 결정유형이다. 나아가 헌법재판은 분쟁해결의 단순한 구체적 타당성만 추구하는 것이 아니다. 모든 국가기관을 존중하는 바탕 위에서 권력통제를 하여야 하기 때문에 헌정생활의 안정을 위해서도 변형결정은 필연적인 것이다. 변형결정에 속하는 한정합헌이나 한정위헌 결정은 헌법이론적인 측면에서도 법질서의 통일성이나 권력분립, 법률의 추정적 효력 등에 그 근거를 가지고 있는 것이다.[63] 한정합헌에서 합헌으로 한정된 범위에서 벗어난 부분은 위헌의 성질을 갖는 영역이다. 따라서 질적인 또는 양적인 위헌결정을 내포하는 한정합헌결정은 그 내포범위 한도내에서 위헌결정과 동일한 효력을 가진다. 나아가 주문에서 위헌의 범위를 명백히 명시하고 있는 한정위헌결정은 형식과 내용에서 정확히 위헌결정의 성질의 것이고, 단순위헌결정과 다른 점은 위헌의 범위가 한정되어 있다는 것뿐이다. 따라서 헌법재판소법 제47조의 위헌결정에서는 해석상 한정위헌결정이 당연히 포함되는 것이다. 그럼에도 불구하고 대법원이 헌법재판소의 이러한 한정위헌결정을 일응의 견해표명에 불과하여 어떠한 영향을 미치거나 기속력도 가질 수 없다고 하는 것은, 위 제47조를 너무나 형식논리적으로 해석한 억지의 견해표명에 지나지 않는다고 하지 않을 수 없다. 또한, 한정위헌결정에서 해당 법률이나 법률조항은 그 문언이 전혀 달라지지 않은 채 그냥 존속하고 있다는 것도 한정된 범위내에서의 헌법재판소의 위헌의 가치판단을 몰각한 표피적 이해에 불과하다. 한정위헌결정은 대법원이 주장하듯이 법률 또는 법률조항의 의미, 내용과 적용범위를 정하는 단순한 법률해석이 아니라 헌법에 의거한 법률해석에 있어서 위헌결정권을 가지고 있는 헌법재판소의 위헌결정 유형의 하나라는 사실을 망각해서는 아니된다. 따라서 한정위헌결정된 법률은 헌법재판소의 판단 범위내에서는 당연히 법률적 효력을 상실하는 것이다.

2. 법률의 해석권한

과연 헌법적 판단을 전제로 하지 않는 법률해석이라는 것이 존재할 수 있을까? 이런 질문을 제쳐 두더라도 위헌법률심판 등을 관할권으로 가지고 있는 헌법재판소는 자신이 가지고 있는 위헌결정권을

63) 허 영, 전게서, 106쪽 이하 참조.

행사하기 위해서도 헌법에 의거한 법률해석을 하지 않을 수 없다. 그런데도 대법원은 법령의 해석·적용 권한이 바로 사법권의 본질적 내용을 이루는 것으로서 '전적으로' 대법원을 최고법원으로 하는 법원에 '전속'하는 것이라는 납득할 수 없는 판결문언상의 표현을 채택하고 있다. 나아가 대법원은 그 근거를 국가권력분립구조와 대법원의 최고법원성에서 찾고 있다. 우리 실정 헌법상에서 권력분립구조는 국회, 정부, 법원, 헌법재판소, 선거관리위원회, 지방자치단체 등의 권력분점구조이다. 여기에서 헌법재판소를 제외하고 생각한다면 대법원만이 배타적인 법령해석권자라고 할 수 있지만, 이것은 실정 헌법구조를 완전히 몰각한 것이다. 대법원의 최고법원성에서 배타적 법령해석권이 당연히 도출된다고 하는 것도 논리비약이다. 대법원이 최고법원이라는 것은 심급구조로 연결되어 있는 사법체계에서 최고법원이라는 것이다. 즉, 사실심에 대하여 법률심으로 최종 판단하는 것에 불과하다. 하물며 사법적 심급구조 바깥에서 헌법상 독립된 장에서 규정하고 있는 별도의 헌법심 재판소인 헌법재판소에 대해 최고법원성을 주장 할 수는 없는 것이다. 헌법심에서 법률의 위헌 여부를 판단하기 위해 법률해석(법률의 위헌 여부를 판단할 때 명령·규칙 해석권 포함, 헌재결 1990. 10. 15. 89헌마178 참조)을 하는 것은 지극히 당연한데 어떻게 대법원은 자기만의 전속적 법령해석권한을 주장할 수 있는 것인가. 나아가 대법원의 전속적 해석·적용 권한을 전제로 그것을 훼손하는 것은 헌법 제101조, 제103조 위반으로 논증하는 것은 견강부회에 불과하다.

3. 포괄적 위임금지원칙 위반으로 한정위헌결정된 법률조항에 근거하고 있는 대통령령의 효력

헌법재판소는 94헌바40, 95헌마14(병합)결정에서 구 소득세법 제

23조 제4항 단서, 제45조 제1항 제1호 단서의 위헌 여부에 대해 최종적으로 시행령의 내용을 살펴보고 심판대상조문이 포괄적 위임금지원칙을 위반하느냐를 판단하고 있다(그러나, 시행령은 심판대상이 아니기 때문에 위헌판단에서 배제하고 있다).

기준시가에 의한 것보다 납세의무자에게 불리한 경우에도 실지거래가액에 의하여 산정할 수 있도록 규정하고 있는 동법 시행령의 관계 규정을 검토하여 그와 같은 위임을 한다면 양도소득세의 과세표준산정방법을 대통령령에 아무런 범위를 정하지 않고 백지위임하는 것이 되어 헌법상 포괄위임금지 원칙에 위반되고, 행정부가 그때그때 필요와 편의에 따라 대통령령의 개정으로 양도소득세 과세표준의 산정방법을 바꾸어 납세의무자의 조세부담을 마음대로 증가시킬 수도 있어 국민생활의 법적 안정성과 예측가능성을 현저히 저해하게 되므로, 조세법률주의에도 위반된다는 것을 근거로 하여 동법 위임조항에 대해 한정위헌결정을 하고 있다. 우선 한정위헌된 범위에서 동법 위임조항은 효력을 상실하는 것이므로, 그 범위내에서는 동법 시행령 관계 규정은 근거를 상실한 것이다. 여기에서 대법원이 헌법 제107조 제2항에 따라 동법 시행령만을 독자적으로 위헌·위법 심사할 수 있을 것인가가 문제된다. 형식적으로 본다면 가능할 것 같지만 전혀 그렇지 않다. 여기에서 선행판단이 되는 법률의 위헌결정권이 헌법재판소에 있기 때문이다. 대법원이 법률의 한정위헌결정 효력을 전면적으로 부인하려 든 것은 바로 이 연결고리를 차단하기 위함이다. 한정위헌결정을 전혀 기속력이 없는 것으로 본다면, 위 시행령에 대한 독자적인 위헌·위법심사가 가능하기 때문이다. 그러나 이미 살펴본 바와 같이 한정위헌결정은 위헌결정의 한 유형이기 때문에 헌법재판소법 제47조의 효력을 결코 부인할 수는 없고 대법원은 동조 제1항에 의하여 헌법재판소의 결정에 기속되어 판결하여야 하는 것이다.

4. 대법원 판결의 적실성의 문제

조세정의라는 명분의 관점에서 대법원의 판결은 일응 구체적인 타당성을 가질는지 모른다. 그러나 이 판결은 전체의 국가구조 체계라는 관점에서 전혀 용납될 수 없는 판결이다. 헌법재판소의 결정에 따라 결국 기준시가에 의해 양도소득세를 산정하는데 있어서 오히려 양도차손이 발생하여 양도소득세를 전혀 부과할 수 없게 되더라도 이것은 국가구조 전체 체계의 안정을 위해 어쩔 수 없는 것이고, 또한 이러한 안정성과 반사적인 국민의 이익을 위해 지극히 타당한 결론이다.

여기의 조세정의를 위해 헌법재판권능, 나아가 그 결정의 기속력을 받는 모든 국가권력의 지반의 한 축을 무너뜨린다면 대법원은 참으로 숲을 보지 못한 것이다. 위와 같은 조세정의는 진정한 의미에서 조세정의도 아니다. 이것은 수인할 수 없는 어떤 범죄형태가 죄형법정주의 원리상 범죄로 처벌할 수 없어서 어쩔 수 없게 되는 경우와 유비(類比)될 수 있고 그 다음은 입법론에 의하여 해결할 문제인 것이다.

5. 대법원 판결의 형식의 문제

헌법재판소는 민법 제764조에 관한 한정위헌 결정을 필두로 하여 10여 차례 한정위헌결정을 하였고, 이미 대법원은 이를 모두 수용해 왔다. 1995. 6. 13. 선고 95누580의 대법원 판결이 있었고, 헌법재판소의 1995. 11. 30. 선고 94헌바40, 95헌바13(병합) 결정이 있었다.

위의 모든 사정을 종합해 볼 때 도저히 납득될 수 없는 일이지만, 헌법재판소의 결정을 뒤엎는 혁명적인 판례변경을 꿈꾸었다면, 최소한 1996. 4. 9. 선고 95누11405 판결은 일개의 부의 판결이 아닌 전원합의체 판결이어야 조금이나마 설득력을 가질 수 있지 아니하겠는가. 시험소송의 폐해와 비교될 수 있는 시험판결을 연상할 수 있고, 실제로 부간의 대법원 판결이 상충된 예가 있어서 국민만 애태우는 경우도 있기 때문이다.64)

한편 헌법재판소의 1995. 11. 30. 선고 94헌바40, 95헌바13(병합) 결정은 오히려 반대의견이 있어 더욱더 짜임새 있는 결정문이 되고 있다는 것을 깊이 반추해야 할 것으로 사료된다.

64) 대법원이 민사 등 각종사건을 처리해오면서 일부 판례변경을 전원합의체가 아닌 소부(小部)에서 다루어 전원합의체제를 무시하고 있다는 지적에 대해서는, 『법률신문』(1994. 12. 5(월)) 제1쪽 참조. 여기에서는 대표적인 사례로 한강본류의 제외지(堤外地)에 대한 손실보상의무자가 "서울시다", "국가다(건설부장관)"라고 상충되는 판결을 한 경우와 임야조사서상 『연고자』가 기재되어 있는 경우 소유자는 "국(國)이다", "연고자다"라고 하여 상충되는 판례를 거론하고 있다. 소송법의 일례에 있어서는, 한국사법행정학회(편), 『주석 민사소송법(Ⅲ)』, (1991), 130쪽 참조.

제3장 헌법재판소 결정의 효력과 대법원의 판결*

제1절 서 론

1987년 7월에 설치된 국회개헌특위의 논의 초기에는 위헌법률심사권을 대법원에 주는 것에 대해 여당과 야당이 모두 동의하였지만, 위헌법률심사권 이외의 정당해산심판권, 탄핵심판권, 권한쟁의심판권 등을 대법원에 부여하는 것에 대하여는 여야간의 의견 대립이 있었다. 여당은 정치적인 문제에 대하여 대법원이 개입하는 것이 바람직하지 못하므로 헌법위원회를 설치하여 이 권한들을 담당하게 하자고 하는데 대하여 야당은 이 권한들을 모두 대법원에 부여하자고 주장하였다.[1)] 정작 대법원 자신의 반응은 어떠하였는가? 정치권의 이러한 논의에 대해 대법원은 헌법재판권을 보유하는 것에 관하여 강렬히 반대하면서 공식적으로 의견을 표명하였다. 민정당 측에선 최후까지도 대법원에 헌법재판권을 부여하려고 하였으나 대법원 자체의 강력한 반대로 헌법재판소제도가 필연 같은 우연으로 탄생하게 된 것이다.[2)]

---

* 이 글은 저자가 대한변호사협회지 「인권과 정의(1997. 11)」에 발표한 논문에 기초한 것이다.

1) 서원우 편, 「한국법의 이해」(서울: 두성사, 1996), 이헌환 교수의 글(헌법재판소), 117쪽.

2) 대한변호사협회, "헌법재판의 과제", 「대한변호사협회지」(1989.1.), 12쪽, 14쪽 참조.

지금은 사법체계의 통일성을 거론하면서 헌법재판소를 접수하여 대법원의 헌법부로 흡수하기 위한 헌법 개정까지 운위되고 있는 실정이다.[3] 과거에 대법원의 불송부(不送付)결정권의 영향권내에 있었던 헌법위원회는 서소문 법원 뒤에 어떤 건물 2층에 전세를 들고 있었다. 이것은 당시 우리의 헌법재판에 대한 역사적 시대 상황을 상징적으로 잘 나타내주고 있었다고 볼 수 있다. 또한 그 앞에는 현대식 고층 건물인 검찰청 청사가 헌법위원회를 내려다보고 있었다.[4] 비교법적으로 고찰해 볼 때 역사적으로 헌법재판은 과거에 대한 반성, 사법부에 대한 불신, 확고한 기본권 보장의 요청으로부터 배태되었다. 진정한 의미의 헌법재판제도를 갖추기 위해서는 헌법규정만으로는 부족하고 하위의 헌법재판소법이 어떻게 규정되느냐가 문제이다. 헌법재판소법이 허술하게 규정되는 경우 헌법상의 규정을 형해화 할 우려가 있기 때문이다. 어쨌든 헌법소원의 대상에서 법원의 재판을 제외시킨 입법안(법무부안)에 대해 대법관 전원으로 구성된 대법관회의를 개최하여 일부 수정의견을 제출한 바 있고, 유관기관의 검토 명목으로 이 사실이 긍인되었다.[5] 그 후 당시 국회에서 법원의 재판을 헌법소원의 대상에 포함시킨 대한변호사협회안을 야3당안으로 조정하는 과정에서[6] (당시는 여소야대 국회였기 때문에 여당이 반대하더라도 야당의 합의가 되면 법률안 의결의 정족수를 충족할 수 있었음) 정치적 타협의

---

3) 사법의 분열현상을 극복하기 위한 헌법개정에 관한 논의가 진지하고 구체적으로 전개되어야 하고 이때 사법체계의 근본적인 재편성 방안을 포함하여 헌법해석의 단일성, 나아가 사법의 단일성을 유지할 수 있는 방안에 관하여 근본적이고 철저한 논의가 이루어져야 한다는 주장에 대해서는 최완주, "헌법소원에 대한 각국의 제도비교 -재판의 헌법소원 대상성을 중심으로-" 사법연수원, 「헌법문제와 재판(상)」, 법관세미나 자료(1996. 11. 4.-11. 8), 110쪽.

4) 배준상, "헌법재판소 신설에 즈음하여", 「고시계」(1988. 6), 권두언 참조.

5) 서울대학교 법학연구소, 「법학」제29권(1988. 12), "헌법재판의 활성화 방안" 종합토론 당시 이강국 법원행정처 조사국장의 발언, 119쪽 참조.

6) 대법원은 헌법소원의 대상에서 법원의 재판을 적극적으로 빼도록 노력을 했고 그 논거로 헌법재판소가 제4심이 된다는 이유와 대법원의 최고법원성에 위반된다는 이유를 들었다. 대한변호사협회, 전게잡지 (주2), 20쪽, 27쪽 참조.

수행자로서 법률의 전문가가 아닌 정책위 의장들이 관여해서 결국 법원의 재판이 헌법소원의 대상에서 제외되었다.[7] 따라서 동성동본혼인 절대금지가 유림의 이데올로기가 된 것과 마찬가지로 법원의 재판에 대한 헌법소원 절대금지가 법원의 이데올로기로 변성되어 가는 듯한 인상이 짙다. 전자는 헌법 재판소에 의해 불합치결정을 받았고[8] 후자는 헌법재판소에 의해 한정위헌 결정을 받았다(헌법재판소 1997. 12. 24. 96헌마172, 173(병합)결정).

여하튼 헌법재판이 활성화될수록, 그리고 국민의 신망과 더불어 생활 속에 깊게 투영될수록 지금까지 대법원의 헌법재판소에 대한 태도는 정도(正道)의 길에서 멀어져 간 감이 없지 않다.

법무사법시행규칙에 대한 헌법재판소의 89헌마178 위헌결정에 대해 대법원은 법원행정처에 헌법연구반을 가동시켜 연구보고서를 대외적으로 공표했다.[9] 여기에서는 대법원의 전속적 권한 사항까지 탈취하여 헌법재판소가 관장한다든지, 헌법의 기본적 권력구조를 무시한 것으로서 초헌법적 결정이라든지, 헌법적 입법 내지 실정법 체계를 완전히 벗어나는 발상이라든지 등으로 비난하는 것이 주조였다.[10] 헌법 제107조 제2항이 대법원의 배타적, 독점적인 명령·규칙심사권을 인정한 것이 아니며, 재판의 전제가 되지 않고 별도의 집행 행위 없이 명령·규칙이 직접 기본권을 침해하는 경우 헌법소원의 형식에 의한 명령·규칙의 심판권(헌법 제111조 제1항 제5호)은 헌법재판소의 관할에 속한다는 것이 확인되자 위와 같은 대법원의 비난은 감당하지

---

7) 전게서(주5), 124쪽, 당시 조승형 국회의원의 발언 참조.

8) 1997. 7. 16. 선고 95헌가6 등 민법 제809조제1항 위헌제청에 대한 헌법재판소의 헌법불합치결정 참조.

9) 여기에 대한 논박에 대해서는, 졸고, "헌법이란 무엇인가? -법무사법시행규칙의 헌법재판소위헌결정에 대한 법원행정처 헌법연구반의 연구보고서를 논박하며" 「연세법학연구」제2집, 136쪽 이하 참조.

10) 법원행정처, "명령·규칙에 대한 위헌심사권", 「헌법연구반 연구보고서」, 13쪽, 16쪽, 39쪽 참조.

못할 궁색한 공격으로 전락되었다. 대법원의 판결로는 법령의 효력을 추상적, 일반적으로 배제할 수는 없고 사법이라는 일반 재판작용으로서 대법원의 위헌판결도 구체적 사건성을 전제로 하여 당해 사건에 적용거부의 효력밖에 없기 때문에 헌법재판소가 가지는 명령・규칙에 대한 헌법소원심판권과 재판에 전제되는 경우 대법원이 가지는 명령・규칙심사권이 같은 성질을 가진 것이 아니다. 또한 대법원의 심사권은 사법체계내에서의 최종적인 심사권에 불과하며 재판소원금지가 위헌결정된다면 동 심사권을 행한 대법원 판결에 대해서도 헌법재판소는 실정 헌법 해석상 아무런 저촉 없이(헌법 제107조 제2항과의 관계에서 과거에는 헌법위반 여부가 논의 되었음) 그 판결을 심사할 수 있을 뿐만 아니라 전체적인 헌법체계내에서 별도의 명령・규칙의 헌법소원에 대해 단순한 심사권이 아니라 문자 그대로 '심판권'을 행사할 수 있다(법원의 법률에 대한 위헌심사권과 헌법재판소의 법률에 대한 위헌심판권의 관계와 동일하다). 그런데, 대법원은 1996. 9. 20. 95누8003 판결에서 조례가 집행행위의 개입 없이도 그 자체로서 직접 국민의 구체적인 권리・의무나 법적 이익에 영향을 미치는 등의 법률상의 효과를 발생하는 경우 그 조례는 항고소송의 대상이 되는 행정처분에 해당한다고 하고 있다. 이것은 전문 개정된(1984년) 행정소송법 제2조와 헌법재판소법(1988년) 제68조와의 상관관계, 즉 신법관계, 특별법관계[11]를 몰각하고 있다. 또한 '구체적 사실에 관한 법집

11) 헌법소원제도를 두고 있지 않았던 1980년 헌법하에서 전문 개정된 행정소송법 제2조의 처분의 정의에 대해 국민의 권리보호를 위해 '이에 준하는 행정작용'으로 포섭하여 그 개념을 확장할 필요가 있었지만, 1987년의 제9차 개정헌법에서 헌법재판소를 규정하고 헌법소원에 대한 1988년의 헌법재판소법(제68조)이 규정하고 있는 상황에서는 '처분'을 해석하는데 있어 '행정청이 행하는 구체적 사실에 관한 법집행으로서'의 문의적인 의미에 엄격하고, 충실하게 해석하여야 전체적인 법체계에 조화될 수 있는 것이다. 따라서 행정청의 법집행을 기다리지 않고도 직접 개인의 기본권을 침해하는 행정입법은 행정청의 집행행위가 개재되어 있지 않아 처분의 내포범위에 포섭될 수 없고 따라서 행정소송의 대상이 될 수 없으므로 당연히 처분적 행정입법은 헌법소원의 대상이 되어야 하는 것이다.

행으로서'의 처분의 문의적인 의미를 뛰어 넘어 법집행기관의 집행이 없는 경우까지도, 즉 조례가 자동집행력을 가질 때 조례를 의결한 지방 자치단체의 의회를 항고소송에서 피고적격이 있는 처분 등을 행한 행정청(행정소송법 제38조의 준용규정 참조)으로 보는 것이 아니라, 집행에 직접 매개되어 있지 않은 지방자치단체의 장을 피고적격이 있는 행정청으로 의제하는 무리한 논리 비약을 하고 있다. 대법원의 이러한 의중은 쉽게 간취될 수 있는데, 처분적 명령·규칙(조례)에 대해 처분의 취소가 아니라 효력 없음의 무효확인을 통해서 헌법재판소의 결정의 효력과 같이 일반적·추상적으로 처분적 명령규칙(조례)의 효력 배제를 도모하기 위한 것이다. 이것은 판례를 형해화시키고 정상적으로 생각할 수 있는 법체계 논리(행정소송법과 헌법재판소법의 선후관계 및 특별법관계)를 유월하는 것이다.

헌법재판소법(제47조 제2항)은 법률의 위헌결정의 효력에 대해 법적 안정성을 중요시해서 원칙적으로 향후 무효의 입장을 따르면서도, 실질적 정의실현의 관점에서 형벌에 관한 조항만은 소급무효의 방법을 따르고 있다. 따라서 헌법재판소가 법률에 대한 위헌결정을 한 경우에는 위헌으로 결정된 법률 또는 법률의 조항은 그 결정이 있는 날로부터 효력을 상실하지만, 형벌에 관한 조항만은 소급하여 그 효력을 상실한다. 그 결과 위헌으로 결정된 법률에 근거한 유죄의 확정판결에 대하여는 형사소송법상의 재심청구가 가능하다. 그런데, 우리 대법원은 헌법재판소법의 위헌결정의 무효 체계와는 달리, 법률에 대한 위헌결정의 소급효과를 서서히 확대시켜 종국에는 헌법재판소법 제47조 제2항을 유명무실하게 만들어 버렸고, 또한 헌법재판소의 위헌결정은 원칙적으로 소급효가 없지만, 예외적으로는 소급효를 인정할 수 있고, 따라서 헌법재판소법 제47조 제2항은 위헌이 아니라는 헌법재판소의 결정(헌재결 1993. 5. 13. 92헌가10, 91헌바24, 50(병합))마저 사실상 공중분해 시켜 버렸다. 즉, 대법원은 위헌제청한 당해 사건에 한한 소급효를 인정하고(1991. 6. 11. 대판 90다5450), 위헌제청을 불문하고 법원에서 그 법률의 위헌 여부가 다투어지고 있는 사건에 대한 소급효를 인정하며(1991. 12. 24. 대판 90다8176), 위헌법률이 재판의 전제가 되어 법원에 계류된 일반 사건에 대한 소급효를 인정하다가(1992. 2. 14. 대판 91누1462), 급기야 법률에 대한 위헌결정 이후에 소송이 제기된 일반 사건에 대해서도 소급효를 인정하는 것으로(1993. 1. 15. 대판 92 다12377: 1993. 1. 15. 대판 91누5747) 변해 왔다. 대법원은 그 뒤에 헌법재판소의 1993. 5. 13. 92헌가10, 91헌바7, 92헌바24, 50(병합)결정 후에도 위헌결정으로 인한 무효의 소급효는 법률에 대한 위헌결정 이후에 소송이 제기된 일반 사건에 미친다고 판결하였다(1993. 7. 16. 대판 93다3793: 1994. 10. 25. 대판 93다42740). 이 과정을 조망해 볼 때, 대법원이 구체적 타당성에 입각한 실질적 정의실현의 관점에서 헌법재판소의 위헌결정의 소급효를 확대해 온 기본 바탕은 옳지만, 원칙과 예외를 뒤바꿔 놓은 것은 납득할 수 없는 일이다. 헌법재판소의 결정 취지에 따를 때도 실제상의 결론이 하등 다를 바가 없는데(즉, 구체적 타당성을 위한 적절한 단계까지의 예외의 확대 : 헌재결 1993. 5. 13. 92헌가 10. 91헌바7, 92헌바24, 50 (병합) 참조)), 굳이 실정법상의 위헌결정의 무효체계와 헌법재판소 결정을 무시하면서까지 위헌결정의 소급효를 원칙으로 하고, 예외적으로 확정판결의 기판력과 행정처분의 확정력 등의 법리에 의하여 소급효를 제한하는 입장은 본말이 전도된 독단이라 아니할 수 없다. 위헌결정의 효력에 대해 소급 무효를 원칙으로 할 것이냐, 향후 무효를 원칙으로 할 것이냐는 입법적으로 결정된 문제(제1공화국 헌법위원회법 제20조 이래로 줄곧 변동 없이 채택되어 왔다)이다. 물론 입법정책상의 문제는 모두 장단점이 있기 때문에, 위 문제는 법률개정으로 다시 선택할 수 있는 문제이기도 하다. 그러나 법을 적용하는 기관이 원칙과 예외를 바꿔 적용할 수는 없다.

또한 헌법재판소에 의해 위헌결정된 법률에 의거한 행정처분의 효력이 문제된다.[12] 여기에 대해 대법원은 처음에는 당연 무효의 입장을 취하고 있었다(1991. 6. 28. 대판 90누9346; 1993. 1. 15. 대판 91누5747; 1993. 2. 26. 대판 92누12247; 나아가 1996. 7. 12. 대판 94다52195). 이 입장이 사실상 지탱되기 어렵기 때문에 대법원은 "일반적으로 법률이 헌법에 위반된다는 사정이 헌법재판소의 위헌결정이 있기 전에는 객관적으로 명백한 것이라고 할 수는 없으므로, 헌법재판소의 위헌결정 전에 행정처분의 근거되는 당해 법률이 헌법에 위반된다는 사유는 특별한 사정이 없는 한, 그 행정처분의 취소소송의 전제가 될 수 있을 뿐, 당연 무효사유는 아니라고 봄이 상당하다고 하여, 어느 행정처분에 대하여 그 행정처분의 근거가 된 법률이 위헌이라는 이유로 무효확인 청구의 소가 제기된 경우에는 다른 특별한 사정이 없는 한, 그 무효확인 청구를 기각하여야 할 것이라고 판시하고 있다(1994. 10. 28. 대판 92누9463). 이 대법원의 판결 대상과 동일한 사건에 대해 헌법재판소의 지침적 결정은 이 대법원의 판결에 앞서 있었다. 즉, 헌법재판소 결정(헌재결 1994. 6. 30. 92헌바23)의 다수의견은 원칙적으로 그 행정처분이 당연 무효가 되지는 않고, 예외적으로 그 행정처분을 무효로 하더라도 법적 안정성을 크게 해치지 않는 반면에, 그 하자가 중대하여 그 구제가 필요한 경우에 대하여서는 예외적으로 당연 무효시유로 보아서 쟁송기간 경과 후에라도 무효확인을 구할 수 있는 것이라고 결정하였다. 원칙적으로 취소 사유이지만 예외적인 무효 사유로 보는 헌법재판소의 입장과, 특별한 사정이 없는 한 취소 사유로 보는 대법원의 입장을 비교·검토해 볼 때, 국민의 기본권 보호의 시각에서 헌법재판소의 입장이 보다 더 탄력적인 적응

12) 황우여, "한국의 헌법재판과 일반재판" -그 관세설정에 관한 조감-: 정재황, "헌법재판소의 권한과 일반소송", 「헌법소송과 일반소송의 관계」, 공법연구 제24집 제1호(1996), 115쪽: 153쪽 이하 참조.

력을 가지고 있다고 볼 수 있다. 물론 양자의 공통 영역이 아닌 실제 차이 부분에 있어서 헌법재판소의 입장도 장단점이 있고, 대법원의 입장도 장단점이 있다.[13] 문제는 내용에 있는 것이 아니라 형식에 있다. 즉, 헌법재판소의 결정의 기속력이 대법원의 판결 논지에 제대로 삼투되지 않고 있는 현실이다. 실제 결론에 있어서 양자의 입장이 서로 장단점이 있다면, 이왕이면 헌법재판소법 제47조 제1항에 따라 헌법재판소 결정의 기속력을 받는 대법원은 헌법재판소 결정의 논지를 존중하고 따라야 한다. 굳이 헌법재판소의 결정을 존중하지 않으려는 대법원의 태도에 문제가 있는 것이다.

한편, 헌법재판소의 한정위헌결정에 대해 대법원은 그 효력을 무시하고 있다. 즉, "헌법재판소 한정위헌결정에도 불구하고 법률이나 법률조항은 그 문언이 전혀 달라지지 아니한 채 그냥 존속하고 있는 것이므로, 이와 같이 법률이나 법률조항의 문언이 변경되지 아니한 이상 이러한 한정위헌결정은 법률 또는 법률 조항의 의미, 내용과 그 적용범위를 정하는 법률해석이라고 이해"하고 "특정 법률 또는 법률조항의 일부가 소멸되지 아니하거나 문언이 변경되지 않은 채 존속하고 있는 이상 구체적 사건에 있어서 당해 법률 또는 법률조항의 의미 내용과 적용범위가 어떠한 것인지를 정하는 권한, 곧 법령의 해석·적용 권한은 바로 사법권의 본질적 내용으로서 전적으로 대법원을 최고 법원으로 하는 법원에 전속하는 것이며,…… 한정위헌결정에 표현되어 있는 헌법재판소의 법률해석에 관한 견해는 법률의 의미 내용과 그 적용범위에 관한 헌법재판소의 견해를 일응 표명한 데 불과하여 이와 같이 법원에 전속되어 있는 법령의 해석·적용 권한에 대하여 어떠한 영향을 미치거나 기속력도 가질 수 없다고 하고 있다.

13) 남복현, "헌법재판소 결정의 효력과 법원의 기속", 「헌법소송과 일반소송의 관계」, 공법연구 제24집 제1호, 247쪽 이하 참조.

한정위헌결정은 위헌결정을 질적으로, 양적으로, 내용적으로 그 효력범위를 한정하고 완화시키는 결정 유형이다. 변형결정에 속하는 한정합헌이나 한정위헌결정은 헌법이론적인 측면에서도 법질서의 통일성이나 권력분립, 법률의 추정적 효력 등에 그 근거를 가지고 있는 것이다. 한정합헌에서 합헌으로 한정된 범위에서 벗어나 부분은 경우의 수에 따라 달리 평가될 수도 있지만 위헌의 성질을 갖는 영역이다. 따라서 질적인 또는 양적인 위헌결정을 내포하는 한정합헌결정은 그 내포범위 한도내에서 위헌결정과 동일한 효력을 가진다. 나아가 주문에서 위헌의 범위를 명백히 명시하고 있는 한정위헌 결정은 형식과 내용에서 정확히 위헌결정의 성질의 것이고 단순위헌결정과 다른 점은 위헌의 범위가 한정되어 있다는 것뿐이다. 따라서 헌법재판소법 제47조의 위헌결정에서는 해석상 한정위헌결정이 당연히 포함되는 것이다. 그럼에도 불구하고 대법원이 헌법재판소의 이러한 한정위헌결정을 일응의 견해표명에 불과하여 어떠한 영향을 미치거나 기속력도 가질 수 없다고 하는 것은 위 제47조를 너무나 형식 논리적으로 해석한 억지의 견해표명에 지나지 않는다고 하지 않을 수 없다.[14] 또한 한정위헌결정에서 해당 법률이나 법률조항은 그

---

14) 소순무 부장판사는 헌법재판소법 제47조 제1항은 위헌결정에만 기속력을 인정하고 합헌결정이나 한정합헌결정 등 이른바 변형결정에는 기속력이 인정되지 아니한다고 주장한다. 이때의 주문기재는 헌법재판소의 희망 내지 권고에 불과하여 그 해석이 법원 기타 국가기관에 대하여 기속력을 갖는 것이 아니며 궁극적으로 헌법재판과 일반재판 사이의 기능적 한계의 문제는 양 기능의 수직적 혹은 통합적 결합이 없이 이론에 의해서는 해결될 수 없는 문제라고 하고 있다. 소순무, "한정위헌결정의 법원에 대한 기속력", 사법연수원, 「헌법문제와 재판(상)」, 408쪽, 415쪽 참조. 그밖에 장윤기 판사, 김명수 판사의 논지도 대체로 같은 선상에 놓여 있다 할 수 있다. 장윤기, "헌법재판소에서 위헌으로 결정된 법률의 효력 -대법원 1993. 1. 15. 선고 92다12377판결-", 「사법행정」(1993. 6.), 47쪽 이하; 김명수, "변형결정(한정합헌, 한정위헌 및 헌법불합치결정)의 기속력과 법원의 재판", 사법연수원, 「헌법문제와 재판(상)」, 333쪽 이하 참조.

그러나 헌법재판소의 결정이 법조문의 의미 영역(해석영역)을 한정하건 적용영역을 한정하건간에 위헌의 의미가 내포되어 있으면 그 헌법재판소의 결정은 기속력이 있는 것이다. 헌법재판소법 제47조 제1항의 "위헌결정"은 해석상 위헌

문언이 전혀 달라지지 않은 채 그냥 존속하고 있다는 것도 한정된 범위에서의 헌법재판소의 위헌의 가치판단을 몰각한 표피적 이해에 불과하다. 한정위헌결정은 대법원이 주장하듯이 법률 또는 법률조항의 의미, 내용과 적용범위를 정하는 단순한 법률해석이 아니라 헌법에 의거한 법률해석에 있어서 위헌결정권을 가지고 있는 헌법재판소의 위헌결정 유형의 하나라는 사실을 망각해서는 아니된다. 따라서 한정위헌결정된 법률은 헌법재판소의 판단 범위내에서는 당연히 법률적 효력을 상실하는 것이다.[15)]

급기야 목하 대법원은 1997. 3. 28. 96누11068, 96누11327 양도소득세부과처분취소사건을 판결하면서, 헌법재판소 1995. 11. 30. 91헌바1(병합) 사건에 대한 불합치결정의 효력에 관하여 독단적인 심사권을 행사하였다. 즉, 헌법재판소의 동 불합치결정에 대해 효력을 완전히 부인하여 거기에서 언급하고 있는 개정 법률의 소급 적용에 대해 이것은 소급적용할 법리상의 근거가 없다라고 하고 있으며, 또한 동 불합치결정을 심사·파기하여 헌법재판소의 결정에서 명하고 있는 사실과는 정반대로 이 사건 헌법불합치결정은 그 위헌성이 제거된 개정 법률이 시행되기 이전까지는 종전의 구법을 그대로 잠정 적용하는 것을 허용하는 취지의 결정으로 치환시켜 놓고 있다.[16)]

헌법불합치결정은 본질상 위헌결정과 동일한 성질의 것이고, 한정위헌결정이 위헌결정의 효력을 내용적으로 한정하는 결정이라면 헌

결정만을 지칭하는 것이 아니고 또한 "위헌결정만"이라고 동조문상 실정되어 있지도 않기 때문이다. 현행 헌법재판과 일반재판과의 관계에 대한 이해에 있어서는 단순히 사법체계의 측면으로부터만 접근할 것이 아니라 우리 실정헌법 전체의 체계로부터의 접근이 요망된다 할 것이다. 헌법재판을 사법권의 연장선상에서만 이해하는 것은 체계 오류를 범하기 쉬운데 그것은 헌법재판의 전체 헌법체계상의 좌표와 위상을 간과 할 가능성이 크기 때문이다.

15) 졸고, "대법원 1996. 4. 9. 선고 95누11405 판결과 관련된 쟁점들에 대한 비판적 고찰", 대한변호사협회, 「인권과정의」(1996. 8). 155쪽 이하.

16) 동 판결문, 4쪽 이하 참조.

법불합치결정은 위헌결정의 효력을 시간적으로 유예하는 결정인 것이다. 대법원이 헌법재판소법 제47조·제75조에 의한 기속력을 받아 헌법재판소의 결정에 구속되어 재판하여야 함에도 불구하고 헌법재판소의 불합치결정을 독자적으로 해석·적용·심사하고 있는 것에 대한 위헌성 및 여기에 내포된 몰이해와 독단적인 사고를 분석하기로 한다.

본론의 검토에 앞서 대법원의 태도에 대한 이상의 경과를 조망해 보면 대법원은 헌법재판소를 안중에 두고 있지 않으며, 헌법재판제도의 지반 위에서 그 기속력하에 운행되고 있는 것이 아니라, 오히려 헌법재판소에 대한 무력화 기도를 엿볼 수 있고 헌법과 헌법재판소법에서 설정된 궤도 밖에서 움직이고 있다는 인상을 받는다. 헌법재판소의 구속을 받지 않겠다는 대법원이 사법 체계의 일원화 내지 단일화의 명목으로 헌법재판권을 흡수·행사하는 상황(미국식 사법형 헌법재판: 우리나라의 제3공화국 헌법상의 헌법재판)을 상정해 볼 수 있다. 이러한 경우에는 다음의 사실을 꼭 유념해야 한다.

논리적인 측면에서 헌법재판을 사법작용으로 이해하는 입장에서는, 다른 재판과 마찬가지로 헌법재판도 일반법원에 맡기면 된다는 결론에 이르게 된다. 정책적인 측면에서 일반법원이 헌법재판을 담당하여야 한다는 논거는 다음과 같다. 첫째, 사법기관의 중립성과 그 조직의 안정성을 둔다. 헌법재판이 정치권력의 통제 기능을 제대로 발휘하기 위해서는 정치의 세계와는 단절된 중립적인 사법부가 이를 담당하는 것이 바람직하고, 독립된 헌법재판기관을 따로 설치하는 것보다, 전국적이고 비교적 안정된 조직을 가지고 있는 사법부에게 헌법재판기능을 맡기는 것이 통치권력에 대항해서 헌법을 실현시키는 데, 더욱더 효과적이라는 것이다. 둘째, 사법권강화 내지 사법권독립에 도움이 된다고 주장한다. 즉, 사법부에게 헌법재판기능을 맡기는 것이 더욱 사법권을 강화시키는 결과가 되어, 권력분립의 이상에 충실하게 된다고 한다. 셋째, 비교헌법적인 관점에서 미합중국의 연방대법원이나 스위스의 연방대법원, 일본의 최고재판소가 각각 헌법재판기관으로 기능하면서도, 비교적 헌법재판의 실효를 거두고 있다는 사실을 지적한다.

그러나 논리적인 측면에서 헌법재판을 정치작용, 입법작용 또는 제4의 국가작용이라고 이해하는 입장에서는, 헌법재판은 그 성격상 사법작용이 아니기 때문에, 전통적인 사법작용의 영역에서 분리시키는 것이 마땅하고, 헌법재판은 일반법원이 아닌 독립기관에서 맡는 것이 바람직하다는 것이다.

이러한 관점에서는 사법부가 헌법재판을 담당하여야 한다는 사법형 헌법재판기관에 대한 비판의 논거들을 다음과 같이 들고 있다. 첫째, 미국이나 스위스에서 최고 법원이 제한된 범위의 헌법재판기능을 성공적으로 수행하고 있는 것은 사실이지만, 그것은 오랜 전통 속에서 '제도'와 '의지'가 함께 뿌리를 내리고 있는 예외적인 현상에 불과하고, 그러한 전통이 확립되지 못한 나라에까지 일반화할 수는 없다. 둘째, 헌법재판기능에 의해서 사법권이 강화되기 보다는, 오히려 헌법재판기능 때문에, 사법부가 정치의 물결에 휩쓸려들 가능성과 그에 따라 초래될 위험성이 더 크다. 더욱이 사법권의 독립이 실질적으로 보장되고 있는 경우에 사법부에게 헌법재판기능을 맡기는 것은 오히려 사법부가 국민의 선거에 의해 직접 연결되어 있지 않은데도 불구하고, 사법부가 3권 중에서 가장 우월적 위치를 차지하고, '법관에 의한 귀족통치', '법관에 의한 무소불위의 거부권'이라는 결과를 야기시켜 대의민주주의의 관점에서 심각한 문제가 발생하는데 민주주의 지반파괴문제가 그것이다. 반대로 사법권의 독립이 형식상으로만 보장되고 있는 경우에는, 그러한 무력한 사법부에게 헌법재판기능을 맡기는 것은 유명무실할 뿐 아니라, 오히려 사법권을 더욱 약화시키는 결과만을 초래하여 기본권 보장을 형해화함으로써, 헌법재판에

의한 헌법 실현을 처음부터 포기하는 것이나 다름없게 된다.17)

독립기관형의 헌법재판 담당기관으로는 재판소형과 위원회형이 있다. 따라서 독일, 오스트리아, 이탈리아, 스페인, 포르투갈, 터키 등처럼 헌법재판소라는 독립기관을 설치하는 것도 가능하고, 또 프랑스처럼 헌법위원회를 두는 것도 가능하겠지만, 부인할 수 없는 역사적 좌표는 우리의 현행 헌법은 헌법제정권력자의 결단으로 헌법재판 담당기관으로 재판소형을 취하고 헌법 제6장의 독립된 장에서 헌법재판소를 규정하고 있다는 것이다. 과거에 우리나라는 제3공화국에서만 대법원을 중심으로 한 일반법원에 헌법재판기능을 맡겼었고, 독립기관형으로서 제2공화국 헌법은 헌법재판소를, 제1공화국, 제4공화국 헌법과 개헌 전의 제5공화국 헌법은 헌법위원회를 설치하고 있었지만, 헌정사의 부정적인 경험을 바탕으로 철저한 반성을 통하여 현행 헌법은 헌법재판소를 두고 있다. 마치 양두구육처럼 비록 헌법재판소법에 의하여 하위법으로 상위법(헌법 제6장에서 헌법재판소를 독립하여 규정한 취지)을 무력화해버린 듯한 외형을 가지고 있을지라도!18)

제2절 실정 헌법상의 권력분립: 사법권과 헌법재판권의 분립

권력분립의 원칙이라 함은 국가권력을 그 성질에 따라 여러 국가기관에게 분산시킴으로써 권력 상호간의 견제와 균형을 통해서 국민의

17) 이상의 논술에 대해 자세한 것은 허영, 「헌법이론과 헌법」(서울: 박영사, 1997), 1052쪽 이하 참조.

18) 전게서(주5), 정종하 교수의 발언, 120쪽 참조.

자유와 권리를 보호하려는 통치기관의 구성원리를 말한다.[19] 우리 헌법은 로크와 몽테스키외로부터 유래하는 고전적인 권력분립 형태를 취하고 있는 것에 그치고 있는 것이 아니다. 사실상 정당 국가화를 통한 권력통합 현상에 이르러서는 고전적인 권력분립은 그 존립지반마저 위태롭게 되고 있는 실정이다. 현대의 기능적 권력통제의 관점에서 볼 때 단순히 국가권력을 입법 · 행정 · 사법으로 나누어 생각하는 고착된 인식 구도는 헌법의 전체적인 구도를 이해하는데 장애요인이 되고 있다. 헌법에서 설정된 국가권력 체계를 모두 이 범주적 인식하에서 설명하려 들려고 하기 때문이다. 물론 기초적으로 입법 · 행정 · 사법의 3권분립 원칙이 종래 법치국가를 실현시키기 위한 가장 핵심적인 수단으로 인식되어 왔고, 이 원칙이 시원적으로 자유실현의 수단으로 창안되고 기여해 왔다는 것을 부인할 수는 없다.

전통적인 권력분립 이론이 국가권력의 수평적인 분립만을 염두에 두고 있었으나 오늘 날에 와서는 국가권력의 '수직적인 분립'과 다차원적인 기능적 권력통제가 중요시되고 있다. 권력남용의 방지를 위한 권력분산, 국가작용의 기능별 3권분리와 조직의 분리, 권력제한의 메카니즘으로서의 권력간의 견제와 균형, 자유보장의 수단으로서의 권력분리 등 3권분립 이론에 내포된 기본이념을 바탕으로 삼을지라도 여러 가지 시대상황이 변화한 만큼 기계적이고 획일적인 3권분리에서 목적지향적이고 유동적인 기능분리로, 그리고 권력간의 대립적인 제한관계가 기관간의 협동적인 통제관계로 파악되어서 권력분립의 주안점이 실질적인 기능통제로 이동되어야 한다.

따라서 국가영역과 사회영역의 교차적인 기능적 권력통제 효과, 지방자치 제도와 연방국가 제도에 의한 수직적인 권력분립효과, 동태적이고 한시적인 정치세력과 정태적이고 계속적인 행정조직 사이

---

19) 허영, 「한국헌법론」(서울: 박영사, 1997), 641쪽 참조.

의 직업공무원 제도에 의한 기능적 권력통제 효과, 정치적 힘의 역학관계를 바탕으로 하는 복수정당 제도에 의한 소수와 다수 사이의 기능적 권력통제 효과 등을 염두에 두듯이 헌법재판 제도도 권력분립과 다른 국가기능에 대한 권력통제의 효과의 측면에서 파악되어야 한다. 우리 실정 헌법도 고전적인 수평적 권력분립과 더불어 지방자치제도에 의한 지방자치단체와 중앙정부와의 권력통제, 일반 행정사무와 각급 선거관리위원회에 의한 선거 및 정당사무의 분립에 따른 권력통제, 헌법재판소에 의한 권력통제 등 기능적 권력통제 장치를 마련하고 있다.

우리 실정 헌법상에서 권력분립구조는 국회, 정부, 법원, 헌법재판소, 선거관리위원회, 지방자치단체 등의 권력분점 구조이다. 우리 실정 헌법상에는 사법권(제5장)과 헌법재판권(제6장)이 조직과 기능의 측면에서 명백하게 분립되어 있다. 사법작용의 성격을 띠고 있다고 하더라도 일반 사법작용과는 완연히 다른 성질의 것(정치작용, 입법작용의 성질도 내포하고 있음)이기 때문에 사법권의 단일성, 통일성 운운하면서 대법원의 최고법원성을 아무리 외쳐 보아야 메아리 없는 아우성에 불과하다. 이것은 헌법재판의 본질과 기능에 대한 편향된 인식에서 기인하는 것이다. 헌법 제101조 제2항에서 아주 명백하게 표현하고 있듯이 대법원이 최고법원이라는 것도 법원 중에서 최고법원이라는 의미이다. 대법원이 법원이라는 명칭까지 달리하여 특별히 '재판소'라는 명칭을 사용하고 있는 헌법재판소의 상위 기관이라는 상념은 결코 있을 수도 없는 일이다. 독일 기본법이 사법의 장에서 일반법원과 함께 연방헌법재판소를 규정해 놓고 있지만, 그 권능행사를 연방(대)법원과 동일한 위상에서 이해하는 견해는 거의 없다. 사법의 장에 규정되어 있으면서도 여기에서 연방헌법재판소를 하나의 차상급의 심급 차원에서는 벗어난 별도의 위상을 갖는 재판소라고 이해하기 때문이다.[20] 이것은 헌법재판이 사법작용의 면이 있을지라도 헌법재판이 입법·행정·사법의 3권 중 특정의 권능만을 드러내는 것이 아니고, 또한 권력통제적인 성격이 강한 제4의 국가작용으로 보는 소이이다. 사법권이란 구체적인 쟁송을 전제로 해서 신분이 독립한 법관의 재판을 통해 법을 선언함으로써 법질서의 유지와 법적 평화에 기여하는 비정치적인 법인식 기능을 말한다. 여기서 사법권과 헌법재판권의 본질적 차이를 간과해서는 아니 된다. 사법권은 정치와는 색조를 달리 하는 중성적이고도 비정치적인 순수한 법인식 기능이지만 헌법재판은 법리적 설득력뿐만 아니라 항상 정치적 타당성을 고려해야만 하는 정치·사회적 세력 및 타국가기관을 존중하지 않고서, 나아가 헌법재판소 자신의 결정의 사회안정적 효과를 고려하지 않고서 법리적인 논리만으로 헌법재판이 행해질 수는 없는 것이다. 사법권은 구체적 분쟁의 해결에 초점이 맞추어져 있지만 헌법재판권은 권력통제에 그 초점이 맞추어져 있다. 따라서 대법원의 판결은 기판력의 주관적 범위에 효력을 미치고 예외적으로 합일 확정의 필요에 의해서 이해관계있는 제3자 또는 단순 제3자에까지 확대되는 대세적 효력을 가지지만 헌법재판소의 결정은 대세적 효력뿐만 아니라 모든 국가기관을 기속하는 일반적 효력을 가진다(헌법재판소법 제47조, 제75조)(헌재결 1992. 6. 26. 90헌마1 참조) 대법원은 1996. 4. 9. 95누11405 판결에서 법령의 해석·적용권한이 바로 사법권의 본질적 내용을 이루는 것으로서 '전적으로' 대법원을 최고 법원으로 하는 법원에 '전속'하는 것으로 주장하고 있는데, 이것은 억지논리라고밖에 다른 표현을 차용하기 어렵다. 헌법재판소가 위헌법률심판과 헌법소원심판 등의 헌법재판권을 행사하기 위해서는 법령해석권이 당연히 전제가 되어야 하는데, 법령해석권 없이 어떻게 심판권을 행사한다는 말인가? 대법원의 전속적 법령해석권의 주장은 헌법재판소의 존재자체를 부인

---

20) Vgl. R. Zuck, Das Recht der Verfassungsbeschwerde(München: C. H. Beck, 1988), S. 8.

하는 것과 다름 아니다. 헌법재판제도가 존재하는 한 대법원의 법령해석권은 전속 권한이기는커녕 논리필연적으로 제한된(한계가 설정된) 법령해석권일 수밖에 없다.[21] 헌법에 의거한 법령해석의 결과 그것이 위헌결정된다면 기존의 대법원의 법령해석은 그 기속력에 의하여 전혀 적용할 수 없기 때문이다. 헌법해석권은 헌법재판소에 있고, 법령해석권은 대법원에 있다는 이원적인 사고는 헌법이 심판의 근거가 되고 법령은 심판의 대상이 되는 유기적 관계, 즉 헌법재판에서 헌법해석과 법률해석이 상호 결합되어 있다는 사실을 전혀 몰각한 논리이다. 다시 말해 헌법재판에서 대법원의 법령해석을 존중할 필요는 있지만(구체적 적용사실과 보다 근거리에 있기 때문에) 법령해석권이 대법원에만 전속되어 있지도 않으며 대법원의 법령해석이 반드시 법률의 위헌결정권을 가지고 있는 헌법재판소를 구속하는 것도 아니다.

한편, 사법권과 헌법재판권과의 연결 관계에 있어서도 실정 헌법상 체계적 해석이 필요하다. 첫째로 한정합헌결정 내지 한정위헌결정의 변형결정에서 여기에 내포된 위헌결정의 의미와 대법원의 법령해석이 상충될 때에는 대법원은 명백히 기속력을 받아 여기에 기속되어 판결하여야 한다. 질적인 또는 양적인 위헌결정을 내포하는 한정합헌결정은 그 내포범위 한도내에서 위헌결정과 동일한 효력을 가진다. 나아가 주문에서 위헌의 범위를 명백히 명시하고 있는 한정위헌 결정은 형식과 내용에서 정확히 위헌결정의 성질의 것이고 단순위헌결정과 다른 점은 위헌의 범위가 한정되어 있다는 것뿐이다. 따라서 헌법재판소법 제47조 제1항의 "법률의 '위헌결정'은 법원 기타 국가기관 및 지방자치 단체를 기속한다"는 규정은 결정의 종류로서 위헌결정에만 국가기관에 대한 기속력을 인정한 것이 아니라 어떠한 종류의 결정이든 그 결정에 포함된 위헌성의 확인내용은 기속력을

---

21) 황도수, "헌법재판소와 대법원의 관계 -헌법재판소의 위헌법률심판권과 법원의 법률해석권-「고시계」(1997. 5.), 87쪽 참조.

갖는다고 해석되기 때문이다.[22] 둘째로 한정위헌결정의 변형결정에서 여기에 내포된 위헌결정의 의미와 대법원의 법령해석이 상관범위가 다른 경우에는 한정위헌결정의 전체의 논리구조 속에 내포되어 있는 '위헌으로 축소제한 해석되지 않은 부분'에 의한 기속력을 받아 판결하여야 한다. 이 부분은 아직 위헌판단이 확정적으로 개재되어 있지 않아 합헌으로 추정되지만 전체적으로 한정위헌의 논리구조 속에 내포되어 있기 때문이다. 여기에서는 합헌결정이 과연 기속력을 가지느냐가 문제될 수도 있지만 전체적인 한정위헌의 논리구조 속에서 파악한다면 중요한 문제로 대두될 수는 없고 법을 적용하는 기관은 위헌판단으로 적용 금지된 부분을 제외하고는 당연히 적용명령을 받고 적용의무를 회피할 수는 없기 때문이다.[23] 따라서, 현실적으로 합헌결정의 기속력을 법문에서 명시적으로 언급하고 있지 않을지라도 법적용 기관이 법률적용거부권을 가지고 있지 않는 한 법적용 기관은 물론이거니와 국민이나 여타의 국가기관은 이에 입각해서 의사결정과 행위결정의 바탕으로 삼아야 하는 것이다. 합헌결정은 기존 법질서에 변경을 가하지 않는 확인적 효력을 가지는 것이고

---

22) 전광석, "불합치결정에 대한 헌법재판소결정 분석", 「사법행정」(1992. 7.), 53쪽 참조.

23) 박일환 부장판사는 다음과 같이 주장하고 있다. "헌법합치적 해석과 관련하여 통설(필자로서는 여기의 통설의 실체와 의미, 동 단어사용에 의문이 간다)에 따르면 헌법재판소에서 헌법판단과 유권적 법해석을 동시에 할 수 없다. 일반법원에서 갑설을 채택하여 해석하고 있는 법률을 헌법재판소에서는 을설을 채택하여 위헌·합헌 여부를 판단한다면 헌법재판소의 판결은 공허한 것이 되고 만다. 왜냐하면 헌법재판소의 판결만으로는 갑설에 의해 해석되는 법률의 합헌성 여부는 알 수 없기 때문이다. 또한 당해 법조문의 문언해석이 헌법에 위반되는지의 여부가 문제될 수 없다". 박일환, "헌법재판실무자료 -헌법재판 판결서 주문에 관한 연구-", 「법조」(1990. 7.), 188쪽, 189쪽 참조. 이상과 같은 주장에 대해서는 위 본문에서 설명하고 있는 바와 같이 갑설과 을설의 상충관계와 상관범위가 다른 경우로 구별하여 헌법재판소의 결정의 기속력에 의한 정리가 요망된다 할 것이다. 또한 헌법재판소의 합헌결정의 효력에 있어서도 기판력과 기속력을 구별할 필요가 있다. 그리고 헌법재판소가 법률에 대한 위헌결정권을 가지고 있다는 것에는 당해 법조문의 문언해석이 헌법에 위반되는지 여부의 판단은 물론해석상 당연히 내포되어 있다.

변형결정과 위헌결정은 기존 법질서의 변경을 초래하는 창설적 효력을 가지는 것이라는 점에 차이가 있을 뿐이다. 헌법재판소의 법률에 대한 합헌결정을 무시하고 타 국가기관이 위헌 결정할 수는 없다. 그러나 합헌결정의 기속력이 법문에서 명시적으로 언급된다면 기판력과 연결된 후소와의 관계에서 헌법소송상의 실질적인 의미를 가지기도 한다.

이상을 조망하면 대법원 1996. 4. 9. 95누11405 판결은 완전히 잘못된 판결이라는 것을 인식할 수 있다. 헌법재판소의 결정에 따라 결국 기준시가에 의해 양도소득세를 산정하는데 있어서 오히려 양도차손이 발생하여 양도소득세를 전혀 부과할 수 없는데도 불구하고 양도소득세 부과 판결을 자의적인 법리로 용인하고 있기 때문이다.

제3절 헌법불합치결정의 근거, 적용범위와 법적 효과

먼저 우리 실정법상 변형결정의 가능성을 살펴보기로 한다. 변형결정을 인정하는 논거로 헌법재판소 판례(헌재결 1989. 9. 8. 88헌가6)는 헌법재판소법 제45조 본문의 "헌법재판소는 제청된 법률 또는 법률조항의 위헌 여부만을 결정한다"라는 뜻이 전제 사건에 대한 재판은 법원의 고유권한에 속하기 때문에 헌법재판소는 법률의 위헌 여부만을 심사하는 것이지 결코 위헌제청 된 전제 사건에 관하여 사실적·법률적 판단을 내려 그 당부를 심판하는 것은 아니라는 것으로 해석하여야 한다고 유권적으로 밝히고 있다. 헌법재판소가 행하는 위헌 여부 판단이란 위헌 아니면 합헌이라는 양자택일에만 그치는 것이 아니라 그 성질상 사안에 따라 위 양자 사이에 개재하는 중간 영역으로서의 여러 가지 변형재판이 필수적으로 요청 된다고 설시하고 있다. 헌법재판소는 유연 신축성 있는 적절한 판단의 장애제거 논거로서 법적 안정성과 입법자의 형성의 자유를 들고 있다. 헌법재판소는 변형결정의 실정법적 근거를 헌법재판소법 제45조에서 찾고 있는데 헌법재판의 특성, 현실적인 측면을 고려한 타당한 결론이다. 헌법재판소법 제45조는 변형결정을 부인하는 법적 근거가 아니고 심판 대상에 관한 규정으로 보아야 한다. 기존 법질서의 변경을 초래하는 정도에 있어서 가장 강력한 것이 위헌결정이고, 이 위헌결정을 질적으로, 양적으로, 내용적으로, 시간적으로 범위를 한정하고 완화시키는 결정 유형이 변형결정인 것이다. 따라서 위헌결정의 실정법적 근거를 헌법재판소법 제45조에서 찾는다면 물론해석(勿論解釋)상 변형결정의 근거도 동 조 본문에서 찾을 수 있는 것이다. 이러한 실정법상의 해석논리를 떠나서도 동법 제45조에 대해 반대해석을 배제하는(변형결정을 금지하는 명문의 적극 규정은 아닌 점을 고려하여), 법 발견의 목적론적인 해석을 하는 경우나 헌법과 헌법재판의 이념에 비추어 판례법으로 변형결정의 논거는 권력분립의 원칙과 비교법적인 선례에서도 찾을 수 있다. 비교법학적인 측면에서 보았을 때 독일의 경우에 실정법에 근거하여 여러 가지 형태의 변형결정이 나온 것이 아니라 법개정 이전부터 연방헌법재판소가 실정법에는 그 뚜렷한 문언을 찾을 수 없는 불합치 주문 등 변형결정을 해 왔기 때문에 입법자가 이에 뒤따라 판례에 어느 정도나마 부합키 위한 노력으로서 법률개정을 시도해 왔던 것이다. 헌법재판소법에 특별한 규정이 있는 경우를 제외하고는 위헌법률심판의 경우에는 민사소송에 관한 규정을 준용하고 헌법소원심판의 경우에는 행정소송법을 준용하도록 되어 있다(헌법재판소법 제40조). 재판 주문을 어떻게 내느냐의 주문 방식의 문제는 민사소송에서 그러하듯 헌법재판에 대하여서도 아무런 명문의 규정이 없으며, 따라서 재판의 본질상 주문을 어떻게 표시할 것인지는 재판관의 재량에 일임된 사항이라고 상기 헌법재판소 판례는 설시하고 있다. 나아가 동 판례는 헌법재판소법 제47조 제2항 본문의 규정에 대해서도 변형결정을 행하는 경우에 위헌법률의 실효 여부 또는 그 시기도 헌법재판소가 재량으로 정할 수 있는 것으로 보아야 하며, 이렇게 함으로써 비로소 헌법재판의 본질에 적합한 통일적·조화적인 해석을 얻을 수 있는 것이라고 설시하고 있다. 어쨌든 우리 헌법재판소 판례법상에서 변형결정은 확고하게 구축된 결정 유형이다.

독일과 비교하여 우리나라에서 불합치결정의 가능성의 폭을 살펴보기로 한다. 독일의 경우는 법률의 무효선언을 원칙으로 한다. 그리고 무효의 체계에 있어서도 무효의 방법에 대해 폐지무효가 아닌 당연무효가 원칙으로 되어 있고, 무효의 시기에 관해서 소급무효가 원칙이고 향후무효가 예외로 되어 있다. 연방헌법재판소 무효결정에 따를 때 이러한 무효체계는 개별적인 정의(구체적 타당성)의 관점은 잘 구현되지만 법적 안정성의 관점에서는 단점이 따르게 된다.24) 따라서, 법적 안정성의 관점에서 무효결정을 제한해야 할 현실적 필요성, 즉 불합치결정의 가능성은 그만큼 크다고 할 수 있다. 또한 법률의 무효선언을 원칙으로 하기 때문에 무효선언에 이르지 않고 단순한 위헌확인 내지 위헌선언도 독일에서는 불합치결정의 의미로 파악한다.25)

우리나라에서는 법률의 무효결정이 아닌 위헌결정을 원칙으로 하고 있다. 또한 헌법재판소의 위헌결정에 의한 법률의 무효도, 향후무효를

24) 헌법재판에서 법률의 위헌결정에 따른 무효체계에 대해 자세한 설명에 관해서는 계희열, "법률에 대한 위헌판결의 효력", 「법률의 위헌결정과 헌법소원의 대상」, 헌법재판연구 제1권(1989), 173쪽 이하 참조.

25) Vgal. Hein, Peter E., 「Die Unvereinbarerklärung verfassungswidriger Gesetze durch das Bundesvefassungsgericht」(Baden-Baden: Nomos, 1988), S. 13.

원칙으로 하고 소급무효를 예외로 하고 있다. 이러한 무효체계는 법적 안정성의 관점에서는 장점을 가지지만 개별적인 정의의 관점에서는 단점을 가지게 된다. 이렇게 본다면 법적 안정성과 밀접한 연관이 있는 불합치결정의 가능성은 독일에서보다 그 폭이 좁다할 것이다. 그러나 이것은 평면적인 고찰이고 불합치결정의 가능성은 불합치결정의 근거를 어디에서 찾느냐에 따라 달라지는 문제이기 때문에 우리나라에서도 불합치결정의 가능성은 항존되어 있는 것이다. 아무리 향후무효를 원칙으로 한다 하더라도 법적 안정성에 의한 법적 공백 내지 법적 혼란(Rechtschaos)을 방지할 현실적 필요성은 상존되어 있다. 한편, 개별적 정의의 관점에서 소급무효를 어느 정도 확대할 필요성도 공존되어 있다. 여기서는 전체적인 체계적 파악이 중요한데 소급무효를 확대하는 대법원의 일련의 판례들 중 헌법재판소의 위헌결정으로 인한 무효의 소급효가 법률에 대한 위헌결정 이후에 소송이 제기된 일반 사건에 미친다고 한 판례(1993. 7. 16. 대판 93다3783; 1994. 10. 25. 대판 93다42740)는 무효체계의 궤도를 일탈한 것이라는 점은 이미 언급한 바 있다.

독일에서 불합치결정은 일반적 평등조항의 헌법이론적 특수성, 입법부작위(타당한 논거로 볼 수 없지만), 입법자의 형성의 자유, 무효결정에 의하여 야기되는 법적 공백·법적 혼란 방지 등을 근거로 했다. 이러한 논거들의 헌법적 출발점은 일반적 법치국가원리이다.[26] 평등원칙위반 규정의 불합치결정은 본질적으로 법기술적 고려에 의한 경우와 입법형성권에 근거를 두고 있는 경우를 들 수 있다. 즉, 법률의 평등조항 위반에 있어서 그 침해의 제거는 여러 가지 방법으로 할 수 있기 때문에 구체적인 방안의 선택은 입법자의 형성의 자유에 맡겨져야 한다는 것이다. 원칙적으로 평등원칙위반의 경우 불

26) Vgl. Hein, (FN25), S. 29.

합치결정을 하나, 헌법위임이 존재하여 무효선언을 통하여 문제가 되는 규정의 제거 외에는 다른 선택의 여지가 없을 정도로 입법자의 형성의 자유가 제한될 때, “Wohngeld”결정에서와 같이 헌법위임은 존재하지 아니하나 법률체계가 그 통일성을 유지하기 위하여 어쩔 수 없이 주장된 권리를 승인할 수밖에 없기 때문에 입법형성의 재량여지가 영으로 수축되는 경우, 입법자가 헌법상 허용되는 등급 분류를 파악하는데 있어서 연방헌법재판소가 제시하는 분류방안을 확실히 따랐으리라는 입법자의 확정적인 의사가 있을 때, 현저한 위헌성으로 말미암아 입법자가 완전히 새로운 규율을 할 의무를 부담하고 있을 때, 정리해서 말한다면 헌법이 위헌인 법적 상태에 대해 특정한 제거를 요구하고 있거나 무효선언을 통하여 달성하려는 문제 해결을 입법자가 추구하고 있을 때 등에는 평등원칙 위반의 경우에도 무효선언을 하고 있다.[27] 이와 같이 불합치결정의 근거로서 원칙과 예외가 구체적인 상황에 따라 탄력성 있게 원용되고 있다는 것을 알 수 있다.

불합치결정의 논거로서 평등원칙 침해의 범위에서 나타나는 입법형성의 자유와 독자적인 논거로서의 입법형성의 자유는 구별되어야 한다. 불합치결정으로 연방헌법재판소의 무효결정을 제한하는 것은 엄밀한 의미에서 사법적 자제도 아니고 입법자의 형성권에 대한 존중도 아니며 그 보다는 평등원칙의 본질인 그 상대성으로 정당화되는 것이다.[28] 따라서, 불합치결정은 무효결정에 대한 완화된 수단이 아니고 오히려 불합치결정된 법률은 위헌법률의 특수 형태로 간주되어야 한다는 언명이 가능할 수도 있다는 것이다.[29] 평등조항과 분리

27) Vgl. Hein,(FN25), S. 54, 55.
28) 한수웅, “헌법불합치결정의 헌법적 근거와 효력 -독일에서의 판례와 이론을 중심으로-” 헌법재판소, 「헌법논총」, 제6집(1995), 492쪽.
29) Vgl. Hein,(FN25), S. 20.

해서 불합치결정의 근거가 되는 입법형성의 자유는 권력분립 원칙에 바탕을 두고 있다. 여기서 권력분립의 원칙은 국가의 기능을 상이한 기능주체에게 귀속시킴으로써 각 국가기관에게 독자적인 활동 및 결정 영역을 분배한다는 기능적 측면을 가지고 있다. 1980년대 후반기에 접어들면서 불합치결정의 논거로 입법자의 형성의 자유가 가장 자주 사용되는 개념이었지만, 가장 분명하지 않은 개념으로 여겨졌다. 불합치결정에 대한 논거로서 입법자의 형성의 자유는 학자들에 의해서 많이 비판 되었는데, 자유권에 대한 위반에 있어서 입법자의 형성의 자유를 들어 불합치결정을 하는 것은 원칙적으로 배제되어야 한다는 것이 그것이다. 그러나 자유권의 침해에도 불구하고 예외적으로 심판의 대상이 되는 법률의 위헌적인 요소와 합헌적인 요소가 연방헌법재판소의 결정으로 풀 수 없을 정도로 뒤엉킨 혼합상태를 이루어 위헌 부분과 합헌 부분의 경계설정이 거의 불가능하여 위헌적인 상태에 대처할 수 없는 때에는 입법자의 형성의 자유를 논거로 한 불합치결정이 하나의 방편으로 정당화될 수 있다.[30]

불합치결정의 논거로서 들고 있는 것이 무효결정으로 지금까지보다 합헌적 법질서로부터 더 멀어지는 상태가 발생하는 것, 즉 인내할 수 없는 법적 공백(ein rechtliches Vakuum)내지 법적 상태에 대한 혼란(Unsicherheit über die Rechtslage)이라는 불합치결정의 법적 효과와 연결된 논거이다.[31] 결국 법치국가적인 법적 안정성에 바탕을 둔 이 논거가 불합치결정의 가장 타당한 논거라고 볼 수 있다. 어쨌든 독일에서의 불합치결정에 대한 논거는 우리의 현실에도 그대로 원용될 수 있고 원용되고 있는 것이다(예컨대, 헌재결 1994. 7. 29. 93헌가3, 7 (병합): 1995. 7. 27. 93헌바1, 3 등(병합)). 나아가 우리 헌법재판소 판례는 신·구법의 부조화의 경우에도 불합치결정

---

30) 한수웅, 전게 논문(주28), 502쪽 이하 참조.

31) Vgl. Hein, (FN25), S, 85, 90: BVerfGE 37, 217(261).

을 하고 있는데,[32] 1987. 11. 28. 법률 제3967호로써 개정된 노동쟁의조정법 제12조 제2항은 현행 헌법 이전의 구헌법 제31조의 규정에는 부합된다 하여도 확실히 현행 헌법 제33조 제2항의 규정과는 충돌이 되고 저촉된다 하여 헌법불합치결정을 하였다(헌재결 1993. 3. 11. 88헌마5).

불합치결정의 적용범위는 불합치결정의 논거로부터 자연히 연역적 추론으로 이끌어 낼 수 있다. 즉, 불합치결정의 적용범위는 평등원칙의 침해 영역, 입법형성권의 존중 영역, 위헌결정으로 인해서 더욱 헌법적 질서와 멀어지는 법적 상태가 초래되는 영역이라고 말할 수 있다.

불합치결정의 법적 효과는 원칙적으로 위헌결정과 동일한 효력을 가진다. 불합치결정은 위헌결정과 동일한 위상을 갖지만 위헌결정의 효력을 개정법률 발효시까지 시간적으로 유예하는 결정에 지나지 않기 때문이다.[33] 불합치결정의 논리구조에는 시점상 4가지 요소가 내포되어 있다. 즉 불합치결정(위헌판단)의 시점, 개정 법률(위헌내용 제거)의 발효 시점, 불합치결정의 시점과 개정 법률의 발효시점 사이의 기간(과도기간: Übergangsfrist), 개성법률의 소급효력(개선입법에 의한 처리)의 4요소가 그것이다. 우선 위헌결정과 동일한 위상을 갖기 때문에 불합치결정은 확정력(불가변력, 불가쟁력, 기판력)과 기속력 및 법규적 효력(일반적 효력)을 가진다. 그러나 불합치결정과 위헌결정의 본질적인 차이는 위헌결정의 경우, 위헌적 법률이 효력을 상실함으로써 제거되는 것에 반해, 불합치결정은 위헌적 법률을 우선 형식적으로 존속케 하는 데 있다. 헌법재판소가 불합치결정을

---

32) 문광삼, "위헌결정의 형식", 「헌법재판소결정의 효력에 관한 연구」, 헌법재판연구 제7권(1996), 112쪽 참조.

33) 황우여, "위헌결정의 형식", 「법률의 위헌결정과 헌법소원의 대상」 헌법재판연구 제1권(1989), 149쪽 참조.

통해서 위헌적 법률을 형식적으로 존속하게 하는 근본적인 이유는 헌법재판소가 위헌적 법률을 제거함으로써 합헌적 상태를 실현할 수 없고, 위헌적 상태의 제거는 입법자의 활동에 달려 있기 때문이다.[34] 따라서 불합치결정은 위헌적 상태를 조속한 시일내에 제거해야 할 입법자의 입법개선의무를 수반하게 된다. 당연히 불합치결정은 입법촉구에 관한 결정을 포함하게 된다.[35] 불합치결정의 시점과 개정 법률의 발효 시점 사이의 기간에 불합치결정의 법적 효력으로서 불합치결정된 규범의 적용차단(Anwendungssperre)과 계속적용(Weiteranwendung)이 문제된다. 불합치결정은 근본적으로 위헌결정과 동일한 성질을 가지기 때문에 전자가 원칙이고 후자가 예외에 속한다.[36] 따라서 불합치결정된 법률은 원칙적으로 당해 사건(Anlaß fälle)과 유사사건(Pararellfälle)에 있어서 적용 배제된다. 이 적용차단의 효과는 불합치결정된 법률이 법적으로는 존속하면서(rechtlich existent) 잠재적으로는 위헌으로(potentiell verfassungswidrig) 간주된다는 사실로부터 발생한다.[37] 불합치결정의 법적용자에 대한 효과는 법적용 절차의 중지와 개선입법에 의한 처리이다. 입법자가 헌법에 합치하는 새로운 법률로써 헌법에 위반하는 구법을 대체할 때까지 절차의 중지는 계속된다. 헌법재판의 계기를 부여한 당해 사건과 법원과 행정청에 계류 중인 모든 유사 사건의 절차가 정지된다. 불합치결정의 실체가 궁극적으로 확정되는 때는 위헌적 법률의 운명에 대해서 최종적으로 결정되는 시점, 즉 새로운 입법이나 법률의 폐지를 통하여 위헌적 상태를 제거하는 입법자의 결정 시기이다. 불합치

34) 한수웅, 전게 논문(주28), 522쪽 참조.

35) Vgl. Hein (FN25), S. 168f,: 남복현 "헌법재판소 결정의 효력에 관한 쟁점 및 해결방안", 「헌법재판소 결정의 효력에 관한 연구」 헌법재판연구 제7집(1996), 349쪽 이하 참조.

36) Vgl. Hein (FN25), S. 182ff.

37) Vgl. Hein (FN25), S. 131.

결정의 소급효력은 당연히 입법자의 최종 결정의 소급효력을 의미하고 따라서 당해 사건과 유사(병행)사건은 입법자의 최종 결정의 적용을 소급하여 받는다는 것을 의미한다. 불합치결정의 예외적인 계속 적용의 효과로 종래의 법적 상태보다도 더욱 헌법적 질서에서 멀어지는 법적 상태의 발생을 방지하기 위하여 위헌법률의 잠정적용(불합치결정의 시점과 개정법률의 발효 시점 사이의 기간)이 허용된다. 잠정 적용에 대한 결정은 위헌법률의 적용 금지를 요구하는 헌법의 우위와 계속 적용을 요구하는 법적 안정성이라는 두 가지의 법치국가적 법익을 교량하여 매 경우에 구체적으로 결정하여야 한다.[38)]

第4절 불합치결정의 논리구조에 대한 대법원 1997. 3. 28. 98누11068, 96누11327 판결의 이해태도와 동 판결 비판

헌법재판소의 1995. 11. 30. 91헌바1 등 병합사건에 대한 불합치결정은 불합치결정의 논리구조 그 자체에 대해서는 하자가 없다. 불합치 사유를 확인하고 불합치결정을 하는 데 위임조항의 위헌성을 제거한 개정 법률이 이미 존재하기 때문에 이 사건 위임조항을 적용하여 행한 양도소득세 부과처분 중 확정되지 아니한 모든 사건과 앞으로 행할 양도소득세 부과처분 모두에 대하여 개정 법률(1994. 12. 22. 법률 제4803)을 적용할 것을 내용으로 하는 헌법불합치결정을

38) 한수웅, 전게논문(주28), 525쪽, 528쪽 참조.

하고 있기 때문이다. 헌법재판소의 불합치결정 자체의 논리구조에 문제가 있는 것이 아니라 개정법률이 공시지가 고시 전의 취득가액과 양도가액의 세밀한 계산방법을 흠결하고 있는데 문제가 있는 것이다. 굳이 헌법재판소의 불찰을 따진다면 이 점을 신중하게 검토하지 않았다는 것을 지적할 수도 있을 것이다. 그러나 문제가 된 위임조항이 헌법 제75조의 포괄적위임 금지의 정신을 살려 시정하고 있었으므로 헌법재판소의 불찰을 예견할 기대가능성은 당시에 거의 없었을 것이라고 보는 게 타당할 것이다. 헌법재판소의 불합치결정은 법원·국가기관 및 지방자치단체를 기속한다. 따라서 대법원은 이 헌법재판소의 불합치결정에 엄격하게 기속되어 판결을 내려야 한다. 따라서 헌법재판소 불합치결정의 논리구조 자체에 문제가 있는 것이 아니고 개정법률 자체에 문제가 있는 것이며, 개정법률이 환산 규정을 흠결하고 있는 것이므로 입법자의 최종 결정으로 그 흠결이 보정될 때까지 판결절차를 중지하든가, 아니면 국가재정상의 손실을 감수하고 국민의 이익의 입장에서 95. 1. 1. 이후에만 적용한다든지 둘 중의 하나만을 선택하였어야 할 것이다. 그럼에도 불구하고 대법원은 검토할 수 있는(실제로 검토되었던[39]) 여러 방안 중에서 헌법재판소의 불합치결정의 기속력을 가장 최악으로 파훼하는 방안을 채택하면서 불합치결정에서 개정법률을 소급적용할 법리상의 근거가 없다(이미 살펴본 바와 같이 불합치결정의 논리구조상 소급적용이 원칙임)고 하여 불합치결정의 논리구조를 전혀 몰이해하고 있다. 더욱더 경악스러운 것은 헌법재판소의 불합치결정을 심사하여 명시적인 헌법재판소의 결정을 무시하고 종전 구 소득세법 제60조를 그대로 잠정적용하는 것이라고 하여 헌법재판소 결정을 파기자판하고 있다.

39) “구 소득세법에 대한 헌법불합치결정 관련 양도소득세 문제의 검토”안(1996. 5. 10. 박병대 판사 작성안)에서 배석판사들의 토론에 들어 있는 소장 판사들의 법리적 인식(순수구법설을 취하지 않은 점)에 있어서 기본적인 출발점과 헌법정신을 높게 평가하지 않을 수 없다.

제5절 헌법재판소의 결정에 대한 대법원의 심사권 유무

이미 설명한 우리 실정헌법상의 권력분점구조상 헌법재판소의 결정에 대하여 심사할 헌법기관은 존재하지 아니한다. 그런데도 대법원은 헌법불합치결정의 논리구조도 몰이해하고 있으면서 헌법재판소의 명시적 내용의 결정마저 자의적으로 파기·변형시켜 놓았다. 헌법재판소의 이 불합치결정의 주문(단순히 헌법에 합치하지 아니한다고만 하고 있음)과 결정 이유를 연결시켜 검토하면 입법자의 최종결정으로 헌법에 위반하는 구법을 대체할 때까지 대법원은 절차를 정지해야 함에도 불구하고 초헌법적인 혁명적 권한을 행사하고 있는 것이다. 헌법재판소의 법률에 대한 심판을 문제 삼아 그것을 교정할 수 있는 권한을 가진 헌법기관은 현행 헌법상 국회뿐이고 국회가 법률개정을 함으로써 가장 헌법적으로 합당하게 해결될 수 있는 것이다. 이러한 위헌적인 권한 유월의 대법원의 판결을 어떻게 바라볼 것인가?

제6절 결 론

대법원 제1부의 1996. 4. 9. 95누11405 판결은 헌법재판소의 한정위헌결정의 효력을 부인하고 대법원 제2부의 이번 판결은 헌법재판소의 불합치결정의 효력을 무시하고 있다. 헌법재판소의 위헌결정에 대해서도 이미 대법원은 잠식·분해시키고 있다. 서론에서 살펴본 바와 같이 헌법재판소의 위헌결정의 소급효력에 대해서도 원칙과 예외를 뒤바꿔 놓고 있으며, 헌법재판소에 의해 위헌결정된 법률에 의거한 행정처분의 효력에 대해서도 자신의 잘못된 기존의 입장을 바꾸면서 선행의 헌법재판소 판례에 그대로 따르지 않고 다른 논지를 펴고 있다. 한 마디로 말해 대법원은 자의적·독단적 법리로 핵심이 되는 헌법재판소의 모든 결정의 효력을 동요·혼란시키고 있는 것이다. 그런데, 특이한 점은 이번 판결이 보여 주듯이 대법원 전원합의체 판결의 형식이 아니라 시험 판결하듯 대법원의 부(部)의 판결로 위헌적인 판결을 감행하고 있는 것이다. 대법원 전원합의체 판결이 아니기 때문에 국민의 자유와 권리보장의 큰 축을 담당하고 있는 가장 상위의 심급법원인 대법원 전체의 의사로 간주할 수 없지만 대법원의 부(部)의 위헌적인 판결에 대해 정상적인 궤도의 헌정을 위해서 탈각의 아픔을 각오해서라도 법적인 책임추궁이 이루어져야 한다. 이제 더 이상의 시행착오의 헌정사가 있어서는 아니 된다고 믿기 때문이다. 헌법 제6장의 규정과 헌법재판소법 제75조 제6항, 제47조를 위반하여 위헌적인 권한유월의 판결을 한 대법원 제2부 소속 대법관은 헌법 제65조 제1항의 탄핵대상에 속하기 때문에 동조와 헌법 제111조 제1항 제2호, 헌법재판소법 제2절에 의한 탄핵책임의 법적 책임을 추궁 받지 않을 수 없다 할 것이다. 반드시 이번 기회에 이 문제가 진지하게 검토되어야 하고 헌법재판소의 헌법상의 위상과 좌표를 위해서도 매듭을 짓고 넘어가야 할 것이다.

위 대법원 제2부의 위헌적인 권한유월의 판결은 대법원 제1부의 1996. 4. 9. 95누11405 판결과 헌법재판소의 결정의 효력을 분해시키고 있는 일련의 대법원의 판결과 동일 선상에서 파악되어져야 한다. 여하튼 대법원이 헌법의 정신과 헌법재판에 대한 보다 심도 있는 이해와 더불어 헌법재판소 결정의 기속력을 엄연히 준수하여야 할 것이다. 설령 만의 하나 헌법재판소의 결정에 잘못이 있는 경우라도 그 기속력을 받는 대법원이 헌법재판소의 결정을 의연하게 준수하게 될 때 대법원의 권위는 자연스럽게 국민이 체감하는 신망 속으로 삼투될 것이다. 불필요한 췌언일지 모르지만 고등법원이 대법원의 판결이 잘못됐다고 주장하면서 환송 사건에 대해 파기자판을 계속하면 어떻게 되겠는가? 헌법재판소의 결정이 잘못됐다면 판례평석에서 비판받아 마땅하다. 그러나 헌법재판소의 결정을 엄연하게 준수해야 할 대법원이 그 판결문에서 헌법재판소의 결정에 대해 일응의 견해 표명에 불과한다든지 법리상의 근거가 없다든지 하는 것은 판례평석에서나 언급될 내용이지 판결문언으로 채택될 성질의 것이 아니다.

제4장 재판소원금지의 위헌성*

제1절 서 론

우리의 헌정사를 돌이켜 볼 때 사법부의 독립을 보장하는 것과 사법부의 절대적 권위를 보장한다는 것은 다른 문제라고 본다. 또한 현대의 법치국가원리에 비추어 볼 때 기본권 보호영역에서 벗어난 이른바 성역이라는 배타적 국가영역은 존재할 수 없다. 사법권에 의한 기본권 보호를 아무리 높게 평가한다 하더라도 그것이 사법권에 의한 기본권침해를 방치할 수 있는 이유는 되지 아니한다. 국민의 대표기관인 국회에서 만든 법률도 헌법소원의 대상이 되고 국민이 직접 뽑은 대통령의 이른바 통치행위도 헌법소원의 대상이 된다. 그런데 오로지 법원의 재판만은 헌법소원을 제기할 수 없다. 법원의 재판으로 기본권을 침해받은 경우는 헌법소원의 절대금지영역이다.

헌법재판에서 정의의 칼날을 무디게 하는 대표적인 것 중의 하나가 의지의 측면에 관련된 것이다. 의지의 측면은 헌법재판에서 무게중심이 되고 가장 선행적으로 요구되는 필수적인 요소이기 때문에 그것은 아무리 강조하여도 지나치지 않다. 그런데 헌법재판소는 96헌마172, 173(병합) 헌법재판소법 제68조 제1항 위헌확인등 결정에서 다음과 같이 한정위헌결정을 하였다[1] "① 헌법재판소법 제68조 제1

---

* 이 글은 저자가 김철수교수 정년기념논문집에 발표한 논문에 기초한 것이다.

항의 '법원의 재판'에 헌법재판소가 위헌으로 결정한 법령을 적용함으로써 국민의 기본권을 침해한 재판도 포함되는 것으로 해석하는 한도내에서 헌법재판소법 제68조 제1항은 헌법에 위반된다. ② 대법원 1996. 4. 9. 선고 95누11405 판결은 청구인의 재산권을 침해한 것이므로 이를 취소한다. ③ 피청구인 동작세무서장이 1992. 6. 16. 청구인에게 양도소득세 금 736,254,590원 및 방위세 금147,250,910원을 부과한 처분은 청구인의 재산권을 침해한 것이므로 이를 취소한다."

헌법재판소의 이 결정에 직면하여 필자는 평소 헌법재판소법 제68조 제1항에서 재판소원을 전면적으로 금지시킨 것은 위헌이라는 지론을 견지해왔기 때문에 이 기회에 이에 관한 포괄적인 논의를 도모하고자 한다. 우선 재판소원금지에 대한 위헌논증을 하고 위 헌법재판소 결정에 대해 평석하기로 한다.

제2절 재판소원금지에 대한 위헌논증

1. 입법론, 정책론, 당위론 및 현실 체념론 내지 현실적 우려론과, 헌법재판에서의 헌법판단문제의 구별

(1) 우리 헌법재판소의 관할권중에서 특히 위헌법률심판권과 헌법소원심판권은 기본권의 국가권력에 대한 기속력과 기본권의 직접적 효력성의 구현을 위한 중요한 기능을 하는데 입법론적인 측면에서 보았을 때 헌법소원제도는 입법통제 및 사법통제의 차원에서 보다

1) 헌재결 1997. 12. 24. 96헌마172등, 판례집 9-2, 842.

세련되게 정리될 필요가 있다. 사법형이 아니라 독립형의 헌법재판기관을 두고 있는 우리 헌법하에서 비교헌법적인 차원에서도 유례를 찾아보기 힘든 헌법 제107조 제2항의 규정은 제9차 헌법개정시 헌법재판소를 설치하면서 세밀한 검토 없이 존치해 놓은 것이다. 따라서 우리 헌법 제107조 제1항과 제2항의 관계 그리고 제111조 제1항 제5호와 제107조 제2항과의 관계를 조망해 볼 때 헌법정책론의 시각에서는 구체적 규범통제에 있어서는 헌법재판소에 관할권을 통일시키고(명령·규칙의 위헌심사권을 헌법재판소의 관할권에 귀속, 따라서 제107조 제2항의 삭제) 헌법소원에 있어서는 사법통제가 정상적으로 이루어 질 수 있도록 이러한 방향으로 조문정리(헌법적 차원에서 명확한 헌법소원에 대한 개념설정 및 헌법재판소법 제68조 제1항에서 '법원의 재판을 제외하고는'의 11글자의 삭제)가 이루어지는 것이 헌법체계상 또한 헌법이론상 가장 순리에 맞다. 따라서 위와 같은 인식의 바탕 위에서 위헌논증을 전개하는 것이 바람직 하지만 위와 같은 인식의 전개 자체가 위헌논증의 헌법판단은 아니다. 단지 출발선상의 정지작업에 불과하다. 그러나 헌법판단에 있어서 입법론이나 정책론도 좌표설정을 정확히 하기 위해서는 충분한 고려의 가치가 있다는 것을 부인할 수는 없다.

(2) 제3공화국 이래 사법부가 겪은 시련과 독립성의 상처 및 굴절을 제쳐두고라도, 위헌의 악법(惡法)에 대한 기계적 적용으로 인한 인권침탈 및 국민의 법조에 대한 일반적인 불신을 불식시키기 위해서, 나아가 기본권보장 정신을 보다 공고히 하기 위해서 제9차 개정헌법에서 헌법소원제도를 우리 헌법사상 최초로 창설한 취지를 아무리 강조하여 주장하여도 이것이 직접적인 위헌논증은 아니다. 일반적인 고전적 헌법이론에서 본다면 사법부는 기본권보장의 첨병이며 그 자체로 권리구제기관이 당연하기 때문이다. 그러나 이론적인 측

면에서도 사법부에 의한 기본권 보호 말고, 사법부에 의한 기본권 침해를 예정할 수 있고 현실적으로도 재판에 의한 기본권 침해의 예는 우리의 헌정사가 웅변으로 말해주고 있다 할 것이다. 따라서 우선은 재판에 대한 통제 필요성을 인식하는 것이 중요하다. 하지만 재판에 대한 통제필요성 자체가 헌법소원의 대상에서 재판을 제외해서는 아니된다는 당위론적인 설명은 될지언정 곧바로 위헌논증으로 연결될 수는 없는 것이다. 또한 미시적인 기관내부적인 통제방법인 심급제도를 들어 사법자체적인 통제가 설정되어 있어서 위헌이 아니다라는 합헌논증도 무의미하다. 왜냐하면 여기서 문제되는 외부적인 기관간의 통제(Inter-Organ-Kontrolle: 헌법재판소의 법원에 대한 통제)는 기관내의 통제(Intra-Organ-Kontrolle: 법원내의 심급제도에 의한 통제)와는 위상이 다르기 때문이다. 따라서 심급제도가 국민의 재판청구권을 실질적으로 공고히 하기 위한 근거의 하나가 될지언정 헌법소원심판청구권의 대상에서 법원의 재판을 배제시킨 재판소원금지의 직접적인 합헌논거는 결코 될 수 없다. 어쨌든 헌법소원제도를 우리 헌법사상 최초로 제9차 개정헌법에서 창설한 취지와 이유를 고려하여 그 헌정사적인 의의를 헌법판단에서 충분히 참작할 수 있다는 것을 부인할 수는 없다.

(3) 헌법적 차원에서는 헌법소원의 개념을 설정하지 않았고 (헌법 제111조 제1항 제5호는 '법률이 정하는 헌법소원에 관한 심판'이란 문언만 채택하고 있다) 따라서 헌법 제111조 제1항 제5호에 따른 헌법상의 지시명령에 입각하여 법률로 정하라는 방법으로 헌법재판소법 제68조 제1항에서 헌법소원의 내용을 형성해 놓았기 때문에 위헌이 아니고, 위헌이라고 할 수 없다면 합헌적 법률해석에 입각하여 조금이라도 이 규정으로 헌법소원이 가능한 영역을 찾아보아야 한다는 것이 급선무라고 하는 현실체념적인 사고는 근원적으로 위

조항 자체에 대한 헌법적 가치판단의 문제와 법률적 차원에서 위 조항의 성립근거 내지 해석에 관한 문제를 혼동하고 있다.

재판에 대한 헌법소원 말고, 가능한 헌법소원의 대상이 존재한다는 것이 재판을 헌법소원의 대상에서 제외한 것 자체의 합헌판단이 될 수 없다. 문제의 핵심은 "법원의 재판을 제외하고는"이라는 법률문언에 한정된 헌법적 평가라고 하는 것이다. 따라서 일반재판으로는 다툴 것이 예정되어 있지 않거나 성질상 일반재판으로는 다투기 어려운 공권력의 행사·불행사에 대해서만 헌법소원의 대상으로 삼은 것이 우리나라의 헌법소원제도라고 하면서 합헌논증을 하는 것[2]은 단순 법률차원의 입법취지의 설명으로는 타당할지 모르겠으나 이러한 입법정책상의 결과물로서 "법원의 재판을 제외한 것"자체에 대한 헌법판단의 문제에 도달한 것은 아니다.

비교법학적인 시각에서 거론하는 문제들도 마찬가지의 위상을 가진다[3]. 헌법소원이라는 개념이 보편적인 법학상의 개념이 아니고 (독일에서는 헌법소원 (Verfassungsbeschwerde), 오스트리아에서는 소원

2) 유남석, "재판에 대한 헌법소원금지의 논리 및 정책적 이유", 사법연수원, 「헌법문제와 재판(상)」, 210면 참조.

3) 법원의 재판에 대한 헌법소원의 대상성을 인정하기 위한 전제로서 대법원과의 관계에서 헌법재판소 지위의 우월성과 구성원의 질적 우수성에 관하여 비교법학적인 고찰을 하고 있는 것에 대해서는, 최완주, "헌법소원에 관한 각국의 제도비교 -재판의 헌법소원 대상성을 중심으로-", 「헌법문제와 재판」(상), 73면 이하 참조. 헌법재판소와 대법원의 관계가 상하관계이냐 병렬적인 관계이냐에 대한 비교법적 고찰은 헌법의 권능배분구조에 있어서 각 국가권능의 기능본질적인 상위성을 생각한다면 그 헌법학적인 의미와 가치성의 관점에서 참으로 납득하기 어려운 인력낭비라고 본다. 어쨌든 이 논문의 연구자의 결론은 재판을 헌법소원의 대상에 포함시키려면 헌법재판소가 대법원보다 우위에 있는 최고사법기관이거나 헌법재판소의 구성방식이 대법원의 구성방식보다 헌법상 엄격하게 규정하여 헌법재판소에 질적으로 보다 우수한 구성원이 배치되어야 한다는 것이다. 그러나 견해의 다양성을 존중하는 차원에서 여기에서 논급하고 있지만 이러한 견해표명에 대해 헌법학적인 적실성에 회의적 시각을 갖는 필자의 졸견으로는 무엇보다도 헌법재판의 헌법전체 체계상의 좌표에 대한 이해와 헌법재판이 각 나라에 도입될 수밖에 없는 역사적인 배경에 대한 인식이 선행되어야 한다고 본다.

(Beschwerde), 스위스에서는 국법소원 (staatsrechtliche Beschwerde) 이란 명칭을 사용하고 있다), 각 나라마다 특수한 사정으로 헌법소원 제도가 달리 형성될 수 있음을 강변해도 그 자체가 합헌의 헌법판단은 아니다. 우리나라의 전체적인 실정 헌법질서안에서 헌법판단의 대상으로서, “헌법소원의 대상에서 법원의 재판을 제외한 이 실정법적 결과물”에 대한 가치판단이 문제의 요체가 되고 있는 것이다. 따라서 헌법소원의 보편개념에 대한 논란은 담론대상은 될지언정 실무적인 헌법판단의 대상에서는 거리가 있는 것이다.

한편 헌법소원의 본질이 입법통제이냐 사법통제(재판통제)이냐의 문제에 있어서도 마찬가지이다. 물론 후자가 통설적 견해이고 위헌 논증을 공고히 해주는 이론적 바탕이 되어 준다고 하더라도, 또한 헌법소원의 본질에 관한 논란이 합헌 또는 위헌의 실정헌법적 가치판단과 연결될 수는 있다고 하더라도, 헌법소원의 본질파악 그 자체가 헌법소송에서의 헌법판단을 지칭하는 것은 결코 아니다. 그러나 헌법소원의 본질(입법통제와 사법통제 모두를 목적으로 함)과 기능(주관적 권리구제기능과 객관적인 헌법질서 보호기능)에 대한 선행적 이해는 헌법소원과 관련된 헌법판단에 있어서 필수적인 것이라는 것을 부인할 수는 없다.

(4) 만약에 헌법재판소법 제68조 제1항의 “법원의 재판을 제외하고는” 부분을 위헌판단했을 때, 즉 법원의 재판이 헌법소원의 대상이 되는 경우에 제기되는 현실적 우려론도 위헌의 헌법적 가치판단 그 자체와 구별되어야 한다. 물론 헌법소송에서 헌법판단을 내릴 때에는 그 판단결과에 의해서 초래될 사회안정적 요인 (sozialstablisierender Faktor)을 고려해야 한다는 것은 주지의 사실이다. 여기서 지적하고자 하는 것은 문자 그대로 우려에 그치는 경험적 사실적 요인과 가치적 ‘판단’의 문제는 일단 구별되어야 한다는 것이다. 우려론에 대해서는 대비책을 강

구하는 것이 문제의 요체이고, 일정한 사실이 우려되기 때문에 소극적으로 가치판단 그 자체를 하지 말라는 것은 문제의 본령일 수 없다. 헌법의 사회안정적 요인을 헌법판단의 지침으로 삼아야 한다는 것은 당연하지만 차후의 정책론을 가지고 현재의 현실적인 헌법판단을 배제할 수는 없다. 따라서 제4심의 문제, 법체계상의 효율성 문제, 헌법재판소의 업무감당의 문제, 이 세가지의 논점은 재판소원금지에 대한 위헌논증을 하기전에 미리 짚고 넘어가야 할 사항이다.

1) 제4심의 문제

법원의 재판을 헌법소원의 대상으로 하게 된다면 (재판소원 전면금지에 대한 위헌판단이 내려진다면) 헌법재판소가, 계쟁사건을 최종적으로 확정짓는 대법원의 상급심으로 되어 사실상 제4심으로 귀결된다는 주장에 대해서 살피기로 한다.

이 주장은 먼저 법리적인 측면에서도 타당하지 아니하다. 헌법재판소가 헌법심인데 반하여, 대법원은 사실심에 대하여 법률심으로 최종판단하기 때문이다. 법률심이라고 해서 헌법해석을 하지 않는 것은 아니다. 판결에 영향을 미친 '헌법'·법률·명령 또는 규칙의 위반이 있을 때 상고할 수 있기 때문에 상고사건에 있어서 재판의 전제가 되는 한 당연히 대법원은 헌법의 해석권을 가진다. 그러나 대법원이 가지는 헌법해석권은 일반 하급법원이 갖는 헌법해석권과 동일한 성질의 것이지 유권적 종국으로서의 헌법해석권을 가진다는 의미가 아니다. 즉 합헌결정권과 위헌심사권을 대법원이 가진다는 것은 다수설에 따라 인정될 수 있는 것이지만 (받아들이기 어렵지만 합헌결정권도 부인하는 소수설도 있음), 구체적 규범통제에 있어서 위헌심사권과 위헌결정권의 관할분리제를 채택하고 있는 우리 헌법하에서 대법원이 헌법해석의 유권적 종국 (Kompetenz-Kompetenz)으로서 위헌결정권을 가지고 있지는 않다(제107조 제1항 참조). 그런데 헌법재판소는 헌법심의 관장기관으로서 위헌결정권을 가지고 있다. 따라서 헌법상 독립된 장에서 규정하고 있는 별도의 헌법재판기관인 헌법재판소의 판단을 사실심·법률심에 대응하여 헌법심으로 구분하는 것은 타당하지만 제4심으로 연결하는 것은 타당하지 아니하다. 나아가 대법원과 헌법재판소의 관계는 심급관계로 연결되어 있는 것이 아니라 우리 헌법 제5장과 제6장에서 실정헌법상 독립하여 규율되어 있다. 사법권의 연장선상에 서서 헌법재판소와 대법원의 관계를 미시적인 심급관계로 파악하는 것은 실정헌법규정의 태도를 잘못 파악한 것일 뿐만 아니라 헌법재판의 본질을 몰이해한 것이다. 헌법재판은 사법권의 의미만 갖는 것이 아니고 입법작용·정치작용의 의미도 갖는 제4의 국가작용이다. 권력통제를 주된 내용으로 하여 이러한 제4의 국가작용을 행하는 헌법재판소는 사법적인 심급차원에서는 벗어난 별도의 위상을 갖는 재판소이다. 따라서 헌법소원과 관련하여 헌법재판소를 차상급 심급법원(höhere Instanz)으로 보아, 헌법재판소가 대법원의 재판에 대한 헌법소원을 심판하는 것이 곧 제4심이라는 주장은 법리적 오해라고 밖에 할 수 없다.

한편 여기서 명확히 유념해야 할 점은 헌법 제101조 제2항에서 말하는 대법원이 최고법원이라는 의미와 제107조 제2항에서 말하는 명령·규칙·처분 등에 대한 대법원의 최종심사권의 의미, 그리고 제101조 제1항에서 말하는 사법권의 의미에 대한 정확한 이해이다. 대법원이 최고법원이라는 것은 '헌법 제5장 법원'에서 규정하고 있는 법원 중에서 최고법원이라는 뜻이다. '헌법 제6장 헌법재판소'에서 규정하고 있는 헌법재판소는 사법권을 담당하는 사법부(우리 실정헌법규정상 제5장의 '법원')의 구성부분이 아니다(제101조 제1항). 즉 대법원이 최고법원이라는 것은 심급구조로 연결되어 있는 사법체계내에서 각급 법원중의 최고법원이라는 것이다(제101조 제2항). 명령·규칙·처분에 대해 대법원이 갖는 최종적 심사권의 의미도 재판의 전제가 되었을 때 사법적인 심급단계에서의 최종적이라는 의미이다[4]. 사법적 심급구조내에서 각종 하급법원에 대해서 대법원이 최고법원성을 주장할 수는 있어도[5] 사법적 심급구조 바깥에서 헌법상 독립된 장에서 규정하고 있는 별도의 헌법심 재판소인 헌법재판소에 대해 최고법원성을 주장할 수는 없다. 헌법재판소는 헌법재판에 관한 최고의 유권적 기관이기 때문이다.

사법권이란 구체적인 쟁송을 전제로 해서 신분이 독립한 법관의 재판을 통해 법을 선언함으로써 법질서의 유지와 법적평화에 기여하는 비정치적인 법인식기능을 말한다. 따라서 사법권에서는 정치적 관점과 기준에 따른 법해석과 판단은 철저하게 금지된다. 여기서 사법권과 헌법재판권의 본질적 차이를 간과해서는 아니된다. 사법권은 구체적 분쟁의 해결에 초점이 맞추어져 있지만 헌법재판권은 권력통제에 그 초점이 맞추어져 있다. 따라서 대법원의 판결은 기판력의 주관적 범위에 효력을 미치고 예외적으로 합일확정의 필요에 의해서 이해관계 있는 제3자 또는 단순 제3자에 까지 확대되는 대세적 효력을 가지지만, 헌법재판소의 결정은 대세적 효력뿐만 아니라 모든 국가기관을 기속하는 일반적 효력을 가진다(헌법재판소법 제47조, 제75조)[6].

이상의 인식을 바탕으로 할 때 헌법소원 대상에 법원의 재판이 포함되면 4심이 되고 대법원의 최고법원성 및 명령·규칙에 대한 최종

4) 同旨, 김문현, "법원의 재판을 헌법소원대상에서 제외한 헌법재판소법 제68조 제1항의 위헌성", 「법률신문」(1998. 2. 16.), 15면 참조. 김문현 교수는 헌법 제107조 제2항은 대법원에 처분의 위헌여부에 대한 전속적 권한을 인정한 것이라기보다 처분이 헌법에 위반되는지 여부가 재판의 전제가 되는 경우 헌법재판소에 제청할 필요 없이 대법원이 최종적으로 심판한다는 의미이며 대법원의 최종적 심사권이라는 것도 법원내부에서 최종적으로 심사한다는 것이지 헌법재판소와의 관계에서까지 최종적으로 심사한다는 것을 의미하진 않는다고 언명하고 있다.

5) 따라서 법원조직법 제8조는 상급법원의 재판에 있어서의 판단은 당해사건에 관하여 하급심을 기속한다고 규정하고 있다.

6) 헌재 1992. 6. 26. 90헌아1, 판례집 4, 384면 참조.

적인 심사권을 침해하여 위헌이라는 논리는 기관중심주의에 매몰되어 실정헌법 전체의 권능배분구조를 체계적으로 파악하지 못한 결과에 불과하다.

한편 법리적인 의미에서 제4심은 아닐지라도 법원의 재판에 대한 헌법소원이 인정된다면 헌법재판소가 사실상 대법원의 상급심으로 기능하여 제4심이 되지 않겠는가의 의문이 있을 수 있다. 그러나 국회가 제정한 법률과 대통령의 이른바 통치행위에 대한 헌법소원이 현재 인정되고 있는데 이 때 이것을 심판한다고 하여 헌법재판소를 상급 국회 또는 대통령의 상위기관이라고 할 수 없는 것과 마찬가지로 대법원의 재판에 대한 헌법소원을 인정한다고 하여 헌법재판소를 대법원의 상위기관으로서 사실상 제4심이라고 할 수는 없는 것이다. 이 경우 엄밀하게 말한다면 헌법상 헌법재판소의 헌법소원심판권 행사만 있을 따름이다.

2) 법체계상의 효율성 문제

법원의 재판을 헌법소원의 대상으로 한다면 과다한 남소율과 1% 내외의 인용율을 예견하여 볼 때 법체계의 효율성 차원에서 이것은 헌법적 인권에 대한 완벽한 보장체계를 위하여 전체 법체계의 몰락을 초래하는 법치주의의 사치라는 주장에 대해 살피기로 한다. 이 주장은 엄밀히 말해서 예견론에 입각한 사실판단에 관한 것이지만 헌법적 시각에서 논평하기로 한다. 먼저 법치주의에 대한 이해에 있어서, 모든 국가기관의 공권력 행사는 기본권 실현의 목적에 기속될 때야 비로소 정당화된다는 이념적 바탕위에 법치국가의 원리가 구축되어 있다는 것을 선행적으로 인식할 필요가 있다. 따라서 가능한 한 흠결 없는 권리구제가 법치국가의 헌법정신에 가장 적합한 것임에는 이론의 여지가 없다. 법원의 재판에 대한 헌법소원을 허용하면 현실을 몰각한 이상을 추구한 것이고 법치주의의 사치라는 견해는 우선적으로 법치국가의 근본정신이 박약하게 이해되어 있다. 남소에 대한 우려에 대해서는 공탁금 납부명령(헌법재판소법 제37조 제2항, 제3항), 지정재판부에 의한 사전심사제도(동법 제72조) 등으로 정책적인 시각에서 대비해야 할 문제이지 재판소원금지의 합헌논증은 아니다. 한편 재판에 대한 헌법소원을 인정하는 자체가 위헌적인 재판을 사전방지하는 간접적 압력이 되어 재판에 대한 헌법소원의 남소의 가능성을 억제하는 효과를 나타나게 된다는 것도 과소평가할 수만은 없다.

인용률이 극히 낮을 것이라는 예견론에 입각한 효율성의 문제는 이미 법치국가원리와 일정한 거리가 있는 사고라고 지적한 바 있지만 기실 헌법상의 기본권적 가치와 경제상의 효율(efficiency)이라는 개념은 헌법학상 양립되기 어려운 면도 있다. 즉 헌법적인 가치판단에 대한 경제학적인 분석이 실용적 관점에서 일응의 타당성심사를 가능하게 하지만 규범적인 적실성(適實性)에는 한계를 지닌다는 점이다. 헌법적 가치판단의 문제는 경제학적인 균형의 가늠자로 볼 성질의 것도 아니고 또한 효용성의 척도로 잴 수 만은 없는 것인데, 왜냐하면 헌법학적 가치판단의 형식이 경제학적 효용극대화의 분석틀과 호환적이거나 반드시 대체적 역할을 한다고 볼 수도 없고 아울러 전혀 다른 차원에 속할 수도 있기 때문이다[7]. 미국이나 독일의 실례에서 보듯이 헌법재판에 있어서 1건에 대한 헌법적 판단에 불과한 것일지라도 역사의 흐름을 바꿔 놓을 수 있다(헌법재판은 효율성을 위해서 존재하는 것이 아니라 바로 이러한 목적 때문에 존재의의가 있는 것이다. 예컨대 헌법소송이 아닌 일반소송에서 상고심인 대법원에서 인용률이 아무리 낮더라도 대법원의 존재의의를 부인할 수 없는 이치와 마찬가지이다). 따라서 법원의 재판에 대한 헌법소원의 인용율이 낮을 것이기 때문에 헌법소원의 대상에서 법원의 재판을

7) 졸고, “헌법재판의 심사척도로서의 과잉금지원칙에 관한 연구”, 연세대학교 대학원 박사학위논문(1996. 2), 99면 참조.

제외한 것이 합헌이라는 판단은 논리비약일 뿐이다.

3) 헌법재판소의 업무감당의 문제

법원의 재판을 헌법소원의 대상에서 제외한 것이 위헌으로 판단되어 법원의 재판에 대해 헌법소원을 제기할 수 있다면 사건이 헌법재판소에 폭주하게 되어 헌법재판소가 사실상 업무감당을 하기가 어려울 것이라는 지적에 대해 살피기로 한다. 이것은 한마디로 헌법판단의 문제가 아니고 헌법재판소 자체 내부의 문제이며 정책적인 차원에서 재판관과 재판관업무에 보조하는 연구팀의 확충의 문제에 국한되는 사실문제일 따름이다.

2. 위헌논증

1) 선행적 이해

헌법적 가치판단으로서의 위헌논증은 실정헌법의 해석론에 입각하여 행해져야 한다.

먼저 헌법을 해석하는데 있어서는 헌법의 통일성을 염두에 두고 헌법의 전체적인 가치질서의 시각에서 해석이 이루어져야 한다. 따라서 기관중심주의에 매몰되어 헌법의 전체적인 체계는 고려하지 않고 특정조문만을 클로즈업시켜 그것에 편집광적 집착을 하는 해석방법 및 태도는 배제되어야 한다. 둘째로 고전적인 삼권분립이론에서 벗어나 기능적 권력통제의 시각에서 우리의 실정헌법구조에 대한 종합적 이해가 요청된다. 셋째로 헌법재판의 본질과 기능에 대한 이해이다. 헌법재판은 단순한 사법작용의 의미만 갖는 것이 아니다. 입법작용의 의미도 가지며 정치작용의 의미도 갖는 제4의 국가작용이다. 제4의 국가작용으로서의 헌법재판은 국가내의 모든 권능행사에 내해 절차적 정당성(통제를 통한 국가권능의 순치(馴致))을 보장하기 위하여 유권적인 헌법해석의 규제적, 조정적 권능행사에 입각하여 권력통제기능을 행한다. 나아가 헌법수호 및 기본권 보호기능을 한다는 것은 주지의 사실이다. 사실상 헌법에서 아무리 화려하게 기본권들을 나열해 놓아도 헌법재판제도에 의해서 그 규범적 효력이 제대로 지켜질 수 없다면 그것은 정치적 치장에 불과할 뿐만 아니라 그 실효성은 명약관화하게 휴지(休止)상태에 빠질 것이다. 그리고 헌법재판은 정치풍토를 순화시키는 촉매의 역할을 하여 정치적 평화보장기능을 행하고 나아가 헌법재판은 국민과 국가기관 모두에게 헌법적 가치에 입각하여 행위할 수 있도록 촉구하는 교육적 기능도 갖는다.

따라서 사법권의 본질만을 내세우기에 앞서 사법권과 헌법재판권의 본질적 차이점에 대한 인식이 선행되어 있어야 한다. 이것은 본 위헌논증의 기초적인 출발점이 되기 때문이다.

넷째로 헌법재판의 헌법전체 체계상의 좌표와 헌법학적 위상에 대한 인식과 더불어 헌법소원의 본질과 기능에 대한 이해가 선행되어야 한다. 헌법소원은 일반적인 사법적 권리구제수단에 부가적으로 부여한 단순한 기본권침해 제거청구권이 아니라 입법통제(법규소원: Rechtssatzverfassungsbeschwerde), 사법통제(재판소원: Urteilsverfassungsbeschwerde)의 차원에서 주관적 기능(기본권침해에 대한 구제기능)과 객관적 기능(헌법질서의 보호)을 행하는 헌법심청구권이다. 헌법소원의 본질파악 자체가 헌법소송에서의 헌법판단 자체를 지칭하는 것은 결코 아니나 헌법소원의 본질과 기능에 대한 선행적 이해는 헌법소원에 관련된 위헌논증에 있어서는 필수적이다.

2) 단순제도설정의 문제와 기본권 형성 및 제한의 문제의 구별

우리 헌법 제111조 제1항 제5호는 헌법재판소가 관장하는 사항의 하나로 '법률이 정하는 헌법소원에 관한 심판'을 규정하고 있다. 이 규정은 헌법위임(Verfassungsauftrag)중에서 헌법에 의한 특별위임의 형태를 취하고 있다. 즉 입법권자가 헌법 제40조와 제113조 제3항에 의해 그의 독자적인 입법권한을 행사할 수 있지만 헌법소원에 관한 입법권자는 헌법 제111조 제1항 제5호에 의하여 특별수권위임을 받고 있는 것이다. 첫 번째 쟁점은 여기의 헌법위임의 내용이 무엇이냐이고 이러한 특별 헌법위임에 의한 입법권행사의 경우 그 한계가 무엇이냐이다(헌법 제37조 제2항과의 관계). 우리 헌법은 여러 곳에서 특별 법률사항을 설정하고 있다. 그런데 이러한 헌법위임에 의한 법률사항이 단순한 제도나 조직의 설정의 문제에 그치는 경우가 있고, 제도설정과 동시에 기본권의 형성 및 제한의 문제가 수반되는 경우가 있다. 예컨대 국가안전보장회의는 우리 헌법상 필수적 자문기구인데 헌법 제91조 제3항은 국가안전보장회의의 조직·직무범위 기타 필요한 사항은 법률로 정한다고 규정하고 있으나, 여기에서는 단순히 국가안전보장회의라는 조직 내지 제도설정에 헌법위임이 이루어지고 있다. 어떤 기본권의 형성 및 제한의 문제와 관련되어 있지 아니하다. 그런데 헌법 제111조 제1항 제5호에 의한 헌법위임의 경우 입법권에 의한 헌법소원제도 설정의 이면에는 헌법 제27조 제1항과 우리 헌법이 채택하고 있는 법치국가원리에 입각하여 볼 때 헌법소원심판 청구권이 아울러 보장되고 있으며 따라서 이 헌법소원심판 청구권의 형성 및 제한의 문제가 수반되고 있다. 따라서 법원의 재판을 헌법소원의 대상에서 제외하고 있는 것에 대한 헌법판단에 있어서는 기본권 제한입법의 한계규정인 헌법 제37조 제2항에 의한 심사가 필연적으로 따르게 되는 것이다.

3) 헌법재판소법상의 헌법소원의 개관

우리 실정법상의 헌법소원제도는 헌법재판소법 제68조 제1항에 의한 헌법소원(권리구제형 헌법소원)과 동법 제68조 제2항에 의한 헌법소원(규범통제형 헌법소원)으로 나누어 규율되고 있다. 이해의 편의를 위해서는 통상의 일반적인 헌법소원과 공권력의 발동이 법규인 경우의 법규(법령) 헌법소원, 그리고 위헌법률제청신청의 기각결정에 대한 헌법소원(위헌소원)의 세가지로 나누어 볼 수 있다[8]. 판례에 따라 검사의 불기소처분에 대한 헌법소원을 하나의 유형으로 분류해 볼 수도 있다. 어쨌든 우리 헌법재판소법 제68조 제1항은 '공권력의 행사 또는 불행사로 인하여 헌법상 보장된 기본권을 침해받은 자는 법원의 재판을 제외하고는 헌법재판소에 헌법소원심판을 청구할 수 있다. 다만 다른 법률에 구제절차가 있는 경우에는 그 절차를 모두 거친 후가 아니면 청구할 수 없다'라고 규정하여 헌법소원의 보충성을 인정하면서 그 보충성의 결과적 산물인 법원의 재판에 대해서는 헌법소원을 불허하고 있다.

4) 보충성의 관점에서 야기되는 입법모순의 헌법적 평가

헌법소원에서 보충성은 어떻게 인정된 것인가? 헌법소원이란 사물의 본성 속에 개념필수적으로 당연히 내재되어 있는 것인가 아니면 헌법재판소의 특수한 지위에서 인정되는 것인가 또는 헌법재판과 각개의 일반재판의 관계에 대한 권력분립원칙의 차원에서 용인된 역사적 표상인가? 사실적인 측면에서 세 번째 언급된 주장이 가장 유력

8) 우리 헌정사에 있어서는 법원이 제청을 기피함으로써 헌법재판기관의 구체적 규범통제권이 실질적으로 행사될 수 없었던 과거를 가지고 있었다. 구체적 규범통제권의 공동화를 방지하기 위한 제도를 마련하는 차원에서 법원이 제청을 하지 아니한다고 하더라도 소송의 당사자가 재판의 전제가 된 법률을 대상으로 하여 헌법재판소에 구체적 규범통제신청권을 행사할 수 있도록 하였는데, 이것의 명칭이 헌법소원심판의 형식을 빌은 것이 문제였다. 개인의 규범통제신청권을 인정한 것에 불과한 헌법재판소법 제68조 제2항이 헌법소원이라는 명칭을 사용하고 있기 때문에 법원의 재판중 일부분의 기각결정에 대해서 헌법소원을 인정하고 있는 듯하게 현실을 호도할 염려가 있으나 이 위헌소원은 법원의 기각결정 자체를 청구대상으로 삼고 있지 않을 뿐만 아니라 헌법재판의 실제에 있어서도 위헌법률심판과 동일하게 다루어지고, 다만 그 제청방법만을 달리 하고 있을 뿐이다. 따라서 헌법재판소법 제68조 제2항에 의한 헌법소원이 인정되고 있다하더라도 재판소원 전면금지의 현실에 가감이 있는 것은 아니다.

하지만 헌법소원의 보충성을 인정하는 이론적 근거를 위의 세가지 이유 중에서 어떻게 취합하여 제시하더라도 문제될 것은 없다. 우리 헌법재판소법은 헌법소원의 적법요건으로 다른 법률에 구제절차가 있는 경우 그 절차를 모두 거치도록 하여 헌법소원의 보충성을 실정법화하고 있기 때문이다. 헌법의 권능질서를 체계적으로 고찰해 볼 때에도 즉 헌법소원을 헌법의 전체질서안에서 구현하려고 할 때에는 헌법소원의 보충성은 권능구조상 당연히 뒤따르기 마련이다. 다시 말해서 헌법적인 권능질서의 권능분배에 입각해 볼 때 기본권 침해에 대해 기본권을 보장하고 관철시킬 우선적인 과제는 일반 심급법원이 떠맡고 있다고 보아야 하고 따라서 심급법원에 출소(出訴)되어 오는 기본권 침해에 대해서 법원 자신이 스스로 그 침해를 제거해야 할 의무를 지고 있는 것이며 이것은 헌법적 가치질서의 유지를 위해 헌법제정권자가 사법권능에게 부여한 근본결단적 명령인 것이다. 권능분배의 차원에서 필연적으로 수반되는 헌법소원의 보충성은 이러한 법원의 구제기능으로 말미암아 부수적으로 헌법소원의 남용과 오용을 차단하는 효과를 아울러 가지게 된다. 헌법소원의 보충성을 위와 같이 이해할 때 우리 헌법재판소법 제68조 제1항 단서의 규정은 지극히 당연한 규정이고 이 규정을 충족시키다 보면 종국적으로 법원의 재판에 이르게 되는데, 이 법원의 재판을 헌법소원에서 제외시켜야 할 납득할만한 합헌적 근거를 찾을 길이 없다. 법원의 재판은 당연히 공권력의 행사이고, 공권력의 행사에 의해 헌법상 보장된 기본권을 침해받은 자에게 헌법소원을 제기 할 수 있다고 하면서 법원의 재판만을 헌법소원의 대상에서 유독 제외하는 것은 법원의 재판이란 공권력행사는 어떠한 경우에도 기본권을 침해할 수 없다는 것인가?

입법형성권의 한계를 일탈한 자의적 입법여부에 대해서는 후술하기로 한다. 어쨌든 헌법소원에 내재하는 보충성의 원리에 따를 때 결국 사법통제(재판소원)를 본질로 할 수밖에 없는 헌법소원에서 재판소원 전면금지를 내용으로 하는 헌법소원은 자의적인 입법의 소산물이라 아니할 수 없다. 헌법소원과 법원의 재판과의 연결고리는 헌법소원의 보충성과의 관계에서만 이어져 있는 것이지 기본권 침해로부터 자유로운(기본권 침해란 있을 수 없다는) 사법권능을 처음부터 전제하여 헌법소원의 전체구성과 직접 결합시킬 수는 없는 것이다. 즉 헌법소원의 보충성을 인정해야 할 논리적 필연성으로부터 헌법소원의 심판대상에서 법원의 재판을 제외하여야 한다는 명제까지는 결코 도달할 수는 없게 되어 있다. 헌법 제111조 제1항 제5호의 '법률이 정하는 헌법소원'의 문구 중에서 '법률이 정하는'에 초점을 맞추어 이것을 피상적으로만 이해하여 헌법소원의 내용을 법률로 정하기만 하면 합헌이 되는 것이기 때문에 그 헌법상의 지시명령에 입각하여 법률로 정하라는 방법으로, 헌법재판소법 제68조에서 헌법소원의 내용을 형성해 놓았는데 무슨 문제가 있겠는가 하여 입법상 모순이 존재하지 않는다는 주장은 헌법 제111조 제1항 제5호가 입법권자에게 지시한 형식이 법률이라는 점만 충족하고 있는 것이지 그 내용에 대한 헌법판단의 문제는 간과하고 있는 것이다[9].

5) 입법형성권의 한계

헌법 제111조 제1항 제5호의 특별한 헌법위임을 헌법소원제도의 단순 제도설정의 문제로 보거나 헌법소원심판 청구권이 헌법소원제도 설정에 수반된다고 하더라도 단지 형성적 법률유보로 보는 경우에는 헌법소원의 대상에서 법원의 재판을 제외한 것에 대한 위헌논증의 쟁점은 자의금지원칙에 어긋나는 것이 아닌가에 달려 있다. 우리 헌법

9) 졸고, "헌법이란 무엇인가?- 법무사법시행규칙의 헌법재판소 위헌결정에 대한 법원행정처 헌법연구반의 연구보고서를 논박하며", 「연세법학연구 제2집」, 147면 이하 참조. 법무사법시행규칙의 헌법재판소 위헌결정의 쟁점들에 관한 포괄적 정리에 대해서는 이승우, "법무사법시행규칙에 대한 헌재의 위헌결정과 대법원측 견해의 검토", 대한변호사협회지,「인권과 정의」(1991. 2.), 70면 이하 참조.

은 평등권을 규정하고 있고(제11조), 평등권을 보장하고 있다는 의미는 국민에 대한 기회균등의 보장과 공권력에 대한 자의금지 명령이 전제되어 있다는 것이다[10]. 따라서 헌법소원의 대상에서 법원의 재판을 제외한 것이 자의적인 입법이냐의 판단여부는 헌법상의 특별위임의 경우 입법형성권의 한계를 어떻게 설정하느냐에 달려 있다. 이때 헌법소원제도를 제9차 개정헌법에서 최초로 도입한 헌법제정권자의 의지와 헌정사적 의의를 우선 감안해야 한다. 어쨌든 위 헌법위임상 입법권자에게 수권한 사항을 단순제도설정의 경우로 보거나 형성적 법률유보로 보는 경우 법원의 재판을 헌법소원의 대상에서 제외한 것이 입법재량권의 한계를 일탈하였느냐를 살피기로 한다.

입법가 스스로가 정립하는 어떤 특별규정을 통하여 하나의 법영역을 획정하는 내재적인 근본규율로부터 벗어날 수 있느냐 하는 것은 그의 광범위한 입법형성권에 비추어 볼 때 원칙적으로 자유재량의 것이다. 그러나 그러한 일탈이 헌법상의 가치적 결단을 침해하지 않는 범위내에서만 의미있는 것이지 무한정으로 입법정책상의 입법재량권이 행사될 수는 없는 것이다. 가치론적 헌법관에 깔려 있는 한계석 사고(Schranken-Schranken-Denken)를 그 이론적 근거로 삼을 수 있다. 따라서 입법형성권의 한계를 평가해주는 체계정당성의 원리는 그 입법재량의 자의성을 체계합치성과 체계위반성의 규준으로 판단한다. 공권력 중에서 민주적 정당성을 가장 크게 확보하고 있는 입법권능으로부터까지 기본권적 가치의 침해를 예정한다면 왜 하필 민주적 정당성이 가장 약한 사법권능에 의한 침해는 그 예정에서 배제되어야 하는가? 즉 국민의 대표기관인 국회에서 만든 법률도, 국민이 직접 선출한 대통령의 이른바 통치행위도 헌법소원의 대상이 되는데[11] 국민이 선출하지도 않고 임명직 공무원인 법관에 의해서

10) 허영, 「헌법이론과 헌법」, 新訂版, 465면 이하 참조.
11) 헌재 1996. 2. 29. 93헌마186, 판례집 8-1, 111, 116 참조.

이루어진 재판은 왜 헌법소원의 대상이 되지 않아야 하는 것인가? 만보후퇴하여 설령 헌법소원의 대상에서 법원의 재판을 제외한 것을 인정하더라도 결과적으로 보충성에 따라 행정권능에 대한 헌법소원 마저도 봉쇄한 경우도 헌법적 가치질서에서 허용되는 입법형성권의 행사인가?[12] 이것은 도대체가 납득될 수 없는데 이것이 바로 체계위반성에 의한 입법가의 자의의 징표로서 입법가의 자기기속에도 어긋나고, 헌법상의 체계정당성의 명령을 위반한 입법형성권의 위헌적인 한계 유월이 아니고 다른 무엇인가!

6) 헌법 제37조 제2항에 의한 판단

헌법 제111조 제1항 제5호에 의한 헌법위임의 경우 입법권에 의한 헌법소원제도 설정의 이면에는 헌법 제27조 제1항과 우리 헌법이 채택하고 있는 법치국가원리에 입각하여 볼 때 헌법소원심판 청구권이 기본권으로서 아울러 보장되고 있다. 헌법소원심판 청구권이 헌법에 명시적으로 열거되지 아니한 이유로 경시되지 아니한다(제37조 제1항). 국가는 개인이 가지는 헌법소원심판 청구권을 확인하고 이를 보장할 의무를 진다(제10조 제2문). 우리 헌법재판소도 헌법소원심판 청구권을 '기본권의 하나인 헌법재판을 받을 권리'로 파악하

12) 오스트리아 헌법이나 1818년과 1919년의 독일 바이에른 주헌법처럼 재판을 헌법소원의 대상에서 제외하고 있는 예도 있다. 그러나 오스트리아는 법원의 재판을 헌법소원의 대상에서 제외하면서도 행정처분이나 명령에 대한 헌법소원을 인정하고 있어 우리의 경우와는 다르다. 헌법소원의 대상에서 법원의 재판을 제외하는 것이 법원의 재판만이 아니라 보충성의 원칙과 관련하여 법원의 재판의 대상이 되는 공권력의 행사나 불행사까지도 헌법소원의 대상에서 배제하는 결과를 초래하고 있어 헌법소원을 제기할 수 있는 권리를 지나치게 광범위하게 제한하여 재판청구권을 침해하고 있다는 지적에 대해서는 김문현, 전게평석(주4), 14면 참조. 오스트리아 행정재판소와 헌법재판소와의 관계, 특별한 행정재판소의 기능(Sonderverwaltungsgerichtsbarkeit)으로서 행하는 헌법재판소의 일정한 보충적인 소원(Beschwerde)관할(동 헌법 제144조 제1항), 명령·규칙에 대한 일반 개인의 규범통제심사청구권(Individualantrag)에 대한 개괄적인 설명에 대해서는 졸고, 전게 논문(주9), 156면 이하 참조.

고 있다[13]. 사법권의 관할에 속하는 재판 청구권과 헌법재판소의 관할에 속하는 헌법소원심판 청구권 사이에 우리 헌법이 취하고 있는 태도는 법률에 의한 재판을 받을 권리(제27조 제1항)와 법률이 정하는 헌법소원(제111조 제1항 제5호)을 정하고 있을 따름이다. 양자의 포섭관계를 살펴보면 헌법소원심판 청구권은 재판청구권과는 별도의 근거규정(제111조 제1항 제5호)에서 인정된 권리이지만 법치국가원리를 구현한다는 측면은 같고 또한 순수하게 재판이란 성질만 따져봤을 때 헌법소송이라는 차원에서는 일반 재판청구권의 확장이라는 측면이 있고 보충성의 엄격한 제소요건이라는 차원에서는 일반재판청구권의 제한이라는 측면이 있다. 어쨌든 헌법재판소법 제68조 제1항이 헌법소원심판 청구권을 제한하고 있다면 이 규정은 헌법 제37조 제2항에 의한 판단을 면할 수 없다. 헌법 제37조 제2항은 '국민의 모든 자유와 권리는 국가안전보장 · 질서유지 · 공공복리를 위하여 필요한 경우에 한하여 법률로서 제한할 수 있으며, 제한하는 경우에도 자유와 권리의 본질적 내용을 침해 할 수 없다고 규정하고 있다.

1) 본질적 내용의 침해여부

구체적 규범통제제도(위헌법률심판제도)가 입법통제를 그 본질로 한다면 헌법소원심판제도는 사법통제(재판통제)를 그 본질로 한다는 것이 통설적인 견해이다. 헌법소원제도상의 보충성의 원리에 입각할 때 필연적으로 재판에 귀결되기 때문이다. 물론 헌법소원제도는 법령(법규)소원에 의해서는 입법통제 기능도 행한다고 할 수 있다고 본다. 여하튼 독일에서는 공권력의 개념내용을 입법권자가 입법형성권에 의하여 확정하는데 있어서 법원의 재판을 배제한다는 것은 불가능하다는 것이 학설의 지지를 받고 있다. 나아가 법원의 재판에

---

13) 헌재 1993. 7. 29. 89헌마31, 판례집 5-2, 109 참조(이른바 국제그룹해체사건에 관한 결정).

대한 헌법소원절차를 아주 까다롭게 하여 헌법소원을 공동화(nudum ius)시키는 간접적인 제한까지도 금지된다는게 일반적인 주장이다[14].

헌법소원심판 청구권을 제한하고 있는 제68조 제1항을 검토할 때 헌법소원제도가 재판통제를 그 본질로 한다는 통설적인 견해에 따른다면 동 규정에서 법원의 재판에 대해 전혀 헌법소원심판 청구권의 행사를 배제한 것은 헌법소원심판 청구권의 본질적 내용을 침해한 것이다. 헌법재판소법 제68조 제2항의 헌법소원에 의한 대상조치(Surrogat)도 위 판단을 배제시켜 주지는 못한다. 왜냐하면 동법 제68조 제2항에 의한 헌법소원(위헌소원)은 그 본질이 헌법소원이 아니고 규범통제이며, 헌법재판소법 제41조 제4항에서 '위헌여부심판의 제청에 관한 결정에 대하여는 항고할 수 없다'라고 규정한 것(제헌헌법하의 헌법위원회법 제9조도 항고를 인정하고 있었다. 본래는 소송법상 재판유형의 하나인 결정에 대해서는 항고로 불복할 수 있는 것이 원칙이다)에 대응하여 단순히 그 불복방법을 헌법소원의 이름만으로 행하는 기형적인 것이기 때문이다. 한마디로 헌법재판소법 제68조 제2항의 청구대상은 법원의 기각결정이 아니라 위헌제청신청의 대상이된 법률인 것이다. 따라서 헌법소원의 형식으로는 여기의 기각결정에 대해서 뿐만 아니라 일체의 법원의 재판에 대해서는 다툴 수가 없게 되어 있는 것이다.

2) 과잉금지원칙의 위반 여부

우리 헌법재판소는 과잉금지원칙의 내용으로 목적의 정당성, 방법의 적정성, 피해의 최소성, 법익의 균형성의 심사척도를 거론하고 있다. 법원의 재판을 헌법소원의 대상에서 제외한 것이 사실상 헌법소원심판 청구권을 형해화시켜 헌법소원심판 청구권의 본질적 내용을 침해하였다는 판단에 이르면 굳이 과잉금지원칙의 위반여부를 심사할 필요가 없다. 설령 본질적 내용을 침해하지 않았다고 하더라도 과잉

---

14) 졸고, 전게 논문(주9), 153면 이하 참조.

금지원칙을 위배했는지의 여부를 살피기로 한다. 헌법소원의 대상에서 법원의 재판을 제외한 목적, 즉 헌법소원심판 청구권의 제한목적은 대법원의 권위유지나 사건폭주방지등을 들 수 있다. 대법원의 권위유지의 제한목적은 이미 헌법에서 설정한 제한목적의 정당성에서 배치된다. 사건폭주방지의 목적은 질서유지 및 공공복리를 위하여 제한목적으로서의 정당성을 상정할 수 있다. 그러나 그 목적을 달성하기 위하여 재판에 대한 전면적인 헌법소원의 금지는 방법의 적정성, 피해의 최소성, 법익의 균형성 요건의 어느 것도 충족되지 아니한다. 따라서 예외 없이 법원의 재판에 대해서는 헌법소원을 금지한 것은 헌법소원심판 청구권을 과잉으로 제한한 위헌이라 아니할 수 없다.

3) 원처분의 판단문제와의 관계

공권력의 행사가 행정처분인 경우 보충성의 원리에 따라 대법원의 판결까지 받고, 대법원의 판결에 대해서가 아니라 원처분에 대해서 헌법소원을 제기할 수 있는지에 대해서는 긍정설과 부정설이 있다. 부정설의 논기는 보충성의 원리에 입각할 때 원처분에 의한 기본권 침해는 사상(捨象) 되었고 종국적으로 원처분을 정당하다고 한 판결에 의한 기본권 침해만이 있기 때문에 원처분에 의한 헌법소원은 부적법하다는 것이다. 긍정설은 원처분의 침해성 여부에 대해 중점을 두고 있는 것이 아니라 이 경우 보충성요건을 충족하고 있다는 사실에만 비중을 두고 있다. 어쨌든 긍정설에 의하면 원처분의 위헌성을 인용한 헌법재판소의 결정은 그 일반적 기속력 때문에(헌법재판소법 제75조) 이러한 경우 대법원의 판결은 간접적으로 파기되고 헌법소원의 심판대상에서 법원의 재판을 제외시킨 헌법재판소법 제68조 제1항의 본문규정의 일부를 사문화시킴으로서 헌법소원의 보충성과의 논리적 모순을 제거할 수 있는 것처럼 보인다. 이것은 위헌적인 행정처분과 그에 부수하는 위헌적인 대법원의 판결을 염두에 두고 전개된 이론이다. 행정소송이 아닌 일반 민·형사소송의 경우에는 해결방책이 없다.

필자의 견해로는 원처분에 대해 헌법재판소가 다루는 것은 문제를 근원적으로 해결하는 것이 아니라 오히려 문제를 난삽하게 만든다고 사료된다. 우리 헌법소원에 있어서 기형적인 파행의 모든 근원은 법원의 재판을 헌법소원의 대상에서 제외한 것에서 비롯된다. 법원의 재판을 헌법소원의 대상으로 할 때에는 헌법재판소법 제68조 제2항에 의한 헌법소원이나, 헌법재판소의 결정 유형 중 일정한 적용배제를 목적으로 하는 한정위헌결정등은 전혀 불필요한 것이 될 것이다. 난마처럼 얽혀있는 매듭을 풀기 위해서 원처분이라는 판도라 상자(Pandora Box)를 여는 것보다는 일도(一刀)로 재판소원 전면금지라는 애물단지(crux)의 Gordius 매듭(Gordian knot)을 내리치는 지혜가 가장 설득력이 크다고 볼 것이다.

第3절 헌법재판소 1997. 12. 24. 96헌마172, 173(병합) 헌법재판소법 제68조 제1항 위헌확인등 결정에 대한 평석

1. 결정요지

헌법재판소는 1997. 12. 24. 위 사건에서 "헌법재판소법 제68조 제1항의 '법원의 재판'에 헌법재판소가 위헌으로 결정한 법령을 적용함으로써 국민의 기본권을 침해한 재판도 포함되는 것으로 해석하는 한도내에서 헌법재판소법 제68조 제1항은 헌법에 위반된다"고

하여 한정위헌결정을 내리고, 헌법재판소의 한정위헌결정을 일응의 견해표명에 불과하다고 하여 헌법재판소의 한정위헌결정의 효력을 부인하였던 대법원 1996. 4. 9. 선고 95누11405 판결을 취소하고 아울러 동 판결의 대상이 되었던 원처분인 동작세무서장의 양도소득세등 부과처분도 취소하였다. 그런데 헌법재판소는 재판소원금지를 규정한 제68조 제1항의 관련규정은 원칙적으로 헌법에 위반되지 않는다는 입장하에 단지 그 규정의 적용영역만을 한정하는 의미에서 한정위헌결정을 내리고 있다. 먼저 제68조 제1항의 재판소원금지부분에 대한 원칙적인 합헌논증의 이유를 살펴보고 이에 대한 논박을 제시하기로 한다.

2. 결정이유와 그 비판

1) 헌법재판소는 대전제로서 우리의 헌법의 이념과 현실을 고려할 때 헌법소원은 언제나 '법원의 재판에 대한 소원'을 그 심판의 대상에 포함하여야만 비로소 헌법소원제도의 본질에 부합한다고 단정할 수 없다는 논거를 제시하고 평등권을 침해하지 않는다는 논거로서 법원의 재판을 헌법소원심판의 대상에서 제외한 것은 사법부에 대한 특권을 인정한 것으로 입법작용과 행정작용의 잠재적인 기본권침해자로서의 기능과 사법작용의 기본권보호자로서의 기능을 비추어 볼 때 이것은 정당화된다는 논거를 제시하고 있다.

그러나 목하 문제가 되고 있는 것은 법원의 재판에 대한 헌법소원의 전면적 금지에 대한 헌법적 판단의 문제이다. 헌법소원의 대상에 법원의 재판이 반드시 포함되어야 하느냐 아니냐의 문제가 요체가 아닌 것이다. 물론 가부의 문제가 범위의 문제를 포함할 수도 있지만, 헌법소원의 본질에 대한 확정적 내용을 전제하지 않으면서 가부의 문제에 의한 헌법소원제도의 본질에 부합여부의 논증은 공허한 논리이다.

입법작용이든 행정작용이든 사법작용이던간에 모든 국가작용은 기본권을 실현하고 보호하기 위해서 존립하는 것이지 처음부터 어떤 국가기능이 기본권침해자로서 존재하는 것도 아니고 입법작용과 행정작용도 기본적으로 기본권을 실현하고 보호하는 작용이다. 그 기본권실현·보호 과정에서 침해가 문제될 따름이다. 또한 모든 국가권력은 잠재적인 기본권침해자로서의 측면을 가지고 있기 때문에 사법작용이라고 해서 예외일 수는 없다. 잠재적인 기본권침해자로서의 입법작용과 행정작용을 들고 기본권보호자로서의 사법작용이라는 양단논법에서 사법부에 특권을 인정하는 것은 크나큰 논리비약이라 아니할 수 없다. 요컨대 헌법소원심판 청구권은 국가기관이 기본권구제기관인가의 여부를 떠나서 기본권의 침해시에 비로소 그리고 언제나 문제가 되는 것이다. 기본권의 침해가능성이 상대적으로 적고 많음에 본질적인 차이를 두어 재판소원금지로서 사법권의 특권을 인정하는 것은 평등권의 침해여부의 판단시 필연적으로 제기되는 비교집단의 비교기준의 선택과 비교의 출발점에 근원적인 오류를 범하고 있는 것이다[15]. 재판소원의 전면적 금지를 이와 같은 사법권의 특권으로 논증하는 것은 평등권의 법리적용에 문제가 있을 뿐만 아니라 결과적으로 사법권은 어떠한 경우에도 기본권을 침해할 수 없다는 결과로 귀결되거나, 설령 기본권을 침해한다고 하여도 사법부의 특권으로 헌법소원의 대상에서 배제하는 것을 정당화하는 것이기 때문에 이것은 신판 통치행위이론과 다름 아니며 법치국가원리에 정면으로 배치되는 것이다.

또한 헌법재판소는 법원의 최고심급에 의한 기본권침해의 경우 권

15) 同旨, 정연주, "헌법재판소법 제68조 제1항에 대한 한정위헌결정의 문제점 - 헌법재판소 1997. 12. 24. 96헌마 172, 173(병합) 결정과 관련하여-", 「고시계」(1998. 2), 118면 이하 참조.

리구제의 사각지대가 발생하더라도 최종심급에 의한 권리침해의 가능성은 언제나 존재하는 것이기 때문에 이러한 침해가능성에 대한 또다른 안전장치는 법치국가적으로 불가피한 것이 아닐 뿐만 아니라 궁극적으로 가능한 것도 아니라는 논증을 하고 있는데16) 이것은 평등권에 관한 법리적 논증이 아니라 결단이라는 당의(糖衣)를 씌운 억지논리이다. 우리는 지금 어떤 기본권침해의 권리구제가 막연히 법치국가적으로 불가피하느냐 아니냐, 궁극적으로 가능하느냐 아니냐의 차원에서 출발하는 것이 아니라 헌법에서 헌법소원제도를 두고 있는 그 점으로부터 출발하여 재판소원의 전면금지가 자의적인 것이냐 아니냐의 판단문제에 직면하고 있는 것이다. 또한 위와 같은 결단적인 논법에 의한 논거는 권력통제를 목적으로 하는 헌법재판제도의 존립근거를 부정하는 것과 다름아니다. 즉 여기서 문제되는 것은 심급제도에 의한 기관내부통제에 관련된 것이 아니라 헌법재판소를 두고 있는 현 법제하에서 이질적인 기관간의 통제에 관련된 것이다. 처음부터 아예 기관간의 통제를 생각하지 않고 기관내부적인 통제만에 맡겨둔다면 굳이 기관간의 통제를 대상으로 하고 있는 헌법소원을 헌법에 둘 이유가 없다. 한마디로 법원의 재판에 대해서만 헌법소원전면금지를 하고 있는 것을 사법부의 특권으로 정당화하여 평등권침해가 아니라는 논리는 특권이론의 남용으로 이 자체가 바로 자의적으로 입법하여 평등권을 침해하고 있다는 것을 가장 역설적으로 논증해주고 있는 것과 다름 아니다.

2) 헌법재판소는 재판소원 전면금지가 재판청구권을 침해하지 않는다는 논거로 다음과 같이 설시하고 있다. 즉 재판청구권은 사실관

16) 이러한 논리대로 한다면 헌법재판소에서 위헌결정된 법률을 법원이 적용했다고 하더라도 일단 최고법원인 대법원의 최종적인 판결이 있었다면 이 헌법재판소의 한정위헌결정과 달리 체념해야 한다는 논리도 역설적으로 가능하다는 논리적 모순에 빠지게 된다. 이러한 지적에 대해서는 정연주, 상게논문, 121면 참조.

계와 법률관계에 관하여 최소한 한번의 재판을 받을 기회가 제공될 것을 국가에게 요구할 수 있는 절차적 기본권을 뜻하므로 기본권의 침해에 대한 구제절차가 반드시 헌법소원의 형태로 독립된 헌법재판기관에 의하여 이루어질 것만을 요구하지는 않는다는 것이다. 법원의 재판은 법률상 권리의 구제절차이자 동시에 기본권의 구제절차를 의미하므로, 법원의 재판에 의한 기본권의 보호는 이미 기본권의 영역에서의 재판청구권을 충족시키고 있기 때문이라 한다.

여기서는 우선 기본적으로 헌법 제27조의 재판청구권과 헌법 제111조 제1항 제5호의 헌법소원심판 청구권의 관계가 선행적으로 인식되어야 한다. 헌법 제27조 제1항에서 말하는 '재판'에 헌법재판이 포함되는지의 여부가 논의되어야 한다. 여기에 포함된다는 논증을 할 때야 비로소 재판청구권의 침해여부를 판단하는 것이 논증의 적실성을 가지게 된다. 그러나 일반재판과 헌법재판을 구별하고, 헌법 제27조 제1항에서 말하는 '재판'에 헌법재판이 포함되지 않는다는 입장을 취하면 헌법소원심판 청구권은 헌법 제27조 제1항에서 파생되어 나오는 것이라고 보기 어렵다. 그러면 헌법소원심판청구권이 헌법 제111조 제1항 제5호에서 직접 파생되어 나오는 '기본권'이냐의 문제가 논증되어야 한다. 그런데 우리 헌법재판소 판례는 이미 헌법소원심판 청구권을 '기본권의 하나인 헌법재판을 받을 권리'로 파악하고 있다[17]. 따라서 굳이 일반적인 재판청구권의 관점에서 논증할 것이 아니라 법원의 재판에 대한 헌법소원 전면금지가 '헌법소원심판 청구권'이라는 기본권을 과잉으로 제한한 것이냐의 여부를 헌법 제37조 제2항에 따른 판단을 하는 것이 보다 정밀한 논증이라고 볼 것이다. 재판소원 전면금지가 과잉금지원칙에 위반되어 위헌이라는 논증은 이미 앞장에서 밝힌 바 있다. 이와 같은 관점에서는

17) 헌재 1993. 7. 29. 89헌마31, 판례집 5-2, 109 참조(이른바 국제그룹해체사건에 관한 결정).

위에서 제시한 헌법재판소의 논거는 초점을 전혀 일탈하고 있으며 '법원의 재판은 법률상 권리의 구제절차이자 동시에 기본권의 구제절차를 의미하므로 법원의 재판에 의한 기본권의 보호는 이미 기본권의 영역에서의 재판청구권을 충족시키고 있다'는 설시는 전혀 무의미한 논거라고 아니할 수 없다. 또한 법원의 재판도 헌법소원심판의 대상으로 하는 것이 국민의 기본권보호의 실효성 측면에서 바람직한 것이 분명하나 현재의 법적 상태가 이상적인 것으로 개선되어야 할 여지가 있다는 것이 곧 위헌을 의미하지 않는다고 설시하고 있는데, 이것은 재판소원 전면금지에 대한 합헌논증이 아니라 위헌논증을 회피하는 논증에 불과하다. 즉 문제의 초점을 입법론 차원으로 전화시켜 상정된 입법론에 대해 입법론으로 자문자답한 것으로 불필요한 사족에 불과하다.

3) 헌법재판소는 본안판단에 있어서 모든 헌법규범을 심사기준으로 삼으로써 청구인이 주장한 기본권의 침해여부에 관한 심사에 한정하지 아니하고 모든 헌법적 관점에서 심판내상의 위헌성을 심사하므로 헌법재판소법 제68조 제1항이 비록 청구인이 주장하는 기본권을 침해하지는 않지만 헌법 제107조 및 제111조에 규정된 헌법재판소의 권한규범에 부분적으로 위반되는 위헌적인 규정이라고 설시하고 있다.

우리 헌법재판소법 제75조 제2항은 헌법소원을 인용할 때에는 인용결정의 주문에서 침해된 기본권과 침해의 원인이 된 공권력의 행사 또는 불행사를 특정하여야 한다고 규정하고 있다. 침해된 기본권을 특정하지 않고 헌법재판소가 위와 같은 논증을 하는 것은 헌법소원심판 청구권을 논증의 출발점으로 삼지 않았기 때문이다. 독일 기본법 제93조 제1항 제4a호, 연방헌법재판소법 제90조 제1항은 기본권침해를 받았다고 '주장'함으로써 헌법소원을 제기하는 것으로 하여 엄격하게 당사자의 주장에 대하여만 심사해도 족하는 독일에서도 심사범위를 확대할 수 있다고 하고 있으며 더더욱 우리 헌법재판소법 제68조 제1항은 '주장'책임을 부과함이 없이 기본권을 '침해받은' 자가 헌법소원심판을 청구할 수 있다고만 규정하고 있다. 따라서 당사자의 주장책임과 헌법재판소의 논증책임을 구별하여 논증의 범위를 주장범위 이상으로 확대할 수 있다는 것은 옳으나 헌법재판소법 제68조 제1항이 청구인의 기본권을 침해하지는 않는다는 논리는 헌법소원심판 청구권의 기본권성을 인식함이 없이 개진한 것이기 때문에 잘못된 것이다.

4) 헌법재판소법 제68조 제1항이 원칙적으로 헌법에 위반되지 아니한다고 하더라도 법원이 헌법재판소가 위헌으로 결정한(당연히 기속력을 가지는 한정합헌, 한정위헌, 불합치결정 포함) 법률을 적용함으로써 국민의 기본권을 침해하는 경우에는 예외적으로 그 재판도 헌법소원의 대상이 된다고 결정하여, 한정위헌결정의 기속력을 부인한 이 사건 대법원 판결(1996. 4. 9. 선고 95누11405 판결)에 대한 재판소원의 적격성을 인정한 후 동 재판을 재산권침해의 이유를 들어 헌법재판소법 제75조 제3항에 따라 취소하였다[18]. 나아가 법원의 재판에 대한 헌법소원이 예외적으로 허용되는 경우에는 그 재판의

18) 이 경우 정연주 교수(전게 논문:주15)는 서울고등법원의 판결(1995. 7. 6. 93구6456)도 취소하여 한다는 입장을 취하고 1998. 1. 8. 자 법률신문 사설은 헌법재판소는 대법원의 판결에 대해 위헌선언만 하고 그 헌재의 결정은 고등법원의 판결에 대한 재심사유가 된다고 보는 것이 절차법의 법리에 맞는 것이라는 입장을 취하고 있다. 재심사유로 보는 경우 민사소송법 제422조 제1항 제9호(판결에 영향을 미칠 중요한 사항에 관하여 판단을 유탈한 때)내지 제10호(재심을 제기할 판결이 전에 선고한 확정판결과 저촉되는 때)를 준용하여야 하겠지만 굳이 재심으로 청구할 필요 없이 헌법재판소법 제75조 제1항의 기속력에 따라 헌법재판소가 재판에 대한 헌법소원인용의 형식으로 한(여기서는 파기자판한) 대법원판결의 취소는 주문에 구체적인 환송지시가 특정되어 있지 않다고 하더라도 결국 원심법원으로 환송되어 헌법재판소의 결정대로 원심법원은 다시 판결할 법적 의무가 발생된다고 할 것이다.

대상이 된 행정처분에 대한 헌법소원심판의 청구가 허용된다고 하여 이 사건의 원래의 행정처분(1992. 6. 16. 동작세무서장의 청구인에 대한 과세처분)까지도 재산권침해의 이유를 들어 헌법재판소법 제75조 제3항에 따라 취소하였다.

공권력의 행사 또는 불행사로 인하여 헌법상 보장된 기본권을 '침해'받은 자만이 헌법소원심판을 청구할 수 있다. 따라서 기본권침해성을 특정할 필요가 있다. 원행정처분과 이에 대한 행정소송의 대법원 판결과의 관계에서 청구인이 입은 기본권침해는 보충성의 원리에 따를 때 종국적으로 원처분을 정당하다고 한 대법원판결에 대해서만 인정될 수 있다. 그렇기 때문에 설령 위 헌법재판소의 재판소원금지에 대한 한정위헌결정을 따를 때에도 대법원의 판결외에 원처분취소까지 한 것은 법리적으로 문제가 있다. 헌법재판소는 위 경우 원래의 행정처분까지도 취소하여 보다 신속하고 효율적으로 국민의 기본권을 구제하는 한편 기본권침해의 위헌상태를 일거에 제거함으로써 합헌적 질서를 분명하게 회복하는 것이 법치주의의 요청에 부응하는 것이라는 이유를 설시하고 있다[19]. 그러니 헌법재판소가 대법원판결

19) 정연주 교수는 이 사건의 경우에는 첫째 이미 법원의 재판이 헌법소원의 대상이 되었고, 둘째 일차적으로 청구인의 기본권을 침해한 것은 원래의 행정처분이므로 결국 원처분이 취소되어야 기본권구제가 가능하고, 셋째 헌법재판소가 원처분을 취소시키지 않으면 법원이 취소시켜야 하는데 이 사건의 경우 대법원이 헌법재판소의 결정취지에 따라 원처분을 취소시킬 가능성이 별로 없어 보이고 넷째 헌법재판소도 지적했듯이 이 사건 과세처분에 대한 심판을 위하여 달리 새로운 사실인정이나 법률해석을 할 필요성이 없으므로 원처분을 헌법소원심판의 대상으로 삼아 이를 취소할 수밖에 없었던 사안이라고 보고 있다. 정연주, 전게논문(주15), 124면 이하 참조; 김문현 교수는 대법원의 판결을 취소하는 경우에 헌법재판소법 제68조 제1항을 이유로 이 사건 과세처분이 헌법소원의 대상이 되지 않는다고 할 수 없고, 또 헌법재판소의 위헌결정 당시 이 사건 과세처분에 대한 행정소송이 계속중에 있어 이 사건에 대해서도 위헌결정의 효력이 소급하여 미치는 경우에 해당하며, 이 사건 과세처분에 대한 심판을 위해 새로운 사실인정이나 법률해석의 필요성이 인정되지도 않으므로 법원의 재판만을 취소하는 것보다 원래의 행정처분까지도 취소하는 것이 청구인의 권리구제에 신속·효율적이며 기본권침해의 위헌상태를 일거에 제거할 수 있다는 점에서 타당하다고 보고 있다. 김문현, 전게평석(주4), 15면 참조.

의 취소후 후속절차까지를 모두 명쾌하게 해결할려고 하는 것은 헌법상의 권능체계에 비추어 볼 때 타 국가기관의 기능과제를 도외시한 지나친 정의감의 발로라고 본다. 권리구제의 신속성도 중요한 헌법적 법익이라 할 수 있지만 일반적인 절차적 구제통로가 비상적인 헌법재판에 의한 구제통로보다 적용의 우월성을 가져야 한다. 집행력이 없는 헌법재판의 특성상 타 국가기관의 자발적인 이행의지 없이는 헌법재판소의 원처분취소결정도 실효적 의미가 없기 때문에 그렇고, 또한 헌법재판의 개입 없이도 정상적으로 가동되는 일반절차의 항상적 기능의 유지 및 활성화가 법치국가의 정신에 더 부합하다고 보기 때문이다[20].

3. 소수의견에 대한 비판

1) 헌법은 국가의 사법작용 중 구체적 쟁송에 관한 재판등 고유한 사법기능과 명령·규칙·처분에 대한 위헌심사는 대법원을 최고법원으로 하여 조직된 법원에 맡기는 한편, 법원과는 별개의 독립된 헌법재판소를 설치하여 법률에 대한 위헌심판등 헌법재판기능을 관장하게 하는 이원적인 사법제도를 채택하고 있다고 전제한 뒤, 이것을 논증의 출발로 삼고 있다.

소수의견은 헌법재판의 본질을 사법권의 연장선상에서 이해하여 이원적인 사법제도의 한 내용으로 헌법재판을 파악하고 있다. 헌법재판은 본래적 의미의 순수한 사법작용은 아닐 뿐만 아니라 어느 정도 사법작용의 성격을 가지고 있다하더라도 헌법분쟁은 정치규범인

---

20) 정연주 교수도 원칙적으로는 헌법재판소가 법원의 판결만을 취소시키고 사건을 법원으로 환송하여 원처분에 대한 취소여부는 법원이 -헌법재판소의 헌법문제에 대한 결정취지에 따라 -최종적으로 판결하도록 하는 것이 법원과 헌법재판소간의 기능적 권력분립 및 법원의 역할과 기능유지를 위하여 바람직하다는 것을 지적하고 있다. 정연주, 전게논문(주15), 125면 참조.

헌법에 관한 분쟁이기 때문에 단순한 법리적 인식만으로로는 그 분쟁해결을 이끌어 낼 수 없다. 법리적인 설득력뿐만 아니라 정치적 타당성의 관점에서 헌법분쟁에 대한 유권적인 해결을 지향하기 때문에 정치작용·입법작용의 측면도 내포하고 있고 이러한 측면에서는 고유한 의미의 사법과는 본질적으로 다르다. 우리 실정헌법도 이러한 점에서 기능적 권력통제를 본질로 하는 헌법재판권능을 제5장 법원과 달리 제6장의 독립된 장에서 헌법재판소를 규율하고 있다. 또한 필자가 앞서 지적한 바와 같이 우리 헌법상의 권능체계를 보다 면밀하게 분석하여 대법원에 관하여 규정하고 있는 최고법원(제101조 제2항)의 의미와 명령·규칙의 최종적인 심사권(제107조 제2항)의 의미를 실체적으로 파악할 필요가 있다.

2) 소수의견은 입법자가 법원의 재판을 헌법소원의 대상에서 제외한 것은 이원적인 사법제도를 채택하여 구체적 쟁송에 관한 재판을 법원에 맡긴 근본취지와 헌법재판소와 법원의 권한 및 상호간의 독립, 우리 재판제도와 법적 안정성등 여러 가지 사정을 고려하여 입법정책적으로 결정한 것이므로 그것이 입법형성권의 범위를 일탈하였다고 할 수 없고, 따라서 법원의 재판을 다른 공권력행사와 달리 헌법소원의 심판대상에서 제외한 것이 평등의 원칙이나 법치주의원리에 위반되거나 재판청구권을 침해한 것이라고 할 수 없다고 하고 있다.

사법권은 정치권력으로부터 중립적인 권력이기 때문에 입법권이나 행정권에 비추어 볼 때 민주적 정당성이 가장 약한 권능이다. 따라서 사법권의 중립성 때문에 그만큼 사법권의 독립이 강하게 요구되면 될수록 사법권에 의한 기본권침해에 대한 구제장치도 다른 국가권력에 의한 기본권침해와 대등하게 마련되어야 한다. 재판에 의한 기본권침해는 어떠한 경우에도 있을 수 없다는 논리는 맹목과 독단이며 사법권의 독립성과 사법권의 성역화를 구별하지 못하는 것이다. 기본권침해가 있을 수 없다거나 기본권침해가 설령 있다고 하더라도 사법영역은 다른 국가권능과 달리 특권영역이기 때문에 헌법소원을 인정할 수 없다는 것은 무소불위의 일정한 성역을 인정하는 결과가 되고, 또한 이미 성역을 인정하는 자체가 법치국가에서 터부시하는 가장 반법치적인 사고라는 것은 주지의 사실이다. 그런데 국민의 대표기관인 국회에서 만든 법률도, 국민이 직접 선출한 대통령의 이른바 통치행위도 헌법소원의 대상이 되는데, 국민이 선출하지도 않고 임명직 공무원인 법관에 의해서 이루어진 재판은 헌법소원의 대상에서 제외시키고 있다. 나아가 헌법소원의 보충성을 입법에 반영하면서 그 결과인 재판에 대한 헌법소원을 금지하여 행정권능에 대한 헌법소원 마저도 봉쇄하고 있다. 이러한 입법이 헌법적 가치질서에서 허용되는 입법형성권의 범위에 포함된다고 소수의견은 논증 아닌 결단을 내리고 있다. 입법재량적인 형성의 한계유월을 판단하기 위하여 재판소원 전면금지가 평등원칙에 내포된 국가권력행사의 자의금지원칙과 입법의 체계조화성을 위배하고 있는지를 소수의견은 보다 구체적으로 논증했어야 했다. 단순히 입법정책적으로 결정되었다고 하여 언제나 헌법적 가치판단으로부터 자유로운 것은 아니기 때문이다.

3) 소수의견은 다수의견과 같이 법원이 헌법재판소가 한 법률에 대한 위헌결정의 효력을 부정하고 위헌으로 결정된 법률을 그대로 적용하여 재판을 한 것은 법원이 실질적으로 헌법상 헌법재판소의 권한으로 되어 있는 법률에 대한 위헌심판을 한 것으로서 이 사건 판결의 경우는 헌법재판소법 제68조 제1항의 재판소원금지가 합헌인 것과는 상관없이 헌법소원심판을 청구할 수 있다고 하고 있다.

전체적인 문맥상으로 볼 때 소수의견의 위와 같은 입장이 재판소원금지규정에 대해 한정위헌결정을 주장하고 있는 것인지 단순합헌결정을 주장하고 있는 것인지는 분명하지 않다. 이 사건 판결은 '법원이 스스로 법률에 대한 위헌심판을 하였다는 점에서' 헌법재판소법 제68조 제1항이 헌법소원심판의 대상에서 제외한 법원의 재판에 포함되지 않는다고 소수의견이 설시하고 있다. 따라서 소수의견은 이 사건 판결에 대해 법원의 관할재판권의 행사가 아닌 별개의 법원의 공권력의 행사로 파악하고 있는 듯한 인상을 준다. 그렇다면 소수의견은 다수의견과 달리 재판소원금지규정에 대해서는 명백히 단순합헌결정을 하고 있다고 볼 수 있다. 이 사건 판결은 그 내용이 어찌되었든가간에 법원재판의 한 형식인 판결이 분명하다. 명백한 '판결'에 대해 그것은 헌법소원의 대상에서 제외한 '재판'의 의미에 포함되지 않는다고 하여 헌법소원을 인정한 것은 재판소원금지의 합헌결론과 어떤 논리적 관계에 있는지 의문스럽다.

4) 소수의견은 이 사건 판결에 대해 헌법소원심판청구가 가능하더라도 구체적 사건에 관한 대법원의 재판인 이 사건 판결자체를 직접 취소한 것은 헌법재판소와 법원의 권한 및 상호간의 독립을 규정한 헌법의 취지에 비추어 적당하지 아니할 뿐만 아니라 대법원의 재판을 취소하는 경우의 후속절차에 관하여 아무런 규정이 없어 그 효력을 둘러싸고 법적 혼란이 일어날 우려가 있기 때문에 위헌이라고 확인만하고 그 후속조치는 법원에 맡기는 것이 바람직하다고 설시하고 있다.

재판소원 전면금지 규정에 대해 위헌결정을 하고 병합된 별개의 재판소원사건에 대해 재판취소를 하는 것이 가장 타당하지만, 다수의견과 같이 한정위헌결정을 하는 경우에도 법원의 재판이 예외적으로 일난 헌법소원의 대상이 되는 때에는 헌법재판소법 제75조 제3항에 따라 재판취소를 하는 것이 타당하다. 소수의견은 기본권침해의 원인이

된 공권력의 불행사의 경우에 위헌확인을 하고 공권력의 행사의 경우에는 취소결정을 하는 명문의 규정에 배치되는 것이다. 헌법재판소의 기존의 판례에 있어서도[21] 기본권 침해의 원인이 된 공권력의 행사에 대하여 취소결정 대신에 위헌확인 결정을 하는 것은 그 행위의 성질상 취소가 불가능하거나 의미 없는 경우에만 허용하고 있다.

5) 소수의견은 원행정처분에 대해 헌법소원을 허용하는 것은 처분에 대한 최종적인 위헌심사권을 대법원에 부여하고 있는 헌법 제107조 제2항과 법원의 재판을 헌법소원심판의 대상에서 제외하고 있는 헌법재판소법 제68조 제1항에 배치될 뿐 아니라 이 사건 처분은 헌법재판소가 문제된 법률에 대하여 위헌결정하기 이전에 행하여진 것이어서 헌법재판소결정의 기속력에 반한 것도 아니므로 이 사건 처분은 헌법소원의 대상이 될 수 없어 부적법·각하하여야 한다고 하여 다수의견이 본안에 들어가 취소한 것은 부당하다고 설시하고 있다.

기본권침해에 대한 국가행위가 견련(牽連)되어 나타날 때 기본권이 종국적으로 언제 침해되었는가를 확정할 필요가 있다. 헌법소원의 보충성을 인정하고 있는 법제에서는 다른 구제절차를 거쳤을 때 마지막 단계에 개입된 국가행위에 의해 종국적으로 침해받았다고 할 수밖에 없다. 따라서 위헌적인 원행정처분과 이것을 종국적으로 정당하다고 한 위헌적인 대법원의 판결과의 관계에 있어서는 결국 대법원의 판결에 의하여 기본권을 침해받은 것이다. 이러한 논증이 소송의 본질뿐만 아니라 소송경제의 취지에도 부합한다. 이와 달리 대법원까지의 행정소송절차를 모두 거쳤으나 법원의 판결을 헌법소원의 대상에서 제외하고 있으므로 결국 위헌적인 원행정처분에 대해서는 헌법소원에 의한 구제의 길을 열어 놓아야 한다는 해석은 종국적

21) 헌재 1992. 1. 28. 91헌마111, 판례집 4, 51 참조.

인 침해성의 문제뿐만 아니라 형평성의 관점에서도 문제가 있다. 이것은 재판소원 전면금지의 실정법규정에 체념적으로 접근하여 어떠한 경우에도 대법원의 판결은 직접 파기될 수 없다는 권위적 사고하에 있거나, 나아가 원행정처분에 대해 헌법소원을 인정하여 그것을 취소할 때에는 관련 대법원 판결이 간접적으로 파기된다는 점을 간과하고 있다. 더욱이 행정처분의 매개가 없는 위헌적인 민·형사 판결에 대해서는 헌법소원을 인정하지 않는 것과 비교했을 때, 원행정처분에 대해 헌법소원을 인정하는 것은 형평성의 관점에서도 문제를 야기하는 것이다. 따라서 원행정처분의 취소에 관한 이러한 기교적·편의적 해석을 지양하고 재판소원 전면금지에 대한 위헌결정과 위헌적인 대법원의 판결에 대한 취소가 가장 정도(正道)의 길이다. 그런데 소수의견은 원행정처분취소의 불필요성에 관하여 필자의 견해와 결론은 동일하나 논증의 방법은 전혀 관점을 달리하고 있다. 또한 여기서 대법원이 가지는 처분의 최종적인 심사권의 의미(헌법 107조 제2항)는 사법적인 심급단계에서 최종적이라는 말이지(헌법 제5장) 사법권과 독립되어 있는 헌법재판권(헌법 제6장)을 배제한다는 의미에서 최종적이라는 의미가 아니라는 것만을 다시 한번 밝히는 것으로 그친다.

4. 결론: 헌법재판소는 헌법재판소 수호기관인가, 헌법수호기관인가?

헌법재판에 관한 최고유권적인 기관인 헌법재판소의 결정을 그 기속력을 받는 대법원이 엄연하게 준수하기는커녕 헌법재판소 결정은 헌법재판소의 일응의 견해표명에 불과하다고 하여 헌법재판소의 결정을 파기하고 독자적인 판결을 내리는 대법원의 태도에 대해[22] 헌법재판소는 그 독립성의 차원에서 헌법재판소의 존립과 그 활동을 보장하기 위해서라도(즉 자기의 존재가 부정되고 있는 현실을 더 이상 방치할 수 없는 상황에서 자기방어본능에 따른) 극소한의 대응이라도 하지 않을 수 없었을 것이라는 것을 충분히 이해하고도 남음이 있다고 볼 수 있다[23]. 이 결정은 헌법재판소 결정의 효력을 확보하고 헌법재판의 화석화를 도모하는 대법원의 태도에 대해 헌법재판소 수호차원에서는 의미가 있다. 그러나 헌법재판소는 헌법재판소 수호기관에 앞서 헌법수호기관이다는 것을 최우선적으로 인식해야 한다. 헌법재판소에 의해 위헌결정된 법률을 적용할 판결뿐만 아니라 헌법에 대한 해석과 판단을 명백히 그르치거나 헌법조항과 헌법의 기본원칙을 도외시 하는 등의 기타의 위헌적인 판결에 의해서 국민의 기본권이 침해되는 것을 방지하므로써 헌법재판소에 부여된 본연의 헌법수호의 소명을 충실히 할 수 있어야 한다[24]. 따라서 위헌적인 사법부의 판결에 대해 전혀 통제할 수 없도록 방치하는 재판소원 전면금지 규정(헌법소원의 길목을 틀어막고 있는 병목(bottle-neck)현상으로 작용하고 있음)에 대해 의연하게 위헌결정함으로써 국민의 기본권을 보호하고 헌법을 수호한다는 정도(正道)의 자세에서 이 결정에 임했어야 할 것이다. 국민의 헌법에 대한 의지 못지않게 헌법재판

22) 법원의 재판에 대한 헌법소원을 못하게 하여 절름발이의 기본권보장 현실을 지적하면서 헌법재판소와 대법원의 어느 입장이 타당한가를 떠나서 이 사건의 경우 대법원이 헌법재판소의 결정에 따라야 한다는 명시적이고 원칙적인 메시지에 대해서는 김철수, "헌재와 대법원의 법률해석", 「문화일보」(1998. 5. 23.), 6면 참조.

23) 헌법재판소의 위헌결정에 위배된 법원의 재판에 의해 기본권이 침해된 경우 이에 대한 헌법소원이 인정되지 않는다면 헌법재판소의 존재의의와 헌법재판의 본질 자체가 침해되고 입헌주의와 법치주의가 근본적으로 위협되며 따라서 이러한 재판에 대한 헌법소원이 인정되지 않는다면 위헌이라는 것 자체는 타당하지만 이에 한정하여 위헌결정한 것은 문제를 너무 축소하였다는 지적에 대해서는 김문현, 전게 평석(주4), 14면 참조. 물론 김문현 교수도 헌법재판소가 헌법재판소법 제68조 제1항에 대한 한정위헌결정을 한 것은 헌법재판소로서는 현실을 고려한 최소한의 선택이라는 점은 이해할 수 있다는 전제적 인식하에 있다. 전게평석(주4), 15면 참조.

24) 同旨, 정연주, 전게 논문(주15), 122면 참조.

소 재판관의 헌법에 대한 의지도 중요하다고 본다. 재판소원 전면금지에 대한 단순위헌결정이 가장 타당하다고 보지만 규제적이고 조화적인 결정을 위하여 위 헌법재판소의 한정위헌결정에 위헌의견이 일개의 소수의견의 형식으로라도 반영되었었으면 하는 점, 즉 대한민국 공법학계의 그 무수한 위헌논의에도 불구하고 전혀 위헌의견이 개진된 바가 없다는 점등이 아쉬운 여백으로 남는다고 할 수 있다. 아울러 문제의 본질에 대한 접근 없이 또한 원초적인 시비곡직의 판단 없이 만연히 대법원과의 갈등문제로 비화시키고 국민의 판단의식을 흐리게 하는 센수얼리즘 언론에 대해서도 이 기회에 여론을 환기할 필요가 있다고 본다.

제5장 헌법재판에서의 가처분*

제1절 서 론

헌법재판에 대해서는 여러 가지의 개념정의1)가 설명되어 있다. 먼저 헌법재판이 모든 생활영역에서의 헌법적인 문제에 대해 '재판'하는 것을 그 업무로 하는 한, 헌법재판도 '재판'의 형식을 취할 수밖에 없고 따라서 헌법재판의 '사법작용적' 성격을 부인할 수 없을 것이다. 한편 헌법재판은 정치규범인 '헌법'을 그 재판의 준거규범으로 삼고 있기 때문에 단순한 사법작용으로서의 일반재판과는 달리 헌법의 특성에서 비롯되는 여러 가지 헌법재판의 특성을 가지게 되는데, 헌법재판이 어느 정도 고도의 정치작용 및 입법적 성격을 가직 수밖에 없는 것도 간과되어서는 아니 된다. 예컨대 헌정의 붕괴방지를 위하여 헌법해석을 통해 헌법의 흠결을 보충하는 비상조치수단을 강구하여 헌법수호적인 헌법해석권자로서 기능할 수도 있고 법률에 대한 위헌결정에 따르는 입법적 공백상황 내지 중대한 기본권침해의

---

* 이 글은 저자가 헌법판례연구 제4권에 발표한 논문에 기초한 것이다.

1) 일반 헌법교과서에서의 다양한 도식적 설명은 도외시하더라도 예컨대 "헌법재판이라 함은 심판청구에 기하여 헌법분쟁 또는 헌법침해의 문제를 헌법규범을 기준으로 유권적으로 결정함으로써 헌법질서를 유지하고 헌법을 실현하는 국가작용"이라고 일반적으로 말하고 있기도 하다. 헌법재판소, 헌법재판실무제요(1998),1면 참조.

방치상태를 막기 위한 긴급 입법자로서 기능2)하지 않을 수 없기 때문이다. 또한 헌법을 실제의 사건에 적용하는 헌법재판소의 결정을 통하여 헌법을 직접 구현하고 집행한다는 측면에서는 헌법재판이 일반행정부의 집행권과는 다른 차원에서 헌법을 실현하는 집행작용의 성격도 가진다. 우리의 현행헌법은 헌법재판권과 상고심재판권을 분리하여 헌법재판소와 대법원에 각각 관장시키고 있으며3) 대법원이 가지는 헌법해석권은 상고심재판권의 행사범위 내에 국한된다. 따라서 헌법재판권을 행사하는 헌법재판소와 일반 사법체계 내에서 최종심으로서 상고심재판권을 갖는 대법원과는 그 과제와 기능이 본질적으로 다를 수밖에 없다. 따라서 헌법재판에 대하여 사법작용의 성격을 완전히 부인하거나4) 또는 이와 정반대의 입장에서 헌법 제5장 법원편에 규정하고 있는 사법권(제101조 제1항)에 헌법 제6장에서 별도로 규정하고 있는 헌법재판권도 포함된다고 새기는 것이 옳다고

2) 황치연 역, "연방헌법재판소의 비상입법자로서의 기능," 허영 편역, 법치국가의 기초이론(박영사, 1996), 382면 이하 참조.

3) 헌법재판권만을 담당하는 독립한 헌법재판기관을 두지 않고 헌법재판권(Verfassungsgerichtsbakeit)과 상고심재판권(Revisionsgerichtsbarkeit)이 결합되어 사법부의 최종심급법원이 헌법재판을 담당하는 사법형 헌법재판제도의 대표적인 예로서 우리 제3공화국 헌법상의 대법원과 미국 연방대법원을 들 수 있다.

4) 윤관 전대법원장의 "헌법재판소는 사법부가 아니며...설사 법원이 헌법재판소의 위헌결정에 반하는 재판을 하였다 하더라도 헌법재판소가 이를 이유로 그 재판을 취소할 법률상의 근거가 없는 것입니다. 법원의 재판을 '법원이 아닌 기관'(작은 따음표 필자 삽입)에서 아무런 근거 없이 취소할 수 있다고 한다면 이는 사법부의 독립과 관련하여 헌법의 민주적 기본질서마저 해치는 매우 심각한 결과를 초래하게 됩니다."라는 발언(월간조선 2001년 1월호, 95-96면) 참조. 이에 대한 비판적 논의에 대해서는 김일환, "헌법소원의 대상에 '법원의 재판'을 포함시킬지에 관한 시론적 연구," 공법연구 제30집 제5호(2002. 6), 169면, 이와 관련된 헌법재판소의 결정에 대한 평석에 대해서는 황치연, "재판소원금지의 위헌성," 금랑 김철수교수 정년기념논문집 한국헌법학의 현황과 과제, 990면 이하, 이와 관련된 헌법재판소의 한정위헌결정과 불합치결정을 무시한 대법원의 판결에 대한 평석에 대해서는 황치연, "대법원 1996. 4. 9, 선고 95누11405 판결과 관련된 쟁점들에 대한 비판적 고찰," 인권과 정의 (대한변호사협회지, 1996. 8), 147면 이하, 황치연, "대법원의 판결과 헌법재판소 변형결정의 효력," 인권과 정의(대한변호사협회지,1997. 11), 29면 이하 참조.

주장하는 견해[5]들은 헌법재판의 본질이나 실정헌법체계를 오해한 문제점이 있다. 헌법재판의 실제를 본질직관을 통하여 살펴보면 헌법재판이란 국가정책에 대하여 재판의 형식을 빌어 헌법의 이름으로 행하는 최후적인 정책통제작용이라고 볼 수도 있다. 이러한 국가권력행사에 대한 통제작용을 통하여 헌법재판은 사회공동체의 구조조정수단[6]이 될 수도 있으며 위헌적·불법적 역사에 대한 과거청산의 수단[7]도 될 수 있는 것이다.[8] 국민의 기본권보호와 헌법수호를 위하여 모든 국가권력을 통제해야 하는 헌법재판소는 사실 통제대상의 국가권력에 포위되어 있는 섬과 같다. 그 중에서 특히 일반 사법권을 관장하고 있는 최고법원인 대법원만이 헌법재판소의 통제대상에서 벗어나기 위한 몸부림으로 헌법재판소에 여러 가지 태클을 걸어왔다.[9] 헌법재판소가 헌법재판기능을 제대로 수행하기 위해서는 헌

5) 강일원/유남석/최완주, 헌법소원심판, 재판자료 제29집 헌법재판제도의 이해(법원도서관, 2001. 11), 594면 참조.

6) 헌재결 1997. 7. 16, 95헌가6 등, 민법 제809조 제1항(동성동본불혼) 위헌심판 참조.

7) 헌재결 1996. 2. 16,헌가2 등, 5·18민주화운동등에 관한 특별법 제2조 등 위헌심판 참조.

8) 황치연, "검사의 불기소처분에 대한 헌법소원," 헌법판례연구 제2권 (박영사, 2000), 463면 참조.

9) 자세한 것에 대하여는 황치연, "대법원의 판결과 헌법재판소 변형결정의 효력." 인권과 정의 (대한변호사협회지, 1997. 11), 29면 이하 참조. 전 대법원장 윤관 씨의 "나는 대법원과 헌법재판소가 몇 가지 사안에서 견해를 달리하여 서먹한 관계에 있을 때 헌법재판소가 변호사, 헌법학자, 언론인 등 각계의 인사로 구성된 자문회의를 소집하고 '유인물을 통하여 대법원과 헌법재판소와의 관계를 굳이 갈등이라고 표현을 하면서까지'(작은 따옴표 필자삽입) 그 해결방안을 모색했다는 말을 듣고 크게 놀란 일이 있습니다." 라는 발언{주(4), 95면 참조}을 보고 필자는 너무 놀랐다. 헌법재판소 자문위원회의 자문사항을 담은 10페이지 짜리 단순한 내부적인 회의목차자료에 대해서 이렇게까지 거창하게 발언하는 것을 보고 놀라움을 금할 수가 없었다. 헌법재판소가 본연의 헌법재판업무 이외에 대법원에 대하여 먼저 갈등을 야기한 적도 없고 헌법재판소의 결정을 옹호 내지 홍보하기 위하여 대외적으로 언론에 유인물을 발표하거나 책자를 배포하여 자기의 입장을 강변한 적도 없다. 그러나 대법원은 헌법재판소의 법무사법시행규칙 위헌결정에 대하여 대법원의 전속적 권한사항까지 탈취한 초헌법적 결정이라고 하면서 법원행정처 헌법연구반의 연구보고서를 발간·배포하고(결국 헌법재판소 결정

법재판소법의 정비가 필요하다.10) 가처분에 관한 일반조항의 신설필요성에 관하여 대법원의 부정적 시각으로 말미암아 현재 국회에 계류 중인 헌법재판소법의 개정입법이 무산 될 위기에 있다.

헌법재판권이 올바르게 행사되는데도 불구하고 그 재판결과가 제대로 확보되지 못한다면 헌법재판제도의 경제적·사회적 비용은 지대하게 되어 국가 전체의 불안정으로 이어지는 심리적 공황에 이르게 될 것이다.11) 헌법재판의 결정의 효력을 확보하는 한 수단으로서 헌법소송에서의 가처분이 일반소송에서의 가처분보다 중대한 의미를

대로 법무사 시험이 실시됨), 헌법재판소의 한정위헌 결정 및 불합치결정을 무시하는 판결을 감행하면서 「헌법문제와 재판」이란 논문집을 배포하였고, 최근 헌법재판소법 개정과 관련하여 극력 반대하면서 장황한 「헌법재판제도의 이해」라는 재판자료집을 간행·배포하면서 나아가 법원도서관장의 이름으로 이에 대한 요약집으로 「헌법재판제도의 이해」라는 책자를 헌법재판제도의 '바른 이해'를 위한 세미나의 결과물이라 하여 헌법연구관들에게까지 배포하고 있으나 묵과하기 어려운 내용을 담고 있는데, 예컨대 굵은 강조체의 글체로 "헌법재판소가 위 96헌마172·173(병합) 결정에서 표명한 견해, 즉 위헌으로 결정한 법률을 적용한 법원의 재판은 예외적으로 헌법소원심판의 대상으로 할 수 있다는 견해는 현행헌법에 반하는 해석이며, 나아가 대법원의 재판을 취소한 것은 우리 헌법이 규정하고 있는 권력분립의 원리, 사법권의 독립, 대법원의 최고법원성에 반하는 월권행위라고밖에 볼 수 없을 것임"이라 하고 있다. 법원도서관, 헌법재판제도의 이해[요약](2002. 5), 172면. 그런데도 불구하고 헌법재판소는 이에 대해 전혀 옐로카드나 레드카드의 경고를 꺼내려고도 하지 않고 있다.

10) 현행 헌법재판소법은 풍자적으로 말한다면 헌법재판이 제대로 작동되지 못하도록 만들어 놓은 입법이라고 할 수 있다. 심판절차에 관한 중요한 사항이 치밀하게 규정되어 있지 않거나 흠결하고 있는 경우도 많고 명시적으로 규율하고 있는 경우도 헌법재판이 기능하기 어렵게 뒤틀어 놓은 규정들도 적지 않기 때문이다. 실제적으로 독립된 헌법재판의 경험이 거의 없는 상태에서 헌법재판소법이 만들어져 실무상의 많은 애로점이 있었음에도 불구하고 십수년의 헌법재판소의 왕성한 활동에 힘입어 입법적 흠결을 보충하는 많은 판례가 축적되어 왔다. 물론 헌법개정이 요구되는 사항까지는 차치하더라도 적어도 축적된 판례에 의해 발견된 문제점들은 이번 헌법재판소법의 정비에 반영되어야 할 것이다.

11) 모든 헌법철학상의 가치나 이념들이 헌법소송절차를 통해 실제로 실현되지 않거나 기능하지 않는다면 그것은 무의미한 관념적 허상이거나 공허한 구호에 불과할 것이다. 기본권이나 헌법원리가 헌법상에 실체적으로 구현되어 있다고 하더라도 헌법재판심에 실효적으로 반영되지 못한다면 헌법재판제도의 형성권자, 헌법소송 수행자 및 헌법재판권자에게 절차법적으로 각자에게 부여된 책임의 문제를 야기하게 될 것이다.

지니는 것은 바로 이 때문이다.

먼저 헌법재판의 효력을 확보하는 가장 중요한 요소는 헌법재판소 결정 자체가 갖추어야 할 설득력의 크기일 것이다.

두 번째로 헌법재판소의 결정의 기속력을 갖는 국가기관이 신속하고 자발적으로 헌법재판소의 결정내용대로 그 권한을 수행하려는 이행의지가 바탕이 되어야 한다는 것이다. 결국 이것은 헌법수호와 국민의 기본권보호를 위한 헌법재판소의 기능을 존중하는 것이 된다. 따라서 국가의 안정성이 확보되고 국민을 위한 전체적인 국가기능체계의 원활한 대사작용(代謝作用 : feed back)이 이루어진다. 헌법내용 중에도 위헌적인 내용이 포함될 수 있는 만큼(verfassungswidriges Verfassungsrecht) 헌법재판소 결정에도 위헌적인 헌법재판(verfassungswidrige Verfassungsrechtsprechung)이 있을 수 있다고 주장할 수 있지만, 이것은 헌법재파소의 결정에 대해 반대하고 비판하는 헌법판례평석에서 주장될 수 있고 또 그 주장을 강조하기 위한 수사학적인 성질의 것일지언정, 헌법재판소의 결정의 기속력을 받는 국가기관이 그 권한행사의 형태로서 표출할 성질의 것은 아니다. 헌법재판소에서 소수의견 발표제도를 두고 있는 한, 극단적으로 상치되는 헌법판단이 대립되었을지라도 전원일치 또는 다수의견으로 표출되는 법정의견(the opinion of the court)에 대해 위헌적인 헌법재판이라고 비판하는 논리는 사실 지탱되기 어렵다.[12)]

셋째로 독일 연방헌법재판소법 제35조[13)]와 같이 헌법재판소법에 헌

12) 필자는 주권국가를 단위로 하는 한 지상에서의 마지막 재판인 헌법재판에서 위헌적인 헌법재판이란 존재하지 않는다고 본다. Vgl. Chee Youn Hwang, Zur Entscheidung des Bundesverfassungsgerichts ber den Antrag auf Erlaß einer einstweiligen Anordnung gegen das Lebenspartnerschaftsgesetz, 정천 허영박사 정년기념논문집, "헌법의 규범력과 법질서"(박영사, 2002), 813면. 그래도 만약 그것이 존재한다면 그것은 이미 헌법적 판단의 영역이 아니라 역사적인 사실의 영역에 관한 것이 될 것이다.

13) "연방헌법재판소는 재판을 내릴 때 누가 그 재판을 집행하는지를 정할 수 있고

법재판소의 결정의 집행에 관한 규정을 두는 방법을 생각할 수 있다.

최후적으로 헌법재판소의 결정의 효력을 확보하는 방법으로 국가의 성립 및 국가권력행사의 정당성의 표상인 국민의 헌법에 대한 의지를 들 수 있을 것이다.

그러나 헌법재판소 결정의 효력에 대한 이러한 사후적인 확보방안에 앞서, 헌법재판소의 결정이 무의미하게 되는 완성된 사실(fait accomplis)의 발생을 방지하기 위하여 사전적으로 헌법재판소의 결정의 실효성을 확보할 필요가 있다. 헌법재판소의 본안결정이 있기 전에 완성된 사실이 발생하여 회복하기 어려운 불이익을 방지하기 위해서는 본안결정이 확정될 때까지는 잠정적으로나마 상황을 규율할 수 있어야 한다. 가처분제도는 본안결정의 실효성을 확보하기 위한 제도이다. 헌법재판상 고유한 영역의 본안심판절차가 있고 그 결정의 집행을 실효성 있게 담보할 필요가 있는 한 가처분제도는 어느 본안절차이건 필요하고 또 인정되어야 한다.[14] 또한 헌법소송에서 필연적으로 본안종속성[15]을 가진 가처분에 대한 결정은 결국 제반 법익에 대한 형량판단이다. 이러한 판단구조의 윤곽을 설정하고 절차적 장치 및 그 과정을 투시해 보는 것은 의미 있는 작업일 것이다. 이 글에서는 헌법재판상의 가처분에 대하여 독일의 제도 및 실태를 우리의 현실과 비교하여 실무적 쟁점 및 해석론적·입법론적 쟁점을 살펴보고 가처분 인용결정에 대한 기존의 평석에 대한 비판적 분석을 목적으로 한다.

또한 연방헌법재판소는 구체적인 경우에 집행의 유형과 방법을 규율할 수 있다."

14) 곽순근, "헌법재판과 가처분제도에 관한 연구 -독일연방헌법재판소의 경우를 중심으로-," 연세대학교 법학박사학위 논문(1995), 92면 참조.

15) 가처분제도의 특성으로 본안종속성(Hauptsacheakzessorietät), 긴급성(Dringlichkeit), 필요성(Gebotenheit), 잠정성(Vorläufigkeit)이 거론되고 있다. 자세한 것에 대해서는 상게 논문, 95-96면 참조. 그러나 헌법재판에서 가처분의 요체는 종국적으로 형량판단의 문제에 있다고 보아야 한다.

제2절 가처분제도의 의의와 필요성

가처분은 본안결정의 실효성을 확보하기 위하여 다툼이 있는 법적 분쟁과 관련하여 잠정적으로 임시의 지위를 정하는 것을 내용으로 하는 가구제(假救濟)제도이다. 가처분제도는 본안종속성·긴급성·필요성·잠정성을 그 주된 성격으로 한다. 헌법소송에서의 가처분은, 가처분을 할 공공의 필요성에 중점을 두어 헌법질서의 보호라는 헌법재판의 객관적 기능에 근거한 것이다. 가처분제도를 인정하는 취지는 본안결정 이전에 더 이상 회복할 수 없는 손해가 발생함으로써 본안결정이 실효성을 상실하는 것을 방지하는 데 있다. 헌법재판에 있어서는 본안결정이 있기까지 상당한 기간이 소요되기 때문에 본안결정이 있기 전에 '완성된 사실'이 형성되어 이 사실발생으로 더 이상 극복할 수 없는 단계에 이르면 심판청구의 당사자 내지 헌법질서에 회복하기 어려운 불이익을 야기할 수 있다. 따라서 그 기간 동안 현상의 변화로 인해 승소하더라도 소기의 목적을 달성할 수 없게 될 우려가 있으므로 본안결정이 있기까지 잠정적으로 임시의 법적 관계를 정하는 가처분절차가 필요한 것이다.

제3절 가처분에 관한 입법상황

우리 헌법재판소법은 일반심판절차에서는 가처분에 관하여 명문규정을 두지 아니한 채 민사소송에 관한 법령의 일반적 준용규정(제40조)을 두는 한편, 특별심판절차에서 정당해산심판과 권한쟁의심판에 관하여 각각 피청구인의 활동정지결정(제57조)과 피청구기관의 처분

효력 정지결정(제65조)만을 규율하고 있다.

독일의 연방헌법재판소법은 일반심판절차에서 모든 심판절차에 적용되는 가처분에 관하여 세세하게 규율한 7개항의 일반규정(제32조)을 두고 있다.[16] 특별심판절차에서는 명시적으로 연방대통령 탄핵절차에 관하여 대통령직의 행사저지결정(제53조)을 규정하고 이를 법관탄핵절차(제58조) 및 헌법재판관의 퇴직절차(제98조 제2항 · 제5항)에 준용하고 있으며, 또한 헌법재판관의 퇴직 및 파면절차에서 직무배제결정(제105조 제5항)을 명문으로 규정하고 있다. 그 밖에도 연방의회의 의원자격상실결정이 있는 경우 확정판결이 있을 때까지 의원은 그 권리와 의무를 보유하게 되지만, 연방의회의 의원자격상실결정이 재적의원 3분의 2 이상의 결정으로 행해지는 경우 연방헌법재판소의 확정판결 이전에도 연방의회는 당해 의원에 대해 의회활

---

16) 제32조(가처분) (1) 연방헌법재판소는 쟁송사건에서 중대한 불이익의 방지를 위하여, 위협적인 폭력(급박한 강포)을 저지하기 위하여, 또는 기타의 중요한 이유로 공공복리를 위하여 가처분이 긴급하게 필요한 경우에는 이 가처분을 통하여 상황을 잠정적으로 규율할 수 있다.

(2) 가처분은 구술변론 없이 발할 수 있다. 특별히 긴급한 경우에는 연방헌법재판소는 본안절차의 당사자, 소송참가권이 있는 자 또는 의견진술권을 갖는 자에게 의견진술의 기회를 주지 아니할 수 있다.

(3) 가처분이 결정으로 행해지거나 또는 기각되었을 때에는 이의를 신청할 수 있다. 이것은 헌법소원심판의 청구인에게는 적용되지 아니한다. 이의에 대하여는 연방헌법재판소가 구술변론을 거쳐 재판한다. 구술변론은 이의신청서가 제출된 후 2주일 내에 열어야 한다.

(4) 가처분에 대한 이의는 집행정지의 효력을 가지지 아니한다. 연방헌법재판소는 가처분의 집행을 정지시킬 수 있다.

(5) 연방헌법재판소는 이유를 붙이지 아니하고 가처분 또는 이의에 관한 재판을 선고할 수 있다. 이 경우 당사자에게는 개별적으로 그 이유가 고지되어야 한다.

(6) 가처분은 6개월이 지나면 효력을 상실한다. 가처분은 재판관 3분의 2의 다수로 갱신될 수 있다.

(7) 재판부가 결정정족수를 충족하지 못한 경우에, 특별히 긴급한 때에는 적어도 재판관 3인 이상이 출석하고 가처분결정이 출석 재판관의 전원일치로 내려진다면 가처분을 할 수 있다. 이 가처분은 1개월이 지나면 효력을 상실한다. 이 가처분이 재판부에 의해 확인되는 경우에는 그 가처분선고 후 6개월이 지나면 효력을 상실한다.

동참여금지결정을 할 수 있는데 이에 관해 선거심사법(제16조 제3항)은 명문의 가처분규정을 두고 있다.

독일에서도 처음에는 연방헌법재판소의 전신인 국사재판소(Staatsgericht)의 관계법령에서 가처분에 관한 규정을 두고 있지 않았었고 1951. 4. 17. 시행된 연방헌법재판소법에서 가처분에 관한 명문의 규정(제32조)을 두었으며 이 규정은 최근까지(1993. 8. 11. 연방헌법재판소법개정) 여러 차례 개정을 통하여 보강되어 현재의 7개항을 두게 되었다.

제4절 헌법재판에서의 가처분에 관한 허용여부

우리 헌법재판에서 특별규정을 두고 있는 정당해산심판과 권한쟁의심판에서만 가처분이 인정되는가 아니면 일반적으로 가처분이 인정되는가의 문제가 제기될 수도 있었으나, 정당해산심판과 권한쟁의 심판에서도 가처분의 요건과 효과를 명확하게 규율한 것도 아니기 때문에 일반적인 준용규정(제40조)을 통하여 가처분이 모든 심판절차에 허용된다는 것이 우리 헌법재판소의 실무이다.[17)]

독일의 경우 바이마르 공화국 시대에 명문의 규정을 두고 있지 않았던 국사재판소 시절에도 가처분의 허부에 대해서 헌법학계의 논란이 있었으나 국사재판소는 판례를 통하여 가처분을 불문법적으로 불가결한 헌법재판의 내재적인 제도로 파악했으며, 다만 규정이 없는 만큼 가처분의 자제적 적용의 태도를 취해 본안결정을 선취하는 것을 배제했다.[18)] 국사재판소는 명문의 준용규정이 없는데도 불구하고

17) 헌법재판실무제요(주1), 40면 이하 참조.

18) 바이마르 공화국 당시 국사재판소법과 국사재판소규칙상에는 가처분 규정이 없어

당시 민사소송법 제935조 내지 제940조를 준용하였던 것이었다.[19] 일반적으로 가처분을 허용하고 있는 연방헌법재판소법이 발효된 이후에도 권한쟁의심판이나 위헌법률심판에서는 그 본질상 가처분이 부적합하다는 학설도 있었으나 이제 명백한 실정법의 태도와 이에 관한 축적된 판례에 비추어 낡은 이론이 되었다.

제5절 가처분 부정설에 대한 비판

1. 문제의 소재

최근에 법원의 일각에서 헌법재판소가 관계법령의 해석을 잘못하여 가처분을 행하고 있다는 듯한 견해가 있다.[20] 그 요지는 다음과 같다.

1) 현행 헌법재판소법상 가처분이 정당해산심판 및 권한쟁의심판에만 허용되고, 헌법재판소법이 두 가지 심판절차에만 가처분규정을 둔 것은 특별한 이유가 있는 것이고, 헌법재판소는 권리구제형 헌법소원심판절차에 있어서 가처분이 허용된다고 하면서, 그 실정법적

서 학설상 가처분의 허용성과 국가정책적인 목적적합성에 대하여 견해가 나누어 있었으나 다수설은 허용설이었다. 국사재판소는 가처분을 일반적으로 인정하고 제국과 주 상호간 및 주 상호간의 여러 가지 쟁송에서 가처분을 발하였다. Vgl. F. Klein, Einstweilige Anordnung, in: Maunz/Schmidt-Bleibtreu/Klein/Ulsamer, Bundesverfassungsgerichtsgesetz, 3. Aufl. 1992, §32, S. 4f. u. FN3; N. Huber, Die einstweilige Anordnung nach §32 BVerfGG am Beispiel der Verfassungsbeschwerde -Eine Krtik am Entscheidungsmodell des Bundesverfassungsgerichts-, Diss.(1999), Universität Passau, S.20.

19) Vgl. N. Huber, a. a. O.

20) 박상훈, "헌법재판소법상 가처분 일반조항의 신설필요성에 관하여," 재판자료 제92집 헌법재판제도의 이해(법원도서관, 2001. 11), 686면 이하 참조.

근거로서 행정소송법의 집행정지규정과 민사소송법의 가처분규정이 준용될 수 있다는 점을 들고 있는 것으로 보이나 행정처분의 취소를 구하는 행정소송에서 처분의 효력정지를 명하는 것과 법령의 위헌확인을 구하는 헌법소원에서 법령의 효력정지를 명하는 것은 그 성질을 달리하므로, 행정소송법의 집행정지규정은 헌법소원의 가처분에 관한 근거 규정이 될 수 없다. 또한 민사소송법의 가처분에 관한 규정은 가처분의 근거규정(가처분 실체법)과 가처분의 절차에 관한 규정(가처분 절차법)으로 나눌 수 있는데, 헌법재판소가 민사소송법을 준용할 수 있는 '심판절차'에 관한 규정은 후자만을 의미하는 것으로 보아야 한다. 즉, 가처분의 근거 규정 자체는 헌법재판소법에 마련되어 있어야 하고, 그 절차에 관하여만 민사소송법을 준용할 수 있다고 해석할 수 있는 것이다. 따라서 헌법재판소법에 가처분의 근거 규정이 마련되어 있는 정당해산심판과 권한쟁의심판의 경우에만 민사소송법에 규정된 가처분의 절차규정에 따라 가처분을 할 수 있는 것이고, 헌법소원심판의 경우에는 민사소송법에서 가처분의 근거를 찾을 수 없는 것이다. 대립당사자의 대심적 구조를 취하는 민사소송법의 가처분규정은 대심적 구조를 취하지 않는 헌법소원에서는 '성질상' 준용될 수 없다는 주장도 있다.21)

2) 위헌법률심판절차와 위헌심사형 헌법소원심판절차에서 법률의 효력을 정지시키는 가처분은 허용되지 않는다. 먼저 헌법재판소법은 법원이 위헌제청을 한 경우에는 재판절차의 정지를 규정하면서도, 법원의 위헌제청신청 기각결정에 따라 당사자가 직접 헌법재판소에 헌법소원심판을 청구하는 경우에는 재판절차의 정지를 규정하지 않음으로써 헌법재판소의 위헌결정 이전에 당해 헌법소원과 관련된 소송사건의 재판이 확정되는 것을 허용하고, 재판이 확정된 후 위헌결

21) 강현중, "헌법소원심판에 가처분이 허용되는가," 법률신문 2001. 3. 26, 14면.

정이 있는 경우 재심의 길을 열어 놓고 있다. 따라서 헌법재판소법은 법원이 위헌제청을 한 경우에는 법원의 재판을 정지함으로써, 법원이 위헌제청신청을 기각하고 재판을 진행하여 재판이 확정된 경우에는 재심을 허용함으로써, 어느 경우에나 법원이 헌법재판소 결정에 따라 당사자를 구제할 수 있도록 하고 있으므로, 헌법재판소로서는 따로 대상법률의 효력정지를 명하는 가처분을 발할 필요가 없다.

2. 헌법재판소법 제40조상의 준용의 의미

현행헌법은 제5장 법원편에 대한 독립된 장으로서 제6장 헌법재판소에 관하여 규정하고 있으며 헌법 제111조 제1항에서 헌법재판소의 관장사항을 규정하고 제113조 제3항에서 헌법재판소의 조직과 운영 기타 필요한 사항은 법률로 정한다고 규정하고 있다. 이에 따라 제정된 우리 현행 헌법재판소법은 제1조(목적)에서 이 법은 헌법재판소의 조직 및 그 심판절차에 관하여 필요한 사항을 정함을 목적으로 한다고 규정하고, 심판절차에 관한한 모든 특별심판절차에 공통적으로 적용되는 일반심판절차(제3장)와 헌법에서 구체적으로 특정한 관할권에 대한 심판절차인 특별심판절차(제4장)로 나누어 규정하고 있다. 일반심판절차에 규정되어 있는 제40조(준용규정)는 어떤 특별심판절차에서 민사소송에 관한 법령이나 행정소송법을 준용한다고 규정하고 있는 것이 아니라 모든 특별심판절차에 공통으로 적용된다는 것을 전제로 하여 규정하고 있는 것이다. 천재지변의 특단의 사유가 없는 한 위 규정이 일정한 특별심판절차에만 적용하고 일정한 특별심판절차에는 적용배제한다는 논리 자체가 성립될 수 없다. 그 규정내용은 다음과 같다.

"제40조(준용규정) ① 헌법재판소의 심판절차에 관하여는 이 법에 특별한 규정이 있는 경우를 제외하고는 민사소송에 관한 법령의 규정을 준용한다. 이 경우 탄핵심판의 경우에는 형사소송에 관한 법령을, 권한쟁의심판 및 헌법소원심판의 경우에는 행정소송법을 함께 준용한다.

② 제1항 후단의 경우에 형사소송에 관한 법령 또는 행정소송법이 민사소송에 관한 법령과 저촉될 때에는 민사소송에 관한 법령은 준용하지 아니한다."

따라서 일반심판절차에서 가처분에 관한 명시적인 규정을 두고 있지 않은 상태에서[22] 헌법재판도 재판의 형식을 취하고 있는 이상, 가처분제도는 헌법재판에 내재되어(innewohnend)있는 제도라고 볼 수 있고, 또한 본안결정의 실효성을 확보할 실제적 필요성이 있는 한, 위 준용규정에 따라 민사소송법상의 가처분[23]을 준용할 수 있는 것은 너무나 당연한 것이다. 따라서 모든 특별심판절차에는 민사소송에 관한 법령이 준용되고, 탄핵심판의 경우에는 형사소송에 관한 법령도 준용되고, 권한쟁의심판 및 헌법소원심판의 경우에는 민사소송에 관한 법령과 함께 행정소송법이 준용되며 이 경우 형사소송에 관한 법령 또는 행정소송법이 민사소송에 관한 법령과 저촉될 때에는 민사소송에 관한 법령은 준용되지 아니한다.

---

22) 아울러 헌법재판소는 법률에 저촉되지 아니하는 범위 안에서 심판에 관한 절차에 대해 독자성과 자율성을 가진 규칙을 제정할 수 있기 때문에(헌법 제113조 제2항) 가처분심판절차에 관한 규칙을 제정할 수 있고 이러한 규칙제정 이전에는 판례법을 통한 법 발견 내지 법형성도 허용된다. 긴급한 헌정상황에서 가처분제도는 헌법과 헌법재판에 산소호흡기로서의 구실을 한다고 할 수 있다. 헌법재판에서의 가처분제도는 본안심판이 있기까지의 정치적 충돌을 방지하거나 완화시킬 수 있는 완충지대를 제공한다. 곽순근, 전게논문, (주14), 97면 참조.

23) 가처분에 관한 규정이 기존의 민사소송법(2002. 6. 30. 까지 시행)에는 제4장 제 714조 이하에 규정되어 있었으나 2002. 7. 1.부터 새롭게 시행되는 민사집행법 제4편 보전처분 제300조 이하에 규정되어 있다. 극단적인 법실증주의자들은 민사소송법에서 분리된 민사집행법에서 가처분을 규정하고 있기 때문에 더 이상 가처분을 준용할 수 없다(헌법소원심판에서는 행정소송법상의 좁은 범위의 집행정지만을 준용)고 해석하여 용감하게 주장할지도 모르나, 민사소송에 관한 법령이란 민사소송상의 청구절차, 재판절차 및 집행절차를 포함하여 이에 관한 법령을 의미한다고 넓게 해석하여야 할 것이다.

‘준용’이라는 말과 관련된 라틴어 mutatis mutandis는 ‘적절한(필요한)변경을 가하여’란 것을 의미한다.[24] ‘준용한다’라는 법령용어는 어떤 사항에 관하여 정하고 있는 규정을 그와는 다르나 본질적으로는 유사한 다른 사항에 관하여 필요한 변경을 가하여 적용하는 경우에 사용된다. 이러한 의미에서 본래의 규정이 대상으로 하는 사항에 관하여 수정 없이 그대로 다른 곳에 적용되는 경우에 사용하는 ‘적용한다’와는 구별된다.[25] 입법기술상 이러한 준용의 방식은 준용근거규범이 준용대상규범을 반복적으로 담는 것을 피하여 법률경제적 목적에 이바지하고 법의 탄력성을 제고시키며 불완전한 법규를 보완하기 위한 보조수단으로서의 의미를 지닌다.[26] 준용근거규범인 헌법재판소법 제40조와 준용대상규범인 민사소송에 관한 법령과의 관계를 살펴보면 ‘포괄준용’ 형식을 띠고 있다.

3. 비 판

이러한 포괄준용에 입각할 때 준용대상규범인 민사소송법의 한 내용으로서 가처분과 관련하여 보면 민사소송법상의 가처분의 근거 규정(가처분 실체법)과 가처분의 절차에 관한 규정(가처분 절차법)으로 나누어 전자가 준용근거규범인 헌법재판소법에 존재할 때에 후자에 대해서만 준용하고 있다고 한정할 수 없다. 따라서 가처분의 근거 규정 자체는 헌법재판소법에 마련되어 있어야 하고, 그 절차에 관하여만 민사소송법을 준용할 수 있다고 해석하는 것이야말로 포괄준용

24) Black의 법률용어사전은 “세부내용에 있어서 필요한 변경을 가하여, 즉 사항 또는 사물이 일반적으로 동일하나 필요한 경우에 변경될 수 있다는 의미로”로 설명하고 있다. Cf. H. C. Black, Black's Law Dictionary(West, 1990), p.1019.

25) 한국법제연구원, 입법기술의 이론과 실제(책임집필자: 박영도, 1997), 512면 이하 참조; 조정찬, “준용에 관한 몇가지 문제,” 법제(2000. 10), 28면 참조.

26) 김중권, “다른 법규범의 적용 · 준용(지시)의 공법적 문제점에 관한 소고,” 법제연구 제20호(2001), 142면 참조.

의 실정법적 태도를 무시한 자의적인 해석이라 아니할 수 없다.

또한 열거설에 입각하여 정당해산심판과 권한쟁의심판의 경우에만 민사소송법에 규정된 가처분의 절차규정에 따라 가처분을 할 수 있다는 주장은 가처분의 요건이나 효력에 대해 헌법재판소법 제57조나 제65조가 명확하게 규정하고 있지 않기 때문에 결국 일반적 준용규정에 의탁할 수밖에 없다는 점을 간과하고 있다.27)

대립당사자의 대심적 구조를 취하는 민사소송법의 가처분규정은 대심적 구조를 취하지 않는 헌법소원에서는 '성질상' 준용될 수 없다는 주장도 납득하기 어렵다. 그러면 위헌법률심판과 헌법소원심판도 재판부가 필요하다고 인정하는 경우에는 변론을 열 수 있는데(헌법재판소법 제30조 제2항 단서, 제25조 제1항, 제27조 제2항) 대심적 구조를 취하여 변론을 여는 경우에는 가처분을 준용할 수 있고 변론을 열지 아니하는 경우에는 가처분을 준용할 수 없는 것인가? 특히 위헌법률심판과는 달리 헌법소원심판에서는 피청구인이 존재해서28)대립당사자의 대심적 구조를 이루고 있는 것이 일반적인데, 위 견해는 헌법소원심판에서 직권심리주의를 원칙으로 하고 예외적으로 변론주의를 취하고 있는 점만을 보고 직권심리주의와 대립당사자주의를 혼동했거나 헌법소원심판에서는 대립당사자의 대석구조로 되어 있다는 점을 잊고서 하는 주장이라고 아니할 수 없다.

행정처분의 취소를 구하는 행정소송에서 처분의 효력정지를 명하

27) 헌법재판소법 제57조나 제65조는 가처분의 요건이나 심판절차, 가처분결정의 내용 및 그 효과 등에 관한 내용을 전혀 규정하고 있지 않아서 이에 관해서는 민사소송법상의 가처분과 행정소송법상의 집행정지 규정을 준용하여 부족한 부분을 보충하여 적용하지 않을 수 없다.

28) 헌법소원심판은 전형적인 대립당사자의 구조로 되어 있다. 공권력의 행사 또는 불행사로 인하여 헌법상 보장된 기본권을 침해받았을 때 청구인은 헌법소원심판을 청구할 수 있기 때문에(헌법재판소법 제68조) 예컨대 공권력의 행사로 기본권의 침해를 받은 경우 청구대상이 특정되어야 하고 청구대상이 특정되면 그 공권력을 행사한 자를 피청구인으로 하여 답변서를 제출받는 것(헌법재판소법 제27조 제2항, 제29조 제1항 및 제2항)이 우리 헌법재판의 일반적인 실무례이다.

는 것과 법령의 위헌확인을 구하는 헌법소원에서 법령의 효력정지를 명하는 것은 그 성질을 달리하므로, 행정소송법의 집행정지규정은 헌법소원의 가처분에 관한 근거 규정이 될 수 없다는 주장도 이해하기 어렵다. 헌법재판소의 관할과 행정법원의 관할이 다르기 때문에 행정소송법의 집행정지규정을 준용한다는 핵심적인 의미는 행정소송에서 처분의 효력정지에 대응하여 이에 적절히 변경을 가하여 헌법재판의 특수성을 고려해서 헌법소원에서 법령을 심판대상으로 하는 경우 법령의 효력정지의 가처분을 할 수 있다는 의미이다. 위의 주장들은 근본적으로 해석론적 차원에서 준용과 직접적용의 차이를 명백하게 오해하고 있다고 할 것이다.29)

헌법재판소법은 법원이 위헌제청을 한 경우에는 법원의 재판을 정지함으로써, 법원이 위헌제청신청을 기각하고 재판을 진행하여 재판이 확정된 경우에는 재심을 허용함으로써, 어느 경우에나 법원이 헌법재판소 결정에 따라 당사자를 구제할 수 있도록 하고 있으므로, 헌법재판소로서는 따로 대상법률의 효력정지를 명하는 가처분을 발할 필요가 없다는 주장도 가처분의 본질을 오해하고 있는 것이다. 헌바사건에서 사후적으로 재심에 의한 구제를 받는다는 것과 사전적인 보전조치로서의 가처분을 구별하여야 한다. 헌바사건에서 재심제

29) 필자의 위와 같은 비판은 박종보 교수의 다음과 같은 "행정소송법 제23조 제2항은 행정소송의 대상인 행정처분의 집행정지에 관한 규정이고 민사소송법 제714조는 계쟁물에 관한 가처분과 임시의 지위를 정하는 가처분에 관한 규정이다. 이 조항들은 원래 당해 사건 당사자의 권리구제의 실효성을 확보하기 위해서 필요한 경우에 법원이 임시구제조치를 할 수 있도록 규정한 것에 불과하고, 법령의 일반적 효력정지까지 예상하고 있는 규정은 아니다. 당해 사건의 당사자를 구제하기 위한 가처분규정을 근거로 법령의 효력을 정지시킴으로써 당사자가 아닌 일반인에게까지 효력을 미치게 하는 것은 위 법률들에 규정된 가처분제도의 원 취지를 벗어나는 것이다. 이번 결정은 행정소송법의 집행정지규정이나 민사소송법의 가처분 규정에는 없는 내용(법령에 대한 효력정지)을 준용한다고 한 결과가 되어, 헌법재판소가 법률상 근거 없는 헌법소원심판에서의 법령의 효력정지가처분제도를 창설하였다는 비판을 면하기 어렵다"는 주장("법령의 효력정지를 명하는 가처분," 법률신문 2002. 6. 6, 14면)에도 정확하게 타당하다.

도를 마련하고 있다는 사실은 가처분결정에서 형량판단의 요소로 고려할 수는 있지만 개별적인 경우에 다양한 사안에서 고려될 수 있는 상황을 배제한 채 재심제도가 있다는 이유만으로 가처분제도 자체를 부인할 수는 없는 것이다.

또한 위헌법률심판과 탄핵심판절차에는 절차정지 가처분과 유사한 성질을 가진 당해 사건의 재판정지(헌법재판소법 제42조)와 피소추자의 권한행사정지(헌법재판소법 제50조)가 규정되어 있지만 이것은 해당 절차전개의 논리적 귀결일 따름이지[30] 본안판결의 실효성 확보를 위한 사전적인 보전조치로서의 가처분과는 구별된다. 예컨대 위와 같은 심판절차에서 당해 사건의 재판정지 이외에 관한 부분에서의 가처분의 필요성이나 권한행사정지된 피소추자가 실제로 행한 행위의 효력을 저지할 필요성 등을 고려해 볼 때, 필연적으로 가처분의 내용이 당해 사건의 재판정지나 피소추자의 권한행사정지에 국한된다고 볼 수 없기 때문이다.

---

30) 헌법 제107조 제1항은 법률이 헌법에 위반되는 여부가 재판의 전제가 된 경우에는 법원은 헌법재판소에 제청하여 '그 심판에 의하여' 재판한다고 규정하고 있다. 따라서 헌법재판소의 결정에 따라 재판하여야 할 법원은 당연히 헌법재판소의 결정을 기다리고 당해 재판을 정지해야 되는 것이다. 법원에 계류된 당해 소송의 입장에서 보면 위헌법률심판은 쟁점정리에 관한 중간판결의 역할을 하는 것이라고 볼 수 있을 것이다.

헌법 제65조 제3항은 탄핵소추의 의결을 받은 자는 탄핵심판이 있을 때까지 그 권한행사가 정지된다고 규정하고 있다. 헌법에서 직접 규정하고 있는 이러한 피소추자의 권한행사정지는 탄핵'심판' 제도에 앞서 탄핵소추의 효력을 확보하기 위한 탄핵'소추' 제도의 본질상 당연한 것이다. 헌법정책론상으로도 탄핵소추의 의결을 받은 자가 권한행사의 정지 없이 헌법상의 국가기능을 파괴하고(예컨대 탄핵심판 자체의 거부) 활보하며 권한행사를 하는 것을 방치한다면 탄핵소추제도와 탄핵심판제도를 포함한 탄핵제도 자체가 의미 없는 것이 될 것이다.

第6절 입법론적 차원에서 가처분 일반조항 신설이 불필요하다는 부정론에 대한 비판

해석론적 차원에서 헌법재판상 가처분의 일반적인 허용성을 부정하고 정당해산심판 및 권한쟁의심판에만 가처분이 허용된다고 주장하는 논자는 입법론적 차원에서 가처분 일반조항 신설이 불필요하다는 부정론을 취하고 있다. 일반적으로 해석론상의 논란을 제거하기 위해서 입법론을 전개하는 것이 순리인데 이번에는 역으로 가처분 일반조항의 신설필요성을 부정한다.31) 그 주장요지와 이에 대한 비판은 다음과 같다.

「위헌법률심판의 경우에는 헌법재판소의 위헌여부결정이 있을 때까지 정지되므로 가처분에 관한 규정을 따로 신설할 필요가 없고, 탄핵심판의 경우에는 헌법 제65조 제3항과 헌법재판소법 제50조에 의하여 탄핵소추의 의결을 받은 자는 헌법재판소의 심판이 있을 때까지 그 권한행사가 정지되므로 별도로 가처분규정을 둔다는 것이 의미가 없으며, 정당해산심판·권한쟁의심판의 경우에는 헌법재판소법에 이미 가처분규정(제57조, 제65조)을 두고 있으므로 우리나라에서 헌법재판소법에 가처분 일반규정을 둔다는 의미는 결국 헌법소원의 경우에 가처분 규정을 둔다는 의미일 뿐이다」.

부정론의 출발점에 있는 이러한 사전인식이 커다란 오해에 기인하고 있다는 점은 앞서 해석론적 차원에서 충분히 논증하였다. 이미 헌법재판소법 제40조를 통하여 가처분이 헌법재판에 일반적으로 인정되고 있다는 것이 헌법재판소의 실무이고 헌법소원심판에서도 가처분인용결정이 2건32)이 내려져 있다. 따라서 가처분 일반규정을 둔

31) 박상훈, (주19), 690면 이하 참조.

다는 진정한 의미는 준용규정을 통하여 가처분을 인정하는 것에 대해서는 논란이 되고 있기 때문에 그 여지를 제거하기 위해 '명시적으로', 그리고 기존의 실무에 대해 '확인적으로' 입법에 반영하려는 것일 뿐이다.

「우리나라 헌법재판소의 관장사항은 위헌법률심판 등 5가지임에 반하여, 독일의 연방헌법재판소는 이외에도 우리나라에서 인정되지 않는 추상적 규범통제, 재판소원, 기본권실효심판 등도 관장하고 있기 때문에 우선 독일의 경우에는 우리나라와 비교하여 가처분제도를 필요로 하는 범위가 상대적으로 넓다고 할 수 있다」.

이러한 주장은 우리 헌법재판소가 가지고 있는 관할권의 범위에서 가처분제도의 필요성을 따지는 문제에 대해 부정론의 논거가 되지 아니한다. 왜냐하면 그것은 관할권의 광협의 문제와는 아무런 상관이 없고 우리 헌법재판소가 가지고 있는 관할권도 이미 상당한 내용을 가지고 있으며 이러한 관할권의 실효적 행사를 위해 필요한 가처분제도가 헌법재판제도에 내재되어 있다고 보는 시각에서는 더욱 그렇다.

「독일 연방헌법재판소는 법원 내부조직으로 최고법원의 하나로서 규범통제와 재판에 대한 헌법소원을 통하여 최고사법기관의 역할을 하고 있음에 비하여, 우리나라의 경우 헌법재판소는 제4의 헌법기관으로서 사법부 내부에 설치되어 있는 최고사법기관이 아니다. 이 차이는 본질적인 것으로서 우리나라에서 새로운 제도를 창설하거나 운영함에 있어 깊이 고려하여야 할 근본적인 문제인바, 재판소원제도가 인정되지 않는 것과도 관련지어 보면, 독일에서 이루어진 가처분 중 재판의 효력이나 집행을 정지하는 가처분 같은 우리나라에서는 할 수 없는 것이다」.

---

32) 헌재결 2000. 12. 8, 2000헌사421, 판례집 12-2, 381면, 사법시험령 제4조 제3항 효력정지가처분사건, 관련본안 헌법소원사건(2000헌마262); 헌재결 2002. 4.25, 2002헌사129,공보 68,439면, 군행형법시행령 효력정지 가처분사건, 관련본안 헌법 소원사건(2002헌마262).

독일 연방헌법재판소는 우리 대법원과 같이 독일기본법 사법의 장(제9장)에 있는 규정되어 있는 법원이지만, 우리 대법원과 달리 상고심재판권을 관할하는 것이 아니라 헌법재판권만을 독립하여 관장한다.[33] 상고심재판권은 5개의 연방대법원에서 관장하고 있는데 연방통상(민·형사)법원, 연방행정법원, 연방재정법원, 연방노동법원, 연방사회법원이 그것이다(독일기본법 제95조 제1항). 연방헌법재판소는 우리 대법원이 생각하는 것과 같이 일반 사법체계 내에 있는 최고'심급'법원으로서의 최고법원이 아니다. 이러한 의미의 최고법원은 위 5개의 연방대법원들이다. 연방헌법재판소가 상고심법원으로서 기능하지도 않고 재판에 대한 헌법소원의 관할권을 가진 것과 관련하여 연방헌법재판소를 초상고심(Superrevisionsgericht)으로 보지도 않는다. 즉 독일기본법이 사법의 장에서 일반 대법원들과 함께 연방헌법재판소를 규정해 놓고 있지만 그 헌법재판권능행사를 여타의 연방대법원과 동일한 위상에서 이해하는 견해는 거의 없다. 연방헌법재판소를 하나의 차상급의 심급법원으로 보는 것이 아니라 사법적인 심급차원에서는 벗어난 별도의 위상을 갖는 재판소라고 이해하기 때문이다.[34] 형식적인 헌법규정상의 위치에 관한 문제와 구체적인 관할권의 범위의 차이를 제쳐놓는다면 우리 헌법재판소의 지위와 기능이 대동소이하다. 독일에서는 헌법소원의 보충성요건과 결부되어 일반적으로 법원의 재판이 헌법소원의 대상이 되어 있는 반면에 우리나라는 똑같은 헌법소원의 보충성요건을 두고 있으면서 법원의 재판을

33) 우리 대법원이 우리 헌법 제101조 제2항에 있는 '최고'법원이라는 표현에 대단한 집착을 보이고 법적 의미를 부여하여 해석하고 있지만 독일 연방헌법재판소가 사법의 장에 규정되어 있어도 최고법원이라는 표현은 독일 기본법 및 연방헌법재판소법 어디에도 없다. 연방헌법재판소법 제1조는 연방헌법재판소는 여타의 모든 헌법기관에 대하여 독립적이고 독자적인 연방의 법원이다라고 규정하여 연방헌법재판소의 독립성을 강조하고 있을 뿐이다.

34) 황치연, "법무사법시행규칙의 헌법재판소위헌결정은 위헌인가 -법원행정처 헌법연구반의 연구보고서를 논박한다-," 고시연구(1991. 2), 180면 참조.

헌법소원의 대상에서 제외시켜 놓고 있다.35) 여기에 대해 대법원이 관여한 헌정사적·입법적 배경36)은 생략하더라도, 우리 헌법재판소의 결정에 의하여 예외적으로 법원의 재판에 대한 헌법소원이 인정되는데, 헌법재판소에서 위헌결정된 법률을 적용하여 국민의 기본권을 침해한 재판은 헌법소원의 대상이 되고 있다. 일반적인 헌법소원사건에서 가처분의 의의를 생각하지 않고, 또한 예외적인 법원의 재판에 대한 헌법소원에서의 가처분의 필요성을 고려하지 않고, 나아가 헌바사건의 헌법소원에서의 가처분의 가능성을 전혀 배제하고, 단지 위와 같이 독일에서 이루어진 가처분 중 재판의 효력이나 집행을 정지하는 가처분 같은 것은 우리나라에서는 할 수 없다는 논거로 가처분일반규정의 신설필요성을 부인하는 주장은 독일제도 및 우리 제도에 대한 편향된 인식에 근거한 맹목적인 반대라고 볼 수밖에 없다.

「독일에서는 우리나라와 달리, 행정소송에 있어서 이른바 의무이행소송제도를 인정하고 있고, 판결을 선고하기 전이라도 '상태를 잠정적으로 규율'하는 잠정처분을 할 수 있으므로, 독일의 행정법원은 판결 또는 잠정처분으로 행정청에 대하여 행정행위를 할 것을 명할 수 있다. 즉, 우리와는 달리 독일은 가처분과 의무이행소송을 통하여 행정권에 대한 법원의 간섭을 널리 인정하고 있으나 우리나라에서는 위와 같은 제도가 인정되지 아니하며, 재판권과 행정권을 준별하고 있으므로 법원이 행정청에 대하여 직접 행정처분을 명하는 것은 허용되지 아니한다. 따라서 독일에서의 가처분 중 행정청에 대하여 잠정적으로 의무의 이행을 명하는 가처분 등은 적어도 우리나라의 현행 행정소송제도하에서는 허용되기 어려운 것이다. 오히려 우리나라에서도 사법권의 한 작용으로서 본안 또는 가처분의 형식으로 행정청에게 행정처분을 명하거나 행정청을 대신하여 직접 행정처분을 할

35) 이에 대한 구체적인 위헌논증에 대해서는, 황치연, (주4), 990면 이하 참조.
36) 헌법재판소, 헌법재판소 10년사(1998), 72-76면 참조.

수 있도록 한다면 독일에서처럼 의무이행소송제도 등을 인정하여 그러한 권한을 먼저 법원에 부여하는 것이 순서일 것이다. 따라서 독일에서 인정되는 가처분 중 대부분은 우리나라의 법제상 허용될 수 없는 것이다」.

이러한 주장은 '가처분의 적법요건'과 '가처분의 내용'에 대해서 오해하고 있는 것에서 비롯된다. 헌법재판소는 가처분신청의 목적을 달성함에 필요한 결정을 할 수 있다. 가처분의 내용으로 행정소송법상에는 집행정지결정을 규정하고 있고(행정소송법 제23조) 민사소송법상에는 적극적 행위를 명하는 결정과 행위금지결정 등을 규정하고 있다(민사집행법 제305조 제2항). 사안에 따라 가처분결정의 구체적 내용이 달라지겠지만 대체적으로 지위보전의 가처분·적극행위적 가처분·소극행위의 가처분으로 나누어 볼 수 있다. 소극행위의 가처분으로 효력발생 내지 행위금지의 가처분·방해금지의 가처분·절차정지의 가처분 등을 들 수 있다. 본안결정의 실효성확보의 필요성이 있는 한 현재의 법적 상태를 소극적으로 규제 내지 정지시키는 규제처분과 적극적으로 형성하는 보전처분도 허용된다. 그러나 가처분결정으로 본안을 종국적으로 결정하거나 선취하는 정도가 되거나 본안결정에 대해 사전판단을 하는 것과 같이 되어서는 아니 된다. 이러한 가처분신청은 부적법하다. 가처분결정에도 과잉금지의 원칙이 적용되기 때문에 필요한 최소한의 정도를 넘어서 안 되고 가처분을 통하여 얻고자 하는 바가 가처분으로 희생되는 것보다 커서도 안 된다.

따라서 독일에서 인정되는 가처분 중 대부분은 우리나라의 법제상 허용 될 수 없는 것이다라는 위와 같은 주장은 지나친 논리비약에 불과하다.

나아가 가처분 일반조항의 신설필요성을 부정하는 견해는 헌법소원에 관하여 가처분 일반규정을 신설할 경우에 다음과 같은 문제점이 있을 것이라고 주장한다.

1. 불기소처분에 대한 헌법소원과 관련한 문제점

헌법소원 중 가장 높은 비율을 차지하는 것이 검사의 불기소처분에 대한 헌법소원사건인바, 불기소처분에 대한 헌법소원사건에서의 가처분은 잠정적으로 검사에게 기소를 명하는 것이 될 것이나 이러한 가처분은 성질상 허용될 수 없을 것이라고 주장하고 있다.

그러나 이것은 위에서 언급한 바와 같이 헌법재판소의 본안결정을 선취하는 내용을 가처분으로 청구하는 것으로서 부적법한 것이므로 이에 대한 이해가 부족한 것이고 이에 대응한 검사의 불기소처분의 헌법소원에 대해서는 공소시효 진행정지에 대한 가처분 등을 상정해 볼 수 있을 것이다.

2. 법령소원과 관련한 문제점

1) 독일의 경험에 비추어 보면, 헌법재판소가 법령소원과 관련된 가처분으로서, 법령의 효력정지 내지 적용중지를 명하는 것에서 더 나아가 잠정적으로 헌법재판소 스스로가 내용을 정하여 법령을 발령하거나, 법령의 적용기준을 정하는 것까지도 예상할 수 있는데, 이는 헌법재판소로 하여금 입법자로서 활동하도록 허용하는 것으로서, 입법권과의 관계에서 허용될 수 없는 것이라고 주장하고 있다.

그러나 이러한 시각은 먼저 헌법재판의 본질과 가처분결정에 있어서 형량판단의 문제에 대한 이해가 부족한 것에서 기인한다. 이것은 사전적인 보전조치의 가처분에서뿐만 아니라 헌법재판소의 결정을 집행하는 과정에서도 문제된다. 헌법불합치결정에서의 경과조치를 가처분의 일종으로 보아 본안결정과 더불어 가처분결정을 하 수 있고 나아가 본안결정 이후에도 가처분결정을 할 수 있다는 견해도 있지만 헌법불합치결정에서의 경과조치는 어디까지나 본안결정의 한 내용으로 보아야 하기 때문에 가처분심판은 본안결정 이전에만 할 수 있으며 본안결정의 단계에서의 가처분결정은 심판의 이익을 갖지 못한다. 가처분에서 일반적인 입법적 경과 조치의 허부가 문제될 것이 아니라 구체적인 가처분결정의 형량판단에서 이러한 조치가 정당한 것으로 수인될 수 있느냐의 문제에 초점이 귀착되어야 한다. 헌법재판의 결과로 법적 진공상태가 빚어지고 그 과도기간 동안에 국민의 기본권침해가 방치되는 상황에서는 헌법재판소는 당연히 비상입법자로서 기능하지 않을 수 없다. 이러한 상황에서 헌법재판소가 행하는 모든 긴급조치는 바로 그 자체의 필요성의 한계에서 이루어진다. 그러한 경우 필요한 상황으로 치닫는 절박한 사태는 동시에 무엇이 필요한 상황으로 간주되어야 하는 가에 대한 유권적 판단이 수반되는데, 이러한 판단을 행하는 주체로서 헌법재판소는 입법자처럼 행동하지 않을 수 없게 되는 것이다. 여기에서는 가능한 한 입법자의 의사를 실현하고 존중한다는 것이 그 비상판단의 중심적인 동인이 되어야 하고 그 판단에 기한 과도조치의 넘어설 수 없는 한계가 되어야 한다.[37] 이러한 인식하에 볼 때 위 빈대론의 주장은 헌법재판의 본질 및 그 한계와 가처분결정의 형량판단에 대한 문제를 가처분의 허부에 대한 문제로 대치시켜 놓고 있다는 비난을 면할 수 없다.

2) 법령의 효력정지 또는 적용중지를 명하는 가처분에 따른 문제

만약 헌법재판소가 법령소원의 범위를 확대하고 이를 근거로 법령의 효력을 정지시키거나 적용을 중지시키는 가처분을 하게 될 경우에는 법령의 위헌여부를 다투지 않는 다른 모든 사건에서도 재판이 사실상 정지되게 될 것임은 물론이고 행정부도 그 법률에 따른 행정처분을 전혀 할 수 없게 될 것이다. 위헌결정이 있을 때까지는 법률

37) 황치연 역, (주2), 388-389면 참조.

의 효력은 존중되어야 하는 것임에도 불구하고, 헌법소원청구인의 위헌여부를 다투는 '개별'사건에서 가처분으로 법률의 효력을 '일반적으로' 정지시킬 수 있도록 하는 것은 법률의 효력상실이라는 위헌결정의 효력을 가처분이라는 별도의 제도로 선취하는 것으로서 위헌결정이 있는 경우에는 그날부터 장래를 향하여 효력을 상실하도록 한 헌법재판소법 제47조 제2항과 부합되기 어렵다.

이러한 주장은 법령의 효력정지 또는 적용중지를 명하는 가처분의 결정에 대한 형량판단에서는 신중을 기해야 한다는 것을 곧바로 가처분 부정론으로 이끈 오류가 있다. 가처분결정의 형량판단에 있어서는 가처분이 발부되지 않았는데 본안절차에서 법률이 위헌으로 결정되었을 때 발생하는 효과와, 가처분이 발부되어 법률의 효력이 정지되거나 집행이 정지되었는데 본안절차에서 법률이 합헌으로 결정되었을 때 발생하는 효과를 형량하여야 한다. 이러한 법령의 효력정지 또는 적용중지를 명하는 가처분의 결정에는 특별히 엄격한 심사기준(ein besonders strenger Maβstab)이 적용되어야 한다. 헌법재판소의 이러한 가처분결정 권한은 입법권자의 형성권을 현저하게 침해하게 되기 때문에 아주 신중하고 자제적으로 행사되어야 한다. 따라서 법률이 효력을 발생하고 나중에 위헌으로 되었을 때의 손해가 그 범위와 강도에 있어서 잠정적으로 법률의 효력이 정지되고 나중에 합헌으로 되었을 때의 손해보다 명백히 큰 경우에만 법률의 효력이 잠정적으로 정지될 수 있을 것이다. 따라서 법령에 대한 효력정지 또는 집행정지의 가처분이 법률의 효력발생 또는 집행을 지연시키려는 수단으로 이용되어서는 아니된다.[38] 이러한 형량판단의 구조하에서 법령에 대한 효력정지 내지 집행정지 가처분이 가능한 것이지 헌법재판에서 특별히 법령이라 하여 가처분의 대상에서 배제되는 것은

38) Vgl. Chee Youn Hwang, (FN12), S. 800.

아니다.

우리 헌법재판소법 제47조 제2항은 "위헌으로 결정된 법률 또는 법률의 조항은 그 결정이 있은 날로부터 효력을 상실한다. 다만 형벌에 관한 법률 또는 법률의 조항은 소급하여 그 효력을 상실한다." 라고 규정하고 있다. 따라서 우리 헌법재판소법은 위헌결정된 법률에 대하여 원칙적인 향후무효와 예외적인 소급무효의 입법태도를 취하고 있다. 위헌결정된 법률의 원칙적인 향후무효제도와 가처분조항 신설 반대론과 어떻게 연결되는지 잘 이해가 되지 아니한다. 특별히 향후무효제도를 두면 가처분필요성이 없다는 구체적 논증을 발견할 수 없기 때문이다. 본안결정의 대상인 법률의 효력 또는 집행이 현실적으로 발생 또는 진행되고 있는 한 그리고 본안결정이 있을 때까지 상당한 시간이 소요되는 한, 나아가 본안결정이 있을 때까지 회복할 수 없는 사실이 발생할 가능성이 있는 한 '그 법률에 대한 위헌결정의 시간적 효력과는 상관없이' 이에 대한 사전보전조치로서 법률의 효력정지 내지 집행정지의 가처분이 가능하다.[39] 사전보전조치로서 일시적이고 잠정적인 법률의 효력정지 내지 집행정지의 가처분이 법률의 효력을 획일적으로 전면적으로 무효화시키는 본안결정에서의 위헌결정과 결코 등가물이 될 수 없기 때문에 위헌결정된 법률의 향후무효법제에서 가처분을 인정하면 본안결정을 선취한다는 결과가 된다는 것은 가처분에서 본안결정 선취금지를 명백히 오해하고 있는 것이다.

39) 필자의 이러한 비판은 "우리나라에서는 원칙적으로 위헌결정의 소급효가 인정되지 않기 때문에 위와 같은 가처분을 허용한다면 법률이 효력상실이라는 위헌결정의 효력을 가처분이라는 별도의 제도로 선취하는 결과가 될 것인데, 이는 우리 헌법재판소법 제47조 제2항과 조화될 수 없다"(박종보, 주28, 14면)는 주장에도 그대로 타당하다.

3. 부작위 위헌확인 헌법소원과 관련한 문제점

현재 헌법재판소는 권리구제형 헌법소원의 하나로서 입법부작위 위헌확인 헌법소원에 관하여 심판을 하고 있다. 이러한 헌법소원사건에서 가처분을 한다면, 헌법재판소의 결정이 있을 때까지 헌법재판소가 스스로 법령의 내용을 정하여 잠정적으로 이를 시행·적용한다는 형식이 될 것이다. 이러한 가처분을 인정하는 것은 헌법재판소로 하여금 입법자로서 활동하도록 허용하는 것이 되어 가처분의 본질을 벗어나는 것이 될 것이다.

위와 같은 주장은 입법부작위에 대한 헌법소원을 근본적으로 잘못 이해하고 있는 것이다. 넓은 의미의 입법부작위에는 첫째, 입법자가 헌법상 입법의무가 있는 어떤 사항에 관하여 전혀 입법을 하지 아니함으로써 입법행위의 흠결이 있는 경우(즉, 입법권의 불행사)와 둘째, 입법자가 어떤 사항에 관하여 입법은 하였으나 그 입법의 내용·법위·절차 등이 당해 사항을 불완전·불충분 또는 불공정하게 규율함으로써 입법행위에 결함이 있는 경우(즉, 결함이 있는 입법권의 행사)가 있는데, 일반적으로 전자를 '진정입법부작위', 후자를 '부진정입법부작위'라고 부르고 있다.[40] 어떠한 사항을 법규로 규율할 것인가의 여부는 특단의 사정이 없는 한 입법자의 정치적·경제적·사회적 각종 고려하에서 정하여지는 입법정책의 문제이므로, 국민이 국회에 대하여 일정한 입법을 해달라는 청원을 함은 별론으로 하고 법률의 제정을 청구하는 헌법소원은 헌법에서 기본권보장을 위해 법령에 명시적인 입법위임을 하였음에도 입법자가 이를 방치하고 있거나 헌법해석상 특정인에게 구체적인 기본권이 생겨 이를 보장하기 위한 국가의 행위의무 내지 보호의무가 발생하였음이 명백함에도 입법자가 전혀

40) 헌재결 1996. 11. 28, 95헌마161, 공보 19, 93면.

아무런 입법조치를 취하고 있지 않은 경우(이른바 '진정 입법부작위')가 아니면 원칙적으로 인정될 수 없다.[41] 한편, 입법은 하였으나 문언상 명백히 하지 않고 반대해석으로 그 규정의 취의를 알 수 있도록 한 이른바 '불진정 입법부작위'의 경우 또는 기본권보장을 위한 법규정이 불완전하여 그 보충을 요하는 경우에는 그 불완전한 법규 자체를 대상으로 하여 그것이 헌법위반이라는 적극적인 헌법소원을 제기하여야 한다.[42]

따라서 입법부작위에 대한 헌법소원에서 여기서 가처분을 논하는 것은 원칙적으로 연목구어의 논리밖에 될 수 없다. 예외적으로 입법부작위에 대해 헌법소원을 인정하는 경우에도 헌법재판소에게 입법자의 역할을 완전히 대신하는 구조의 입법요구의 가처분신청은 통상적으로 그 이유구비요건에 관한 형량판단의 결과로서 당연히 기각될 수밖에 없을 것이다.

4. 위헌심사형 헌법소원과 관련한 문제점

위헌심사형 헌법소원의 경우 가처분의 형식은 독일에서도 그 유형을 볼 수 없는, 당해 재판절차의 정지를 명하는 형식이 될 것인데, 재판절차의 정지를 명하는 가처분은 다음과 같은 이유로 허용될 수 없다. 외부기관인 헌법재판소가 법원의 재판절차에 간섭하는 결과를 초래하게 되는 것으로서 사법권의 독립을 침해하고 헌법상 법원과 헌법재판소 사이의 권력분장원칙에 어긋나고, 위헌심사형 헌법소원이 제기되더라도 재판절차를 정지하지 아니하되, 사후에 헌법소원이 인용된 경우에 당사자는 재심을 통하여 권리구제를 받게 하고 있는

41) 헌재결 1989. 3. 17, 88헌마1, 판례집 1, 9, 16면; 헌재결 1996. 11. 28, 93헌마258, 판례집 8-2, 636, 643면.
42) 헌재결 1993. 3. 11, 89헌마79, 판례집 5-1, 92, 102면.

현행 위헌심사형 헌법소원제도의 기본 구조에도 들어맞지 아니하며, 현행법상의 심급제도를 근본부터 뒤흔들게 된다. 가처분에 의한 재판절차의 정지나 법령의 효력정지 가처분을 통한 재판의 사실상 정지를 목적으로 하여 위헌심판제청신청을 하고 이를 기각하면 곧바로 위헌심사형 헌법소원을 제기하는 사례가 폭주하게 될 것인바, 이러한 사례에서 헌법소원이 인용되는 경우는 극히 미미할 것이지만 그러한 신청 자체를 막을 수는 없을 것이므로 법원뿐만 아니라 헌법재판소의 기능에 중대한 영향을 미칠 것이다. 또한 현행 위헌심사형 헌법소원제도의 기본구조는 법률의 위헌여부에 관한 일차적인 재판권을 법원에 부여한 것이라고 할 것인데, 만약 위헌심사형 헌법소원제도의 기본구조는 법률의 위헌여부에 관한 일차적인 재판권을 법원에 부여한 것이라고 할 것인데, 만약 위헌심사형 헌법소원심판 사건에서 재판절차의 정지를 명하는 가처분을 인정한다면 현행 헌법 및 법률의 위와 같은 입법취지가 훼손될 것이다. 위헌심사형 헌법소원에 의한 권리구제는 법률의 합헌성을 다투어 헌법소원을 청구한 사람에게만 부여되는 것이 원칙이어서, 그 법률이 위헌으로 선언되기 전까지 그 위헌여부를 다투지 않은 사람에게는 그 위헌결정의 효력은 미치지 않는 것이다. 그럼에도 불구하고 위헌결정 전에 가처분으로써 법률의 효력을 정지시킨다는 것은 헌법재판소법의 이러한 기본구조와 한계를 벗어나는 것이 된다.

이상의 주장에 대한 비판은 다음과 같다. 첫째, 헌법재판소가 가처분으로 법률의 효력정지를 명하면 최고입법기관인 국회의 권한을 침해하는 것이라고 논증할 수 없듯이 마찬가지로 헌법재판소가 가처분으로 재판의 정지를 명할 때 최고심급법원인 대법원이나 일반법원의 사법권이나 그 독립을 침해하는 것이 아니다. 정당한 헌법재판소의 헌법재판권행사만 있을 뿐이다.

둘째, 해석론적 차원에서 이미 언급하였듯이 헌바사건에서 사후적으로 재심에 의한 구제를 받는다는 것과 사전적인 보전조치로서의 가처분과는 구별하여야 한다. 헌바사건에서 재심제도를 마련하고 있다는 사실은 가처분결정에서 형량판단의 요소로 고려할 수는 있지만 개별적인 경우에 다양한 사안에서 고려될 수 있는 구체적 상황을 배제한 채, 재심제도가 있다는 이유만으로 가처분제도 자체를 부인할 수는 없는 것이다.

마지막으로 헌바사건에서 가처분을 인정하면 심급제도를 근본부터 뒤흔들게 된다고 하는데 과장된 기우라고 아니할 수 없다. 또한 가처분결정은 그 이유구비요건의 심사에서 항상 '형량판단'이 수반된다는 사실을 간과하고 가정적·관념적 논리조작에 입각한 여타의 위 주장들에 일일이 비판할 필요성이 존재하지 않는다고 사료된다.

第7절 헌법재판의 실제에 있어서 가처분에 관한 이용현황

우리 헌법재판에서 1989. 9. 헌법재판소 창설 이래 가처분신청사건은 현재 심리중인 사건을 포함하여 2005. 3.말 현재 총 116건이 신청되었으며 그 중에 3건(98헌사98, 2000헌사471, 2002헌사219)이 인용되었다. 3건의 인용사건 중 본안심판절차가 권한쟁의심판인 사건이 1건이고, 헌법소원심판인 사건이 2건이다. 2005. 3. 31. 현재 가처분신청사건 통계는 다음과 같다.

가처분신청사건형황

2005. 3. 31.

구분	접수			처리					미제	누계(1988. 9. 1.이후)					
	합계	전년미제	본년접수	합계	인용	기각	각하	취하		접수	처리				
											계	인용	기각	각하	취하
가처분	23	16	7	4		4			19	116	97	3	79	7	8

독일의 경우 연방헌법재판소 발간판례집(1993년 86권까지)에 실린 가처분사건 결정만을 기준으로 할 때 가처분신청사건은 229건이었고 이 가운데 53건이 인용되어 23.14%의 인용률을 보이고 있다. 이 중에 부적법 각하한 것은 114건(49.86%), 기각된 것은 62건(27.07%)이었다.[43] 지정재판부 신청사건까지를 고려한다면 독일의 헌법재판에서는 가처분제도가 아주 활성화되어 있다고 볼 수 있다. 독일에서 연방헌법재판소에 청구되는 대개의 사건들은 보통 가처분신청이 선행되어 있다.

1990년부터 2001년까지 가처분사건이 연방헌법재판소에 총 787건이 계류되었으며 이 중 26건이 인용되어 3.3%의 인용률을 보이고 있는데 재판부에서 인용된 것은 4건이었고 지정재판부에서 인용한 것은 22건이었다. 구체적인 통계는 다음 목록과 같다.

43) Vgl. J. Berkemann, Das "verdeckte" summarische Verfahren der einstweiligen Anordnung des Bundesverfassungsgerichts, JZ 1993, S. 161ff.

업무연도 1990년부터 2001년까지의 연방헌법재판소법
제32조에 의한 가처분사건수와 가처분선고사건수[44)]

연도	가처분절차에 계류된 사건수			가처분 선고된 사건수					
				재판부			지정재판부		
	제1 재판부	제2 재판부	합계	제1 재판부	제2 재판부	합계	제1 재판부	제2 재판부	합계
1990	13	22	35						
1991	10	26	36						
1992	27	30	57		1	1			
1993	17	71	88						
1994	10	52	62		1	1		1	1
1995	10	62	72		1	1		1	1
1996	12	40	52				2		2
1997	18	42	60						
1998	16	38	54				1		1
1999	21	64	85					2	2
2000	39	49	88				5		5
2001	50	48	98		1	1	9	1	10
합계	243	544	787		4	4	17	5	22

다만 주의할 것은 위 통계목록은 연방헌법재판소의 업무연도 1990년에서 2001년까지 독립된 절차로서 가처분신청절차에 따른 통계목록이라는 것이다. 본안절차에서 그 중간재판 및 부수적인 재판으로 하는 가처분절차에 대해서는 1998년부터 별도의 항목으로 통계를 잡기 시작하였는데 1998년부터 2001년까지의 본안절차에서 그 중간재

44) 독일연방헌법재판소의 위 가처분에 관한 통계는 1990년에서 2001년까지의 가처분 통계에 대해서는 문헌상의 자료접근이 불가능해 필자가 직접 독일연방헌법재판소에 통계자료를 요청하여 제공받은 통계목록이다.

판 및 부수적인 재판으로 하는 가처분절차의 통계는 다음과 같다.

업무연도 1990년부터 2001년까지의 본안절차에서 그 중간재판 및 부수적인 재판으로 하는 가처분 관련통계

	1998	1999	2000	2001
가처분선고 사건수(Erlass)	4	1	4	3
가처분의 재신청 또는 가처분 갱신건수(Wiederholung)	17	17	10	6
기각사건수(Ablehnung)	16	1	7	3
의미상실선언 (Gegenstandlos-erklärung)				2
합 계	37	19	21	14

제8절 가처분신청

1. 신청권자

이미 계속 중이거나 장래 계속될 본안소송의 당사자 적격자는 가처분 심판의 신청권자가 될 수 있다. 여기서 계속사건의 소송당사자에는 소송참가인은 포함되는 반면 단순히 심판절차에 있어서 의견진술권을 가진 데 불과한 이해관계인은 여기에 포함되지 아니한다. 가처분심판은 예외적으로 헌법재판소의 직권으로도 할 수 있다(행정소송법 제23조 제2항; 헌법재판소법 제40조, 제57조, 제65조). 신청인이 소송당사자인 경우와는 달리 직권에 의한 가처분결정을 하기 위해서는 반드시 본안절차가 헌법재판소에 계속 중이어야 한다. 본안

심판이 계속하지 아니한 때에는 헌법재판소는 피청구인의 신청 또는 직권으로 변론 없이 상당한 기간 내에 본안심판 청구를 제기할 것을 신청인에게 명하여야 한다.(민사집행법 제287조 제1항, 제300조; 헌법재판소법 제40조, 제28조).

2. 신청형식과 신청기간

신청권자는 가처분 신청 취지와 이유에 관한 사항을 기재한 가처분신청서를 작성하여 서면으로 제출해야 한다. 신청서에는 필요한 증거서류 또는 참고자료를 첨부할 수 있다(헌법재판소법 제26조 제2항). 신청이유는 본안심판의 청구이유가 아닌 가처분심판 자체의 신청이유여야 한다. 가처분신청은 원칙적으로 특별한 기간제한은 없으며 본안심판의 청구가 허용되는 기간 내이거나 본안청구가 계속 중인 이상 신청이 가능하다 본안심판에 대한 청구기간이 도과하여 본안심판을 청구할 수 없는 경우에는 가처분신청도 인정되지 않는다. 그러나 본안소송 자체가 아직 사건의 성숙성을 지니고 있지 않거나 본인심판이 종결되었거나 사안의 성질상 본안심판이 적시에 종결될 수 있거나 본안심판절차가 충분하게 진행되어 본안결정을 내릴 수 있는 정도에 이른 시점에서는 가처분신청은 할 수 없다. 변호사 강제주의(헌법재판소법 제25조)가 가처분절차에도 적용된다.

3. 가처분신청사건의 접수 및 송달

가처분신청이 있으면 별건의 가처분신청사건으로 접수하여 특별사건부(가처분신청사건부)에 등재한 후 독립한 기록으로 작성한다. 가치분 심판사건의 사건부호는 '헌사'이다. 가처분심판사건의 기록은 본안사건 배당 재판관에게 신속히 배당하여 본안소송 사건기록에 첨철한다. 가처분심판의 청구서를 접수한 때에는 담당사무관은 지체 없이 그 등본을 피청구기관 또는 피청구인에게 송달하여야 한다(헌법재판소법 제27조).

제9절 가처분신청의 적법성

1. 당사자

가처분의 신청인은 본안심판의 당사자이다. 당사자적격이 없으면 신청인이 될 수 없다. 본안의 피청구인과 가처분의 피신청인이 같지 아니할 수도 있다(헌재결 1998. 7. 14. 98헌사31 참조). 여기의 당사자적격을 가진 자의 해당범위에 대해서는 가처분신청권자의 측면에서 이미 설명한 바 있다.

2. 본안심판과의 관계

가처분절차는 본안심판에 대한 종속성으로 인해 적법한 본안심판이 존재할 것을 그 전제로 한다. 먼저 가처분을 하기 위해서는 본안심판에서 다투고자 하는 쟁송사건이 헌법재판소의 관할사항이어야 한다. 가처분신청은 본안심판과 동시에 또는 그 이전에 할 수 있다. 본안심판의 계류 전의 가처분신청을 인정하지 않는다면 가처분제도의 본래의 목적을 달성할 수 없는 경우가 많기 때문이다. 예외적으로 본안심판의 계속 전에 가처분신청을 할 때에는 본안심판을 청구할 것을 소명하여야 한다.

계속되어 있는 본안절차가 부적법한 때에는 가처분신청도 당연히 부적법한 것이 된다. 본안심판이 명백히 부적법하거나 이유없는 때에는 바로 본안심판에 대한 결정을 하면 되기 때문이다.

본안결정에서 할 수 없는 내용도 가처분의 내용으로 할 수 있다. 그러나 소송물의 차원에서는 가처분신청은 본안청구와 그 동질성이 유지되어야 함은 물론 본안심판에 대해 미리 판단할 것을 그 내용으로 하여서는 아니 된다. 심판대상의 측면에서 본안심판에서 결정할 수 없는 내용을 가처분을 통하여 규율하려 하는 것을 대상의 동질성이 없는 것으로 허용되지 아니한다. 본안심판의 소송물적 범위를 초과하는 것이 허용되지 않는 것은 가처분신청은 임시의 권리보호를 구하는 것이지 종국적인 권리보호를 구하는 것이 아니기 때문이다.

3. 권리보호이익

가처분심판의 신청은 헌법재판소의 개입을 요구하게 하는 권리보호이익 내지 심판의 이익이 있어야 한다. 본안결정 자체가 적시에 선고될 수 있는 경우에는 권리보호이익이 인정되지 않기 때문에 본안소송에 내한 결정을 기다릴 만한 여유가 없을 때에 가처분신청은 허용된다. 법적 보호를 위한 다른 구제수단이 가능한 경우에도 선제헌법의 체계에서 자리 잡고 있는 헌법재판의 보충성에 입각할 때 그러한 다른 권리구제수단의 대용으로 하는 가처분신청은 권리보호이익이 없다. 가처분결정을 내린 사안에 대해 법적·사실적 상황의 변화가 전혀 없음에도 불구하고 단순히 재신청한 경우는 일사부재리의 원칙에 따라 심판의 이익을 갖지 못한다.

4. 독일 판례정리

연방헌법재판소의 판례에 따라 가처분신청의 적법성에 관해서 간략히 언급한다면 다음과 같다. 본안심판의 청구권과 참가권이 있는 자만이 가처분신청을 할 수 있다.[45] 신청인이 본안심판을 청구하고자 하는 것이 판명될 수 있는 한, 본안절차가 제기되기 전에도 가처분 신청을 할 수 있고 이에 대한 결정을 내릴 수 있다.[46] 본안사건이 계속 중인 경우에는 당사자의 신청이 없이도 연방헌법재판소가 직권으로 가처분결정을 내릴 수 있다.[47] 잠정적인 규율조치를 필요로 하는 신청인의 불복이익이 존재하지 않는 한, 가처분신청은 부적법하다.[48] 본안청구가 적법한지의 여부가 불명확한 경우에는 가처분결정의 장애가 되지 아니하나 본안청구가 명백히 연방헌법재판소의 관할권 밖에 있거나 기타의 이유로 본안청구가 부적법하거나 명백히 이유 없는 경우에 가처분신청은 부적법하다.[49] 연방헌법재판소가 적시에 본안판단을 내릴 수 있어서 예상되는 중대한 불이익을 막을 수 있는 경우에는 가처분결정을 내릴 여지가 없다.[50] 사실적 또는 법적 관점에서 본안판단을 미리 끌어내려 하거나 본안결정의 내용을 선취하려는 가처분의 신청은 원칙적으로 부적법하나,[51] 이 경우에도 본안 결정이 너무나 늦게 내려질 것이 예상되고 달리 충분한 구제수단이 존재하지 않는 경우에는 적법하다.[52] 잠정적인 사실적 규율을 목적으로 하는 가처분절차에서 원칙적인 법적 문제의 판단을 내용으로 하는 가처분신청은 부적법하다.[53] 가처분으로 인한 보전목적이 다른 방법으로 실현될 수 있는 경우,[54] 즉 일반법원에 대한 재판청구나

45) BVerfGE 3, 267(277); 7, 367(371); 42, 103(119f).
46) BVerfGE 16, 236(238).
47) BVerfGE 1, 74(75); 35, 12(14); 42, 103(119f).
48) BVerfGE 16, 236(238f).
49) BVerfGE 7, 367(371); 3, 34(36); 16, 220(226).
50) BVerfGE 7, 367(371); 12, 36(40).
51) BVerfGE 3, 41(43); 7, 99(105); 14, 192(193).
52) BVerfGE 12, 36(42f.); 34, 160(162f); 46,160(163f).
53) BVerfGE 15, 77(80).
54) BVerfGE 15, 77(78).

신청인 자신의 조치로 달성될 수 있는 경우에는 권리보호의 이익이 없어 부적법하다.55) 나아가 예컨대 사실적인 관점에서 신청한 가처분조치가 실현될 수 없는 것56)이기 때문에 신청한 가처분조치가 어느 모로 보나 효과를 발휘할 수 없는 경우에는 그 자체로 부적합하기 때문에 부적법하다.57) 가처분신청이 각하된 다음 재청구된 경우라도 새로운 사정변경이 있는 경우에는 권리보호의 필요성이 인정된다.58)

제10절 가처분결정의 이유구비요건

독일 연방헌법재판소법 제32조 제1항은 "연방헌법재판소는 분쟁사건의 경우에 중대한 불이익의 방지를 위하여, 위협적인 폭력(급박한 강포)을 저지하기 위하여, 또는 기타의 이유로 공공복리를 위하여 가처분이 긴급하게 필요한 경우에는 이 가처분을 통하여 상황을 잠정적으로 규율할 수 있다"라고 규정하고 있다. 동 조항의 구조와 문언의 해석, '할 수 있다'의 의미, 나아가 여기에서 설정된 가처분사유의 의미와 내용, 그 사유들 상호간의 관계 등에 대하여 무수한 해석과 분석이 박사학위 논문 및 헌법소송 문헌상의 논문, 판례의 입장과 그에 대한 상이한 인식들을 통하여 난립하고 있다. 여기에 대한 상세한 논술은 생략하기로 한다. 어쨌든 실체적 가처분사유를 어떻게 설정하든가 간에 종국적으로 가처분결정을 위해서는 제반 법

55) BVerfGE 17, 120(122); 21, 50(51).
56) BVerfGE 23, 42(48).
57) BVerfGE 23, 33(39f).
58) BVerfGE 35, 193(202); 35, 257(260).

익의 형량판단으로 귀결될 수밖에 없다.

1. 가처분사유

가처분의 요건에 대해서 우리 헌법재판소법은 명시적으로 규정하지 않고 있다. 민사집행법 제300조와 행정소송법 제23조 제2항·제3항에 따라 가처분사유를 다음과 같이 정할 수 있다(헌법재판소법 제40조). 종국적으로는 우리 실무는 가처분 결정모델로서 독일과 같이 이중가설이론이라는 이익형량모델을 취하고 있으며 이는 이미 우리 헌법재판소의 판례[59] 에 반영되어 있다.

1) 회복하기 어려운 현저한 손해의 방지

회복하기 어려운 현저한 손해가 무엇인지를 판단함에 있어서는 우선 가처분을 허용하였음에도 불구하고 나중에 본안청구가 이유 없다는 결론에 이른 경우의 모든 위험부담과, 반대로 가처분을 허용하지 않았는데 나중에 본안청구가 이유 있다고 판명되는 때의 위험부담을 비교형량하여 회복하기 어려운 현저한 손해의 존재여부를 판단하여야 할 것이다. 따라서 이 사유의 존재여부는 후술하는 이익형량과 밀접한 관계 하에 있다.

2) 긴급한 필요성의 존재

가처분에서 요구되는 긴급성은 먼저 가처분으로 규율하고자 하는 현상의 발생이 시간적으로 매우 근접해 있음을 의미한다. 다음으로 가처분조치를 지체할 수 없음을 뜻한다. 소기의 목적을 다른 방법을 통하여 달성할 수 있을 때에는 가처분심판을 하여야 할 긴급할 필요

59) 헌재결 1999. 3. 25, 98헌사98, 판례집 11-1, 264, 270면; 헌재결 2000. 12. 8, 2000헌사471, 판례집 12-2, 381, 385면.

성은 존재하지 아니한다. 회복이 곤란한 손해의 발생이 절박하여 본안결정을 기다릴 여유가 없는 경우에 가처분의 긴급성은 존재한다. 이러한 긴급한 필요성은 나머지 요건과 상관관계 아래에서 결정될 것으로서 구체적·개별적으로 결정해야 할 것이다.

3) 긴박한 강포(强暴)의 방지

이 사유는 회복하기 어려운 현저한 손해의 방지의 한 내용으로 볼 수 있다. 사회공동체에 대한 불이익으로 평가되는 권력의 개입 내지 폭력의 행사의 방지가 여기에 해당할 것이다.

4) 기타 필요한 이유

이것은 특별히 다른 가처분사유를 적시하기 어려운 경우를 대비한 것이다. 그러나 행정소송법 제23조 제3항과 같이 가처분의 모든 사유를 공공복리와의 연관성 속에서 판단한다면 실무상으로 별다른 의미를 갖지 아니한다. 결국 가처분 사유의 존재 즉 이유구비의 실체적 요건은 객관적이고 구체적인 측면에서의 이익형량의 문제로 귀결된다.

2. 이익형량

가처분결정을 위해서는 공공복리상 긴급한 필요가 있어야 하는데 이것은 곧 가처분을 할 것인가에 대한 이익형량의 문제로 환원된다. 이익형량을 함에 있어서는 가처분신청을 인용하였음에도 불구하고 본안청구가 기각되었을 때 발생하게 될 불이익과 가처분신청을 기각하였음에도 불구하고 후에 본안청구가 인용되었을 때 발생하게 될 불이익을 형량하여 어느 쪽이 공공복리상 우선해야 하는가를 판단하여야 한다. 가처분결정은 어디까지나 잠정적이고 예외적인 조치이기 때문에 여기의 이익형량에 있어서 가처분사유에 대해 엄격하고 제한적으로 해석·적용하여야 한다는 엄격기준의 원칙에 의거해야 한다. 법규범의 집행을 정지시키거나 헌법재판소가 통치기능의 영역으로 개입하게 되는 경우 가처분결정은 매우 자제되어야 한다. 가처분절차가 정치기관들 사이에서 그 정치적 책임을 묻기 위한 기능의 방편으로 대용되어서는 아니 되기 때문이다. 이익형량을 함에 있어서 본안청구의 승소가능성이 있느냐의 여부는 원칙적으로 고려의 대상이 되지 아니한다. 가처분 절차가 추구하는 목적이 본안결정의 실효성 확보이지 본안에 대한 전심절차로서의 지위를 갖고자 하는 것은 아니기 때문이다. 그러나 본안심판의 적극적 승소가능성은 고려의 대상이 되지 않는다고 하더라도 적어도 그 소극적 승소가능성 내지 패소가능성은 고려되지 않을 수 없을 것이다. 가처분심판의 본안심판과의 종속성으로 인하여 본안심판이 명백히 부적법하거나 이유 없는 경우에는 가처분심판도 각하 내지 기각될 수밖에 없게 될 것이기 때문이다. 가처분에 있어서 본안에 대한 사전판단금지의 원칙은 그 승소가능성에 대해서는 상대적으로 보다 엄격하게 적용됨에 반하여 그 패소 가능성에 대해서는 상대적으로 덜 엄격하게 적용된다.

제11절 이중가설공식에 대한 비판

우리 헌법재판에서 독일의 이중가설이론을 도입하여 가처분결정에 대한 형량판단을 할 때 그 인용요건으로 가처분을 인용한 뒤 종국결정에서 청구가 기각되었을 때 발생하게 될 불이익에 대한 비교형량을 하여 후자의 이익이 전자의 불이익보다 커야 한다는 것을 설시하고 있다.[60]

독일 헌법재판에서 이중가설이론은 헌법학계에서 제창된 이론이 아니라 재판실제상의 재판관법에 의해 발견된 형량판단의 공식이다. 이중가설이론은 초창기의 형성과정을 거쳐 연방헌법재판소가 1970. 7. 22.의 가처분 결정[61]에서 이 판단원리가 연방헌법재판소의 '확고한' 판례(die 'gefestigte' Rechtsprechung)라고 설시하기에 이르게 된다. 그러나 이 공식이 이상적으로 작동하기 위해서는 어느 정도 본안결정의 내용이 먼저 밝혀져야 한다. 그래야만 본안청구가 인용되었을 때 또는 기각 되었을 때의 불이익을 판단할 수 있을 것이다. 또한 연방헌법재판소가 가처분으로 규율하게 될 때와 가처분으로 규율하지 않게 될 때 가정적 일지라도 가처분신청 현재의 시점에서부터 본안결정이 내려질 때까지의 발생될 적극적 · 소극적 결과들이 밝혀져야만 하고, 그러한 결과들이 신청인의 이익 · 이에 상충되는 이익 · 공공복리 · 긴급성의 관점에서 형량되어야 한다. 한편 연방헌법재판소의 판례에 의하면 이 공식의 적용에 있어서 본안의 위헌여부는 고려의 대상의 되지 않는다고 하고 있다. 본안과 완전히 동떨어진 가정적 결과들만을 상정하여 형량판단을 한다는 이 공식은 종국적으로 지탱될 수 없는 것이다. 모든 형량요소들을 파악하고 난 후 이러한 이상적 · 관념적 형태의 형량공식을 엄밀하게 실제로 적용하는 것은 지극히 어려운 일이다.[62] 결국 구체적 사례해결에서 문제가 될 때, 가처분의 본안종속성을 고려해 보면 본안청구에 대한 대략적인 심사와 본안의 성공가능성을 염두에 두지 않을 수 없다. 따라서 연방헌법재판소 재판관을 지낸 학자가 쓴 글에서도 나타나듯이 헌법재판관들이 실제로 이 공식에 따른 형량판단을 하는 것이 아니라 가처분의 인용여부에 대한 찬반판단(Pro und

60) 헌재결 1999. 3. 25, 98헌사98, 판례집 11-1, 264, 270면; 헌재결 2000. 12. 8, 2000헌사471, 판례집 12-2, 381, 385면.

61) BVerfGE 29, 120(123).

62) 이상에 대하여 자세한 것은, Vgl. N. Huber, (FN18). S. 25ff.

Contra)만을 한다는 것이다.63) 따라서 이 형량모델을 포기하고 대략적인 본안심사를 하여 가처분신청의 인용여부를 판단하고 본안청구기각이 예상되면서도 가처분을 인용해도 문제가 되지 아니하는 예외적인 경우에만 이 형량공식을 활용하는 것이 바람직할 것이다.64)

제12절 가처분심판의 절차

1. 구술변론

가처분심판도 구술변론을 열 수 있으나 구술변론 없이도 심판할 수 있다(민사집행법 제281조, 제301조, 제312조; 헌법재판소법 제40조). 따라서 특별히 긴급을 요하는 경우에는 본안소송의 당사자나 소송참가자나 기타 진술권을 가진 이해관계인에게 의견을 표명할 기회를 부여하지 않을 수 있다. 원칙적으로 가처분심판청구의 상대방은 본안심판의 피청구인이 된다. 다만 국무총리서리 임명행위의 효력정지 및 직무집행정지 가처분사건(헌재결 1998. 7. 14, 98헌사31)에서 보듯이 본안의 피청구인(대통령)과 가처분의 피신청인(자연인 김종필)이 같지 아니할 수도 있다. 재판부가 변론을 열 때에는 기일을 정하고 당사자와 관계인을 소환하여야 한다(헌법재판소법 제30조 제3항).

63) Vgl. Benda/Klein, Lehrbuch des Verfassungsprozeβrechts(2001), S. 505f.
64) Vgl. Chee Youn Hwang, (FN12), S. 812.

2. 증거조사 및 자료제출요구

재판부는 가처분심판의 심리를 위하여 필요하다고 인정하는 경우에는 당사자의 신청 또는 직권에 의하여 증거조사를 할 수 있다(헌법재판소법 제31조). 또한 재판부는 다른 국가기관 또는 공공단체의 기관에 대하여 심판에 필요한 사실을 조회하거나, 기록의 송부나 자료의 제출을 요구할 수 있다(헌법재판소법 제32조).

3. 효력기간과 재가처분신청

헌법불합치결정에서의 경과조치를 가처분의 일종으로 보아 본안결정과 더불어 가처분결정을 할 수 있고 나아가 본안결정 이후에도 가처분결정을 할 수 있다는 견해도 있지만 헌법불합치결정에서의 경과조치는 어디까지나 본안결정의 한 내용으로 보아야 하기 때문에 가처분심판은 본안결정 이전에만 할 수 있으며 본안결정의 단계에서의 가처분결정은 심판의 이익을 갖지 못한다. 가처분심판에서도 일사부재리의 원칙이 적용되기 때문에 재가처분신청이 허용되지 아니한다. 그러나 가처분 결정의 효력기간을 두고 있는 입법례에 있어서는 그 기간만료 후 재가처분신청에 대한 심판이 있을 수 있다. 독일에서는 재가처분결정에 대해서 결정정족수를 가중하여 출석재판관 3분의 2 이상의 찬성을 요구하고 있다. 우리 헌법재판소법 제57조와 제65조에서는 종국결정의 선고시까지를 가처분결정의 효력기간으로 삼고 있다. 종국결정의 선고시까지를 가처분결정의 효력기간으로 보는 제도가 보다 더 탄력적이고 타당한 입법이라고 본다. 본안결정이 마냥 늦어지는 경우 가처분의 성격상 문제가 있다고 생각할 수 있으나 가처분의 취소제도(민사집행법 제307조; 헌법재판소법 제40조)를 두고 있는 한 문제의 소지가 없다. 따라서 가처분결정의 효력기간을 두고 재가처분결정을 하는 제도는 받아들일 필요가 없다고 본다.

4. 심판정족수와 결정정족수

우리 헌법재판에서 헌법 및 헌법재판소법에 의한 가중정족수(재판관 6인 이상의 찬성)에 관한 특별규정이 없는 한, 재판관 9인으로 구성되는 전원재판부에서 재판관 7인 이상의 출석으로 가처분사건을 심리하며, 종국심리에 관여한 재판관 과반수의 찬성으로 가처분에 관한 결정을 한다(헌법재판소법 제23조 제1항·제2항). 헌법소원 본안사건에 대해 3인 재판관 전원일치의 각하결정만을 할 수 있는 지정재판부에서 가처분결정을 할 수 있느냐에 대해서는 논란이 있으나 지정재판부가 가처분신청을 이유 없다고 기각한 사례가 있다.[65] 본안사건이 부적법 각하되는 경우에는 본안종속성을 가지는 가처분에 관한 신청이 부적법하여 각하되어야 하기 때문에 위의 기각결정도 엄밀히 말하면 각하결정의 의미일 것이다. 지정재판부는 본안청구에 대한 적법성심사만 하기 때문에 가처분심판에 대해 3인의 재판관의 일치된 의견으로 각하결정을 할 수 있으나 의견이 일치되지 않은 경우의 각하결정이나 그 밖에 기각결정 내지 인용결정은 할 수 없다. 또한 재판관에 대한 제척 및 기피, 재판관의 사고나 궐위의 사유로 재판부가 가처분심판의 정족수를 충족시키지 못하는 때에 어떻게 되느냐에 대해서 우리 법은 관련규정을 두고 있지 아니하나 독일에서는 긴급가처분결정제도를 두고 있다. 즉 독일 연방헌법재판소는 특별히 긴급을 요하는 때에는 심판정족수미달인 경우에도 재판관 3인 이상의 출석과 출석재판관 전원의 찬성으로 가처분결정을 할 수 있고 이 긴급가처분결정의 효력은 1월을 넘지 못하는데 재판부가 이를

65) 헌재결 1997. 12. 16, 97헌사189; 헌재결 1997. 12. 23, 97헌사200.

확인한 때에는 가처분결정을 한 때로부터 6월의 효력을 갖게 된다(연방헌법재판소법 제32조 제7항). 이때의 확인절차는 사후적으로 심사하는 재판부의 단순한 추인절차가 아니라 오히려 확인재판시에 재판부는 가처분의 일반적인 요건이 존재하는지에 대해 재판한다. 따라서 그 심사범위는 독립적으로 판단되며 이전의 긴급가처분의 법적·사실적 판단에 기속되지 아니한다.[66] 어쨌든 연방헌법재판소법 제15조 제2항이 있는데도 불구하고 이러한 긴급가처분제도가 독일에서 존재하는 것은 재판관들의 휴가와 관계되어 있는 것 같다. 우리나라에서의 헌법재판 현실에 비추어 볼 때 특별히 필요한 제도라고 생각되지 아니한다.

법률의 위헌심판·권한쟁의심판 및 헌법소원심판에 관여한 재판관은 결정서에 의견을 표시하여야 하기 때문에(헌법재판소법 제36조 제3항) 이러한 심판에 부속되는 가처분심판에 있어서는 소수의견표시가 가능하나 탄핵심판이나 정당해산심판에 부속된 가처분심판에서는 소수의견발표가 있기 어렵다고 해석될 수 있다. 모든 심판절차에서 소수의견표시가 가능하도록 입법론적 차원에서 개선되어야 할 것이다. 독일 연방헌법재판소에는 8인 재판관 구성의 2개의 재판부가 있는데, 각 재판부의 본안사건 관할은 법정되어 있다. 그러나 1개의 재판부가 지속적인 업무과중으로 관할조정을 할 필요가 있을 때에는 재판관전원회의가 다음 업무개시연도에 효력을 가지는 관할조정을 할 수 있다. 어느 재판부가 관할권을 가지고 있는지 의문시될 때에는 재판소장·부소장, 각 재판부에서 임명된 각 2인의 재판관으로 구성되는 6인위원회에서 그에 대해 결정을 한다. 가처분사건은 본안사건 관할권을 가지고 있는 재판부에서 관할한다. 각 재판부는 6인 이상의 재판관이 출석한 경우에 결정할 수 있는 정족수를 충족하고

66) Vgl. BverfGE 77, 130(134); 21, 50.

일반적으로 그 과반수로 결정하지만 기본권실효재판·정당해산심판·연방대통령 및 법관의 탄핵심판에서는 인용결정을 하는 경우 재판부의 재판관 3분의 2이상의 찬성이 있어야 한다. 결정정족수가 모자라지만 어떤 심판절차에서 특별히 긴박한 경우에는 각 재판부의 재판장은 다른 재판부에서 그 재판장을 제외하고 모자라는 재판관을 대행할 수 있는 그 재판관을 뽑는 추첨절차를 명한다. 그러나 가처분에 관하여 6인의 결정정족수가 모자라는 경우에도 특별히 긴박한 때에는 3인 이상의 재판관이 출석하여 일치된 의견으로 긴급가처분결정을 할 수 있다. 기본권실효재판·정당해산심판·연방대통령 및 법관의 탄핵심판에서는 인용결정을 하는 경우 재판부의 재판관 3분의 2이상의 찬성이 있어야 한다는 것을 들어 이때 피청구인에게 불이익한 가처분결정을 할 때에도 재판부의 재판관 3분의 2 가중다수로 결정하여야 한다는 견해도 있다.[67] 그러나 필자의 견해로는 가처분의 본질과 독일의 긴급가처분제도에 비추어 볼 때 이것은 타당한 해석이라고 보이지 아니한다. 우리의 가처분결정의 정족수에 관한 해석에도 참고가 될 것이다. 지정재판부가 헌법소원에 관해 부적법하거나 명백히 이유가 없어 본안청구의 수리를 거부하는 경우 지정재판부는 가처분신청을 거부할 수 있다. 헌법소원을 판단함에 있어서 중요한 헌법적 문제가 연방헌법재판소에서 이미 결정된 바 있고 헌법소원이 명백히 이유 있는 경우에 지정재판부도 헌법소원인용결정을 할 수 있는데, 이러한 경우에는 지정재판부가 가처분인용결정도 할 수 있다. 그러나 헌법소원에서 법률의 적용중지를 명하는 가처분에 대해서는 지정재판부가 아닌 재판부만이 결정권을 가진다(연방헌법재판소법 제93d조 제2항 제2문).

67) Vgl. J. Berkemann, Einstweilige Anordnung, in; Umbach/Clemens, Bundesverfassungsgerichtsgesetz(1992), S. 573.

5. 가처분결정요건의 충족이후의 재판부의 재량권여부

가처분신청이 신청의 형식적 요건과 신청이유의 실질적 요건을 모두 갖추어 이유 있는 경우에 헌법재판소는 반드시 가처분을 하여야 하는가 아니면 이 경우에도 재량권을 발동하여 가처분을 하지 않을 수 있는가에 대해서 견해가 대립될 수 있지만 가처분심판의 헌법질서 보호에 관한 객관적 기능에 비추어 볼 때 그 재량권을 부인하여야 한다는 것이 독일의 통설적 견해이다. 그러나 이러한 논의는 관념적·가정적 논쟁으로서 전혀 무의미하다고 생각된다. 왜냐하면 신청이유의 실질적 요건이 모두 갖추어 있느냐 하는 것이 항상 현실적으로 문제되는데 이것은 언제나 형량판단의 문제로 귀결되기 때문이다.

6. 가처분결정에 대한 이의신청과 그 재판

독일의 경우 가처분심판에서 변론을 거쳐 내려진 판결에는 이의신청이 이루어질 수 없으나 변론을 거치지 않고 내려진 가처분에 대한 기각결정과 인용결정에는 이의신청을 할 수 있다. 독일에서는 헌법소원심판 청구인에게는 이의신청을 제기하지 못하도록 하고 있으며 이의신청 이유서가 제출된 후 2주 이내에 심판하도록 되어 있다(연방헌법재판소법 제32조 제3항). 이의신청에는 그 신청이유를 명시하여야 한다. 가처분결정에 대한 이의신청은 정지적 효력을 갖지 못한다(민사집행법 제283조, 제301조; 헌법재판소법 제40조). 그러나 이 경우 독일에서 연방헌법재판소 자신은 가처분결정의 집행을 정지할 수 있다(연방헌법재판소법 제32조 제4항). 이의신청이 있는 때에는 헌법재판소는 변론하기 위하여 당사자를 소환하여야 한다. 헌법재판소는 가처분의 이의신청에 대한 종국결정으로 가처분의 전부나 일부의 인가, 변경 또는 취소를 선고할 수 있다(민사집행법 제286조 제2

항, 제301조; 헌법재판소법 제40조).

그러나 전체적인 측면에서 헌법재판의 특수성 및 헌법재판에서 가처분의 기능 등을 고려해 볼 때 가처분제도 대한 이의제도는 입법론적으로 불가결하다고 보지 아니한다. 본안재판의 결정이 문제해결의 핵심이 되어야 하는데 가처분결정이 전면에서 장기간 다투어지는 것은 소송경제상으로 볼 때도 문제가 있다고 보이기 때문이다.

7. 가처분결정의 취소

가처분결정은 종국결정의 선고시까지 지속되기 때문에 결정이 내려지고 난 후 특별한 사정이 있는 때에는 그 가처분결정을 취소할 수 있다(민사집행법 제307조; 헌법재판소법 제40조).

제13절 가처분결정의 내용과 효력

1. 가처분결정의 내용

헌법재판실무제요(47면 이하)에 의하면 헌법재판소는 가처분신청의 목적을 달성함에 필요한 처분을 할 수 있다. 일단 적법한 가처분의 경우 현실적으로 회복할 수 없는 완성된 사실의 방지를 목적으로 하는 한, 가처분을 할 필요성이 있느냐의 판단이 중요한 것이지 그 가처분 및 본안심판의 대상이나 내용 자체의 성격으로부터 가처분결정이 영향을 받는 것은 아니다. 따라서 모든 심판절차에서 본안결정의 실효성을 확보하는 사전 보전조치로서 본안결정을 선취하는 내용이 아닌 한, 가처분결정의 내용에 대한 제한은 따르지 아니한다.

독일의 헌법재판에서 법률의 집행정지, 집행조치의 집행정지, 법원재판의 집행정지 등 개별 심판절차에 따라 다양한 가처분이 행해지고 있다.[68] 가처분인용결정만을 중심으로 살펴볼 때에도 형집행정지, 징계절차정지, 영장집행정지, 법률집행정지, 법률효력정지, 추방·송환·인도금지, 정당의 선전광고금지, 국민투표실시금지, 선거일폐지, 제2방송국개설안금지, 추가선거방송시간부여금지, 방영금지, 방송토론참여명령, 의료보험의사 면허박탈금지, 법원결정효력금지, 입학허가명령, 인구조사중지, 통독 후 총선에서 추천인서명 명부제출의무면제 등 다양한 내용의 가처분이 행해지고 있다.[69]

2. 가처분결정의 효력

1) 확정력

가처분결정에 대해 확정력을 부인하는 견해도 있으나 확정력을 긍정하는 것이 타당하다. 구술변론을 거치지 않은 가처분결정에 대해 이의신청이 인정된다 하더라도 그 이의신청은 확정력을 부인하는 것이 아니라 구술변론을 거치지 않은 것에 대한 통제수단에 불과한 것이고 가처분결정의 내용이 후에 본안절차나 기타 다른 절차에 의하여 달리 변경될 가능성이 있는 것은 가처분절차의 잠정성이라는 특성 때문이지 그 확정력이 부인되는 결과 때문인 것은 아니다.

2) 형성력

가처분결정이 선고되면 피청구인의 별도절차가 없더라도 본안결정이 있을 때까지 가처분결정의 내용대로 법률관계를 형성하는 효력을

68) Vgl. J. Berkemann, a. a. O,. S. 615ff.

69) Vgl. Bundesverfassungsgericht, Nachschlagwerk der Rechtsprechung des Bundesverfassungsgerichts, §32 BVerfG, S. 35ff.

가진다.

3) 기속력

가처분결정은 당해 사건에 관하여 당사자인 피청구인을 기속한다(행정소송법 제23조 제6항 및 제 30조 제1항). 따라서 피청구인은 동일내용으로 새로운 처분을 할 수 없다. 또한 가처분결정의 효력은 모든 국가기관을 기속하며, 주문에 특별한 규정이 없는 한 본안소송에 대한 결정이 있을 때까지 기속력을 가진다.

제14절 가처분결정의 송달과 공고

가처분에 관한 결정이 선고되면 서기는 지체 없이 결정서 정본을 작성하여 이를 당사자에게 송달하여야 한다(헌법재판소법 제36조 제4항). 가처분결정은 관보에 게재함으로써 이를 공시한다(헌법재판소법 제36조 제5항). 이때 독일과 같이 헌법재판소는 이유를 붙이지 아니하고 가처분 또는 이의에 관한 재판을 선고할 수 있고, 이 경우 당사자에게는 개별적으로 그 이유가 고지되어야 한다(연방헌법재판소법 제32조 제5항).

第15절 헌법재판소 2000. 12. 8, 2000헌사471 사법시험령 제4조 제3항 효력정지 가처분 결정 및 2002. 4. 25, 2002헌사129 군행형법시행령 제43조 제2항 효력정지 가처분결정의 평석에 대한 비평

1. 헌재결 2000. 12. 8, 2000헌사471 사법시험령 제4조 제3항 효력정지 가처분결정의 평석에 대한 비판

1) 헌법재판소 결정의 요지

헌법재판소법은 명문의 규정을 두고 있지는 않으나, 헌법소원심판절차에 있어서도 가처분의 필요성은 있을 수 있고, 달리 가처분을 허용하지 아니할 상당한 이유를 찾아볼 수 없으므로 가처분이 허용된다.

위 가처분의 요건은 헌법소원심판에서 다투어지는 '공권력 행사 또는 불행사'의 현상을 그대로 유지시킴으로 인하여 생길 회복하기 어려운 손해를 예방할 필요가 있어야 한다는 것과 그 효력을 정지시켜야 할 긴급한 필요가 있어야 한다는 것 등이 된다. 따라서 본안심판이 부적법하거나 이유 없음이 명백하지 않는 한, 위와 같은 가처분의 요건을 갖춘 것으로 인정되면, 가처분을 인용한 뒤 종국결정에서 청구가 기각되었을 때 불이익과, 가처분을 기각한 뒤 청구가 인용되었을 때 발생하게 될 불이익에 대한 비교형량을 하여 후자의 불이익이 전자의 불이익보다 큰 경우에 가처분을 인용할 수 있다.

사법시험령 제4조 제3항이 효력을 유지하면, 신청인들은 곧 실시될 차회 사법시험에 응시할 수 없어 합격기회를 봉쇄당하는 돌이킬 수 없는 손해를 입게 되어 이를 정지시켜야 할 긴급한 필요가 인정되는 반면, 효력정지로 인한 불이익은 별다른 것이 없으므로 이 사건 가처분 신청은 허용함이 상당하다.

2) 평석요지[70)]

가처분과 같은 법적 제도는 궁극적으로 헌법과 법률에 근거하여 창설되어야 한다. 어떤 국가기관이 일정한 법적 제도의 필요성을 절감하고 있고 그러한 제도를 만들지 않을 합리적인 이유가 없다고 생각하더라도 헌법과 법률이 그 제도를 마련하여 주지 않는 한, 자기 필요의 판단에 따라 함부로 그 제도를 창설할 수는 없다.

가처분에서 대립당사자의 구조와 변론권 보장은 중요한 요소라 아니할 수 없다. 이렇게 볼 때 헌법재판소법상 대립당사자의 구조와 구두변론의 원칙을 취하고 있는 정당해산심판과 권한쟁의심판에서만 가처분을 할 수 있다는 규정을 둔 것은 결코 우연이거나 예시가 아니다. 헌법소원 심판청구사건에 있어서는 대립당사자의 구조와 구두변론의 원칙이 반드시 지켜지지는 않으므로 이와 성질을 달리하는 민사소송법의 가처분규정이 준용될 수 없게 되는 것이다.

위헌법률심판과 헌법소원심판에서도 잠정성과 보전성이 있는 민사소송법상의 가처분을 할 수 있다고 한다면 가처분이의와 취소를 성질상 반드시 허용하여야 하는데 피청구인이 없는 헌법재판소의 가처분에서 가처분이의와 취소를 신청할 수 없다. 피청구인이 없다고 하여 이의와 취소가 허용되지 않는 가처분이라면 이것은 민사소송법을 준용한 것이 아닌 초법규적 가처분이 될 것이다.

가처분제도가 일반적으로 인정되고 있는 독일에서의 잠정처분의 내용 가운데는 재판의 정지를 명하는 경우가 있다. 그런데 이것은 연방

70) 강현중, (주21), 14면.

헌법재판소에 재판소원이 인정될 뿐 아니라 연방헌법재판소가 최고법원으로서 사법부를 구성하는 독일제도의 소산인 것이다. 그러나 우리나라의 경우는 헌법상 헌법재판소에 재판소원이 인정되지 아니하고 사법권은 법원이 독점하고 있어 독일과 사정이 아주 다르다. 그런데도 외부기관(헌법재판소)이 법원이 한 재판의 정지를 명하는 것은 사법권의 침해일 뿐만 아니라 재판절차를 불안정하게 하고 혼란에 빠뜨리게 된다. 더욱이 독일과 달리 위헌심사형 헌법소원제도가 인정되고 있는 우리나라에서 독일식의 잠정처분제도가 인정된다면 그 불안정과 혼란의 범위는 더 넓고 깊게 된다.

3) 비판

우리 헌법재판소가 행한 가처분결정은 법적 근거 없이 내려진 것이 아니다. 헌법재판소법 제40조가 그 법률적 근거가 된다. 여기에서 준용과 직접적용의 법적 의미를 정확하게 인식하여야 할 것이다. 헌법재판은 일반 민사재판과는 다른 특성을 가지고 있다. 따라서 '포괄준용' 형식으로 규정되어 있는 헌법재판소법 제40조에 따라 민사소송법상의 가처분규정과 행정소송법상의 집행정지규정을 준용할 때 헌법재판의 특수성을 고려해서 적절히 변경을 가하여 헌법재판소는 위 규정들을 적용할 수 있는 것이다. 따라서 대립당사자의 소송구조의 여부와 상관없이 가처분관련 규정들을 헌법소송에 준용할 수 있는 것이다. 준용의 법적 의미에 입각할 때 그리고 대립당사자구조를 취하지 않는 심판절차도 헌법재판에 존재한다는 점을 고려할 때 반드시 대립당사자의 소송구조에 있을 때만 가처분이 헌법재판에서 적용된다는 논리는 성립되지 아니한다. 또한 위 평석은 헌법소원심판에서는 특히 행정소송법도 준용된다는 것을 잊고 있다. 헌법소원심판은 전형적인 당사자대립구조를 취하고 있다. 나아가 위헌법률심판과 헌법소원심판도 재판부가 필요하다고 인정하는 경우에는 변론을 열 수 있는

데(헌법재판소법 제30조 제2항 단서, 제25조 제1항, 제27조 제2항) 대심적 구조를 취하여 변론을 여는 경우에는 가처분을 준용할 수 있고 변론을 열지 아니하는 경우에는 가처분을 준용할 수 없다는 논리도 성립될 수 있게 되는데 이것은 타당하지 않다. 특히 위헌법률심판과는 달리 헌법소원심판에서는 피청구인이 존재해서[71] 대립당사자의 대심적 구조를 이루고 있는 것이 일반적인데, 위 견해는 헌법소원심판에서 직권심리주의를 원칙으로 하고 예외적으로 변론주의를 취하고 있는 점만을 보고 직권심리주의와 대립당사자주의를 혼동했거나 헌법소원심판에서는 대립당사자의 대석구조로 되어 있다는 점을 잊고서 하는 주장이라고 아니할 수 없다.

민사소송법상의 가처분을 '준용'할 때 가처분이의와 취소를 성질상 반드시 허용하여야 한다는 주장도 왜 그러야 하는지 그 근거를 찾기 어렵다. 헌법재판의 특정심판절차에서 피청구인이 없어서 가처분이의나 취소를 할 수 없다면 바로 그것으로 족한 것인데 일단 내려진 가처분결정에 대해 왜 존재하지도 않은 피청구인 관념까지 상정하면서 반드시 이의나 취소를 따질 필요가 있는 것인가를 생각해 볼 때 위 주장은 납득하기 어렵다.

독일연방헌법재판소는 우리 대법원과 같이 독일기본법 사법의 장(제9장)에 있는 규정되어 있는 법원이지만, 우리 대법원과 달리 상고심재판권을 관할하는 것이 아니라 헌법재판권만을 독립하여 관장한다.[72] 상고심재판권은 5개의 연방대법원에서 관장하고 있는데 연방통

---

71) 헌법소원심판은 전형적인 대립당사자의 구조로 되어 있다. 공권력의 행사 또는 불행사로 인하여 헌법상 보장된 기본권을 침해받았을 때 청구인은 헌법소원심판을 청구할 수 있기 때문에 (헌법재판소법 제68조) 예컨대 공권력의 행사로 기본권의 침해를 받은 경우 청구대상이 특정되어야 하고 청구대상이 특정되면 그 공권력을 행사한 자를 피청구인으로 하여 답변서를 제출받는 것(헌법재판소법 제27조 제1항, 제29조 제1항 및 제2항)이 우리 헌법재판의 일반적인 실무례이다.

72) 우리 대법원이 우리 헌법 제101조 제2항에 있는 '최고'법원이라는 표현에 대단한 집착을 보이고 법적 의미를 부여하여 해석하고 있지만 독일 연방헌법재판소

상(민 · 형사)법원, 연방행정법원, 연방재정법원, 연방노동법원, 연방사회법원이 그것이다(독일기본법 제95조 제1항). 연방헌법재판소는 평석자가 생각하는 것과 같이 일반 사법체계 내에 있는 최고'심급' 법원으서의 최고법원이 아니다. 이러한 의미의 최고법원은 위 5개의 연방대법원들이다. 형식적인 헌법규정상의 위치에 관한 문제와 구체적인 관할권의 범위의 차이를 제쳐놓는다면 우리 헌법재판소의 지위와 기능이 대동소이하다.

헌바사건에서 사후적으로 재심에 의한 구제를 받는다는 것과 사전적인 보전조치로서의 가처분을 구별하여야 한다. 헌바사건에서 재심제도를 마련하고 있다는 사실은 가처분결정에서 형량판단의 요소로 고려할 수는 있지만 개별적인 경우에 다양한 사안에서 고려될 수 있는 상황을 배제한 채, 재심제도가 있다는 이유만으로 가처분제도 자체를 부인할 수는 없는 것이다. 우리 헌법재판소의 결정에 의하여 예외적으로 법원의 재판에 대한 헌법소원이 인정되는데 헌법재판소에서 위헌결정 된 법률을 적용하여 국민의 기본권을 침해한 재판은 헌법소원의 대상이 되고 있나. 이러한 예외적인 법원의 재판에 대한 헌법소원에서의 가처분의 필요성과 나아가 헌바사건의 헌법소원에서의 가처분의 가능성을 인식하여야 할 것이다. 헌법재판소가 가처분으로 법률의 효력정지를 명하면 최고입법기관인 국회의 권한을 침해하는 것이라고 논증할 수 없듯이 마찬가지로 헌법재판소가 가처분으로 재판의 정지를 명할 때 최고심급법원인 대법원이나 일반법원의 사법권이나 그 독립을 침해하는 것이 아니다. 정당한 헌법재판소의 헌법재판권행사만 있을 뿐이다. 또한 가처분결정은 그 이유구비요건의 심사에서 항상 형량판단이 수반된다. 따라서 헌법재판소의 재판정지가처분이

가 사법의 장에 규정되어 있어도 최고법원이라는 표현은 독일기본법 및 연방헌법재판소법 어디에도 없다. 연방헌법재판소법 제1조는 연방헌법재판소는 여타의 모든 헌법기관에 대하여 독립적이고 독자적인 연방의 법원이다라고 규정하여 연방헌법재판소의 독립성을 강조하고 있을 뿐이다.

내려지면 재판절차를 불안정하게 하고 혼란에 빠뜨리게 되고 더욱이 독일과 달리 위헌심사형 헌법소원제도가 인정되고 있는 우리 나라에서 독일식의 잠정처분제도가 인정된다면 그 불안정과 혼란의 범위는 더 넓고 깊게 된다는 평석자의 주장은 논리비약적 과장 아니면 기우라고 밖에 달리 말할 수 없다.

2. 헌재결 2002. 4. 25, 2002헌사129 군행형법시행령 제43조 제2항 효력정지 가처분결정의 평석에 대한 비평

1) 헌법재판소의 결정요지

군사법원법 제242조 제1항 중 제239조 규정에 의하여 신청인에 대하여 한 1차 연장 구속기간은 2002. 3. 28.에 이미 끝나 더 이상 군사법경찰관의 조사단계에서 구속기간이 연장될 위험이 없으므로 위 규정의 효력을 가처분으로 당장 정지시켜야 할 필요성이 인정되지 않는다.

헌법재판소법 제40조 제1항에 따라 준용되는 행정소송법 제23조 제2항의 집행정지규정과 민사소송법 제714조의 가처분규정에 의하면, 법령의 위헌확인을 청구하는 헌법소원심판에서의 가처분은 위헌이라고 다투어지는 법령의 효력을 그대로 유지시킬 경우 회복하기 어려운 손해가 발생할 우려가 있어 가처분에 의하여 임시로 그 법령의 효력을 정지시키지 아니하면 안 될 필요가 있을 때 허용되고, 다만 현재 시행되고 있는 법령의 효력을 정지시키는 것일 때에는 그 효력의 정지로 인하여 파급적으로 발생되는 효과가 클 수 있으므로 비록 일반적인 보전의 필요성이 인정된다고 하더라도 공공복리에 중대한 영향을 미칠 우려가 있을 때에는 인용되어서는 안 될 것이다.
면회제도는 피구속자가 가족 등 외부와 연결될 수 있는 통로를 적절히 개방·유지함으로써 한편으로는 가족 등 타인과 교류하는 인간으로서의 기본적인 생활관계가 완전히 단절되어 파멸에 이르는 것을 방지하고, 다른 한편으로는 피고인의 방어권 행사에 조력하고자 존재하는 것으로 군행형법시행령의 적용을 받는 미결수용자들의 면회의 권리를 행형법시행령의 적용을 받아 매일 1회 면회할 수 있는 피구속자와 비교하여 합리적인 이유 없이 차별한다면, 군행형법시행령의 적용을 받는 자들은 이로 인하여 인간으로서의 행복추구권이나 피고인으로서의 방어권 행사에 회복하기 어려운 손상을 입게 될 것이다.

위 규정에 대한 가처분신청이 인용된다면 군인의 신분이거나 군형법의 적용을 받는 미결수용자가 외부인과의 잦은 접촉을 통해 공소제기나 유지에 필요한 증거를 인멸하거나 국가방위와 관련된 중요한 국가기밀을 누설할 우려가 있을 수 있으나, 수용기관은 면회에 교도관을 참여시켜 감시를 철저히 하거나 필요한 경우에는 면회를 일시 불허함으로써 증거인멸이나 국가기밀누설을 방지할 수 있으므로, 이 사건 가처분을 인용한다 하여 공공복리에 중대한 영향을 미칠 우려는 없다.

여기에는 재판관 한대현, 재판관 김효종, 재판관 주선회의 반대의견이 있다.

이 반대의견에 의하면 위 군행형법시행령 규정은 미결수용자에게 외부인과의 면회를 주 2회 허용하고 있으므로 이 기회에 신청인들은 다수의견이 설시하는 바와 같은 면회의 목적을 대체로 달성할 수 있을 것이고, 여기에다 변호인과의 접견의 원칙상 제한 없이 허용되고 있는 점 등을 종합하면 면회제한 규정의 효력을 가처분에 의하여 긴급히 정지시켜야 할 급박한 필요성이 인정되지 않는다.

2) 평석요지[73)]

행정소송법 제23조 제2항과 민사소송법 제714조는 원래 당해 사건 당사자의 권리구제의 실효성을 확보하기 위해서 필요한 경우에 법원이 임시구제조치를 할 수 있도록 규정한 것에 불과하고, 법령의 일반적 효력정지까지 예상하고 있는 규정은 아니다. 당해 사건의 당사자를 구제하기 위한 가처분규정을 근거로 법령의 효력을 정지시킴으로써 당사자가 아닌 일반인에게까지 효력을 미치게 하는 것은 위 법률들에 규정된 가처분제도의 원 취지를 벗어나는 것이다. 따라서 행정소송법의 집행정지규정이나 민사소송법의 가처분 규정에는 없는 내용(법령에 대한 효력정지)을 준용한다고 한 결과가 되어, 헌법재판소가 법률상 근거 없는 헌법소원심판에서의 법령의 효력정지가처분 제도를 창설한 것이다.

우리나라에서는 원칙적으로 위헌결정의 소급효가 인정되지 않기 때문에 위와 같은 가처분을 허용한다면 법률의 효력상실이라는 위헌결정의 효력을 가처분이라는 별도의 제도로 선취하는 결과가 될 것인데, 이는 우리 헌법재판소법 제47조 제2항과 조화될 수 없다.

이 사건 심판대상인 군행형법시행령 제43조 제2항 본문 중 후단 부분은 "참모총장은 미결수용자의 접견교통권을 보장하기 위하여 필요한 경우에는 그 횟수를 증가시킬 수 있다"고 규정하여 면회 횟수에 대한 행정청의 재량여지를 인정한다. 조문 전체의 취지로 볼 때 면회 횟수를 주 2회만으로 직접 제한하는 것이 입법자의 의도는 아닌 것으로 생각된다. 그렇다면 이 헌법소원 본안사건은 침해의 직접성 요건을 갖추지 못하였으므로 각하되어야 마땅하다. 이 사건 헌법소원은 법원의 권리구제절차를 거치지 아니하고 제기한 것으로서 부적법하다고 보아야 한다. 이러한 사건에서 법령의 효력을 일반적으로 정지하는 가처분까지 한 것은 이해하기 어렵다. 결론적으로 이 사건은 법령의 효력정지를 명하는 가처분신청을 인용할 만한 사건이 못된다.

---

73) 박종보, (주28), 13-14면.

3) 비 판

헌법재판소의 관할과 행정법원의 관할이 다르기 때문에 행정소송법의 집행정지규정을 준용한다는 핵심적인 의미는 행정소송에서 처분의 효력정지에 대응하여 이에 적절히 변경을 가하여 헌법재판의 특수성을 고려해서 헌법소원에서 법령을 심판대상으로 하는 경우 법령의 효력정지의 가처분을 할 수 있다는 의미이다. 위의 주장은 근본적으로 해석론적 차원에서 준용과 직접적용의 차이를 명백하게 오해하고 있다고 할 것이다.

본안결정의 대상인 법률의 효력 또는 집행이 현실적으로 발생 또는 진행되고 있는 한, 그리고 본안결정이 있을 때까지 상당한 시간이 소요되는 한, 나아가 본안결정이 있을 때까지 회복할 수 없는 사실이 발생할 가능성이 있는 한, '그 법률에 대한 위헌결정의 시간적 효력과는 상관없이' 이에 대한 사전보전조치로서 법률의 효력정지 내지 집행정지의 가처분이 가능하다. 사전보전조치로서 일시적이고 잠정적인 법률의 효력정지 내지 집행정지의 가처분이 법률의 효력을 획일적으로 전면적으로 무효화시키는 본안결정에서의 위헌결정과 결코 등가물이 될 수 없기 때문에 위헌결정된 법률의 향후무효법제에서 가처분을 인정하면 본안결정을 선취한다는 결과가 된다는 것은 가처분에서 본안결정 선취금지를 명백히 오해하고 있는 것이다.

법령에 대한 헌법소원의 적법요건으로서 기본권침해의 직접성이란 집행행위에 의하지 아니하고 법률 그 자체에 의하여 자유의 제한·의무의 부과·권리 또는 법적 지위의 박탈이 생긴 경우를 뜻한다.[74] 이러한 직접성에 대한 기본적 인식을 바탕으로 할 때 평석자의 주장은 군행형법시행령 제43조 제2항 본문 중 후단부분에 오인 조준하여 우회적인 법원의 구제절차에 초점을 맞춘 것 같다. 그러나 이 사건에서

74) 헌재결 1992. 11. 12, 94헌마213, 판례집 8-1, 147, 154면.

심판대상은 정확히 군행형법시행령 제43조 제2항 본문 중 전단부분이고 주문에서 군행형법시행령 제43조 제2항 본문 중 전단부분의 효력은 본안사건인 2002헌마193 헌법소원심판 청구사건의 종국결정선고시까지 이를 정지한다고 명확하게 표현하고 있다.

나아가 평석자는 이 가처분결정의 형량판단에 대한 구체적이 논증 없이 이 사건은 법령의 효력정지를 명하는 가처분신청을 인용할 만한 사건이 못된다고 공허한 주장을 하고 있다. 적어도 다수의견과 소수의견에서 형량의 무게중심은 무엇이었는가가 파악되어야 한다. 그 다음 어느 쪽의 형량판단에 공감하는가는 각자의 자유로운 선택에 달려 있는 것이다.

제16절 결 론

가처분 일반조항의 신설은 필요하다. 원활한 헌법재판을 비토하는 세력들에 의해 헌법재판소법 개정이 좌우되어서는 아니 된다. 필자는 헌법재판소가 타 국가기관의 권한을 위헌적으로 침해하고 월권적으로 헌법재판하기를 꿈꾸는 공상주의자가 아니다. 현재 헌법재판소가 헌법상 가지고 있는 관할권만이라도 본래의 모습대로 정상적으로 기능하기를 바랄 뿐이다. 무엇이 헌법재판소가 가지고 있는 권한의 본래 모습이고 정상적인 기능인가. 이에 대해 필자가 개념 정의하듯이 범주명령적으로(definitiv und kategorisch) 말할 성질의 것이 되지 아니한다. 다만 이렇게 질문하는 헌법학자들이 많았으면 한다. 그러면 헌법연구관들은 이에 답변하려고 더 많은 연구와 노력을 할 것이다. 헌법연구관들은 사실 헌법재판소의 결정에 대해 자유롭고 책임이 없다. 오로지 그 결정이 헌법정신에 부합되도록 연구한다. 헌법재판소 재판관들의 고뇌와 책임을 항상 생각하고 숭앙할 뿐이다. 헌법재판소 재판관들은 헌법재판이 가지는 국민의 기본권 보호와 헌법수호기능에 대해 이렇다 저렇다 말하지 않고 다만 헌법이 부여한 헌법재판사항에 대하여 묵묵히 결정을 내린다.

저자

황치연(黃致連) 전주고 졸업
연세대학교 법과 대학 졸업
연세대학교 대학원 법학과 졸업(법학석사, 법학박사)
연세대학교 대학원 및 법과대학 강사
한국공법학회 상임이사
독일 훔볼트 재단 초청,
Bonn 대학교 공법연구소 객원 연구원 역임
문학세계 시부문 신인문학상 수상(2005. 4)
현) 헌법재판소 헌법연구관

저서 한국헌법사와 생명권 인식, 혁명가들에게 고(告)함(시집)

헌법학도의 길

제1편 헌법이란 무엇인가?

초판인쇄 / 2005. 4. 19
초판발행 / 2005. 4. 19
지은이 / 황치연
펴낸이 / 채종준
펴낸곳/한국학술정보(주)
경기도 파주시 교하읍 문발리 526-2 파주출판문화정보산업단지
전화/ 031)908-3181 대표(팩스) 031)908-3189
홈페이지/ http://www.kstudy.com
e-mail(e-Book사업부) ebook@kstudy.com
등록/제일산-115호(2000.6.19)
가격/ 20,000
ISBN/ 89-534-2373-2 93360 (Paper book)
89-534-2374-0 98360 (e-Book)